医药高等职业教育公共基础课程规划教材

大学体育与健康

（供医药类各专业使用）

主　编　王　青　宋志明

副主编　赵　斌　王　东　李秀焕　王晓丽

编　者　（以姓氏笔画为序）

王　东（山东药品食品职业学院）
王　青（山东药品食品职业学院）
王晓丽（长春医学高等专科学校）
车光跃（泰山护理职业学院）
田　栋（山东药品食品职业学院）
冯　晨（山东药品食品职业学院）
朱丽丽（威海海洋职业学院）
李秀焕（重庆三峡医药高等专科学校）
李高萍（苏州卫生职业技术学院）
宋志明（长春医学高等专科学校）
沈　亮（梅河口康美职业技术学院）
赵　斌（安徽中医药高等专科学校）
赵浩钧（长春医学高等专科学校）
高　旻（山东药品食品职业学院）
戚建军（广西中医药大学高等职业技术学院）
谭明雅（长沙卫生职业学院）

中国健康传媒集团
中国医药科技出版社

内容提要

本教材是“医药高等职业教育公共基础课程规划教材”之一。系根据本套教材的编写指导思想和原则要求，结合《全国普通高等学校体育课程教学指导纲要》及《国家学生体质健康标准》的要求编写而成，内容主要包括大学体育与健康导论、体育竞赛的组织与欣赏、运动保健与科学健身、体质健康与评价体系等基础理论，以及田径、篮球、排球、足球、乒乓球、羽毛球、瑜伽、体育舞蹈、健美操、武术、健身气功以及休闲运动等项目。本教材为书网融合教材，即纸质教材有机融合电子教材、教学配套资源（PPT、微课、视频、图片等）、数字化教学服务。本书既可作为教师的教学用书，也可作为学生自主学习的指导用书。

本教材可作为高职高专院校医药类各专业师生的教学用书，也可作为自主学习的指导用书。

图书在版编目（CIP）数据

大学体育与健康/王青，宋志明主编．—北京：中国医药科技出版社，2020.12
医药高等职业教育公共基础课程规划教材
ISBN 978－7－5214－2148－4

Ⅰ.①大…　Ⅱ.①王…　②宋…　Ⅲ.①体育－高等职业教育－教材　②健康教育－高等职业教育－教材
Ⅳ.①G807.4　②G647.9

中国版本图书馆 CIP 数据核字（2020）第 237058 号

美术编辑　陈君杞
版式设计　友全图文

出版　**中国健康传媒集团**｜中国医药科技出版社
地址　北京市海淀区文慧园北路甲 22 号
邮编　100082
电话　发行：010－62227427　邮购：010－62236938
网址　www.cmstp.com
规格　889×1194 mm 1/16
印张　20 3/4
字数　537 千字
版次　2020 年 12 月第 1 版
印次　2021 年 9 月第 2 次印刷
印刷　廊坊市海玉印刷有限公司
经销　全国各地新华书店
书号　ISBN 978－7－5214－2148－4
定价　59.00 元

出版说明

为深入贯彻《现代职业教育体系建设规划（2014—2020年）》以及《医药卫生中长期人才发展规划（2011—2020年）》文件的精神，满足高职高专医药院校公共基础课程培养目标的要求，不断提升人才培养水平和教育教学质量，在教育部、国家卫生健康委员会及国家药品监督管理局的领导和指导下，在本套教材建设指导委员会专家的指导和顶层设计下，中国医药科技出版社有限公司组织全国30余所高职高专院校及附属医疗机构近120名专家、教师精心编撰了医药高等职业教育公共基础课程规划教材，该套教材即将付梓出版。

本套教材共包括12门，主要供全国高等职业教育医药类院校各专业教学使用。

本套教材定位清晰、特色鲜明，主要体现在以下方面。

一、遵循教材编写的基本规律

本套教材编写遵循"三基、五性、三特定"的基本规律。基本理论和基本知识以"必需、够用"为度，兼顾学生终身学习能力的培养。公共基础课程是专业基础课程的基础，应该注意衔接专业基础课程教学的需要。但也注意把握好教材内容的深度和广度，不能要求大而全，以适应全国高等职业教育的需要为度，适当反映学科的新进展。

在保证教材思想性和科学性的基础上，特别强调教材的适用性与先进性。考虑到高等职业教育模式发展中的多样性，在教材的编写过程中，保障学生具备专业教学标准要求的知识和技能，适当兼顾不同院校学生的要求，以保证教材的适用性。教材的基本理论知识（如概念、名词术语等）应避免陈旧过时，要注意吐故纳新，做到科学先进，不陈旧，跟上学科发展步伐，保证内容的科学性和先进性。同时，教材应融传授知识、培养能力、提高素质为一体，重视培养学生的创新、获取信息及终身学习的能力，突出教材的启发性。

二、满足人才培养需要

教材编写应以专业培养目标为导向，满足3个需要（岗位需要、学教需要、社会需要）。这是编写本套教材的重要原则。

1. 岗位需要 是指教材编写应满足工作岗位所需的知识、技能、素质、心理等要求，有利于学生形成科学的思维和学习方法。

2. 学教需要 是指教材编写有利于学生学和教师教，符合学生的认知特点和教学规律。

3. 社会需要 是指教材编写应能够满足社会对学生知识和技能的要求、人文素质要求，使学生不仅能满足当前社会的要求，还具备一定的可持续发展潜力。

三、体现职教特色

高职高专教材不应该是本科教材的缩略版，应该体现职业教育的特色。

1. 以就业为导向，突出实用 高等职业教育培养的是技术技能型人才，不强调人才具有多么高的理论修养和渊博的知识，一切以生产岗位对人才能力的需求为中心，基础课程要突出素质要求，重点培养学生在岗位中必备的身体、心理、人文的素质。

2. 加强人文素养，全面提高学科素质 公共基础课程教材在强调实用的同时，也不能否定课程本身的属性和功能。公共基础课程不单是学习其他课程的基础，也是引导学生自身向高层次发展的基础，更是走向社会生活的基础。教材不仅要培养学生掌握相关的知识，还要引导学生的思想认识、道德修养、文化品位和审美情趣，注重创造力的培养，提高学生的整体素质。

3. 培养自学能力，提高职业能力 终身教育、继续教育已逐渐成为国际公认的教育理念。不会自学，就不会有自我发展和创造能力。教材是教本，教材的编写应注重把学生的自学能力培养起来，教材编写注重让学生触类旁通，举一反三，掌握学习方法，养成自学习惯。

四、多媒融合配套增值服务

纸质教材与数字教材融合，提供给师生多种形式的教学共享资源，以满足教学的需要。本套教材在纸质教材建设过程中增加书网融合内容，此外，还搭建与纸质教材配套的“在线学习平台”，增加网络增值服务内容（如课程 PPT、试题、视频、动画等），使教材内容更加生动化、形象化。

编写出版本套高质量教材，得到了全国知名专家的精心指导和各有关院校领导与编者的大力支持，在此一并表示衷心感谢。出版发行本套教材，希望受到广大师生欢迎，并在教学中积极使用本套教材，提出宝贵意见，以便修订完善，共同打造精品教材。

医药高等职业教育公共基础课程规划教材

评审委员会

数字化教材编委会

主　编　王　东　赵　斌

副主编　田　栋　高　旻　冯　晨　戚建军

编　者　（以姓氏笔画为序）

王　东（山东药品食品职业学院）

王　青（山东药品食品职业学院）

王晓丽（长春医学高等专科学校）

田　栋（山东药品食品职业学院）

冯　晨（山东药品食品职业学院）

朱丽丽（威海海洋职业学院）

李秀焕（重庆三峡医药高等专科学校）

宋志明（长春医学高等专科学校）

沈　亮（梅河口康美职业技术学院）

赵　斌（安徽中医药高等专科学校）

赵浩钧（长春医学高等专科学校）

高　旻（山东药品食品职业学院）

戚建军（广西中医药大学高等职业技术学院）

谭明雅（长沙卫生职业学院）

前言

2020年9月，国家体育总局、教育部联合印发《关于深化体教融合、促进青少年健康发展的意见》，明确要求加强学校体育工作，树立健康第一的教育理念，面向全体学生，开齐开足体育课，帮助学生在体育锻炼中享受乐趣、增强体质、健全人格、锤炼意志，实现文明其精神、野蛮其体魄。

本教材是“医药高等职业教育公共基础课程规划教材”之一。本教材按照高职高专教育注重实践性和应用性的特点，根据《学校体育工作条例》《全国普通高等学校体育课程教学指导纲要》及《国家学生体质健康标准》的要求，紧密结合当前高校体育与健康教学的需要和改革的现状，以学生为本，从实际出发，努力确立以终身体育理念和技能为内容、以学生身心健康为目标的新型教学体系。力争改变单一课堂的狭隘课程教学模式，通过进行体育专项选项、拓展课外、社会和自然体育资源，积极引进学生喜爱的新颖项目。同时，充分考虑从学生个体需要出发，积极提高学生参与体育锻炼的主动性，努力使学生拥有掌握运动技巧和尝试成功的喜悦，注重培养他们体育学习的自主能力和创新能力，激发学生对运动健身的兴趣，为学生终身体育奠定坚实的基础。

本教材主要内容包括大学体育与健康导论、体育竞赛的组织与欣赏、运动保健与科学健身、体质健康与评价体系等基础理论，以及田径、篮球、排球、足球、乒乓球、羽毛球、瑜伽、体育舞蹈、健美操、武术、健身气功和休闲运动等项目的介绍。

本教材为书网融合教材，即纸质教材有机融合电子教材、教学配套资源（PPT、微课、视频、图片等）、题库系统、数字化教学服务。

本教材由王青、宋志明担任主编，各章编写分工如下：王青、李高萍编写第一章，李秀焕编写第二章，赵斌编写第三章、第四章，沈亮、宋志明编写第五章，谭明雅编写第六章，赵浩钧、车光跃编写第七章，王晓丽编写第八章，李秀焕编写第九章，高旻编写第十章，王青、朱丽丽编写第十一章，冯晨编写第十二章，田栋编写第十三章，戚建军编写第十四章、第十五章，王东编写第十六章。全书由王青统稿，数字化教材由王东统稿。

本教材可作为高职高专院校医药类各专业师生的教学用书，也可作为自主学习的指导用书，为培养高技能、职业性、应用型人才所需要的体育理论知识储备、身体素质储备、运动技能储备和岗位工作能力储备提供积极的服务。

本教材在编写过程中得到了全体编者及所在院校的支持，参考了部分有关著作和教材，汲取了很多精髓成果，在此一并表示衷心的感谢。受编者能力所限，加之高职高专体育与健康教学处于深化教学改革的过程中，不足之处在所难免，恳请广大读者批评指正，以便进一步修改完善。

编　者

2020年10月

目录

上篇　理论部分

下篇 实践部分

上　篇

理论部分

PPT

拓展阅读

第一章　大学体育与健康导论

学习目标

知识目标

1. 掌握当代体育的基本含义。
2. 熟悉亚健康的概念。
3. 了解体育运动对健康的影响。

技能目标

1. 学会选择符合自身职业特点的锻炼方式。
2. 能够依据自身状态进行亚健康自测。

第一节　体育与健康概述

体育是随着人类社会的发展而产生的，它既是人类社会的重要现象之一，又是健康的重要促进手段。“健康”一词大约产生于公元1000年，人类对健康的认识经历了“生物健康观—身心二维健康观—生物、心理、社会三维健康观”的转变。

一、当代体育概述

（一）体育的起源和概念

“体育”（physical education）是一个专业术语，作为人类的一种社会活动早已存在。在中国，“体育”一词是舶来品，是从西方国家引进的。据世界体育资料记载，“体育”一词最早于1760年法国报刊上一篇论述儿童身体健康教育的论文中出现，它的本意是指以身体活动为手段的教育，与现在国际上对体育的理解一致。“体育”一词于19世纪末20世纪初传入中国，指的就是身体教育。

随着社会进步和体育事业的发展，当代体育的含义和内容都超出了原来“体育”的范畴：狭义解释体育是以锻炼身体为基本手段，以增强体质、增进健康、提高运动技术水平和丰富社会活动为目的的一种有意识、有组织的社会活动；广义解释体育是指一切身体运动，如竞技运动、健身锻炼、消遣娱乐和棋牌游戏等。

从学校的教育来讲，体育与德育、智育、美育相配合，已成为教育的有机组成部分，它是有目的、有组织、有计划地促进身体全面发展，增强体质，促进身心健康，传授锻炼身体的知识技能与方法，培养道德品质和坚强意志的一个教育过程。

（二）当代体育的构成

当代体育由学校体育、竞技体育和社会体育三个基本方面构成。

1. 学校体育　以培养学生的体育意识、体育精神和体育技能为主，以增进学生身心健康和提高学生的体育素养为目标的文化过程，它是学校文化教育的一个组成部分。学校体育包含两种含义：①强健学生的身体；②通过体育教育使学生掌握健身方法，以便今后自己终身健身或指导他人健身。

学校体育的特点：根据受教育者身心发展特点和课程标准规定，有计划地开展丰富多彩的项目；教学方法形式多样，使学生在快乐中学，在快乐中用，在快乐中创造；学校体育符合学生年龄特点、竞技比重小、危险系数小和动作技术难度适中等。

2. 竞技体育　在最大限度地挖掘和发挥人在体力、心理、智力等方面潜力的基础上，以提高运动技术水平和创造优异运动成绩为主要目的的一种体育活动。体现的是人类在追求生命价值过程中不断验证自身极限的一种文化过程。

竞技体育的特点：充分调动和发挥运动员的体力、智力和心理等方面的潜力；具有激烈的对抗性和竞赛性；参加者有充沛的体力和高超的技艺；统一的规则竞赛具有国际性，成绩具有公认性等。

3. 社会体育　属于运动文化娱乐范畴，是指以健身、医疗、保健和娱乐为目的的身体活动。社会体育的范围极广，城乡各个地域，社会各个阶层、各种职业和各个年龄阶段的人群的体育活动无不囊括其中。

社会体育的特点：不受性别、年龄、职业和特质的影响，任何人都可以参与。以大众自愿参与为主，以强身、健体、娱乐、休闲、社交等为目的，遵循身体的生理规律和增进健康的科学原则，内容、方法和组织方式灵活机动，可因时、因地和因人而异等。

当代体育的三个部分既有区别又有联系。三者之间相互交叉、相互包容、相互渗透，共同构成了当代体育的整体。

（三）当代体育的功能

1. 强身健体功能　主要反映在健身、健美、益智、保健等方面。

（1）健身功能　体育是通过身体运动的方式进行的，它要求人体直接参与活动，这是体育最本质的特点之一。这一本质特点决定了健身是体育最基本的功能，或者是最重要的功能。

健身的主要功能：促进人体生长发育；提高运动能力；促进人体基本活动能力和身体素质的发展；提高人体的适应能力；防病治病，延年益寿。

高职院校学生在校学习期间，通过体育与健康教育，能比较系统地学习和掌握体育的基本知识、基本技术和基本技能，了解体育与健康赏识，掌握科学锻炼身体的基本方法，树立终身体育的思想，提高体育审美能力和体育文化素质，养成良好的锻炼身体习惯和卫生习惯，提高其生活质量。

（2）健美功能　人体以匀称的体形、线条明朗的体姿、刚健有力的躯体、饱满强壮的肌肉、充满生机的活力来显示自己的健美和力量。

健美的主要功能：发达肌肉，增长力量；增进健康，增强体质；改善体形、体态；调节心理活动，陶冶美好情操；提高神经系统机能，培养顽强的意志品质。

（3）益智功能　在体育运动时，人的视野开阔、听觉灵敏，极易捕捉瞬息万变的各种信息，提高中枢神经系统的转换速度和稳定性；同时，大脑皮层处于兴奋、抑制的交替过程中，有助于提高大脑的调节功能，从而使记忆、思维和创造等环节的功能有所改善，进而促进智力水平的提高。

（4）保健功能　通过身体锻炼可以改善和提高人的呼吸系统、循环系统、运动系统的功能，加速新陈代谢、吐故纳新，增强人的机体免疫力，防治疾病，延缓衰老，保持旺盛的体力和精力，延年益寿。有研究证明，经常锻炼的人在40～50岁时，身体机能仍相当稳定，即使到了60岁，其心血管系统的功能仍相当于20多岁不锻炼的人。同时，人们通过体育锻炼可以缓解心理压力，消除紧张情绪，调整心态，促进心理健康。

2. 社会功能　随着社会不断发展，体育的社会功能必将越来越多地被发现和应用，并更加出色地为人类的物质文明和精神文明的建设服务。它主要反映在教育、娱乐、经济和政治等方面。

（1）教育功能　纵观人类历史的发展可以发现，世界各国的历代统治者都把体育纳入教育体系之中。他们认为体育所具有的独特的教育功能，是其他教育所不能替代的。现在的体育教育，已不仅是为了促进身体发育，增强人民体质和掌握运动技能，而是要着眼于培养人们终身体育的观念、兴趣和习惯，以提高人类生活的质量和适应现代社会的需要。

（2）娱乐功能　丰富多彩、健康文明的余暇体育活动不仅能使人们在繁忙的工作和劳动之余获得积极的休息，而且能陶冶情操，愉快身心，培养高尚的品格。例如，现代都市生活使人与大自然远离，但参加户外体育活动可以调节生活，使人享受返回大自然的乐趣；随着工作和生活节奏的加快，体育锻炼有利于密切人际交往和享受集体聚会的乐趣；通过参与体育竞赛或从事一些惊险性体育项目，可以在向体力与自然的挑战中，体验创造人生价值的乐趣；经常欣赏体育比赛和表演，可以从运动员的高超技艺中得到美的艺术享受。

（3）经济功能

1）在大型比赛中获取经济效益　①出售体育比赛的电视转播权，体育竞赛的实况转播，目前已成为最吸引人，也是收费最高的节目；②发行纪念币，纪念币具有珍贵的收藏意义，必要时又有流通价值，因此备受收藏者和体育爱好者的欢迎；③发售体育彩票，体育彩票是吸引人们对体育比赛的关注度，提高上座率的一个重要手段，现已成为大型国际比赛惯用的增收措施；④组织门票收入；⑤收取广告费，在比赛场地设立广告牌，比赛中所用各种物品上安排广告等都是招揽生意、推销商品的极好机会。

2）在社会体育活动中发展体育经济　①提高体育设施利用率，如平时可开放体育设施，安排群众性体育活动，收取一定的费用；②经常举办热门比赛，以提高上座率，增加收入；③举办娱乐体育，如开办体育娱乐俱乐部或体育活动中心，以丰富群众现代生活，增加经济收入。此外，发展体育旅游、谋求赞助、发行体育邮票、开设体育资讯站等，也都是谋求体育经济效益、发挥体育竞技功能的重要内容。

3）刺激体育产业的发展　通过体育运动的发展刺激体育产业的发展，使体育器械、设备、服装等生产行业得到发展，为社会创造经济价值。

另外，通过体育健身还能有效地提高劳动者的身体素质，乃至整体素质，使他们能在体力、智力等方面适应工作环境和现代化的需要，提高劳动效率；能减少疾病给工作所带来的劳动损失，提高出勤率，减少医疗费用开支。

（4）政治功能　体育受政治的制约性很强，往往能影响体育的目的与任务；反之，体育又能影响和反作用于政治。具体表现在以下几个方面。

1）体育能为国争光，振奋民族精神　国际体育竞赛是和平时期国与国之间竞争的舞台，也是一个国家政治、经济、文化水平的窗口。因此，比赛的胜负直接关系到国家的荣辱，现代世界各国无不重视体育运动的政治意义。

2）体育能为外交服务　体育是超越世界上任何语言和社会交流障碍的国际语言，可以增进各国人民之间的了解和友谊，加强交流与合作，是文化交流的一种工具。

3）体育是促进政治团结的重要方面　体育运动的群众性能使人们在体育运动中加强人际交往，满足人们交往的需要。体育有一种内聚力，可以提高一个团队的向心力，促进团结。一个国家的体育竞赛可以促进国内的政治稳定、民族团结和爱国热情。

二、当代健康新理念

（一）健康的概念

健康是我们人类和每一个个体通过自己的努力创造出来的，是一个动态的过程。以往，由于受传统观念和世俗文化的影响，往往将健康单纯地理解为“无病、无残、无伤”。早在古希腊时代，医生就相信健康是身体的完全平衡。我国《辞海》中，将健康定义为“人体各器官系统发育良好，功能正常，体质健壮，精力充沛，并且具有劳动效能的状态。通常用人体测量、体格检查和各种生理指标来测量”。在美国也有类似的叙述，健康专家贝克尔认为，健康是“一个有机体或有机体的部分处于安宁状态，它的特征是机体有正常的功能，以及没有疾病”。然而，随着社会的发展和科学技术的进步，人们完全突破了原先的思维模式，对健康的概念有了新的认识。

世界卫生组织（World Health Organization，WHO）于1948年6月24日成立，现在有正式会员国194个。1945年，在美国旧金山举行的联合国国际机构会议上，由中国和巴西提出建立国际卫生组织的倡议，获得一致同意。1948年4月7日，WHO章程正式生效，从此每年这一天定为“世界卫生日”。WHO将健康定义为“健康不仅是免于疾病和虚弱，而且是保持身体上、精神上和社会适应等方面的完美状态”。从而明确地将人类的健康与生理的、心理的及社会的因素联系在一起，形成了全新的生物、心理、社会的医学健康模式。

（二）健康的内容

健康是人的基本权利，是人生最宝贵的财富之一；健康是生活质量的基础；健康是人类自我觉醒的重要方面；健康是生命存在的最佳状态。多年来，人们对健康内涵的理解不断深化，改变了健康的唯生物医学含义，把对健康的认识拓宽到生理、心理和社会学领域，甚至还涉及道德与生殖健康等内容。

1. 生理健康　早期医学对疾病和健康的看法，更多的是强调自然界对人体生理和病理的影响。尽管最初的医学全力以赴地研究由自然因素引起的健康受损，但仍无法对生理性疾病进行有效控制。面对肆虐的瘟疫、疾病等灾难，致力于生理健康的医学却始终显得束手无策，直至20世纪中叶，防治生理性疾病已成为医学界最重要的任务之一。

2. 心理健康　随着诊断学的发展，医学专家惊人地发现：经现代医学检查，有50%~70%的人都有心理异常表现，这些人尽管未达到求助医生诊治的程度，但一旦环境稍有变化或精神受到某种刺激，健康就会受到威胁。特别是当发现利用许多医学常规手段无法解决由精神引发的疾病时，医学研究开始根据人的社会属性又提出了“生物－心理－社会”医学模式，从而把社会环境引起的心理活动也包括在健康诊断之中。

3. 社会适应 对健康的影响是综合性的，主要来自社会环境因素，具体包括社会为人类日常生活提供的衣、食、住、行等物质条件，也受社会制度、文化传统、经济发展及与之有关的其他因素的制约。人们为适应社会环境，势必要学会选择适合自我的价值观，并有效建立起能促进个人发展的社会关系，以便能够按社会运行法则处理好个人和社会条件之间的矛盾。

4. 道德健康 人的一种“本质力量”，通常是指处在一定社会环境的人在互相交往时要遵守一定的社会规范和行为准则。它侧重健康的维护和促进。个人道德健康不仅要对自己的健康负责，而且要对他人的健康负责。

5. 生殖健康 WHO 的生殖健康的定义：人类在整个生命过程中，与生殖有关的一切活动，应在生理、心理和社会适应等方面处于良好的健康状态。生殖健康除需建立正确的性观念、避免婚前性行为和未婚先孕、人工流产以及做好性病与艾滋病的防治工作外，还涉及避孕节育、妇产科疾患、不孕不育、男性科疾患、夫妻性生活指导等性保健知识的教育。

三、亚健康概述

WHO 认为世界上真正健康的人仅占 5%，患有疾病的人占 20%，而 75% 的人则处于亚健康状态。“亚健康”一词最早由苏联的 N·布赫曼提出，20 世纪 90 年代中期我国学者提出了“亚健康状态”。

亚健康状态是指机体虽无明确的疾病，却呈现生活能力降低、适应能力呈不同程度减退的一种生理状态，是由机体各系统的生理功能和代谢过程功能低下所导致的，介于健康与疾病之间的一种生理功能低下的状态，国外也称“第三状态”或“灰色状态”。

目前认为，亚健康状态的范围很广，躯体上、心理上的不适应感觉，在相当长时期内难以确诊是哪种疾病，均可概括其中。“亚健康”状态是动态的，它既可能发展为第二状态——生病，也可通过心理、生活行为方式改变和体育疗法、药物疗法等恢复到第一状态——健康。因此，亚健康状态的人群也是在不断变化的。从预防医学、临床医学，尤其是精神及心理医学的临床实际工作中发现，处于这种状态的人群数量很多。

（一）亚健康产生的原因

危害健康的行为或生活方式，是构成亚健康状态的主要原因，体现在以下几个方面。

1. 心理失衡 高度激烈的竞争，错综复杂的各种关系，使人思虑过度，不仅会引起睡眠不良，甚至会影响人体的神经体液调节和内分泌调节，进而影响机体各系统的正常生理功能。

2. 营养不全 现代人饮食往往热量过高，营养素不全，加之食品中人工添加剂过多，人工饲养动物成熟期短、营养成分偏缺，造成很多人体内重要的营养素缺乏和肥胖症增多，机体的代谢功能紊乱。

3. 环境干扰 噪声、车辆增多、空气污染以及人口增加等原因，使很多居住在城市的人群生存空间狭小，对人体的心血管系统和神经系统产生很多不良影响，使人烦躁、心情郁闷等。

（二）亚健康状态的主要表现

人体脏器功能下降，身体和精神上感觉不适，症状可以单一出现，也可以合并或交替出现。主要可分为身体亚健康和心理亚健康。

1. 身体亚健康 由于身体亚健康的体征表现较容易为个体自身所体验和理解，也容易为他人所识别，所以，首先引起人们注意的便是个体身体的亚健康。个体身体亚健康的主要表现，就是个体总感到身体有些不舒服。

身体亚健康的表现形式：乏力困倦、肌肉酸痛、失眠憔悴、周身不适、头痛头晕、胸闷心悸气喘、功能下降、功能紊乱、便秘腹泻等。处于亚健康状态的人，经常感到体力不支，容易疲乏和困倦，缺乏活力和朝气。他们变得不想多动，严重的连轻松的散步也不太情愿。于是，变得越来越“懒”，不愿多走路，不愿多干活，脚步越来越沉重。没走多少路，没干多少活，就气喘吁吁，大汗淋漓，头晕眼花。整天觉得头脑不够清醒，迷迷糊糊，总有睡意。

2. 心理亚健康　复杂的心理活动是人与动物的显著区别，也是人与人之间相互区别的一个依据。健康的心理是人们健康生存发展的保证，而亚健康心理则是人们走向失败甚至犯罪的内在根由。因此，保持健康的心理尤为重要。

心理亚健康的表现形式：总感到烦躁、易怒、恐慌、焦虑、妒忌、抑郁，注意力不集中、记忆力下降、反应迟钝以及神经质等。心理亚健康是随着个体的身体状况，个体所处时间、地点、条件、境遇的不同而不断变化的。导致心理亚健康有多种原因，主要有个性人格不健全、生活事件的打击、周边人际关系不如意等。心理亚健康状态的存在和发展，客观上影响着人们的人生态度和人生实践，使人们的生活和实践表现出明显的片面性，对自己、对社会都有损害。

（三）亚健康状态的自我检测

由于亚健康状态是介于健康状态和疾病状态之间的一种游离状态，所以对它的诊断很难界定。对此，专家罗列出30种亚健康状态的症状以供人们做自我检测。如果在表1－1的30项现象中，有6项或6项以上状况符合，则可视为亚健康。

表1－1　亚健康状态自测表

症状	有	无	症状	有	无
1. 精神紧张，焦虑不安			16. 局部麻木，手脚易冷		
2. 孤独自卑，忧郁郁闷			17. 掌腋多汗，舌燥口干		
3. 心慌心悸，心律不齐			18. 自感低烧，夜常盗汗		
4. 耳鸣耳背，易晕车船			19. 腰酸背痛，此起彼安		
5. 记忆减退，熟人忘名			20. 舌生白苔，口臭自生		
6. 兴趣变淡，欲望骤减			21. 口舌溃疡，反复发生		
7. 懒于交往，情绪低落			22. 味觉不灵，食欲不振		
8. 常感乏力，眼易疲劳			23. 反酸嗳气，消化不良		
9. 精力下降，动作迟缓			24. 便稀便秘，腹部饱胀		
10. 头昏脑胀，不易复原			25. 易患感冒，唇起疱疹		
11. 体重减轻，体虚力弱			26. 鼻塞流涕，咽喉疼痛		
12. 不易入眠，多梦易醒			27. 憋气气急，呼吸紧迫		
13. 晨不愿起，昼常打盹			28. 胸痛胸闷，心区压感		
14. 肢体酥软，力不从愿			29. 注意力分散，思考肤浅		
15. 久站头晕，眼花目眩			30. 遇事激动，无事自烦		

知识拓展

影响健康的因素

人体健康是由多种因素决定的，大学生应以科学的健康观为指导，树立健康意识，自觉遵守社会公德，养成良好的行为和生活方式，这样才能促进自身或群体健康状况的不断改善。影响健康的因素主要有以下几方面：环境因素；行为和生活方式因素；生物遗传因素；心理因素；公共医疗卫生服务水平；营养因素。

目前，医学专家对亚健康的研究尚处于起步阶段，还有待于进一步探索。我们现在最好的做法就是，通过改变自己行为或生活方式摆脱亚健康的困扰。譬如，保证合理的膳食和均衡的营养；调整心理状态并保持积极、乐观；及时调整生活规律，劳逸结合，保证充足睡眠；增加户外体育锻炼活动，每天保证一定运动量等，即形成健康的生活方式。

第二节　体育运动对健康的影响

一、体育运动与人体机能

人体由神经系统、循环系统、呼吸系统、运动系统、消化系统、泌尿系统、肌肉系统、骨骼系统等组成。体育运动是通过人体各器官系统协调配合所完成的，同时，适当的体育运动可以对各器官系统产生良好的影响，具体表现如下。

（一）对神经系统的影响

1. 改善神经系统的调节功能　体育锻炼能提高神经系统对错综复杂环境的判断能力，并及时做出协调、准确、迅速的反应。

2. 均衡发展神经系统的兴奋性和抑制性　运动时交感神经系统兴奋，神经系统兴奋性提高；运动结束后，神经系统兴奋性降低，抑制性增强。因此，体育运动是一种积极的休息方式，它可使兴奋与抑制的转换能力增强，神经系统的灵活性提高；可使紧张的大脑皮层得到休息，紧张的情绪得以放松，劳逸结合，从而大大提高学习效率。

（二）对循环系统的影响

1. 血液供应增加　运动时全身肌肉参与工作，血液循环明显加快，血液量增加，大脑得到充足的血液供应。同时，通过体育锻炼可以降低血液中易沉积于血管壁而导致动脉硬化的低密度脂蛋白的含量，提高清除胆固醇的高密度脂蛋白的含量，这对预防血管硬化十分有利。

2. 窦性心动徐缓　运动时特别是长时间小强度的体育活动，可使人体安静时的心率减慢，这种现象称为窦性心动徐缓。窦性心动徐缓现象被认为是机体对体育锻炼的适应性。而心率的下降可使心脏有更长的休息期，以减少心肌疲劳。

3. 每搏输出量增加　正常人每搏输出量为50～75毫升，而经常参加体育锻炼的人或运动员每搏输出量要比正常人高，其原因在于心脏收缩力强，心室容积大。每搏输出量增多，意味着心脏有更多的血液供应，心脏可得到充分休息，从而能更好地、更长时间地坚持工作。

4. 心肌增厚　运动时大量的氧气和营养物质被源源不断地输送到肌肉内，以满足肌肉收缩的需要。经常参加体育锻炼的人，可使心肌力增强，心脏体积和容积增大。

5. 血管弹性增加　随着年龄的增加，血管壁弹性会逐渐下降，进而可诱发高血压等疾病。通过体育锻炼可增加血管壁的弹性，预防或缓解高血压等病症。

（三）对呼吸系统的影响

1. 呼吸加深　体育锻炼能使膈肌、腹肌、背部肌肉因为呼吸加深而得到锻炼。

2. 肺活量增大　一般成年男子的肺活量为3500～4000毫升，女子为2500～3000毫升，而经常参加体育锻炼的人比一般人的肺活量大1000毫升左右。不经常运动的人，呼吸肌不发达，肺活量小，其中有一部分肺泡没有参加呼吸，存在肺泡的“死角”；而经常参加体育锻炼的人，肺脏能扩大到最大限度，肺活量大。游泳、滑雪等项目运动员的肺活量不但明显大于一般人，也大于其他项目的运动员。

3. 形成更高效节能的条件反射　一般人的呼吸浅而快，每分钟为16～18次；而经常锻炼的人呼吸深而慢，每分钟只有12～14次。由于呼吸节奏减慢，肺活量增大，吸入同样的氧气，经常锻炼者就有充裕的时间使呼吸肌得到休息，当身体需要大量的氧气供应时，就能吸入足够多的气体，发挥潜力。

（四）对消化系统的影响

长期坚持体育锻炼，能使胃肠功能得到进一步加强和改善。体育锻炼对消化不良、胃肠功能紊乱者，也能起到药物所不能发挥的作用。但任何运动都要加强科学性。运动的时间、内容以及强度的大小，都要根据个人的具体情况合理安排。众所周知，饭后不宜剧烈运动，因为剧烈运动时，肌肉需要大量的血液供应，在神经系统的调节下，内脏的血液供应相对减少，胃肠功能也因供血减少而降低活动能力，蠕动变慢，消化液分泌减少，食物的消化和吸收功能大受影响。胃肠功能有障碍的人，适宜参加一般的体育锻炼，以增强腹肌的收缩力和膈肌的上下活动，这有利于肠胃蠕动，促进消化液分泌，改善肠胃的血液循环，对缓解习惯性便秘也有益。

（五）对泌尿系统的影响

人体活动是一个全身各系统综合活动的结果，身体内部的新陈代谢产物将通过泌尿系统排出体外。体育锻炼时，全身各器官的活动都会被加强，由于新陈代谢旺盛，会产生大量的废物（如乳酸、尿素、尿肌酐以及脂肪的代谢产物酮体等），这些废物通过血液循环，经肾过滤后排出体外。全身各个系统在中枢神经的支配下，总是保持一个恒定的动态平衡，如在运动时，从皮肤、呼吸道丢失大量的水分，汗液中也带走大量的盐分，而且排尿量减少。肾脏根据体内的需要和酸碱平衡而增多或减少排泄量，以保持体液浓度正常的比例关系。正是这种过滤、重吸收、排泄活动，增强了肾功能。体育锻炼可以增强肾对维持体内酸碱平衡、体液平衡的功能，对排出新陈代谢产生的大量废物，都有极重要的意义。

（六）对肌肉系统的影响

1. 肌纤维变粗　肌肉如果长期处于不活动状态，会导致肌肉萎缩，全身无力。一般的肌肉活动，仅能维持正常的生活需要，如要使肌肉强壮有力，需要有意识地加强体育锻炼。长期坚持体育锻炼，会使毛细血管扩张，肌纤维变粗，肌肉变得粗大有力。

2. 肌肉“超量恢复”　当活动达到一定程度时，肌肉内疲劳产物堆积，能源匮乏，肌肉就会产生疲劳，工作能力开始下降。经过适当休息后，肌肉内能源物质很快得到补充，肌肉工作能力也得到恢复。恢复后的肌肉工作能力要超过锻炼前的水平，这在理论上称为“超量恢复”。体育锻炼能促进肌肉“超量恢复”，缩短肌肉疲劳间隔，使肌肉疲劳在短期内得到恢复。通过体育锻炼，不但肌纤维会逐渐增加，其存储量的能力提高，肌糖原的储备增加，毛细血管的数量增多，肌纤维和肌腱与骨骼的连接也更为牢固，能承受更大的牵拉力。

（七）对骨骼系统的影响

1. 促进骨骼的生长和发育 体育锻炼可使骨密质增厚，骨骼直径增粗，使骨骼有较强的坚韧性和抗受力。体育锻炼对骨骼有很好的重力刺激作用，可以减少或防止钙从骨中向外逸失，推迟骨骼的退化和脆变。这对正处于成长过程中的大学生有着重要意义。

2. 保护骨关节 体育运动使肌肉力量得到增强，对骨关节有保护作用，并可分散外力对骨骼的直接撞击，具有缓冲减震作用，从而减少发生骨折的机会。

3. 促进钙的吸收 体育锻炼时，骨骼受肌肉的牵拉活动及骨骼与地面机械性撞击的刺激，有助于增强钙的吸收。选择快步走、跑步、跳绳及各种球类运动等撞击性运动项目，有助于增强钙的吸收。

二、体育运动与心理健康

我国心理学家提出的心理健康标准如下：智力正常；能够正确表达和调节自己的情绪；保持人格的完整与健康；具有正确的自我观念和恰当的自我评价；意志健全；能够从心理上接纳自己；行为符合公认的行为规范；具有良好的人际关系；能积极主动地适应新环境，调节、平衡各方面的心理冲突。适当的体育运动可以对心理健康产生良好的影响，具体表现如下。

（一）有助于智力的发展

1. 为大脑提供能源和营养 大脑是心理的器官，人的心理健康如何，与大脑有直接的关系。研究发现，喜欢运动的人每立方毫米血液中的细胞比一般人多 100 万 ~150 万个，血液循环量也比一般人高出 2 倍，新增加的红细胞和血循环量能够向大脑组织提供更充足的氧和营养。

2. 防止大脑过度疲劳 美国神经病学家弗雷·盖奇说：“由于我们现已知道人类大脑也会长出新细胞，因此奔跑或其他一些运动可能也会促使人类脑细胞的生长。”另有实验表明，运动后，脑组织中的核糖核酸会增加 10% ~12%，核糖核酸能促进脑垂体分泌神经激素（多肽组成的新蛋白质分子），有人称之为“记忆分子”，这种物质对促进人的思维和智力大有益处。研究表明，一般人从感受到信号（如见到光或听到声音），再到立即做出反应的时间约需要 0. 305 秒，而经常参加体育锻炼的人只需要 0. 12 ~0. 15 秒。

（二）能够促进坚强意志品质的形成

1. 促进意志品质发展 体育活动的竞争性决定了参与者必须勇敢、顽强，并达到某一级运动水平或锻炼标准，在行动中果断做出决定，而这一过程则要求参与者付出努力与汗水，有时还需克服恶劣的环境。体育活动的多样性也为全面培养学生的意志品质提供了极为有利的条件。体育活动的激烈与艰辛，使参与者必须承受一定的生理负荷和心理负荷，对磨炼人的意志有较强的作用。

2. 促进良好意志品质形成 良好的意志品质对人的活动效果具有重要的意义，体育锻炼是培养良好意志品质的有效手段。通过需要克服生理极限的、持久性的项目（游泳、长跑、越野赛、远足等)，锻炼学生坚忍的意志品质；通过需要默契配合的球类项目（篮球、排球、足球等)，锻炼学生果断的意志品质；通过需要腾空或跨越障碍的有一定危险性的项目（体操、跨栏等)，锻炼学生勇敢的意志品质。因此，体育锻炼有助于磨炼学生的意志，能培养学生积极进取、勇于探索和克服困难的精神，并能有效培养学生吃苦耐劳、坚忍不拔、果断勇敢、持之以恒的优良意志品质。

（三）能够缓解情绪

1. 克服负面情绪 负面情绪是指一些不愉快的情绪，如抑郁、焦虑、自卑等。抑郁是以压抑占主导的情绪状态，而体育运动是以兴奋和充满活力为特点的活动。因此，后者会对前者产生积极的效果。由于体育运动融游戏、竞赛、艺术和娱乐于一体，它特有的娱人娱己功能十分明显。体育的娱乐功能一般是通过参与和观赏体育这两个途径来实现的，人们通过体育活动，特别是那些自己喜爱和擅长的运动项目，在与对手的拼搏中，在与同伴默契的配合及征服自然障碍后，会得到一种非常美妙的快感和心理上的满足。

2. 宣泄法不良情绪 体育运动调节治疗心理障碍的手段又可称之为运动治疗宣泄法。在激烈紧张的现代社会生活中，社会虽然为人们创造了广阔的行为空间，但人与人之间的关系却日益淡漠，在紧张的工作节奏和繁忙的生活压力下，人们背负着越来越沉重的心理负担，心灵空间也变得更加狭小和闭塞。人类需要一定的宣泄以求得心理健康，最佳的方法就是体育运动。在德国，政府就是采取引导青少年将过盛的精力用于体育运动的措施，以减少青少年社会犯罪。体育运动的刺激性、放纵性、宣泄性和冒险性，使它成为宣泄情感、净化心灵的最佳途径之一。

（四）能够促进人际交往

1. 培养和谐的人际关系 体育锻炼能增加学生的人际交往，提高学生的社会适应能力。随着社会经济的发展以及生活节奏的加快，许多人越来越缺乏适当的社会关系，人与人之间关系也趋向冷漠。体育活动是促进人与人之间相互交往的很好方式，能增加人与社会的联系。通过参加体育锻炼，可丰富个体的生活方式，有利于消除工作、学习和生活等带来的诸多烦恼，消除精神压力和孤独感。同时，在各种锻炼中还可以促进社会交往，增进友谊。在体育活动中，学生以个体或群体的形式参与各种活动，通过互相接触、切磋、合作、对抗等，人际关系的交流更直接、更广泛，容易形成一个特定的课堂社会。在这个特定的课堂社会中，个人之间、集体之间发生着频繁而激烈的思想和行为上的交锋，使参加者会经常碰到如何处理人际关系的问题，如当对方犯规时，是大方宽容，还是斤斤计较等。经受了这些考验，能使学生在各种场合下妥善地处理好人际关系，从而发展社交能力，提高灵活应变能力。

2. 产生亲近感 体育活动可以通过手势、表情、身体动作等进行交往而不一定以语言为媒介，学生随着体育活动直接或间接地沟通和交流，在不自觉中就会产生亲近感，并会获得较高的安全感和自信心。尤其是在一些集体项目中，良好的团队协作精神往往是比赛获胜的基础。所有这些都能使学生的交往能力得以发展，人际关系得到改善。

（五）能够培养个体健全的人格

人格的形成及发展与人的行为活动密不可分。在体育活动中，人是活动的主体，并拥有一个较为广阔的空间领域，思维活动与机体活动紧密结合，有利于人格的显示和发展。在各种体育比赛中，比赛时的代表身份，最后的胜负往往不仅关系到个人的得失，而且涉及集体，甚至国家的荣誉，因而可以培养人们的责任心、使命感和爱国心。面对比赛过程中的层层选拔，面对更强对手，只有不断超越自己和对手，才能技压群芳，胜人一筹，因而可以增强参与者的创新意识。活生生的比赛经历使参与者深深懂得，队员们的密切配合、后勤人员的辛勤劳动以及同伴和广大体育迷的热情鼓励，是胜利的保证，因而可培养参与者的集体主义和团结协作的精神。严格的比赛规则和裁判员铁面无私的执法，可以引导参与者养成维护道德规范，遵纪守法的美德。不管是大众体育、竞技体育，还是学校体育，任何人只要投身进去，就必然受上述意志和精神的熏陶，经过身体力行和耳濡目染，久而久之就必然养成良好的意志和精神。所以，体育活动可以培养个体积极主动、乐观豁达、活泼向上的个性，促进人格的全面发展。

三、体育运动与社会适应

社会适应是指个人或群体调整自己的行为，以适应所处社会环境的过程，它有别于生物适应自然环境的过程。人能否适应社会，是决定一个人事业成功的关键。不管拥有多少知识，不管具备多么强的业务能力，还是具有多么高的报国之志，如果不具备适应社会的能力，终将无缘成功。体育运动以其自身的特点，对提高人的社会适应性产生着积极影响。

（一）促进协作意识和协作能力的形成

1. 促进协作意识的形成 协作意识是体育意识的基本内容之一。协作即协同配合、齐心协力。坚强集体的力量是巨大的。而坚强集体的形成和保持，则取决于每一个成员是否具有强烈的协作意识和群体精神。体育运动的集体性特点，为培养学生的协作意识、群体精神提供了有利条件。不管是以个人参赛、团体排名的田径和游泳，还是以不同位置成员联合组成阵型的足球、排球和篮球比赛都是如此。体育运动决定了参与者必须以高度的协作意识和熟练的协作行为，承担起参赛角色的权利、义务和责任。曾经夺取“五连冠”的中国女排，论个人技术和身体条件并不强于当时的美国、苏联和古巴，而她们能够获胜的关键是依赖于队员之间、队员与教练之间的密切协作，从而形成势不可当的集体力量。由此更进一步证实，体育需要集体力量，需要协作，而体育本身也蕴藏着协作的因素。

2. 促进协作能力的提高 协作能力的高低，是科学技术飞速发展、知识爆炸时代，个人用有限的精力和时间，去完成无限的工作或事业能否成功的基本能力之一。目前各学科既高度分化又相互渗透，既高度综合又纵横交错，各项科学研究和研究成果的形成，也越来越趋向于向学科交叉综合的方向发展。因此，要求每一个参与者都必须具备与他人协作的能力。体育锻炼以其特有的交往方式，培养着每一位锻炼者的协同配合能力、待人接物能力、豁达坦荡的心胸和忍辱负重的涵养。在人际交往中，良好的协作能力是奠定人们走向未来成功的阶梯和基础。

（二）培养社会需要的个性

个性是指个人在自身生理和心理素质的基础上，在一定社会环境条件下，通过实践锻炼和陶冶，逐步形成的观念、态度、习惯和行为。它是一个人比较稳定的心理素质和社会行为特征的总和，是一个人能否适应社会或能否被社会接受的关键因素。

1. 对人的个性形成具有调整功能 体育锻炼需要有体力、智力、情感和行为的参与，同时还要求参与者有较高的体能和技能的投入。因此，在参加每次的体育锻炼中都要求参与者挑战自己，向更高的目标迈进。正是由于这一过程和感受的出现，使得每一位锻炼者在锻炼过程中有许多机会发现自己个性中的优点，找到自己的不足，并决定采用何种方式巩固提高自己的长处，克服改进自己的短处。大学生可以通过体育锻炼形成正确的自我意识、自我发现和自我改造的过程，进而形成和发展个性以及实现人的社会化过程。

2. 对人的个性形成具有约束作用　每一位参加集体项目的人，都不同程度地接受着团队活动的约束与限制，接受着团队活动的督促与激励，也就是说，体育锻炼促使每一位参加者不断适应群体的需要。其中不仅是技术的、技能的，还包括精神的。优异者将得到赞扬和激励，反之，则会受到贬斥和忽视。体育锻炼者正是为了取得与自己相适应的地位而不遗余力。在群体活动中，不遵守群体规范的行为，可能要受到比较严厉的制裁或惩罚。为了与群体保持一致，体育锻炼者总是心甘情愿地接受来自群体的约束。这些约束迫使成员不得不改变自己的某些特性。

3. 使人养成积极向上的个性　在体育活动中的积极主动性对参与者个性的形成所起的作用更加明显。锻炼者可以在自我意识的调整下，表现出更主动、更积极、更自觉的锻炼需求，并以此达到增强体质和提高技能的目标。但是，目标的实现，还必须依靠重复的努力和持久的练习，即在日复一日、年复一年的艰苦磨炼中，不断提高自己的技、战术水平。这种顽强、拼搏、进取的精神，对个性的形成与发展具有积极的意义。

4. 培养人具有丰富情感的个性　体育运动给人们提供的情感体验是复杂多样的。体育活动的自我意识感、群体约束感和主动积极感，激励着参与者以高度的责任感与同伴合作；以约定俗成的道德规范着自己的行动；以执着的追求感，驱动着自己竭尽体力、技术和全部能力实现自己奋斗的目标；以复杂而快速的转移感，体会成功的欢欣或失败的痛苦。

（三）培养胜任社会角色的能力

社会结构中，需要由各司其职的多种特定权利、义务和行为规范的人员组成。每一个社会角色，都代表着有关的行为期望与规范。体育运动场合，恰好能为人们学习社会角色提供优越的环境与适宜的条件，可为人们提供尝试社会角色的各种机会。所谓体育运动中的角色，是指个人在由体育而结成的社会关系中所处的地位和承担的职责。这种角色有其权利、义务和相应的行为。比如，在篮球课上的教学比赛，两队各自的中锋、前锋和后卫等各个角色，都是在自己所处的位置上，通过与该位置相适应的角色行为而产生相互的社会关系。再比如，足球守门员和场上队员，由于角色不同，守门员可以在规定的区域内用手触球，而场上其他队员则不能用手和手臂触球。场上队员只要不与守门员交换身份，就没有在该规定区域内用手触球的权利与义务。另外，权利与义务又伴随着行为过程而发生。所以这个权利、义务与行为的总体构成了指定的角色。在由体育而结成的社会关系中，每个角色都有获胜的权利、获取嘉奖的权利和按照规则采取技术动作的权利。同时也有遵守体育规范、道德规范和技术规范的义务。运动场景在许多时候都是通过角色学习出现的。

同时，群体内的每个角色或位置，又是相互关联的。群体的目标实现，是以每个成员的能力被群体成员接受为前提的，也检验和督促每个角色能力的提高。使得每个成员在群体的关联中获得信赖，并决定每个角色的地位。通过体育角色的学习，可以使练习者懂得社会角色是与人们的某种社会地位、身份相一致的权利、义务的规范与行为模式，也可使练习者体会到经过个人努力是可以成功扮演各种角色的，从而体验到人的主观努力是改变社会地位的重要途径。

（四）培养适应社会的生活方式

进入21世纪后，随着生产方式的根本转变，由高科技开创的文明与繁荣，使人们的生活水平有了很大的提高。同时，尽管空闲时间不断增多，但由于劳动性质改变、生活节奏加快与人际关系复杂化等因素，导致现代文明病多有发生。基于这种现状，为了防止体力衰退，提高生活质量，人们急需选择文明、和谐、健康、活泼的生活方式去善度余暇。人们在对各种活动方式进行认真比较之后，更寄希望于丰富多彩的体育锻炼，把它作为现代生活方式的一种重要手段。

面对现代生活节奏加快的不可逆转性，为了解决身体对社会的不适应性，人们通过体育锻炼掌握运动技能，并以这种快速、敏捷的活动方式，提高人体对快节奏生产、生活的应变与耐受能力；为了消除精神对社会的不适应性，人们通过户外运动拓宽生活领域，并以这种回归自然本原的活动方式，克服对快节奏生活的抵触、恐惧和焦虑等心理障碍。正是由于体育锻炼的这种特性，才使它在现代化生产劳动中，能够预防和消除许多精神和肉体的不适应。

实践证明，体育锻炼能够抑制焦虑和克服消极情绪，对自我肯定和情感激励具有的积极作用。体育锻炼还能够培养团结协作、改善人际关系，在转移受压抑、挫折心境时能起到良好作用，这为建立体育生活方式、增进身心健康、适应生存竞争和享受生活乐趣提供了科学依据。

第三节　高职体育与健康

一、高职学生的身心特点

（一）生理特点

高职学生的年龄大体在 17 ~ 22 岁，这个阶段学生的身体形态、生理功能、身体素质和心理素质的发展日趋成熟，并且具有明显的年龄阶段的特点。

1. 身体形态　身高和体重是身体纵向和横向发育的基本特征。我国男大学生平均身高为 173 厘米，女大学生平均身高为 159 厘米。一般男生 19 岁、女生 17 岁以后，身高的增长已经十分缓慢，此时下肢骨化已基本完成，身高的增长仅仅靠脊柱的缓慢发育而微量增长。身高的发育主要受遗传基因的影响，此外，还受环境因素、生活条件、营养状况和体育活动水平等影响。我国 18 ~ 25 岁的男性体重均值为 58. 5 千克，女性体重均值为 51. 5 千克。一般男生 20 岁、女生 18 岁后，体重的增长趋于稳定。大学生的其他形态指标，包括第二性征、胸围、头围、肩宽、骨盆宽等生长指标也基于稳定。

高职学生年龄段已经处在青春后期，但仍保留青春期的一些特征，即发展的不平衡性和不稳定性，他们的生理可塑性还很强，因此，高职学生必须重视全面的身体锻炼。

2. 生理功能　大学阶段神经系统在生理发育上基本达到成人水平，第二信号系统迅速发展，第一和第三信号系统的活动相互关系更为完善，第二信号系统逐渐占据主导地位。这个时期，学生神经系统的结构和功能均已达到最佳状态，表现为学生观察能力强、分析与综合能力迅速提高。但是，此年龄阶段由于内分泌活动活跃，性腺活动增强，神经系统的功能还不够稳定，表现为兴奋性高、容易疲劳、容易激动，但恢复较快。

高职学生心血管系统发育日趋完善，形态与功能接近成年人水平。心脏收缩能力提高，心血管功能不断增强，具有较强的代偿能力和适应能力，可以承受较大的运动负荷。

随着胸围、胸腔的扩大，肺活量增加，呼吸频率相对减少，高职学生的呼吸系统发育日益完善。一般女生 19 岁、男生 21 岁时肺活量增长趋于稳定。我国男大学生的肺活量一般为 3800 ~ 4400 毫升，女生为 2700 ~ 3100 毫升，具备了发展耐力的生理基础，可进行有氧耐力的练习，以增强心肺功能。

3. 身体素质　一般来说，到 19 岁以后，无论是男生还是女生，在力量、速度、耐力、灵敏性和柔韧性等方面的素质均已达到或接近人生的顶峰状态。在大学年龄阶段，仍应加强身体素质的全面锻炼，使身体器官的功能在顶峰时期保持较长时间，减缓其因年龄增长而引起的自然下降，使自己拥有强健的体魄和旺盛的精力。

（二）心理特点

由于年龄因素，高职学生心理以不成熟、不稳定、不平衡为主要特征，其中，自我意识的骤然增强是核心问题。围绕这一核心问题，高职学生的认识、情感、意志、个性等主要心理过程和心理特征处在一个动态的调节过程之中，并且由过去的被动性调节变为主动自我调节，因而其心理变化是一生中最复杂、波动最大的时期。其特点如下。

1. 自我意识突出　由于开始走向大学生活，摆脱了对家庭、学校的依赖，强烈地要求重塑自我，增强了成人感、理智感和自信心。思维活动已经脱离了直接形象和直接经验的限制。所以这个时期学生有较强的抽象概括能力并能形成辩证逻辑思维，但发展水平参差不齐，有的表现为自负自尊，有的也易受情绪左右。

2. 情绪激烈复杂　高职学生正处在风华正茂之时，是体验人生感情最激烈的年龄。男生存在好奇、好胜、好表现的心理特征，希望通过体育锻炼表现自己的勇敢精神和力量，使自己的体态更健壮，增加气度。女生的心理变化，从天真、淳朴、直率变得温柔、含蓄、好静、好美，她们不喜欢参加激烈和负重较大的运动。高职学生已经逐渐学会了控制和调节自己的情绪，外部表现和内心体验不一致，表现出“闭锁性”和“掩饰性”，情感变得日臻丰富、复杂。

3. 意志力增强　高职学生的意志力明显增强，能主动、自觉地克服困难，在行动中清晰地意识到自己行动的目的性和社会意义。但在果断性和自制力发展上比较缓慢，表现出优柔寡断、动摇不定、分不清主次和事情地轻重缓急，或草率、武断，经不起心理挫折。

4. 性格基本形成　由于高职教育阶段学生的个性倾向日趋形成，自我意识不断发展，高职学生的性格基本形成并比较稳定。对待现实所持的一贯态度和较稳定的行为方式，是高职学生性格的主导方向。它突出体现高职学生个体的本质，在性格、意志、理智、情绪等方面，他们也表现得逐渐稳定并能自觉地培养良好的性格。但是，高职学生的性格发展尚不成熟，性格结构的四个部分也不协调，所以，渴望成才的他们，还必须自觉地进行良好性格的自我教育和自我锻炼，为成才创造良好的主观条件。

体育与健康教育不仅是发展高职学生体质的需要，也是他们发展心理、实现自我完善的需要。针对高职学生年龄阶段心理不成熟、不稳定和不平衡的主要特征，以及在他们培养自我意识、情感、意志、性格等方面的需要，开展校园体育活动，组织高职学生参与或观赏各种形式的体育活动。在体育活动的人际交往中，在体育课教学、体育训练和比赛中的自我效果评价，在体育锻炼中的磨炼，以及通过各种体育传播媒体，高职学生不仅可以增强体质，增进健康，而且可以锻炼意志，陶冶情操，发展情感，自我完善，并在体育活动中拓宽视野，增长才智，正确处理个人与集体的关系，区分真伪丑美，提高思想境界，树立正确的价值观。

二、高职体育与健康课程的特点和目标

（一）课程特点

高等职业院校的体育与健康教育是素质教育的重要内容，结合高等职业教育的特点，高等职

业院校的体育与健康教学在课程性质、课程结构、教学目标、教学内容和教学形式上也要做出相应的调整，以更好地促进职业技术教育的发展。高职体育与健康在促进学生健康、增强体质和培养体育素养的同时，应针对高职院校应用型人才培养和以就业为导向的目标定位，积极开展职业实用型体育与健康课程的设置与建设工作。高职体育与健康应根据学生所学专业和未来所要从事职业的特点与需要，选择对身体影响全面、实践性强、趣味性强的教学内容，传授学生就业所需的实用体育知识。

（二）课程基础目标

1. 运动参与方面 学生通过课程学习能够积极参与各种体育活动并基本形成自觉锻炼的习惯，基本形成终身体育意识；能够制订可行的个人锻炼计划，并具有一定的体育文化欣赏能力。

2. 运动技能方面 学生能熟练掌握两项以上健身运动的基本方法和技能；科学地进行体育锻炼，提高自己的运动能力；掌握常见运动创伤的处理方法。

3. 身体健康方面 学生能测试和评价体质健康状况，掌握有效提高身体素质、全面发展体能的知识和方法；能合理选择人体需要的健康营养食品；能养成良好的行为习惯，形成健康的生活方式，具有健康体魄。

4. 心理健康方面 学生能根据自身的能力设置体育学习目标；能自觉运用体育活动改善心理状态、克服各种障碍，养成积极的生活态度；能运用适宜方法调节自身习惯；能在运动中体验快乐和成功的感觉。

5. 社会适应方面 学生表现出良好的体育道德和合作精神，能正确处理竞争和合作的关系。

（三）课程特殊目标

1. 为终身职业发展打下身心素质基础 高职院校的体育与健康教学与高职总体培养目标一致，即突出职业特色，把促进学生的劳动就业和学生职业生涯的可持续发展作为出发点和归宿。

2. 培养个性化和多元化发展 社会的进步，经济的发展，使高职院校教育思想和办学条件有了极大的更新和改善，高职院校的体育教育越来越重视个性化教育。

3. 提高综合素质 体育除了具有竞争性、技能性和娱乐性以外，还具有教育性、实践性、文化性和社会性等特性，这些特性有助于培养高职学生的综合素质。与其他学科教育性相比，体育教育的形式又具有灵活性、趣味性和多样性等特点，可以大大提高学生参与的兴趣。

4. 树立终身体育观 随着高职体育与健康课程教学改革的不断深入和终身体育观念的逐步普及，学生们在重视追求体育课程实现健身效益的同时，也开始重视追求体育课程的长远效益，即注意培养提高自己的体育文化素养和特长，学习体育健身、体育健美和体育娱乐的知识与方法，以适应将来就业的需要，并为终身体育奠定基础。

三、职业实用性体育与健康教育

职业性实用体育与健康教育是指适应和发展用于各种职业生产劳动与之相关体能、心理与道德所需要的一种针对性较强的体育与健康教育活动。它是适应现代企业对人才的需求，依据高职院校的自身特点而产生的。在注重学生身体素质全面发展的基础上，加强与其职业特点相关的局部身体素质、实用体育技能、健身理论知识的教学，使学生树立正确的职业性体育意识。培养学生适应就业所需的体育能力、自我保健能力和终身体育锻炼的能力。

（一）对劳动者健康有良好影响

1. 对脑力劳动者健康的良好影响　体育运动能促进体力与智力共同发展。智力的发展，会使体力也得到相应发展；身体素质的提高，又会改善智力活动的条件。体育锻炼还能增强人的体质，为人类学习、工作提供充沛的体力和精力，为智力发育提供良好的物质基础。经常进行有规律的体育锻炼，视觉、听觉等器官都会变得比较敏锐，大脑神经细胞的反应速度及大脑皮层的综合分析能力也会增强。

2. 对体力劳动者健康的良好影响　体力劳动与体育锻炼的最大区别如下：体力劳动多是一种局部负荷，而体育锻炼是一种有意识的全身运动。体力劳动可以达到一定的锻炼效果，但体力劳动不能取代体育运动。人在体力劳动过程中，往往只有一个或几个肌肉群在活动，长时间的局部劳动会使身体某一部分的肌肉负担过重，使身体另一部分的肌肉活动减少，造成肌力间的不平衡。

（二）能降低职业病的发病率

职业劳动者因工作环境、工作负荷、工作性质等方面的原因，可能会患上职业病。最常见的有神经衰弱、视力衰退、高血压、冠心病、胃及十二指肠溃疡、颈椎病等。进行职业实用性体育锻炼，使人体进行合理、科学、规律的运动，确保全身肌肉得到合理的锻炼，可减少或降低职业病的发生，有效地促进劳动者的健康。

（三）开展职业实用性体育与健康教育的具体措施

在实施体育与健康教育的过程中，既应强调高职学生的共性特点，又要十分重视不同专业的特殊性职业要求。例如：对于护理、美容等专业学生突出掌握形体、健美操、瑜伽等运动项目，对于中医、中药、康复等专业的学生突出掌握武术、健身气功等运动项目。医药类高职院校结合各校不同专业人才培养的具体规格和特点，可以采取以下具体措施。

1. 更新体育观念　确立终身体育、健康教育的指导思想。根据高职的发展形势，更新体育教育观念，突出高职教育特点，开展职业实用性体育教学。提高学生职业岗位所需的身体关键部位的体能和素质，提升其综合职业能力，体现实用性、技能性、职业性特点。在高职院校强调“以就业为导向、以社会需求设专业、以岗位核心能力设课程”的课程教学改单目标的主导下，要自主地、有针对性地选择教学内容，以体现时代特征，从而有效地发展职业实用性体育课程的职业功能和健身、健心功能。开展适应未来社会职业岗位需要的特殊身体素质、心理素质和社会素质的实用性体育教育。

2. 根据专业的职业特点合理进行课程设置　要从高职学生未来职业需要出发，改革高职院校现有体育教材内容，教材的内容要有针对性，要有特点，要遵循高职教学规律，注重实用性，以健身为目的，降低竞技项目的难度。要以完善自身体系为原则，要自主地、有针对性地选择教学内容，以体现时代特征，从而有效地发展职业实用性体育课程的职业功能和健身、健心功能。针对不同专业学生的职业需要，进行教材内容的改革，增加适应不同专业需要的专项教材。高职体育教育必须把握高职课程设置特点，密切与专业培养目标相联系，开设更能适应学生未来职业发展需要的职业实用性体育教学新模式。

3. 根据职业劳动的变化调整教学安排　随着现代科技、生产的发展和现代化企业的要求，职业劳动正向着复杂化、节奏快、强度大、高效率的方向发展，对人的身心素质要求更高。以参加工作后的各专业学生在工作岗位上所需的身心素质状况、工作及其条件环境对身心不良反应影响情况、职业病等信息为依据，适当改进调整体育教学安排，突出实用性。制订教学计划时，要根据学生专业特点及不同体育运动项目的特性，选择实用性强的体育内容开展教学，可使学生感到上体育课对自己的专业学习和未来的工作有帮助。另外，职业实用性体育教学还要教会学生学会积极地休息，及时消除身心疲劳。进入高职院校的学生身体可塑性很大，如果能在体育教育中有目的地开展与职业特点相适应的体育锻炼，则会有效地增强学生职业体能，预防职业病的发生。

4. 提出职业实用性体育教育对教师的要求 高职教育的快速发展对体育教师也提出了更高的要求。要加强对学生专业岗位职业特点的研究，与专业课教师沟通，开发选择教材。体育教师的专业素质与体育课程的改革创新休戚相关。必须要求高职体育教师进一步拓宽知识结构，掌握体育动态与发展趋势，更新教学理念、方法和知识结构，因此，高职院校体育教师必须根据学生专业岗位的职业特点，选择实用性强的体育教学内容；根据职业劳动对身体产生的不良影响选择具有康复、医疗保健作用的体育教学内容。

本章小结

本章节讲述了当代体育的起源、概念、构成和功能，介绍了健康的概念和内涵，重点阐述了健康的内容和亚健康状态的概念。详细论述了体育运动对健康的影响，并结合高职学生的身心特点，阐述了高职体育与健康课程的特点和目标，提出构建符合职业特点的体育与健康教育体系的课程理念。使学生充分了解体育对人的身心与行为健康的影响，关注学生个性的发展，加强与其职业特点相关的局部身体素质、实用体育技能、健身理论知识的教学，树立正确的职业性体育意识。

思考题

1. 什么是体育？当代体育有哪些功能？
2. 通过亚健康状态的自我检测，思考自己需要改进哪些生活方式。
3. 简述体育运动对健康的影响。
4. 怎样结合自己的专业选择符合自身职业特点的锻炼方式？

（王　青　李高萍）

第二章　体育竞赛的组织与欣赏

PPT

拓展阅读

学习目标

知识目标

1. 掌握体育竞赛的概念、项目分类及奖励制度。
2. 熟悉体育竞赛组织管理的定义、目标及方法。
3. 了解体育运动欣赏的意义及方法。

技能目标

1. 学会制定本学校各种体育竞赛的具体规定以及奖励办法。
2. 能够创编班级或社团趣味性体育比赛；从不同角度更深层次地欣赏体育竞赛。

第一节　体育竞赛概述

随着社会的进步和发展，体育竞赛越来越成为人们生活的一个组成部分。熟悉和掌握体育竞赛的组织编排，并能很好地欣赏体育竞赛，成为每一个体育爱好者的需要。

体育竞赛是各类体育运动项目比赛的总称。它是以增强人民体质、丰富社会文化生活以及在比赛中夺取优胜为目的，以比赛项目为内容，以运动规则为裁判尺度所进行的个人或集体之间的体能、技艺、心理品质和智能的较量。体育竞赛是社会活动，属于文化教育的范畴。

一、体育竞赛的构成因素及特征

（一）构成因素

1. 参与竞赛的人群　包括竞赛组织者、参赛者、裁判员、管理服务人员和观众。其中，参赛者是核心，观众在体育竞赛中也占据着十分重要的位置。

2. 开展竞赛的物质条件　包括场地、器材和有关竞赛的用品。其中，场地是必不可少的。

3. 竞赛的组织管理　包括竞赛规则、竞赛规程、组织编排和组织竞赛等4个方面。组织管理是体育竞赛能够顺利完成的基本保证。

（二）特征

1. 竞争性　在体育竞赛过程中，参赛者互为对手，通过一系列竞赛行为，分出强弱、优劣，最后决出优胜者。参赛者必须具有优秀的技术、战术水平和强烈的竞争意识及对抗能力，才能在体育竞赛中获胜。同时，竞争激烈、表现精彩的体育竞赛能够吸引更多的观众前来观看，由此可以产生良好的社会效益和经济效益。随着世界体育竞赛水平的提高，其竞争性更趋于紧张、激烈、精彩。竞争性是体育竞赛最显著的特征之一。

2. 公平性 参赛者必须在条件和机会均等的情况下进行竞赛，不允许有任何不平等的现象存在。为使竞赛得以顺利进行，必须建立相应的结构体系和运动机制，并对所有参与竞赛活动的人和整个竞赛环境提出严格的制约条件，以达到竞赛的公平与合理。竞赛规则和竞赛规程对竞赛行为和竞赛条件有严格的限制和明确的规定；竞赛机构工作的严肃性和裁判员执法的公正性、一致性，是保证体育竞赛公平性的又一重要条件。公平性是体育竞赛与自发游戏和个体自身运动行为的一个主要区别。

3. 社会性 参赛者所取得的成绩必须在特定的竞赛场合，按照国际和国内体育竞赛规则的要求和在裁判员确认的情况下，才会被社会所承认。体育竞赛是超越国家、民族之上的人民之间的隆重聚会，其竞赛项目、竞赛结果必然要得到全世界和全社会的认同。同时，体育竞赛是社会文化生活的一个组成部分，任何体育运动项目及其竞赛只有得到社会公众的承认和参与，才具有继续生存和发展的生命力。当前，体育竞赛频繁，体育竞赛更加国际化，各国在组织体育竞赛特别是在竞技体育竞赛的规格和标准上，都十分重视符合国际奥林匹克运动的统一要求，这是现代体育竞赛的一个重要特征。

4. 随机性 体育竞赛的过程与结果具有明显的不确定性。体育竞赛的过程充满着动态的变化，这些变化往往又是无法预料的。各种直接对抗类竞赛项目的竞赛过程尤其如此。比赛的双方根据对手的状况不断、及时地采取相应的技术、战术，扬长避短，攻其不备，使比赛跌宕起伏、精彩纷呈、胜负难料。即使是比赛结果能准确、客观测量的竞争类竞赛项目，如田径、游泳等，其比赛结果也有很强的不确定性。竞赛过程和结果的随机性、不确定性，是体育竞赛的真正魅力所在。为比赛过程所吸引，对比赛结果的预测、期盼，是广大观众热衷于观看、参与比赛的重要心理动力。

二、体育竞赛及竞赛项目的分类

（一）体育竞赛的分类

1. 按不同的比赛标准分类

（1）按参赛者的年龄分类 可分为儿童比赛、少年比赛、成年人比赛、老年人比赛等。

（2）按参赛者的行业分类 可分为职工运动会、农民运动会、军队运动会、学生运动会等。

（3）按比赛所包含项目的数量分类 可分为综合性比赛、单项比赛等。

（4）按比赛的组织形式分类 可分为集中组织的（赛会制）比赛和分散组织的（主客场制、通讯赛）比赛等。

2. 按不同的比赛规模及任务分类

（1）按比赛的规模分类

1）基层单位比赛 学校、厂矿、街道、机关等组织的比赛。

2）地区性比赛 按行政区划组织的区、县、市、省级比赛。

3）全国性比赛 包括全国性综合运动会、单项运动会，全国性行业、部门运动会等。

4）国际比赛 包括地区性国际比赛及组合式国际比赛。

5）洲际比赛 如亚运会、非运会、北美加勒比海运动会等。

6）世界大赛 包括奥运会、世界锦标赛及世界赛。通常 2 ~ 4 年一次，另外还有多项目的系列大奖赛及某些项目的特定比赛。

（2）按比赛的性质及任务分类

1）综合运动会　不同参赛国家、地区或行业竞技运动实力的综合较量。一般项目多、规模大，大多一年或几年举办一次。

2）冠军赛或锦标赛　一定范围、一定规模的单项比赛。一般规模较小、竞技水平高。

3）对抗赛　由两个或两个以上单位联合举办的对抗性比赛。以促进强化训练，提高专项水平为主要目的。

4）邀请赛　由一个单位主办，邀请其他单位参加的比赛。通常依主办者竞技发展的需要（或准备参加洲级、世界级大赛，或重点提高某一项目的竞技水平）而举办。

5）选拔赛　为选拔高一级比赛的参赛选手而组织的比赛。

6）等级赛　按竞技水平或运动等级分别定期举行的比赛，如甲、乙级联赛等。

7）友谊赛　为互相观摩学习，提高运动水平，促进友谊和团结而组织的比赛。

8）表演赛　为举行庆祝或纪念活动，或宣传运动项目发展状况而组织的比赛。参赛者重在演示运动技巧，而不过分追求取胜。

9）达标赛　为争取达到对运动水平的特定要求而组织的比赛。有优秀运动员争取通过大赛参赛标准的达标赛，也有群众性体育活动中争取达到各种体育锻炼标准、各种考试标准的达标赛。

（二）竞赛项目的分类

1. 按运动成绩评定方法分类　可分为测量类、评分类、命中类、制胜类和得分类（图 2－1）。

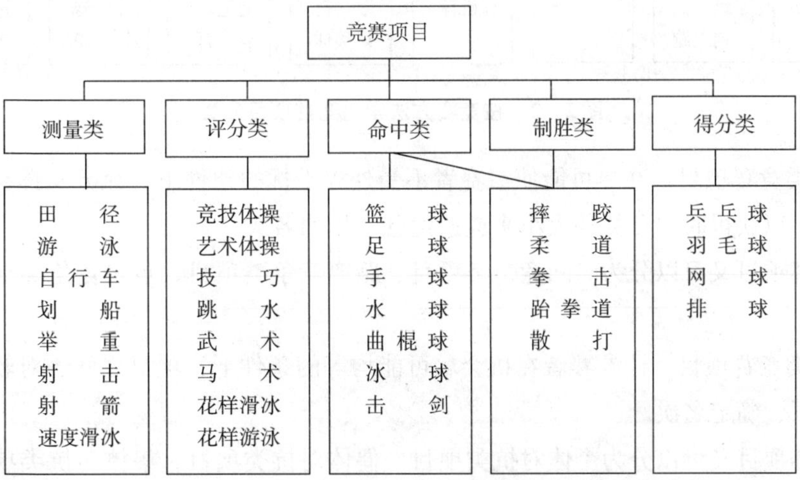

图 2－1　按运动成绩评定方法对竞赛项目分类

（1）测量类竞赛项目　运动员在比赛中所表现出来的运动水平高低可以客观而准确地予以测量。测量指标包括速度指标、距离指标（远度与高度）、重量指标与环数指标。其中，电子测时系统的研制与应用大大地提高了竞速项目成绩判定的准确性。

（2）评分类竞赛项目　由裁判员根据比赛规则确定的标准和方法对运动员在比赛中的成绩给予评分，按分数的高低排列比赛名次。

（3）命中类竞赛项目　比赛中计算命中对方防守的特定目标区域的次数，命中次数多者为胜。篮球的球筐，足球、手球、冰球、水球、曲棍球的球门，以及击剑、拳击选手身上的有效得分区都属计分的目标区域。

（4）制胜类竞赛项目　在一般情况下，与命中类项目一样，比赛中命中对手设防的特定区域即可得分，最后按得分多少决定胜负。但若在比赛过程中出现如拳击中将对手打倒在地上定时不起或柔道中的一本胜利等情况时，则可判为绝对胜利，也就不再去计算比较双方命中得分的情况了。

（5）得分类竞赛项目　依据比赛中得分多少（表现为比赛中的一方首先获得规定的取胜分）判定比赛的胜负。比赛中的得分手段既包括运动员主动进攻，将球击落命中于对方设防的特定区域，又包括对方自己失误的送分。

2. 按竞赛方法学分类　经研究各种竞赛项目用作比较的参照系发现，运动竞赛优选过程的比较方式有两种形态：①以时空参数作为参照系的“静态”比较方式；②以参赛对手互为参照系的“动态”比较方式。因此，依据竞赛过程比较方式的不同形态，体育竞赛项目可以分为以下两大类（图 2－2）。

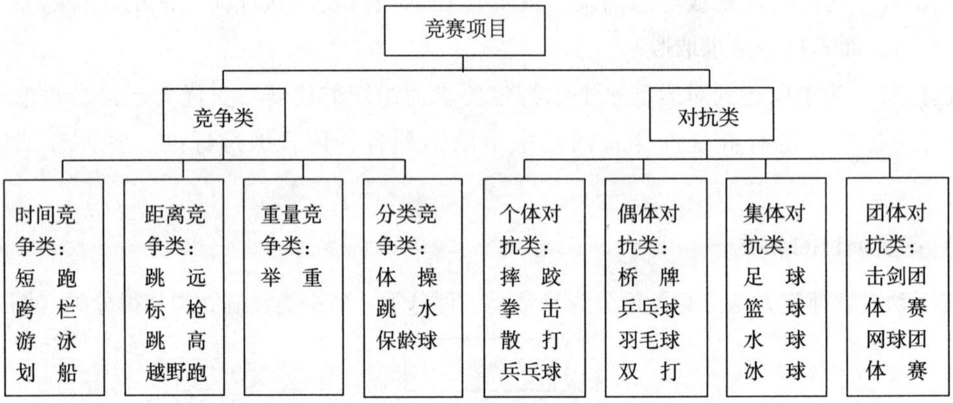

图 2－2　按竞赛方法学对竞赛项目分类

（1）竞争类竞赛项目　在尽可能使参赛者不受外界干扰的条件下，充分发挥自身能力去夺取某些时空参数，以获得时空参数的大小来遴选优胜、排列名次。

竞争性竞赛项目又可以分为时间竞争类项目、距离竞争类项目、重量竞争类项目和分数竞争类项目四大类。

（2）对抗类竞赛项目　让参赛者在机会尽可能均等的条件下，项目之间逐对较量，以比赛的胜负来区分高下、确定名次。

对抗性竞赛项目又可以分为个体对抗类项目、偶体对抗类项目、集体对抗类项目和团体对抗类项目四大类。

另外，我国围绕突出奥运战略，国家体育总局还成立了各运动项目管理中心，进行分散管理，各负其责。对重点项目与一般项目区别对待；竞技体育项目与群众体育项目区别对待；受条件限制和普及程度不同的项目区别对待；机械、智能的项目与体能的项目区别对待，把全国目前开展的 70 多个运动项目分为四大类，并按类别主次顺序安排竞赛次数和规模。

三、体育竞赛的奖励制度

奖励制度是体育竞赛中的一个重要组成部分。奖励可直接激励运动员专业水平的发挥和教练员对专业知识的探索与创新。奖励制度包括决定名次办法和录取名次数额两个方面。

（一）综合性运动会的奖励办法

1. 奖牌总数排名方法 按各参赛者所获得金、银、铜牌总数排列名次。金牌数多者，名次列前；若金牌数相同，则银牌数多者，名次列前；若金、银牌数相同，则铜牌数多者，名次列前。

2. 团体总分排名方法 按参赛单位男女合计所获各单项前8名（或前6名）的名次，按9、7、6、5、4、3、2、1（或7、5、4、3、2、1）累计总得分，总分多者，名次列前；若总分相同，则依次按获得第一名多者，名次列前，以此类推。

3. 全国综合性运动会的奖励 在竞技体育系列的综合性运动会中，各项目竞赛录取前8名给予奖励；在群众体育系列的综合性运动会中，录取前6名给予奖励。

（二）单项运动会的奖励办法

在正式比赛和非正式比赛中，无论是团队或是个人，均录取前6名给予奖励或根据参赛人数来确定录取名次。团体总分的录取办法与综合性运动会相同，破最高纪录则按世界、亚洲、全国等不同等级顺序，授予带有不同标志的破纪录奖章、证书及其他物质奖励。

为鼓励运动员以良好的品质参加体育竞赛和裁判员公正执法，保持竞赛中良好的纪律和赛风，我国在各类体育竞赛活动中均开展个人和集体的体育道德风尚奖评选活动，由大会授予物质奖励。评奖比例：个人奖一般为15∶1（含裁判员）；集体奖8个队以下评1个队，9～16队评2个队，16队以上评3个队。

第二节 体育竞赛的组织与管理

体育竞赛组织管理是遵循体育竞赛的规律，通过对竞赛项目、时间、人员、经费等条件的合理安排，以达到完成竞赛目的的工作过程。体育竞赛组织管理一般分为竞赛前的工作、竞赛进行中的工作和竞赛结束的工作。体育竞赛组织管理的成功与否将直接关系到竞赛能否顺利进行与能否达到举办竞赛的目的。

一、体育竞赛组织管理目标与项目设立

（一）管理目标

体育竞赛组织管理的根本目标是建立公开、公平、公正的竞争机制，为参赛者提供展示运动水平和能力的平台，从而完成竞赛的任务。体育竞赛组织管理的目标如下。

（1）以公开、公平、公正的原则制定并执行竞赛规程、竞赛规则，保障参赛者和主办者的权益。

（2）提供安全、完备、性能良好的场馆、设备等竞赛环境，保证参赛者的安全和竞赛的顺利进行。

（3）进行科学合理的竞赛编排，为竞赛工作提供良好的服务，既要保证竞赛的质量，又要提高竞赛的观赏性。

（4）建立严谨、周密的竞赛成绩统计和公布系统，确保竞赛成绩统计的准确性和竞赛成绩公布的时效性。

（二）项目设立

国家体育总局制定并发布了《关于设立正式开展的体育项目管理办法》，其“正式开展的体育项目”指的是奥运会比赛项目、单项世界锦标赛比赛项目、洲际比赛项目、我国开展较为普及的群众性比赛项目和民族传统性比赛项目。我们在设立体育项目和举行体育竞赛活动选择竞赛项目时要符合以下条件。

（1）设立的体育项目必须是得到国际体育组织承认的或是在我国已经开展3年以上的；选择的竞赛项目可以是“正式开展的体育项目”，也可以是受到人们喜爱，有一定普及程度的“非正式开展的体育项目”。

（2）有完整的竞赛规则和裁判法。

（3）拥有一定数量的参赛者、教练员、裁判员和管理人员队伍。

（4）竞赛经费（包括自筹经费）要能保证比赛的正常举办。

（5）必须是健康文明的、不含迷信色彩和有悖人道的体育项目。

二、体育竞赛的组织与实施

（一）竞赛前的工作

1. 确定组织方案　本单位体育竞赛计划的安排和有关方面的竞赛任务是确定组织方案的重要依据。

（1）竞赛的名称和目的任务　应根据竞赛的内容、性质、时间和规模来确定，同时要结合当时的形势和中心任务。现在有些比赛有赞助商赞助，在比赛冠名等方面要考虑到他们的利益。

（2）竞赛的规模和时间　竞赛项目和参赛者的多少直接关系到比赛场馆的需求和时间的长短。在比赛之前竞赛组织部门要根据竞赛项目的设立，对参赛者的数目有充分的预计，以便确定竞赛的人数。

（3）拟订竞赛的组织机构　这是体育竞赛组织工作的重要环节。机构设置要合理、精练，职能划分要明确，要保证竞赛任务的圆满完成。各种竞赛的组织机构一般采用“组织委员会制”（简称组委会）。组委会是在主办单位的领导下，由各方面代表组成，负责组织和领导竞赛的全部工作组委会下设办公室、竞赛、新闻宣传、行政后勤、安全保卫等职能部门。各职能部门的工作范围如下。

1）组织委员会　竞赛组织工作的最高领导机构。其职能如下：审议批准下设各机构的负责人及人员名单（包括确定仲裁委员、裁判长等），审议批准竞赛活动的各项实施方案以及裁决竞赛工作中出现的重大问题。

2）办公室　竞赛组织工作的综合办事机构。其职能如下：拟定竞赛有关文件，组织会议（包括开幕式、闭幕式），联络调控，文档管理以及接待等工作。

3）竞赛处　竞赛组织工作的业务机构。其职能如下：制定竞赛规程，组织报名，编排比赛日程，编印秩序册以及比赛进行中的组织管理工作和比赛结束后的工作。

4）新闻宣传处　竞赛组织工作的宣传机构。其职能如下：准备宣传材料，组织新闻传播，召开新闻发布会，思想教育和环境的布置等工作。

5）行政后勤处　竞赛组织工作的保障机构。其职能如下：进行财物管理，负责场地器材、食宿、卫生、交通等工作的实施。

6）安全保卫处　负责竞赛工作中的安全工作。其职能如下：制订安全保卫计划，落实对竞赛设施、生活设施的安全检查和保卫，维持赛场秩序和及时处理突发事件等工作。

大型竞赛活动还可根据需要增设接待处、场地器材设备处、电子技术处、集资处等机构；一般规模较小的竞赛活动或基层单位组织的竞赛，可以将新闻宣传并入办公室，将安全保卫并入后勤，组委会下设办公室、竞赛组和后勤组就可以了。

（4）经费预算　执行经费开支的重要依据，各职能机构要根据本部门的需要，本着勤俭节约的精神，对自己的每一项经费开支进行认真的预算，制订经济计划和严格管理的办法。经费预算可以留有一定的余地，以保证竞赛活动的顺利进行。

2. 制定竞赛规程　根据竞赛计划而制定的有关体育竞赛的具体政策与规定。它是体育竞赛的指导性文件，也是竞赛组织者和参加者进行工作和比赛的法律性文件。制定竞赛规程的依据如下。

（1）依据竞赛计划　竞赛规程是多年度或本年度竞赛计划的延伸，它的内容要与竞赛计划的安排相适应。其内容可以根据现时的情况进行修正和补充，但不能脱离计划的安排。

（2）依据竞赛目的和任务　竞赛规程的所有内容都是为了使竞赛活动得以顺利进行、圆满结束，使竞赛活动达到竞赛的预期目的。

（3）依据竞赛客观条件　竞赛规程的制定要充分考虑本次竞赛的经费开支、场地设施、社会及本单位的需求和参赛者等有关人员的实际情况，同时也要与国际、国内有关竞赛的规律和要求相结合。

3. 竞赛规程的内容　一般由下面的内容组成，各单位在制定竞赛规程时可以根据各自的具体情况对其内容进行取舍和补充。

（1）竞赛名称　根据竞赛的任务、性质和内容确定竞赛名称。名称要用全称，如“中华人民共和国第十届运动会”“××杯足球赛”。在竞赛的文件、会标及宣传材料等方面，名称要统一。

（2）目的和任务　根据竞赛活动的要求，简要说明举办竞赛的目的和任务。例如，增强人民体质，普及全民健身运动；交流教学训练工作经验，提高运动水平；奥运会选拔赛等。

（3）主办单位和承办单位　注明竞赛主办单位和承办单位，如“全国足球甲级联赛”由中国足协主办，由各主场会员协会组成的联赛赛区委员会承办；“××杯三人足球赛”由××公司主办，由××公司承办。

（4）时间和地点　竞赛时间要明确比赛开始至比赛结束的年、月、日，如有的比赛安排了预赛、决赛，要分别写明预、决赛的开始时间和结束时间。写明举办竞赛的具体地点。

（5）项目和组别　要明确竞赛设置的项目，如田径比赛共设哪些项目以及所用器械的规格等。明确竞赛分哪些组别，各组设立哪些项目、要求等。

（6）参加办法

1）明确参赛资格　规定各单位领队、教练、工作人员人数和运动员人数；规定运动员的参赛资格和标准（如代表资格、运动等级、运动成绩等）。当前，社会性比赛、系统内比赛举办较多，对运动员参赛资格的要求各不相同。特别是系统内、单位内的比赛，要对运动员的资格加以严格规定、审查，防止以假替真，给比赛的结果造成混乱。

2）报到时间和报名规定　明确规定报名的开始与截止时间；规定报到的时间与报到须知。有的竞赛要明确每项比赛可以报几名运动员参加，每名运动员可以参加几项比赛等。有的竞赛的抽签时间和地点也可以在这里注明。

3）对服装、器材的要求　明确规定服装的套数、颜色、号码尺寸；比赛器材的规格标准等。

（7）竞赛办法

1）确定比赛采用的规则　可以根据竞赛的不同性质对现行的规则做一定的修改和补充，但必须在竞赛规程中写清楚。

2）确定竞赛采用的竞赛制度　如是循环赛、淘汰赛，还是混合赛等。若比赛分阶段进行，要写清楚各阶段的竞赛制度、两阶段比赛的衔接办法、成绩计算和名次排列。

3）具体的编排原则和方法　如循环赛编排采用哪种轮转方法；单淘汰赛设立几名种子，怎么确定种子等。

4）明确计分方法和确定名次的方法　各种不同竞赛项目有不同的计分方法。如接力、破纪录如何加倍计分；排列名次的方法以及积分相同时如何判定名次；团体总分如何计算等。

5）比赛中违反规定的处罚方法　如弃权的处理、违纪的扣分等。

（8）录取名次与奖励　规定竞赛录取名次和奖励的办法，包括对团体奖、单项技术奖、道德风尚奖等的奖励名额和各种奖项的奖励内容（奖杯、奖旗、奖状、奖章及奖金等）。

（9）裁判员　如需参赛单位选派裁判员的，要写明人数、等级及报到时间、学习时间。

（10）其他事项　对有关经费、交通、食宿等问题进行说明；未尽事宜，另行通知；为了方便今后对竞赛规程的修改和补充；规程解释权的归属单位；确定对竞赛规程如有疑问，由谁来进行解释。

4. 组织编排工作

（1）了解和熟悉情况　学习竞赛规程和竞赛规则，了解竞赛的内容、形式、时间安排、比赛单位、组别、项目、参赛办法、奖励及计分方法。并要掌握竞赛的场地器材情况和裁判员的人数、水平等情况，同时准备有关用具，绘制各种比赛用表。

（2）检查报名情况　审查报名资格，检查报名是否逾期，检查各单位报名是否符合竞赛规程的规定。正规比赛，报名截止时间一到，即不接受任何报名。群众性的、基层的体育竞赛则要注意检查有无漏报、错报的情况，一经发现，要尽快与报名单位取得联系，及时给以补报和改正，以便让更多的人参与竞赛活动。

（3）编排号码对照表　统计各类参赛者的人数，填写竞赛表格和卡片。编排运动员姓名号码对照表，号码顺序可以按各队报名的先后顺序排定，也可以按组委会规定的顺序排定。进行各项统计工作，如田径比赛需统计各单位参加人数；各项目的运动员人数和运动员兼项人数等。以便掌握情况，为编排工作做准备。

（4）编排竞赛秩序和制定竞赛日程　根据竞赛规程的规定和不同的竞赛项目及场地器材的情况，计算出比赛需用的时间。球类竞赛项目要计算场数和轮数；田径、游泳等竞赛项目则计算比赛单元、比赛场次。然后遵循各项竞赛的编排要求和编排方法将竞赛项目和参赛者安排到比赛的具体位置上，编排时通常是采用抽签的方法将参赛者定位或分组定位。

5. 编印秩序册　竞赛秩序册是竞赛的组织者组织管理比赛的依据，也是教练员、运动员、裁判员参加比赛的依据。既是比赛的时间表、项目安排表，又是比赛的成绩册。竞赛秩序册要在比赛开始前发给参赛者。竞赛秩序册一般有以下内容。

（1）封面　包括比赛名称、时间、地点、主办单位、协办单位、赞助单位等。封面上要印有运动会会徽和“秩序册”三个大字。

（2）目录　按顺序排列秩序册的所有内容。

（3）竞赛规程和补充规定　组织和参加竞赛的指导性文件。

（4）竞赛组织委员会成员名单和办事机构成员名单　包括各单项竞赛委员会、仲裁委员会成员名单和裁判长、裁判员名单。

（5）各代表队名单　按有关规定顺序排列，内容有队名，领队、教练、医生和运动员名单。运动员名单内容包括号码、姓名、出生年月日、身高、体重、民族和参赛项目等。

（6）大会活动日程　包括运动员、裁判员报到的时间、训练的时间；组委会会议及裁判长、领队、教练员联席会议和有关抽签的安排；竞赛安排；比赛结束及离开时间；有关注意事项。

（7）竞赛日程　具体明确各个比赛项目，各场比赛的时间、地点、比赛队、服装要求等。

（8）各项竞赛分组　田径、游泳等竞赛项目需要分组分道。

（9）比赛成绩表　绘制各种成绩表格，根据比赛的结果进行填写。

（10）参赛各类人员统计表

（11）最高纪录或最好成绩　公布以往比赛最高纪录或最好成绩，如田径比赛，可将单位纪录、省、市、国家和世界纪录及创造者列表公布，以便与比赛中的成绩进行对照。

（12）比赛场地平面图

6. 检查竞赛场地和器材　赛前必须对场地和器材进行细致的检查，发现有不符合竞赛标准的要及时解决。如场地是否平坦，灯光是否符合要求，足球网是否有漏洞等。

7. 组织裁判员学习，安排赛前训练　竞赛前要组织裁判员学习，统一判罚尺度，保证严肃、认真、公正、准确地执行任务。有的比赛需要安排赛前适应性训练，要考虑到不同场地、不同时间的机会均等。

8. 召开组委会及联席会议　召开组委会会议或裁判长、领队、教练员联席会议。由组委会成员介绍竞赛活动的组织工作情况；裁判长明确执行的规则及要求；听取意见和解决有关问题（如更换运动员、运动员号错误等）；组织抽签，确定参赛者的分组定位。

（二）竞赛中的工作

1. 全局一致，各方协调　竞赛活动是一项综合性工程，组织竞赛、临场管理、宣传报道、后勤保障、医护保卫等工作缺一不可。竞赛的组织者要与竞赛的各个环节保持信息的畅通，要深入赛场，掌握最新动态，加强各方面的协调配合，不断改进工作，保证对竞赛全局的控制。一旦出现问题，立刻进行解决，切实保证比赛的圆满完成。

2. 加强临场管理　临场管理是组织好体育竞赛的关键环节，它直接影响比赛的顺利进行。裁判员需要公正执法；运动员需要规范职业道德；工作人员需要做到热情服务。竞赛组织者要提倡、表彰精神文明，鼓励拼搏进取，同时对违规违法的人或事要坚决、严肃处理，不得徇私，不得延误时间，不得影响比赛。

3. 完成成绩统计和处理工作　任何项目的竞赛都要对比赛的全过程及每个阶段的成绩做出准确的统计和记录，以此作为录取名次，决定比赛结果的依据。同时也便于成绩公告和汇编成成绩册。有的项目还要把上一阶段的比赛成绩作为下一阶段比赛编排分组的依据，所以必须尽快完成。成绩的统计和处理工作一定要准确、快捷。

4. 做好成绩公告　每项比赛结束后，各单项竞赛部门要将该项的比赛成绩尽快送交给大会竞赛部门，再由大会竞赛部门将各项成绩汇总，准确、快捷地印制、发送当日的成绩公报，使参加竞赛的单位、运动员和观众及时了解竞赛的进程和结果，以便进行分析研究，宣传报道。

（三）竞赛后的工作

1. 排定名次，做好颁奖工作 比赛结束后，竞赛部门要尽快核对各项比赛的成绩，排定名次，交裁判长在闭幕式上宣布。要根据竞赛规程的规定提前准备好奖品及奖金，以便在闭幕式进行颁奖。精神文明奖可在比赛进行中就开始评选，比赛结束时其评选活动也应结束，并和其他奖项同时颁发。

2. 印发竞赛成绩册 竞赛组织者要对比赛的成绩进行审查核对，准确无误后装订成册，尽快发给各参赛单位。球类项目比赛的成绩可以在竞赛秩序册中记录下来，但如田径、游泳等项目的各赛次的成绩以及最后比赛的结果就需要有一本完整的成绩册。

3. 做好总结工作 竞赛活动结束以后，竞赛有关部门要对竞赛工作做一个全面、认真的书面总结，肯定成绩，找出不足，提出建议。总结上交给主办单位。同时要将竞赛的各种文件、记录表格、原始成绩等一起归类存档，以便今后查阅和工作。

三、趣味性体育竞赛的创编

（一）创编的原则

1. 目的性原则 趣味性体育竞赛不仅具有娱乐性、趣味性，而且要起到锻炼身心、增强体质的作用。因此，创编趣味运动会时，竞赛形式要和竞赛的目的相一致。

2. 针对性原则 在创编趣味性体育竞赛活动时，应从参加竞赛人员的实际情况出发，即他们的年龄、性别、文化程度、体能状况、兴趣爱好等实际情况，有针对性地去创编，使每名参与者均能从参与中体验到乐趣。

3. 健康性原则 趣味性体育竞赛的内容、活动方式以及动作的选择都应有利于锻炼身体、愉悦身心，而不能有损于身体健康或容易造成身体伤害。在创编趣味性体育竞赛活动时，一定要针对参与者的具体情况及场地、器材条件，预先估计并尽量排除可能产生的不安全因素，使创编出的趣味性体育竞赛活动有良好的安全性。

4. 科学性原则 趣味性体育竞赛的内容、组织形式等各方面都应有科学性，充分体现生动活泼，富有浓厚趣味性、消遣性、竞争性、表现力和吸引力。

（二）创编的步骤

1. 素材的收集与选择 趣味性体育竞赛活动素材的收集与选择是创编工作的基础。资料的收集既可以体育活动内容作为材料，又可吸收生活、工作、艺术、军事等方面的内容，充实、移植到趣味性体育竞赛活动中，使活动内容和形式丰富多彩、变化无穷。

2. 构思与设计 根据趣味性体育竞赛活动的需要、目的和活动对象的年龄、爱好，按照选择和创编趣味体育活动的原则，在收集和整理活动素材的基础上，通过组织者的创造性思维活动来构思和设计趣味体育活动。

（1）构思思路

1）从活动参与者的具体条件和所要表现的能力，考虑趣味性体育活动形式和动作。

2）依据活动参与者的人数、场地、器材、时间等客观条件，对已选定的活动形式和动作设计进行必要的修正和具体化。

3）对活动前的分组、队形准备、场地布置、裁判规则等形成一个完整的构思。

（2）设计过程

1）活动的内容 设计创编一项活动，通常以一项运动的基本动作为主，配以一个辅助动作，或以某种体育项目的器材为主，模仿动物的动作。因此，根据活动对象改变活动方式，对于提高参与者的兴趣，使其身心愉悦都是很有利的。同时，还要注意活动的对抗性和竞争性。

2）活动的规则　为使趣味性体育竞赛活动顺利进行，应制定切实可行的规则。对活动的动作、活动范围、形式等做出明确的规定。规则是评定活动胜负的依据。规则要符合参与者的智力发展水平，使他们有充分发挥才能和特长的余地。

3）活动的组织形式　创编趣味性体育竞赛活动还应考虑到组织形式和方法。因此，活动的队列、队形设计十分重要。好的队列、队形设计能增加活动的趣味性，使之妙趣横生。

4）活动的成文和配图　趣味性体育竞赛活动的书写顺序通常是名称、器材、方法、规则和要求、适合对象等。活动的图示应便于人们理解，是补充说明。图示主要包括活动的起止界限、游戏动作、场地尺寸等，一般采用符号和线条图两种。

5）活动的检验和修改　趣味性体育竞赛活动设计的初步方案确定后，要依据主客观条件，对初步确定的方案进行修正和具体化，对活动前的场地、器材、裁判和规则等方面也要进行修正，形成完整的构思。

（三）创编的方法

创编趣味性体育竞赛活动要善于观察、勤于思考、深入钻研，可以对原有的体育游戏、生活游戏、日常行为进行模拟、加工，也可以独立设计，创编新的趣味体育活动。其创编方法如下。

1. 模仿法　趣味性体育来源于生活，有些来自对动物动作的模仿。模仿法是根据儿童原有的游戏形式、动物的动作，进行再创造，使之更新颖、更全面、更具有趣味性和娱乐性。

2. 故事法　依据人们好表现、喜模仿、喜欢有情节性的游戏特点，将趣味性体育活动编成短小的故事，一步步展开，使参与者有身临其境之感。从活动中感受到活动的情趣和快乐。

3. 改造法　对原有的体育游戏素材、生活游戏进行改造。增添趣味性，加大难度，结合娱乐要求简化有关规定和动作等。

4. 提炼法　此方法有别于模仿法，是对原有的游戏、娱乐活动进行“去粗取精”与“沙里淘金”，并在此基础上使娱乐活动所表现的内容有新意，使参与者真正在游戏活动的过程中身心愉悦、充满欢声笑语，达到休闲消遣的目的。

第三节　体育运动欣赏

现代社会物质文明和精神文明的高度发展，使人们的业余生活变得越来越丰富，对业余生活质量的要求也变得越来越高。同时，快节奏、高效率的工作给人们带来了不小的压力，人们需要不断调节生活节奏，自我放松，愉悦身心。因此，欣赏体育比赛、体育表演，已经成为人们业余生活中不可缺少的重要内容。

一、欣赏体育运动的意义

（一）使人从中获得美的享受

体育竞赛是在激烈紧张、生动活泼、拼搏进取的氛围中，通过速度、力量的变化来展现人体美的各种形式，能给观赏者带来美的享受和身心的愉悦，进而达到净化心灵、陶冶情操的效果，进一步激励观赏者热爱和追求美好生活的愿望。

（二）促进人的心理健康

体育运动能够调节情绪，增进心理健康，还可以通过扩展生活空间的方式，调节人的心理。每一个人都有一种在宽敞生活空间舒展肢体的生理需求，更有一种向往博大生活空间的心理追求。生活空间的合理扩大有利于人们的身体健康和心理安宁。经常从事体育运动的人对现代生活节奏的改变有较强的适应性，他们可以表现出较强的自制力、快乐、超我、坚忍、敏锐、自信、合群和从容不迫的心理调节能力。体育运动给人们所提供的空间体验和美的感受更可以提高人们的心理健康。

（三）增强人的体育意识

体育意识是人们对于体育这一社会现象及其功能、作用的认识和反映。通过观赏体育竞赛能增强人们对健康、拼搏、法制（遵守竞赛规程和比赛规则）和竞争等的认识。培养人们的自我锻炼能力，养成终身体育锻炼的意识和习惯。同时还可以培养人们的认识能力，使人们懂得体育锻炼的意义、作用，促进人们增强对体育锻炼的积极性、自觉性。

（四）发展人的智力和非智力因素

通过体育欣赏，有助于提高观赏者的观察力、记忆力、想象力、创造力及综合分析能力；同时，也为观赏者的动机、兴趣、情感、意志和性格等非智力因素的开发和培养提供了有效的途径。

（五）满足人的情感上需要

体育欣赏，首先是通过人们的视觉系统和听觉系统，然后逐渐过渡到整个感官系统，随后引起大脑的思维活动，最终使欣赏者全身心地投入体育运动中，使心情愉悦，获得心理上的满足。

二、欣赏体育运动的方法

（一）从身体美的角度欣赏体育运动

身体美是人类健康身体所呈现出来的美，是一种由良好的生理和心理状态综合呈现出的健康之美。身体美与健康是一致的，它排斥了人们身体上的所有缺陷，如畸形病态、发育不良、疾病缠身，以及不卫生的服装和无规律的生活方式带来的种种恶果等。

美的身体将带来美的运动，人们需要更多更美的身体运动。体育的竞技活动在现代社会里作为一种身体文化，它的观赏性不断增强，更富于娱乐性，观众直接的和主要的目的不仅是为了观看，更是作为一种精神上的享受。身体美的基本要素如下。

1. 强壮美 表现为身体的魁梧、结实、有力。现代奥林匹克运动的宗旨是“更高、更快、更强”，它反映了现代体育的目的，是一个关于人的标准尺度的问题。这个尺度是通过人体运动的形式表现出来的，成为运动美。这种运动美最后凝结到人的身体形态上，就成为身体美。这种凝结的结果和形态，首要的一个要素就是强壮美。强壮就是有力、结实、魁梧，充满了生命的活力和运动的能量。如高大魁梧的身躯、发达的肌肉组织，能满足各种运动需要的体形、体态、素质等。身体美在于身体比例匀称、和谐适度。但是，强壮美在身体建构的过程中，恰恰是根据运动的需要对适度的破坏，这种在追求最高尺度的过程中对适度的破坏，正是为了在人体建构中追求适度。如举重与柔道运动员为了运动的需要，适度破坏身体的比例而显示出强壮。强壮美，表现了根据人类的目的对已有的身体形态的突破，显示着目的性在强壮美中的作用。所以，人们在观赏强壮美时，常常会产生惊奇感、高大感，发出赞叹。

2. 体态美　人的形体美和姿势美，是通过体育运动使人的身体形态、骨骼和肌肉发育，表现在比例、匀称、和谐和线条上的完善化程度。人的身体形态，一般是由获得性遗传赋予的，但体育运动能够改善和控制身体形态，使之完善。评价体态美有很多的要素，如比例、匀称、和谐、线条等。这些要素对评价健康的身体具有积极意义，是一种健美体魄的积极展现。

（1）身体的比例　关于人的身体比例，虽然并不是一个常数，但往往又趋向常数，是一种理想体态的平均值，是身体美的标准模型。黄金分割原理提出美的比例是1∶0.618，即整体与最大部分之比等于最大部分与最小部分之比。这种比例关系同样适用于人体。还有一个就是“头身比例法”，指人头与身体的比例是1∶8，就显得美。人们可以根据自身的特点进行体育运动使自己身体的各部分全面发展，克服分工带来的片面性，使人的身体趋于理想的比例关系。

（2）身体的匀称　匀称即均衡、对称，如人体上下、左右及辐射各部分之间的相称和适应，人体各部分大小肌肉群的发达程度的均衡等。这也是一种比例关系，重点着眼于人的整体与各部分组合的比例适度、恰到好处。追求人身体的匀称也是体育运动美的需要，匀称的体形更能展示运动之美。

（3）身体的和谐　和谐是指身体各部位、各因素之间的对立统一的协调关系。身体的和谐表现在各器官系统功能上的和谐，人体形态各要素之间的和谐，外部形态与各系统、器官功能之间的和谐，内部功能、外部形态与运动形式在机能上的和谐。和谐是优美的基本特征，身体美表现着和谐。

（4）身体的线条　线条是人身体的外部轮廓。根据一般的审美经验，男性的魅力在于阳刚之气，其体态线条多平直有棱角，显示刚劲有力之美。而女性则追求秀美，体态线条更注重曲线，圆润、柔和与流动感。人的身体线条没有直角，各处的突起都是程度不同的弧形。

3. 素质美　它是就运动的速度、力量、耐力、柔韧、灵敏而言的。素质美以其特殊的形式存在于身体美之中，它不像身体美的其他要素那样直观，而是通过体育运动和生活技能表现出来。它是一种潜藏在人体内部的美，是体育美的内在力量，既有获得性遗传因素，也是运动美积淀的结果。

素质美的各要素中，速度美是表现身体进行快速运动的能力，力量美是表现肌肉工作时克服内外阻力的能力，如举重、摔跤运动所表现出的力量美。如果说勇敢代表意志品质的话，力量美就是运动美的灵魂。耐力美是表现有机体长时间活动，与疲劳做斗争的能力。现代比赛不仅比技术、比战术，也比体力、比意志，一个运动员如果没有良好的耐力素质是难以适应长时间激烈比赛的，对于那些本身就是比耐力的项目（如马拉松），耐力素质的重要性就更突出了。柔韧美是身体关节、韧带、肌腱及皮肤等在伸展过程中表现出的曲线变化。灵敏美是身体在运动中迅速改变时空关系的能力，以及在运动竞技中表现出的应变能力。

4. 健康美　身体生理机能正常，无缺陷、无疾病，同时，由于身体机能的完善，显示出的一种良好的精神状态。身体健康状况虽然受制于各种因素，但毫无疑问，体育运动作为有序的、自由的身体活动，是塑造健康体格、体能和生命力的重要因素。健康美包含着体育运动所追求的目的，包含着人类对自己生命价值的肯定，是人类追寻的理想目标，同时又具有一系列感性的规定，构成审美对象，引起人们的审美评价。

5. 风度美　良好的举止姿态。体育运动中，健康的体魄和人格使运动员形成某些高尚的气质和优良品质，表现为一种风度，从而具有美的价值和意义。例如，动作潇洒、举止适度、谈吐幽默、同情弱小、尊重对手、服从裁判、尊重观众、爱护名誉、自重自强、勇于拼搏、奋发向上等。风度来自教养，不仅有德育、智育、体育，同时也有美育。许多优秀运动员身上就具有某种既符合社会规范，又具有明显个性特点的风度，如足球的“志行风格”，乒乓球的“邓亚萍作风”等，这些都使人们觉得非常美，引起人们的赏识和崇敬。

（二）从运动美的角度欣赏体育运动

运动是体育的基本存在形式，运动美构成体育美的核心。体育运动需要掌握一定的运动技术，表现为对规律的掌握和运用。技术掌握要达到准确、熟练、轻松、自然、运用自如，并使之熟能生巧，转化成优美的技能和技巧。动作技术越科学，运动技能越高，运动效果就会越好，美学价值就越大。运动美的基本要素如下。

1. 意志品质美 在体育运动中，运动员自觉地确定目的，在目的的支配下调节自己的行动，克服各种困难，在实现目的的过程中呈现出的美。在体育运动中，需要有良好的意志品质，人的社会属性决定了意志品质是运动美的重要因素。意志品质美是在体育运动中通过克服困难充分展现出来的。体育运动中的种种障碍固然可以是人为的，但是由这些障碍和困难而激起的斗争意志却是客观存在的，克服它们而产生成功感，也是自然而然的。这就使那些本来没有意义的活动，获得了极高的审美价值。如在进行马拉松或长跑比赛时，落后的选手在与奖牌无缘的情况下，从目的上说，可以退出比赛，但运动员克服了困难，坚持跑完全程，这就是意志品质的内在美在体育运动中的充分体现。

许多体育比赛是以直接对抗的形式出现的。有些比赛项目有很大的难度，不仅是体力、技术和战术的比拼，同时也是意志品质的较量。如乒乓球运动员邓亚萍，不怕挫折，不怕失败，敢于拼搏，志在夺冠，这就是意志品质蕴涵着高度审美价值的体现。良好的意志品质主要表现在自觉、果断、勇敢、顽强、有控制力等方面。

2. 技术美、战术美 在体育运动中，发挥人的机体能力的方法越合理有效，完美程度就越高，运动技术的审美价值就越大。当然，“合理、有效”也是相对的，因为运动技术是随着实践的不断发展而变化并日臻完善的。运动技术之所以能给人以美感，是因为运动技术是人们在体育领域里所进行的一项巨大的创造性活动，是人们运用已有的知识和能力作用于运动系统的过程。技术既是人类向自然显示自身力量和智慧的过程，又是向自身挑战的过程，是人类本质力量和智慧的体现。这就是运动技术美的主要源泉。

技术美还体现在运动技术动作的要素之中，不同类型的运动员表现出不同类型的技术美。如跳高，朱建华表现为速度快，过竿干净利落，德国的默根堡则弹跳好，给人以轻松飘然之感；短跑名将刘易斯以超人的速度，出色的爆发力而具有独特魅力。技术美带有明显的个性特征，因此，技术美也是人的运动技术水平，以及体态美、素质美、动作造型美的综合体现。也就是说，体育运动中健美体形的充分展示和运动技术素质的有力发挥，表现在干净、利索、准确、优美的体育动作完成过程中。技术美的特点为准确性、稳定性、协调性、连贯性和优美的节奏感。

战术美是在复杂多变的体育竞赛中，运动员充分发挥其战术素养和技术特点以争取胜利而体现出来的一种美。战术在激烈的体育对抗中，被称为发挥技术的先导、驾驭比赛的灵魂、夺取胜利的法宝，也是衡量运动员训练水平高低的重要标准，还是反映运动员的知识、技术、心理、智力因素的综合指标。所以战术美也是运动美的重要因素之一。

战术美集中表现在对抗项目中限制与反限制、发挥与反发挥、制约与反制约之中。战术美的实质就是扬我之长，避己之短，避实击虚，灵活多变，为我所用。田忌赛马就是一个典范。

3. 智慧美　体育运动中的智慧美，体现在运动员根据比赛场上变幻莫测的情况迅速做出反应的完美程度。随着体育的不断发展，运动技术和战术越来越复杂、科学，运动员必须具有较全面的知识才能取胜。运动员提高文化水平，在比赛中运用知识去处理问题，即通过观察、记忆、想象，对客观现实做出准确的判断，随机应变，捕捉战机，争取胜利，这就体现出了智慧美。现代体育竞技不仅是运动员临场上的直接斗智斗勇，还包含着教练员之间的间接斗智。例如郎平作为我国女排主教练，在指挥女排比赛时，以大将风度调兵遣将，胸怀大略，无论是比分领先还是落后，她都泰然自若，这就是智慧美的体现。体育竞赛是在高速度、高难度的对抗中进行的，教练员、运动员要在瞬间制定出行动方案，当机立断做出决策，发现战机、创造战机、利用战机、不失时机地抓住战机扭转战局，扩大战果，在运动中显示出一种灵感美。运动员在竞技场上，真真假假、灵活多变的技术动作和配合默契的战术，表现出创造性的判断能力和灵活机智的应变能力的智慧之美。

4. 风格美　体育运动的风格美，包括思想风格美和技术风格美。

（1）思想风格美　体育运动主体在体育运动中表现出来的精神风貌、道德情操、意志品质等。体育之效乃“强筋骨、增知识、调情感、强意志”，这里的“强意志”也就是思想风格美。一场高水平、高风格的比赛或表演，给人以美的享受是多方面的。审美主体不仅为运动员健美的身姿、精湛的技艺、巧妙的战术所倾倒，而且为运动员在赛场上表现出的顽强意志和拼搏精神所感染。人们在观赏体育比赛时之所以能够得到美的享受，受到教育与启示，就是 因为体育美不仅表现为人体美、动作美、技术美、战术美，还表现为支配动作和技术的思想美。

（2）技术风格美　在体育运动中体现运动员或运动队的技术、战术的特点和特长之美，其实质是技术的个性之美。一种技术风格的形成，是通过不断解决内部矛盾而发展形成的，技术风格不只是外部表现，也是内在因素的反映。运动员根据自己的特点和条件创造出与众不同的技术风格，才能构成自己独特的风格之美。一个民族、国家、地区的运动员都有其特殊的精神风貌和民族气质，这种风貌和气质，必然会积淀在运动员的技术风格之中，这也使体育运动风格之美呈现出民族的特性。欧洲人踢足球讲究力量、速度，凶狠勇猛，故有其粗犷的技术风格之美；南美人踢球，则讲究技巧、配合，故有细腻的技术风格之美。不同技术风格由于积淀着不同的民族文化传统、性格和审美心理，所以呈现出来的风格之美是多样的。

（三）从其他角度欣赏体育运动

1. 体育建筑美　体育建筑作为进行体育活动的物质载体，其设计并未受到实用主义的束缚，而是较多考虑到欣赏的需要，注重实用功能和欣赏功能的和谐统一。体育建筑以它的复杂结构、造型、色彩等，构成了一个丰富复杂如乐曲般的组合，给人以韵律感和节奏感，因而被认为是“凝固了的音乐”。

不同的体育建筑以其富有韵律的结构和外观，表现出不同国家的精神风貌与审美时尚，同时也带给人们不同的审美情趣。北京奥运会的鸟巢、水立方也堪称当代体育建筑美的代表作。

2. 体育工艺美　体育建筑之外的、在外部形式上经过审美处理的体育用品的艺术。体育工艺品一般体积比较小，品种比较多，如各大型运动会的吉祥物、火炬、会徽以及运动员的服装、鞋帽等。由于体育工艺品主要是为了满足人们的精神需要和生活需要而生产创造的，比较直接地体现了美的规律，因而欣赏价值比较突出。

体育工艺品作为被欣赏的对象，一方面必须与特定的实用环境相符合，以满足不同环境中人们的需求；另一方面必须利用物品本身的功能结构，在外部造型、色彩上进行适当的审美处理，从而表现出一种情调色彩。例如2000年悉尼奥运会上，我国运动员身着李宁牌运动服，其背后画有一条金黄和火红色的龙，形似“China”，这不但点缀了服装，使服装协调美观，而且让世人知道了中国是世界东方的巨龙。

3. 体育雕塑美 体育雕塑的主要创作对象是运动员，它通过对人体动作、姿态的塑造，集中表现了人的内在的本质力量，显示出人的美。它完美地融合了理想性和寓意性，成为表现体育题材最有力的艺术种类之一。体育雕塑的美学特征，在于突出表现了高度概括的单纯的性格、品质、气概。比如公元前5世纪米伦所做的“掷铁饼者”，主要体现了人类的力量；1994年落成的“空中飞人”乔丹的雕塑，主要展示了人类篮球技艺的高超。由于体育雕塑的实体性，使人们可以从不同的角度和距离对它进行欣赏，从而获得不同的感受。

体育雕塑不仅能表现人的美，而且对环境起点题的作用。例如在洛杉矶体育场门口默默站立的两尊男女运动员的裸体无头塑像，就给人们留下了深刻的印象。体育雕塑通过表达重大主题思想，长久地感染人、影响人，成为一座建筑、一座城市甚至一个国家的象征。

4. 体育音乐美 自古以来，音乐与体育就有难以割舍的关系。在古代奥运会上，传令比赛和笛手比赛被列为正式比赛项目，跳远比赛也有长笛伴奏。音乐与体育的交融，不但给人视觉的冲击，而且从听觉上给人以美的享受。在现代，音乐与体育的结合更广泛。例如在艺术体操、花样游泳、花样滑冰等运动项目中，运动员合着音乐的节拍，充分展示着美的舞姿，给人以赏心悦目之感。一些运动会的主题曲，更显示出一种永恒的魅力。例如著名的《运动员进行曲》《手拉手》等，演奏多年仍盛行不衰，时刻激励着运动员的斗志。从中人们可以感受到体育音乐的感染力和教育作用。

本章小结

本章节讲述了体育竞赛的概念、构成、特征、分类和奖励制度；详细阐述了体育竞赛的组织与管理，以及趣味性体育竞赛的创编；论述了体育运动欣赏的意义和方法。教学重点是各种体育竞赛的具体规定以及奖励办法，难点是趣味性体育竞赛的创编。旨在使学生在组织参与欣赏体育竞赛的过程中，体验到体育竞技的乐趣，感受到生活的美好，产生人类的自豪感，更加热爱人生，生活得更加充实，更加丰富多彩。

思考题

1. 体育竞赛的定义是什么？有哪些构成因素？
2. 综合性运动会是如何进行奖励的？单项前8名如何计分？
3. 试编写一个完整的竞赛规程。
4. 简述欣赏体育运动的方法。

（李秀焕）

第三章　运动保健与科学健身

PPT

拓展阅读

学习目标

知识目标

1. 掌握体育锻炼方法和内容。
2. 熟悉运动损伤的种类与处理办法。
3. 了解体育健身原则。

技能目标

1. 学会制定运动处方并进行科学健身。
2. 能够预防运动损伤；根据运动中身体的异常反应做出科学合理的处理。

第一节　常见运动损伤的预防及处理

外界各种因素作用于人体，使其产生组织或器官在解剖或功能上的破坏，并引起不同程度的局部或全身反应，称为损伤。运动损伤是指运动过程中发生的各种损伤，主要是一些软组织损伤，通常是由于过度使用肢体造成的肌肉或关节、韧带损伤，其损伤部位与运动项目以及专项技术特点有关。运动损伤的发生，看似偶然，实则必然；通过了解运动损伤发生、发展规律，熟悉防治措施和康复手段，可以帮助改进教学与训练方法，提高运动成绩或避免损伤。

一、常见运动损伤的种类及发生原因

（一）种类

1. 按受伤后病程的阶段性分类

（1）急性损伤　由于运动过程中的直接或间接暴力造成的组织器官损伤，如皮肤组织的擦伤、挫伤，关节的扭伤、脱臼，骨折，出血、水肿，脑震荡等。急性损伤的主要症状为局部的红、肿、热、痛，皮肤组织破损、出血和功能异常等。

（2）慢性损伤　由于局部过度负荷、多次的微弱损伤累积或由于急性损伤处理不当转化成陈旧性损伤，而导致的组织器官的功能异常。如肩袖劳损、髌骨软化、半月板磨损等，表现为慢性疼痛和功能减退。

2. 按受伤后皮肤和黏膜是否完整分类

（1）开放性损伤　伤后皮肤或黏膜完整性遭到破坏，受伤部位的内部组织（如肌肉、骨头等）与外界相通的损伤，如擦伤、刺伤、切伤、撕裂伤、开放性骨折等。

（2）闭合性损伤　受伤后，皮肤或黏膜仍保持完整，受伤组织无裂口与体表相通，如挫伤、

关节扭伤、肌肉拉伤、韧带拉伤、闭合性骨折等。

3. 按受伤组织结构分类 可分为皮肤损伤，肌肉、肌腱损伤，关节软骨损伤，骨及骨骺损伤，关节囊损伤，神经损伤，血管损伤，内脏器官损伤等。

（二）发生原因

1. 准备活动不合理、不充分 未做准备活动或者准备活动不充分，就进入正式体育活动，身体各器官系统之间未建立良好的运动关系，如人体的肌肉、肌腱在不同时期，其柔韧性的变化差异是非常大的，没有充分的热身，就做比较激烈的活动，有可能导致肌肉、肌腱的拉伤；准备活动量过大，身体在未进入正式活动前已经疲劳；准备活动的内容不当，与正式活动没有很好地衔接，准备活动与正式活动间隔过短或过长，准备活动的效果低，都可能造成各种运动损伤。

2. 运动水平或能力不足 身体运动素质欠缺，肌肉力量弹性差，关节的灵活性和稳定性差，反应迟缓等都容易造成损伤；专项技术水平低，运动时动作变形，违反身体结构、动作生物力学原理造成损伤；此外，心理品质训练不足，缺乏果敢、顽强、自我控制的能力，也是导致损伤的原因。

3. 违背科学运动原则 运动是一项科学性强的实践活动，有自身规律，锻炼者必须遵循循序渐进、系统性、巩固性、区别对待的原则，如果违背这些原则，就会导致慢性劳损，甚至急性损伤。

4. 组织措施不得当 思想麻痹，对损伤重视程度不够，缺乏医务监督，带病带伤参加运动或比赛；保护与帮助运用不当；组织竞赛安排不当；场地、器材、服装不符合运动要求，都会导致运动损伤。

5. 环境、气候不适宜 光线不足，气温过高或过低、湿度较大，噪音都会引起运动损伤。气温高，通风性差易引起运动中暑，湿度大易造成肌肉、韧带拉伤；冬季寒冷易造成冻伤。

二、预防运动损伤的常用措施

（一）重视准备活动和整理运动

根据学生自身特点、天气条件、训练要求等安排活动的内容。运动水平高、天气寒冷、运动持续时间短，准备活动时间长一点；运动量大，则准备活动量就要小一些。运动结束后要做好放松和整理运动，慢跑、徒手操、拉伸、呼吸调整都能改善血液循环、促进肌肉放松、减轻肌肉酸胀和僵硬程度、消除疲劳，也能有效防止运动损伤的发生。

（二）遵循科学运动训练原则

运动要遵循科学原则，运动项目和运动负荷的选择，要根据自身身体状况而定，循序渐进，不能急于求成。同时训练要注意全面性、经常性，锻炼身体的同时，也要注重锻炼身心理品质。运动时注意力集中，保持轻松、愉快、平和的良好心态。

（三）加强活动中的保护和帮助

保护与帮助的缺乏和不当都会引起运动损伤，特别是在体操类项目中。除了教练、老师的保护，练习者在运动中还要学会自我保护和相互帮助，如摔倒时要以肩背着地顺势团身滚动，切忌用手撑地；从高处跳下时双腿并拢，屈踝、屈膝缓冲。

（四）检查运动场地、器材、服装

锻炼前要检查运动场地是否通风、干净；地面是否整洁，是否有碎石、电线等杂物要清理；运动器械是否安全，排除打滑、晃动等不安全因素；锻炼时身上不能携带尖锐、易损坏物品，衣服宽松、柔软、吸汗，运动鞋要大小合脚，不穿皮鞋和拖鞋。

（五）强调医务监督

定期进行检查身体，根据自我感觉和客观数据判断身体状况，身体疲劳时需要休息，避免在身体状况不良的时候进行剧烈运动。

三、常见运动损伤的处理及措施

软组织损伤，包括皮肤、关节囊、关节软骨、肌肉、肌腱、韧带、神经的损伤。运动中皮肤擦伤、划破以及肌肉、韧带的拉伤最为常见。大学生运动损伤中，四肢损伤多，躯干损伤少；韧带拉伤、肌肉损伤、踝关节扭伤多，其他损伤少。

（一）急性运动损伤处理

运动中受到外力造成急性损伤，或者说在运动损伤的急性期，常见的主要有闭合性软组织损伤和开放性软组织损伤，针对这两种急性损伤处理的原则和方法有所不同。

1. 闭合性损伤的处理　运动损伤急性期伤后48小时以内治疗原则：止血、防肿、镇痛、减轻炎症等。首先，休息、制动（受伤部位的静态休息），运动损伤后应立即停止运动，防止受伤部位继续出血，加重肿胀。其次，冰敷，受伤后冰敷可以促使受伤部位局部血管收缩，有效地减少出血渗出和水肿，同时，还有局部冷冻麻醉和止痛的作用；可以用冰袋、冷水、冷雾剂对受伤部位冷却。冰敷在受伤初期，每1～2个小时进行一次，每次15分钟，损伤24小时后，冰敷频率逐渐下降。随后，加压包扎，损伤部位可用绷带加压包扎，减少出血，从而减轻肿胀程度。包扎后要注意受伤部位血液循环状况，松紧适度，避免过紧而引起疼痛及血液循环障碍。再次，急性损伤48小时后之炎症逐渐消失，损伤部位依然有肿胀和疼痛，这时，可采用热敷、按摩、针灸、拔罐等疗法，使损伤局部应出血渗出而至的组织粘连、肿胀得到化解，改善血液、淋巴循环，促进炎症物质吸收。按中医所说，就是活血化瘀、疏通经络。最后，肿胀消失，功能障碍存在，需要恢复肌肉和关节、韧带功能，可继续采用按摩、理疗、功能训练等，恢复肌肉力量和关节、韧带功能，重建本体感觉。

急性期的处置是非常关键的，它直接关系到病程的长短，急性期一定要做到凉血、止血，使受伤的局部迅速冷凝下来，以减少出血和进一步的伤害。大多数人在遇到急性运动损伤时，经常犯的错误如下：首先，明知受伤了，而且有明显的疼痛，还继续运动，导致损伤部位肿胀、疼痛的进一步加重，并给治疗和后期康复增加难度。其次，受伤的部位肿胀了，还做热敷，使肿胀更加严重。再有，在没有弄清楚具体伤情的情况下就进行按摩，使损伤部位出血渗出加重。总之，发生了运动损伤，急性期千万不要进行太过“积极（按揉、挤压）、热情（热敷、熏蒸）”的自行处理，而应该迅速冰敷包扎固定，然后到专业医生那里求得帮助。

2. 开放性损伤的处理　急性运动损伤后皮肤或黏膜的完整性遭到破坏，受伤组织有裂口、与体表相通的损伤为开放性损伤，损伤包括擦伤、刺伤、切伤、撕裂伤等，处理的原则是止血、保护伤口、防止感染。擦伤等受伤创面较大，有异物污染，首先清除伤口内的污染物或者异物，然后消毒清除坏死组织，通常需要生理盐水或过氧化氢冲洗创口，然后用碘酒、酒精由外向内做圆形消毒，最后用凡士林纱布敷盖包扎；对于创面大而污染严重或者严重的撕裂伤、刺伤、切伤，除了清创、包扎，还需要缝合；小而深的不洁创口，还需要注射破伤风抗毒素等。如果出血较多，应立即止血，并送医院进一步处理。

（二）慢性运动损伤处理

出现慢性运动损伤这种情况，有可能是软组织出现的慢性损伤，也有可能是骨骼出现的慢性损伤，还有可能是软骨以及周围出现的压伤。首先要明确病情，发现自己出现运动损伤的症结所在，针对不同的症状采取积极的治疗，才能够把疾病控制在合理的范围之内，同时注意休息、避免劳累，适当运动锻炼身体，加强营养增加抵抗力，可以使用消炎镇痛、活血化瘀、止疼对症药物，加以推拿、针灸、理疗、热磁疗辅助，早期恢复健康，在治疗同时要保持愉悦的心情，这样能够加速恢复。

通常软组织损伤后出现疼痛，由于神经反射，引起肌肉收缩、紧张，直至痉挛。如不及时治疗，造成慢性损伤，软组织便会发生纤维化、疤痕化，使疼痛加重，加剧肌肉痉挛，痉挛的肌肉刺激和压迫神经末梢与血管，造成局部新陈代谢障碍，进一步加重疼痛，“不通则痛”。软组织损伤多为药物一时难以到达之处，而针刺按摩，则可以达到“经脉所过，主治所及”的目的。推拿是解除肌肉紧张痉挛的有效方法：①加强局部的血液循环，使组织温度升高；②推拿的手法可以提高组织疼痛阈值；③使紧张的肌肉充分拉长，以放松肌肉，消除疼痛。

运动性损伤也可以针灸，需要看损伤的严重程度来决定，而且需要配合治疗方式，不能光靠针灸治疗，慢性运动损伤通过针灸治疗，刺激穴位经络，起到活血化瘀、消肿止痛的作用，一般会选择局部的取穴，甚至用艾灸或者用中药外敷的方法。艾灸疗法的实质是一种辐射的作用，艾条在燃烧的过程中辐射出近红外线，通过刺激皮肤，感受器可直接作用到人体的较深部位，影响组织细胞的生化代谢及神经系统功能，可增加细胞的吞噬功能，引起主动脉性充血，改善血液循环，降低神经兴奋，具有镇痛的作用。

此外，理疗如超短波等，可使关节囊及组织间液体吸收；热敷、熏蒸、热磁疗等可使损伤部位血液流动加快，改善局部血液循环；功能锻炼可通过牵拉、延展等活动恢复生理功能角度和肌肉力量，这些辅助治疗都会调整血液循环，改善营养代谢，提高免疫功能，调节神经系统功能，促进组织修复，从而消除致病因素，改善病理过程，达到治病目的。

（三）关节、韧带扭伤处理

1. 肩关节扭伤

（1）原因与症状　运动时肩关节用力过猛或反复劳损所致，也可能因技术错误、违反解剖学原则而造成，如投掷、排球扣球、大力发球常出现这类拉伤。其症状有压痛、疼痛，急性期有肿胀，慢性期三角肌出现萎缩，肩关节活动受限。

（2）处置　单纯韧带扭伤，可采用冷敷、加压包扎等措施。24 小时后，可采用理疗、按摩和针灸治疗。出现韧带断裂时，应立即送医院缝合或固定处理。当肩关节肿胀和疼痛减轻后，可适当施行功能性锻炼，但不宜过早活动，以防转入慢性。

2. 膝关节韧带损伤

（1）原因与症状　主要是膝关节内侧、外侧副韧带损伤。主要是因膝关节松弛、关节不稳定，受到撞击或超过关节活动范围的内收外旋所致，如足球的铲球、各种跳跃落地不稳、冰上运动的滑倒等。症状表现为伤部疼痛、压痛、轻度肿胀、左右活动疼痛加剧。

（2）处置　如果是轻度损伤，可冷敷，加压包扎。如果是重度损伤或部分韧带断裂，可固定关节，加压包扎，严重的要送到医院手术。

3. 踝关节扭伤

（1）原因与症状　运动中跳起落地时失去平衡，踝关节过度内翻或外翻致伤。准备活动不充分，场地不平坦是造成这类损伤的主要原因。症状表现为伤处疼痛、肿胀、韧带损伤处有明显的压痛，皮下淤血。

（2）处置　受伤后，应立即冷敷，用绷带固定包扎，并抬高伤肢。20 小时后，根据伤情采用综合治疗，如外敷伤药、理疗、按摩等，必要时做封闭治疗。待病情后好转，施行功能性练习，对严重者可用石膏固定。

4. 关节脱位

（1）原因与症状　因受到外力作用，关节面失去正常的连接关系，叫关节脱位，俗称脱臼。关节脱位可以分为完全脱位和半脱位（错位）两种，严重的关节脱位，伴有关节囊撕裂，甚至损伤神经。运动中发生的关节脱位，大多是间接外力撞击所致，如摔倒时用力撑地，引起肘关节或肩关节脱位。关节脱位后常出现畸形，与健肢相比不对称，因软组织损伤而出现炎症反应，局部疼痛、压痛和关节肿胀，并失去正常活动功能，甚至发生肌肉痉挛等现象。

（2）处置　用长度和宽度相称的夹板固定伤肢。如果没有夹板，可以将伤肢固定在自己的躯干或健肢上，防止震动，随后及时送医院治疗。需要指出的是，如果没有把握做整复处置，切忌随意做整复手术，以免再度增加伤害。

（四）骨折处理

骨折是运动中一种比较严重的损伤，可分为完全性骨折和不完全性骨折。骨折后的症状主要表现如下。

1. 肿胀和皮下淤血　因骨折处血管破裂而导致骨膜下出血以及周围软组织损伤所造成的皮下出血。

2. 疼痛　因骨膜撕裂或肌肉痉挛引起的疼痛，尤其在活动时更加剧烈，严重时可引起休克。

3. 功能障碍　骨折后肢体失去杠杆和支撑作用，丧失原来的功能，再加上剧烈疼痛和肌肉痉挛，肢体多半不能活动。

4. 畸形和假关节　因骨折端发生移位和重叠，伤肢变形甚至缩短；完全性骨折的地方可出现假关节，移位时可产生骨折摩擦音。

5. 压痛和阵痛　骨折断端有明显的压痛，在远离骨折处往往出现阵痛。

运动时发生骨折的原因是身体某部位受到直接或间接暴力或肌肉受到强烈收缩所致，最常见的骨折部位是肱骨、尺骨、桡骨、手指、小腿、肋骨等。处理骨折时，要根据骨折的具体情况采取不同的处理办法。若为轻度无伤口骨折，在尚未肿胀时，应先进行冷敷处理，使用冰水、冰块或者冷冻剂敷住骨折部位防止肿胀，冰冻的矿泉水和纯净水也可，骨折处有显著畸形可用手力牵引伤肢，使之挺直，然后固定。用夹板、绷带在骨头断端及周围进行包扎、固定，使骨折断端不再活动，称为临时固定。临时固定可以避免骨折断端在搬动时因移动而更多地损伤软组织、血管、神经或内脏。临时固定后，即可止痛，有利于防止休克和便于行动。若备有特制夹板，最为妥善，也可就地取材，如树枝、杂志等都适用于做夹板。

（五）脑震荡处理

1. 原因与症状　脑震荡是指运动时头部受到撞击后大脑出现一时性功能障碍。常见的症状是头部受伤后，即刻发生一时性的神志恍惚或意识丧失，持续时间数秒至二三十分钟不等，清醒后恢复正常，但对受伤时的情况及经过记忆模糊；此外，还会出现头痛头晕及恶心、呕吐等症状。

2. 处置　脑震荡是最轻的颅脑损伤，一般经卧床休息和对症治疗后多可治愈。但在诊疗过程中，要注意是否合并较严重的脑搓裂伤和颅骨血肿等。因此，应密切观察病情，特别要注意脑震荡患者的脉搏、呼吸及神志的变化，必要时应做进一步检查，以便及时做出诊断和相应治疗。伤后应卧床休息一两周，注意减少脑力劳动，并给予镇静剂、止痛剂以及静脉注射葡萄糖溶液。经治疗，大多数病例都可以恢复。

（六）休克处理

1. 原因与症状　在特定运动环境中，运动者受不利因素的影响，迅速出现循环系统以及其他系统功能急剧下降的一种病理生理状态，是人体遭受体内外各种强烈刺激后所发生的严重的全身性综合征。运动损伤造成的休克属于低血容量性休克，主要是由于缺乏锻炼、心肺的功能的适应性不足导致的，尤其是跑步时不能很好调节呼吸引起的休克。

2. 处置　包括让患者平躺平卧休息，注意保暖和防暑；适当饮水；保持气道通畅；镇静和止痛；止血；伤部包扎和固定；促进中枢兴奋，掐按人中、合谷、内关、足三里等穴位；吸氧等。情况严重的送医院处理。

第二节　常见运动性疾病的预防及处理

体育运动中出现一些身体生理的反应，有的属于正常现象，如心跳加快、肌肉酸胀、疲劳等，有的属于运动性病理状态，如晕厥、重力性休克、运动性中暑、低血糖症、肌肉痉挛等。这些病理性状态出现的原因主要如下：准备活动不充分，运动方法不正确，运动负荷超过机体承载能力；通常我们将运动训练或比赛中安排不当而出现的疾病或异常，称为运动性疾病。常见的有过度训练、过度紧张、运动性低血糖症、运动性头晕、运动性腹痛、运动性中暑等，由于这些现象具有突发性，所以练习者必须要了解一些相关知识，遇到类似问题可以自救，或者帮助他人将运动伤害降到最低。

一、运动性肌肉痉挛

多数是在剧烈运动、受到外力或者受凉情况下，使得局部肌肉处于高度紧张的状态，从而出现肌肉不由自主的强直收缩，俗称“抽筋”，好发部位是小腿腓肠肌、屈拇肌和屈趾肌。

（一）发病原因

经过长时间运动而形成的肌肉疲劳时，仍继续运动；环境温度突然改变，肌肉受到低温寒冷刺激，兴奋性增加，易发生强直性收缩；大量出汗使电解质、水分和盐分流失过多，肌肉兴奋性增高，会发生肌肉痉挛；剧烈运动中，以不适当的姿势从事运动或肌肉协调不良，可引起肌肉痉挛。

（二）症状与特点

肌肉发生痉挛时，表现为肌肉突然僵直收缩、肌肉周围产生疼痛，经过按摩以及补充盐分后，可以缓解肌肉痉挛的症状，缓解后局部仍有酸痛不适感。

（三）处理与预防

1. 处理　需要对局部进行按摩，通常采用揉法、捏法或者是滚法，使肌肉处于放松的状态。此外，可以对局部进行热敷，有效促进局部血液循环，缓解肌肉痉挛症状。小腿肌肉痉挛时，可伸直膝关节，用力钩脚尖。屈拇肌和屈趾肌痉挛时，可用手握住抽筋的脚趾，用力向身体方向拉。

2. 预防　首先要避免外伤，因为外伤以后肌肉就会处于紧张状态，局部可能出现持续的过度紧张，就会出现痉挛的情况；其次加强锻炼，提高机体的适应能力；剧烈运动前做好充足的准备运动或做伸展操；疲劳和饥饿时不宜进行剧烈运动，大运动量后注意休息和营养的补充。

二、运动性肌肉酸痛

（一）发病原因

由于运动而导致的肌肉酸痛，这种情况下，多数是由于患者突然间增加运动量，或者是突然间参加重大的体育运动，这时就会导致局部肌肉被迫无氧运动，从而导致局部肌肉分泌大量的乳酸。而这种情况下，乳酸难以代谢，从而淤积在局部的肌肉中，就会引起局部肌肉出现酸痛的症状；肌肉发生损伤后，还会导致局部的气血运行不畅，出现气滞血瘀，也会产生酸痛症状。

（二）症状与特点

乳酸堆积、肌肉痉挛、肌纤维或结缔组织损伤等。

（三）处理与预防

1. 处理　这种酸痛的情况一般可以通过自我休息、局部的按摩以及热敷来达到有效缓解肌肉酸痛的现象，并可慢慢促进血液循环，能加速代谢产物的排除，并能消除肌肉酸痛部位营养的供给与修复，使之恢复正常；但是出现局部肌肉酸痛的情况下，不建议立即停止运动，可以通过适当的有氧运动来改善这种由于乳酸堆积而引起的酸痛症状。

2. 预防　在日后的体育锻炼中，一定要遵循循序渐进的方案，避免过度地加大运动量，或者是突然间参加重体力劳动；准备活动时，注意使即将练习时负荷重的局部肌肉活动得更充分；锻炼时，尽量避免长时间集中练习身体某一部位，以免局部肌肉负担过重。

三、运动性晕厥

在运动过程中或运动后，由于脑部血液供给不足等原因所致的突发性、短暂性意识丧失，肌张力消失并且摔倒的现象，统称运动性晕厥。这种现象在学校运动场，或者体育比赛中时有发生。

（一）发病原因

主要原因是因为脑部血液供应不足。运动员参加激烈运动或比赛时，由于过分紧张或激动造成的；有的人起跑后突然站立不动，坐下或躺下，使血液聚集在下肢的血管里，导致回心血量减少，心脏输出血量也随之减少，使脑部突然供血不足，也会造成晕厥；还有人蹲久后突然起立或卧床后突然坐起或站立，也会引起血压降低，使脑部供血不足而发生晕厥。

（二）症状与特点

全身无力、眼前发黑、面色苍白、手足发凉、失去知觉而昏倒（脉搏慢而弱、呼吸缓慢、血压降低等）。

（三）处理与预防

1. 处理 当发现运动性晕厥时，应使患者平卧，足略高于头部，并进行向心方向按摩，使回心血量增加，同时指压人中、合谷等穴位；轻度征象者，由同伴搀扶慢走，并进行深呼吸，症状即可消失。

2. 预防 不要在空腹的时候参加运动，尤其是长时间运动；锻炼前应该适当补充食物和营养素，如果运动中出现饥饿感、乏力出汗、头晕恶心等症状，应该及时补充能量，可以迅速恢复体能；身体疲劳、处于疾病恢复期、情绪不稳定时，不要立即投入运动中，可以先进行低强度锻炼，随着病情好转，逐渐增加运动量，一旦感觉肢体发软，应及时停止，并安静地休息，必要时去医院进一步检查和治疗；在长跑后不要立即停止运动，即使感到精疲力竭，也要由其他人搀扶着走一段距离，避免晕倒。

四、运动性腹痛

运动性腹痛是指由体育运动引起或诱发的腹部疼痛。

（一）发病原因

常在中长跑和剧烈运动时发生，主要是由于运动前准备活动不充分、活动强度增加过快、身体状况不佳，或者运动前吃得太饱、饮水过多，或者腹部受凉，致使脏腑功能失调，引起腹痛。也有的因为呼吸节奏紊乱，造成呼吸肌疲劳，甚至痉挛，引起膈肌运动异常，导致两肋部胀痛。

（二）症状与特点

发生部位多在上腹部，呈钝痛、胀痛，有时会出现在左上腹部或下腹部。其特点是安静时不痛，运动时疼痛，疼痛的程度与运动量大小和强度成正比。

（三）处理与预防

1. 处理 在运动中出现腹痛时，一般采用减慢运动速度，调整呼吸节奏，加深呼吸，用手按压疼痛部位或弯腰慢跑一段距离，短时间内疼痛可缓解；胃肠道痉挛，可以喝点热水，缓解疼痛。

2. 预防 运动前避免饮食或饮水过多，饭后应休息 1.5 ~ 2 小时才能进行剧烈运动，并做好准备活动，坚持循序渐进，合理安排运动负荷和运动时间，注意呼吸节奏，夏季应适当补充盐分。

五、运动性低血糖症

运动性低血糖症是指在运动中或运动后由于血糖降低导致头晕、恶心、呕吐、冷汗等不适的现象，严重者可能出现休克或者死亡，常见于长跑、马拉松、长距离滑雪、滑冰和自行车等项目，以女性多见。

（一）发病原因

人体运动时，肌肉的收缩和舒张是需要消耗能量的，主要消耗的是体内糖原储备转化为运动的能量，如果储备不足，在长时间剧烈运动后糖原耗竭，血糖便会下降，而脑组织自身没有糖原储备，对血糖下降极为敏感。如果糖缺乏，便会造成脑功能严重障碍，导致晕厥甚至昏迷，多见于长距离运动项目，亦可见于学生上体育课时因饥饿或体力过于消耗。

（二）症状与特点

轻度症状表现为感到饥饿、极度疲乏、头晕、心跳、面色苍白、出冷汗；较重者可出现神志不清、四肢发抖、躁动不安或精神错乱，甚至语言不清、昏倒在地。

（三）处理与预防

1. 处理　当发生运动性低血糖时，应使患者平卧，注意保暖，神志清醒的可给予热的浓茶或糖水，并吃少量食品，一般短时间内即可恢复。

2. 预防　对于缺乏锻炼、患病初愈的同学，或者平时体质较弱没有锻炼基础的同学，不要突然参加长时间剧烈运动，特别是在空腹饥饿时更要注意；此外，进行长时间的耐力运动前后和运动中要适量补充糖饮料。

六、运动性中暑

运动性中暑是由高温环境引起的，以体温调节中枢功能障碍、汗腺功能衰竭和水、电解质丢失过多为特点的疾病。常在高温、高湿和通风不良的环境中进行运动时发生。

（一）发病原因

在高温、高湿以及通风不良的环境中，运动时人体体内产热超过人体散热，体温调节中枢功能就会出现障碍，汗腺功能衰竭和水、电解质丢失过多，引起血压下降，脑供血不足，导致晕厥甚至死亡，多见于长跑、马拉松、铁人三项、越野跑、自行车和足球等项目。

（二）症状与特点

身体高热，中枢神经系统功能障碍，皮肤发热、干燥呈粉红色，头晕、口渴、无力、恶心、身体虚脱。

（三）处理与预防

1. 处理　中暑晕厥时，一般将患者迅速移至通风阴凉处休息，给予物理降温，用4～11℃凉水摩擦皮肤扩张加速血液循环，加用风扇吹风，在头部、腋窝、腹股沟放置冰袋以降温。

2. 预防　夏天炎热要安排好训练时间，避免在一天最热的时间进行，热天运动时应着透气良好的浅色服装，保证充足睡眠；其次，安排好炎热天气训练和比赛时的营养和饮水，注意及时补充糖、水分和电解质。

第三节　科学制订训练计划

一、科学健身的基本原则

科学健身是指运用各种体育手段，结合自然力（阳光、空气、水）和卫生措施，以发展身体、增进健康、增强体质、调节精神和丰富文化生活为目的的身体活动过程。纵观身体发展的生命历程，影响身体健康的因素是多方面的。人人向往健康长寿，但并非都能如愿。人们从吃好睡够，不足以使富有者长生不老的事实中，以适度体力劳动，可导致劳动者延年益寿的经验中，逐渐认识到适当的体育锻炼，是增进健康、增强体质最积极、最有效的手段。实践证明，科学的健身，按其本身固有的特点，去探明它的理论依据、健身的原则和方法，选择有效的健身内容，安排可行的健身计划，才能获得最佳的健身效果。

体育健身原则是体育健身客观规律的反映，是人们从事体育健身实践，达到理想效果所必须遵循的基本原则；也是练习者安排健身计划、选择健身内容、运用健身方法必须遵循的基本准则。

（一）全面性原则

全面性原则是指体育健身必须追求身心的和谐发展。

人体是由各个局部构成的一个整体，各部位、各组织器官是相互联系、互为制约的，某一方面的发达或衰退，都会影响和关联其他方面，安排得当，身体的形态、机能和素质就会互为促进，共同提高；处理不好，则可能造成身体畸形发展，或突出发展部分与其他部分差距加大，失去平衡，或落后部分牵制发展部分的提高，影响锻炼效果。身体的各个局部均按“用进废退”的规律发展，体育锻炼能促进新陈代谢的普遍旺盛，致使各系统组织器官和谐发展，达到身体相对完善和完美。所以在体育健身中，统筹兼顾，各种身体素质和活动能力才都能得到均衡的发展。

（二）自觉性原则

自觉性原则是指体育健身参加者必须抱有明确的健身目的，自觉、自愿、主动、积极地从事身体练习，是一种内在的需要和自觉的行动。

身体锻炼是一种业余活动，客观制约性、监督性不强。身体锻炼与体育教学、运动训练相比，一个显著的区别在于锻炼者自主性较大。参加身体锻炼，一般没有法定的活动时间、地点和组织形式，没有强制必须执行的练习纪律。因此，主观因素在锻炼过程中起决定性的作用。另外，身体锻炼是克服自身惰性的体力性活动。锻炼者要战胜贪图安逸的心理惰性，在自由时间参加体育活动锻炼中，身体要承受相当的运动负荷，要付出一定的体力消耗，有时还要在风霜雨雪、炎热或寒冷的不良气候下坚持练习，因此，没有主动自觉精神是难以从事体育锻炼的。

（三）持续性原则

持续性原则是指体育健身参加者按预定的体育健身计划，持之以恒、不间断地从事身体练习与健身。身体练习对机体给予刺激，连续不断的刺激作用则产生新的适应，体质就会不断增强，动作技能形成的条件反射也会不断得到强化。

人体机能水平的提高是一个逐步发展过程，通过锻炼所引起的身体形态、生理、生化等方面的良好变化，也需要经过由少到多的逐渐积累，只有持续不断地科学锻炼才能产生量的积累，收到良好的效果。此外，通过日积月累获得的锻炼效果并不能一成不变、终身保持，中止锻炼后已增长的身体机能水平也将逐步消退。最后，学习和掌握身体锻炼的技能、技术，实质上是神经暂时性条件联系建立与巩固的过程，中断锻炼或时练时停，必然造成暂时性神经联系减弱，不利于形成稳固的条件反射，只有持续练习才会强化神经联系，掌握运动技能。

（四）适量性原则

适量性原则是指在体育健身中，恰当合理地安排运动负荷，使之既能满足体育健身者增强体质等需要，又符合身体的实际接受能力。运动负荷安排是否恰当合理，直接影响体育健身效果。

负荷过小，刺激不能引起机体的效能反应；负荷过大，不能增强体质甚至可能损害身体。因此，适量性是体育健身中必须遵循的基本原则之一。

锻炼中，有机体在承受一定运动负荷后，会产生能量消耗和机体疲劳。通过一定时间的休息和饮食，体内的能源物质和身体机能能力得到恢复，如果运动负荷适量，有机体不仅能恢复到原有水平，而且会超过运动前的能量储备和机能能力，得到超量恢复。经常超量恢复和合理的安排休息间隔，体质将逐步增强。锻炼时，如果运动负荷过小，低于有效价值阈，身体处于常态工作范围，得不到锻炼和提高，无明显的强身壮体价值。同时也应看到，人体的体力负荷又是有一定限度的，超过可能的负担能力，从事过大的练习，又会使身体遭受破坏和损伤，产生副作用。只有适量运动，使身体负荷维持在有效价值区间，才能收到最为理想的锻炼效果。

（五）针对性原则

针对性原则是指在体育健身过程中，根据参加者的个人特点，年龄、性别、职业、健康状况、锻炼爱好和体育基础以及季节特点、地理环境等客观条件，合理地确定体育健身内容，选择方法手段，使之符合实际需要。

个体的差异是普遍存在的，锻炼者年龄、性别、体质状况、锻炼需求都是千差万别的。因此，不可能提出一种人人通用的锻炼方案，必须依据锻炼者的不同特点，区别对待。此外，体育手段多种多样，锻炼者具有广泛的选择性。体育运动项目丰富多彩，这些运动项目特点各异，对身体发展的作用也不尽相同。为提高锻炼实效，根据需要，有针对性地选择，为我所用是必要的。锻炼的自然环境是经常变化的，锻炼者应根据气温、风力、雨量等自然条件进行妥善安排，对于一年四季的周期变化，也应进行相应的调整，这样才能适应不断变化的环境条件，掌握锻炼的主动权。

二、自我锻炼计划的制订

身体锻炼在人的全面发展过程中发挥着越来越重要的作用。药补不如食补，食补不如动补（主要指是身体锻炼）。让我们亲近大自然，积极参加体育锻炼，用强壮的身体、健全的心灵和强有力的社会适应能力去迎接未来的挑战。

（一）身体锻炼内容

身体锻炼内容多种多样，人们在体育锻炼时，可根据各自的目的、条件、兴趣合理地选择锻炼的内容。根据体育功能和锻炼的目的，可分为健身运动、健美运动、娱乐运动、医疗体育、矫正体育、防卫体育等。

1. 健身运动　一般健康者为强健身体和提高基本活动能力而从事的身体锻炼。通过学习，增强身体各器官系统的机能，提高身体素质，提高基本活动能力。健身运动可根据个人特点和爱好，选用各种锻炼手段，既可以采用各种竞技体育项目，也可采用日常生活中一些有锻炼价值的动作，如走、跑、游泳、划船、舞蹈、骑自行车等。

2. 健美运动　在健身的基础上，为增加身体美感而进行的身体锻炼。通过练习，形成良好的体形和姿态。健美锻炼的针对性较强，如为了发展肌肉，可采用举重和器械体操练习；为养成端庄优美的体姿，增加协调性和韵律感，可采用健美操、艺术体操和舞蹈等练习。

3. 娱乐运动　为了丰富生活、调节精神、欢度余暇而进行的体育活动。娱乐体育以消遣、欢快为目的，内容选择以个人爱好为前提，如游戏、球类活动、郊游、渔猎、登高等。这类活动使人身心愉快，既锻炼了身体，也陶冶了情操。

4. 医疗体育 又称康复体育，是指患者为了治愈某些疾病而进行的专门身体锻炼。医疗体育的内容应根据疾病性质采取相应的手段，一般采用动作舒缓、运动负荷较小的散步、慢跑、太极拳、气功、按摩、保健操等。为提高康复效果，缩短疗程，常与药物治疗相结合，在医生的指导下，按运动处方进行定量运动锻炼。

5. 矫正体育 某些人为了弥补身体缺陷，或克服功能障碍、祛病健身与恢复功能而进行的身体锻炼。练习内容应针对身体的特殊性进行专门的安排，如轻度驼背可做脊柱弯曲矫正操，近视眼可做眼保健操等。

6. 防卫体育 为提高防身和应变能力而进行的身体锻炼。这种锻炼既可强身，又有较强的实用价值，如摔跤、拳术、擒拿，以及攀登、爬越和各种反应性、灵敏性、自我保护性的专门练习。

（二）身体锻炼方法

身体锻炼的方法是指参与体育锻炼的个体为了实现改造自我身心、社会适应能力全面健康发展这一目标所采用的手段、途径和工具等。体育锻炼的方法各异，不同的练习方法，对身体各器官结构、机能及生物化学方面的影响也有差别，合理地运用各种方法，有利于掌握运动技能，提高身体素质，激发锻炼者兴趣，加速疲劳消除。如何选择适合个体的锻炼方法是一个十分重要且必须考虑的首要问题，如果方法选择不当，体育锻炼不但无法增强体质，促进健康，反而可能破坏身体、损害健康。下面介绍一些常见的、简单易行且合理有效的锻炼方法。

1. 持续锻炼法 在很长一段时间内没有间歇、连续不断地重复练习，其特点是较稳定，周期性强、练习密度和运动负荷不太大。心率保持在140次/分钟，锻炼20～30分钟，可以使锻炼者机体的各个部位都能获得较充分的血液和氧气供给，能最大限度地发挥有氧代谢的能力，提高锻炼者的耐力。运用此法要控制连续重复的次数，以免负荷过大。

2. 重复锻炼法 多次重复同一练习，两次（组）练习之间安排相对充足的休息时间的练习方法。由于对同一动作多次重复，不断强化运动条件反射，故有利于对技术动作的掌握及巩固。同时，由于多次重复可使身体生理和负荷达到较高程度，对身体素质及各器官机能水平的作用较大，所以这也是掌握技术、增强体质的必要手段。

3. 间歇锻炼法 重复锻炼时前后两次锻炼之间有合理的间歇时间，这种方法常用来提高锻炼的效果。间歇时间一般根据心率情况来确定，实践中，一般心率恢复到120～150次/分钟时，就应进行下次（组）锻炼了。因此，对机体的要求高，能引起机体结构、机能及生物化学较深刻的变化，对发展心肺功能及提高抗疲劳能力效果好。间歇时间常采用积极休息放松的方式，如慢走、深呼吸、做集体放松整理活动等。

4. 循环锻炼法 根据锻炼的具体任务，将练习手段设置为若干个练习站，练习者按照既定的顺序和路线，依次完成每站练习任务。这种练习方法对练习者的技术要求并不高，但简单实用，效果明显，能够加大练习者的运动量和练习密度，对发展练习者的身体素质及各项基本活动能力有良好的作用。此外，内容的多样及变化也有助于激发练习者的兴趣。

（三）锻炼计划制订的步骤

体育锻炼的内容繁多，形式各异，对人体的影响也各不相同。大学生的年龄、性别、体质、锻炼基础、兴趣和爱好，以及环境、时间、场地器材等情况不尽相同，要想有效地掌握运动技能、锻炼健身和增强体质，就必须从实际出发，应按自己的学习情况、健康状况、兴趣爱好、技能水平做出具体的安排，制订切实可行的计划。计划的制订应力求有自己的特色，在原有的基础上进一步地提高体质、技能和运动水平，计划可用条目式，做到相对稳定，局部调整。自我锻炼计划，应以有利于调节脑力劳动、消除疲劳、提高学习效率、促进生长发育和增强体质。

在制订计划时，既要注重全面发展，又要注意自己的特点和弱点，既要考虑自己的爱好，也要注意锻炼的效果。锻炼，要少而精，既要保证一定数量，又讲求一定质量，才能收到最佳的锻炼健身效果。整个计划的内容安排应遵循由简到繁，由易到难，在运动量上的安排上，应遵循从小到大，逐步增加的原则；做到既科学、又全面，既能达到增强体质的目的，又不会影响一天的学习和工作。自我锻炼计划是对锻炼的内容、时间、方法进行系统的安排，锻炼计划的制订包括以下四个步骤。

1. 确定锻炼目标　在确定阶段目标时，要充分分析主客观情况，因人而异，运动量和运动技术安排要由小到大，由易到难，阶段任务安排切合实际。在校学生体育锻炼的主要任务是提高身体素质和运动能力，提高健康水平，在学生体质健康标准检测中检测合格，并在此基础上争取进一步提高运动水平，创造优良成绩。那么，青少年学生就可以完成这一任务为目的。按学习实际或季节、气候变化等来划分阶段，并确定各阶段的锻炼目标。

2. 确定锻炼时段　可根据作息时间来确定，在校学生可按学校的作息时间安排来确定自己的锻炼时间，一般不宜安排在睡觉前及饭前饭后半小时等，最好安排在课外活动时间锻炼。

3. 确定锻炼内容　锻炼者应根据自己的体质和健康状况、年龄、性别、爱好、特长，以及场地、器材、气候等条件确定内容。由于地域差别，我国的南方可进行长跑、足球等项目锻炼，北方则可进行滑冰、滑雪、冰球等练习，春秋季节可进行球类、田径、自行车、武术、爬山等各种项目锻炼。在确定锻炼健身内容时，应注意全面锻炼，以利于青少年身体的全面发展。

4. 确定锻炼频度、时间和负荷　可根据生活习惯和状况来确定，锻炼时数以每天 60 ~ 90 分钟为宜，运动负荷以每次锻炼后身体有一定的疲劳感为标准，并逐渐增加运动负荷，不宜过度超劳累，以免影响学习。

三、运动处方的制定

（一）运动处方的概念

运动处方是一种借助运动调整锻炼者身心、促进健康和康复的一种方法，是使锻炼者有计划地参加体育锻炼，以达到科学锻炼、增强体质、预防疾病、延缓衰老等目的。具体地说，就是根据活动参加者的身体适应能力水平，以处方的形式来确定运动的目的、类型、强度、时间、频度、时段和注意事项的个性化、系统化的运动方案。一般来讲，以增进健康，增强体质为目的而制定的一系列与个人身体状况相适应的、行之有效的科学运动方法，均称为运动处方。运动处方的基本要素包括运动目的、运动项目、运动强度、运动时间、运动频率以及注意事项。

（二）运动处方的主要内容

1. 运动目的　因性别、年龄、职业爱好和身体健康状况而各有不同，运动处方的目的包括提高机体适应性，通过降低慢性疾病的危险因子而提高健康水平，以及保证运动处方的安全等。由于个人爱好、健康需要和临床状况水平不同，这些目的的重要地位也不同，一般情况下，运动处方的最终目标是针对每一个具体的个体制定特殊的运动方案。

2. 运动项目　依据个人运动的目的而选择。正确地选择运动项目直接关系到运动处方的效果。以运动生理学中氧的代谢水平为依据，健康有效的运动项目可分为三类：有氧运动、无氧运动及混合运动。现代新兴的运动处方要求包括三类运动：有氧运动、伸展运动及力量性运动，以达到提升身体素质和全面锻炼的效果。

（1）有氧运动　包括步行、慢跑、走跑交替、游泳、骑自行车、划船、滑冰、跳绳等。

（2）伸展运动　包括广播体操、太极拳、气功、五禽戏、八段锦、跳舞，以及各种医疗体操和矫正体操等。

（3）力量性运动　采取中等的强度，足以发展和维持去脂体重的力量训练，必须使之成为成人身体素质训练计划的一个组成部分。

3. 运动强度　单位时间内的运动量。而运动量是运动强度和运动时间的乘积，运动强度是运动处方实现定量化和科学性的核心问题。应根据运动目的、医学检查结果、个人体能状况、锻炼内容、年龄、性别和运动经历等来制定。

4. 运动时间　每次持续运动的时间。由于运动时间和运动强度的乘积决定运动量，因此，即使等量的运动量，因运动的目的不同而有运动强度和时间不同的处方。以健身为目的的运动强度小，而时间长的处方效果好。对青少年来说，短时间、反复多次的激烈运动处方，对增进健康有很好的作用。

5. 运动频率　每周的锻炼次数。每周锻炼 3～4 次是最适宜的频率，但由于运动效应和蓄积作用，间隔不宜超过3天，作为一般健身保健或处于退休和疗养状态者，坚持每天锻炼一次，效果更好。

6. 注意事项

（1）在制定运动处方时，应遵循运动处方的科学原理，按照一定的步骤进行。

（2）运动前要做准备活动，运动后要做整理活动。

（3）进行心肺耐力训练前和训练过程中，应加强医务监督，根据锻炼者的身体状况，做好相应的监护工作。

（4）进行力量训练时，要注意自身的安全问题，预防运动损伤。

（5）根据锻炼的具体情况，提出相应的注意事项，如高血压患者，应避免做静力性练习；糖尿病患者应注意血糖变化等。

（三）运动处方制定的流程

近年来，国内外兴起的“运动处方”正日益被广泛采用，参加这种体育锻炼需经过严格的医学检查和健康诊断，是在医生的监督和指导下，避免因不合理运动而损害健康，争取最佳锻炼效果的一种锻炼方案。制定运动处方时，首先应按照一定的程序进行系统的检查，获得为制定运动处方所必需的全面资料，这样所制定的运动处方才能切实符合个人的身体条件。

1. 一般检查　了解锻炼者的基础情况。包括姓名、性别、年龄、职业、疾病史、过去及现在身体锻炼状况，此外，还应了解锻炼者的食欲、睡眠和常用药名称等。

2. 临床检查　包括人体测量及体质测定。检查的目的是对现在的健康状况进行评价；判明能否进行运动和运动负荷试；是否有潜在性疾病或危险因素。总之，医学检查的基本目的在于掌握个人状况，为制定运动处方提供必要的信息。

3. 运动负荷测定　锻炼者身体机能对运动承受能力的检测和评定。一般进行安静和运动状态下生理机能的检测，主要测定心跳频率、最大吸氧量等机能指标。

4. 体力测定　主要是对锻炼者身体素质的检定，内容包括身体各部分的力量、速度、耐力、灵敏、柔韧等。为了便于评价，可将测试指标与较大样本的同项指标进行对比，以确定该项素质的优劣程度。

5. 制定运动处方　安排锻炼计划：通常根据以上检查的结果，掌握锻炼者的健康状况、体力水平和运动能力，按其情况制定运动处方；对于锻炼者提供包括锻炼内容、强度、时间等在内的锻炼方案。

6. 实施锻炼方案　按运动处方的要求锻炼一个阶段后，应再次进行健康检查、运动负荷测定和体力测定。这样一方面可以评价运动处方的实效和锻炼效果；另一方面，也可根据身体的变化，修改和调制新的运动处方，使处方更具有针对性和实效性。

运动处方的实施过程必须按健康状况和需求来制定（图3－1）。

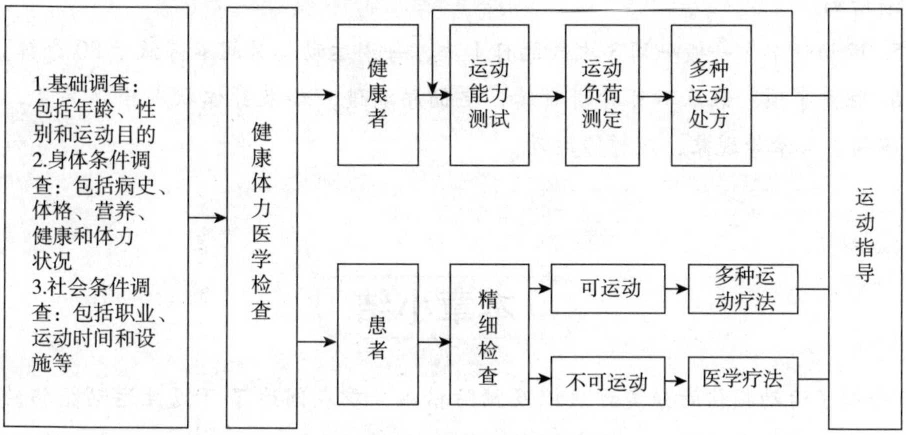

图3－1　运动处方制定的流程图

（四）运动处方的基本格式

目前运动处方的格式没有统一的规定，但主要有两种：叙述式和表格式。表格式因简单明了，所以应用较多，内容见表3－1（以减肥运动处方为例）。

表3－1　表格式运动处方

姓名：某某	性别：女	年龄：20岁	职业：学生	日期：
体育爱好	乒乓球			
健康检查	良好，身高163厘米，体重64千克，体重中度超重			
病史	无			
机能检查	台阶实验，安静脉搏76次/分钟，血压75/115毫米汞柱			
运动试验结果	心肺功能较差，体重过重，身体状况良			
体力测试结果	力量：仰卧起坐25个/分钟，耐力：800米跑4分5秒			
运动目的	减肥和健身，12周（减少体重3～5千克）			
运动项目	乒乓球、有氧健身操、慢跑、游泳等			
运动强度	由小逐渐加大，心率在靶心率范围，即120～170次/分钟			
运动时间	每次60～90分钟			
运动频率	每周3～4次运动			
医务监督	心率			
注意事项	锻炼前后要进行身体检查，注意饮食平衡			
处方者签名	某某			

知识拓展

青年人健身运动处方实例——增加耐力的运动处方

1. 运动目的　改善心肺功能，提高有氧耐力，增强体质。

2. 运动项目　有氧慢跑、游泳、登山、自行车。

3. 运动强度　心率控制在140～150次/分钟。

4. 运动时间　身体健康且经常参加锻炼者，每次持续时间30～40分钟；从未参加体育锻炼或身体虚弱者，锻炼初级阶段每次运动时间可以适当减少，当身体适应后再逐渐增加。

5. 运动频率　一般一周3次或隔日1次，每周运动总时间不得低于80分钟。

6. 注意事项　锻炼不可时断时续，要循序渐进，如果身体状况出现异常，运动时有胸闷、头晕等现象，应暂停运动。

本章小结

本章节介绍了运动损伤的分类方法以及预防措施，重点阐述了急慢性运动损伤的处理办法，要求学生掌握体育运动中出现的一些身体生理病理反应，如晕厥、腹痛、中暑、低血糖症、肌肉痉挛等六种常见的运动性疾病发病原因及症状特点，能够进行运动性疾病的预防和处理。教学难点是科学健身所遵循的原则、个人进行锻炼时所需的内容和方法，运动处方的制定流程，以及运用制定的运动处方进行科学健身。

思考题

1. 如何预防并处理常见的急性运动损伤？
2. 常见的运动性疾病有哪些？怎样预防及处理？
3. 科学健身需要遵循哪些原则？
4. 科学健身如何选择适合自己的方法？

（赵　斌）

第四章　体质健康与评价体系

PPT

拓展阅读

学习目标

知识目标

1. 掌握体质健康的概念及评价内容。
2. 熟悉体质的内涵和范畴以及体质与体能的区别。
3. 了解我国学生体质健康评价制度的演变和发展以及世界各国的体质评价体系。

技能目标

1. 学会运用《国家学生体质健康标准》的评价体系，根据自己的体质健康状况，调整学习和锻炼目标。
2. 能够掌握体育锻炼方法，积极参加体育活动，顺利完成体质健康测试。

第一节　体质健康概论

一个国家学生体质健康的状况是其潜在综合国力的重要组成部分，从社会发展的总体趋势分析，学生体质的改善和增强是国家经济发展的结果，也是社会发展的动力，更关乎国家发展的未来。因此，对学生体质与健康的研究对未来国民健康具有重要的现实意义。

一、体质

（一）体质的内涵

“体质”之“质”在《高级汉语大词典》中为“本质、禀性”之含义，指产品或工作的优劣程度，从这个意义上讲，“体质”应理解为人体之质量，表现为一种较稳定的、基本的、内在的生理特征和倾向。

体质现象是人类生命活动的一种重要表现形式，它与健康，与疾病密切相关，早在医学起源时期即出现了对此体质的认识。国内体育界较为通用的“体质”定义是中国体育科学学会体质研究分会于1982年所下的定义：体质是人体的质量，它是在遗传性和获得性基础上表现出来的人体形态结构、生理功能、身体素质、适应能力和心理因素的综合的相对稳定的特征。

体质在形成和发展的过程中，具有明显的个体差异性和阶段性。不同的人，其体质的差异主要表现在形态发育、生理机能、心理状态、身体素质、运动能力以及对环境的适应和对疾病的抵抗力等方面，包括从最佳功能状态到严重疾病和功能障碍的多种不同的水平。遗传是人体发展变化的先天条件，对体质的强弱有很大影响。而体质的强弱，则有赖于后天的环境条件，即生活环境、营养卫生、身体锻炼等因素。同时，人的不同生长发育阶段，如儿童期、青少年期、中老年期，体质的状况是不断变化和发展的。具有共同的特征，又有不同年龄阶段的特殊特征。人们可以通过改善物质生活条件，形成健康的生活方式，通过有目的、有计划、科学的身体锻炼等手段来保持良好的体质状况，不断增强体质，减少疾病，同时对各种自然环境也有较强的抵抗力和适应力，使人精力旺盛，体力充沛地投入学习和工作中去。

（二）体质的范畴

体质的范畴包括人体形态结构、生理功能、身体素质、心理因素和适应能力等方面。体质的强弱就是由这些方面综合反映出来的。一个人的体质好与不好，主要表现在以下五个方面。

1. 身体形态发育水平 包括体形、姿势、营养状况及体格等。

2. 生理功能水平 机体新陈代谢水平以及各器官系统的工作能力。

3. 身体素质和运动能力发展水平 耐力、柔韧性、力量、速度、平衡、灵敏、协调、反应等素质，以及走、跑、跳、攀爬等身体基本活动能力。

4. 心理发育（发展）水平 本体感知能力、个性、意志等。

5. 适应能力 对内外环境条件的适应能力、应激能力和对疾病的抵抗力。

这五个方面的状况决定着人们的不同体质水平，其中身体形态、身体机能和身体素质是当前体质数据采集的三大指标群。在进行体质测量和评价以及检查增强体质的实际效果时，必须看到体质的综合性特点以及测量和评定的多指标性质。

（三）体质范畴中的体能

“体能”之“能”在词典中有两种含义：能力和能量，所以体能就可从两方面理解：①身体的能力；②身体的能量。也就是我们常说的“大体能”与“小体能”。从体育领域来说，理解为身体的能量更为妥当，否则，人为地扩大它的外延，将导致等同于体质。我们对体能的概念仍然处于不确定的状态，不利于在实际中运用，因此，体质的外延要大于体能的外延。

1. 文献定义中的“体能” 大量资料对体能的定义以及论述大体可归纳为人体各器官、系统的机能在肌肉活动中表现出来的能力，它包括身体素质（力量、耐力、灵敏、速度、柔韧等）和身体基本活动能力。实质上是有机体各器官、系统的机能在肌肉活动中的反映。提高有机体的过程和全面发展机能的过程是相一致的。

体能通常也称体力，是指进行运动或劳动所需要的身体能力，既可以包含运动能力，也可以包含劳动能力或其他形式的身体活动能力。

体能是身体的能力，是人体在生活和运动中所表现出来的能力。它以体质为基础，通过后天的训练，使身体具备完成某种或某类身体活动的专长，因而体能具有较强的实用性、专业性和后天获得性。作为身体的能力，表现在主客观两方面：从人体主观上看，它的组织、器官和系统，经过训练，达到了某种水平，形成了相对稳定的特征和能量的内在储备；而客观现实中的表现则是衡量体能优劣最重要、最基本的标准。在人的社会实践中，体能主要表现在走、跑、跳、投掷、攀登、爬越、平衡、悬垂、负重等各种生命形式中。

运动员的体能，是指运动员机体的基本运动能力，是运动员竞技能力的重要构成部分。运动员的体能发展水平是由其身体形态、身体机能及运动素质的发展状况所决定的。身体形态是指机体内外部的形状；身体的机能是指机体各器官系统的功能；运动素质是指机体在活动时所表现出来的基本运动能力，亦称身体素质，通常包括力量、耐力、速度、柔韧和灵敏等。构成体能的身体形态、机能、素质的三个因素都有各自相对独立的作用，又有着密切的联系，彼此制约，相互影响，其中一个因素的水平都会影响体能整体的水平，三个构成因素之中，运动素质是体能的外在表现。

从以上论述中可以看出，在普遍的体育科学应用中对体能定义的表述问题上，能量是首先被提及的，体能主要体现的仍是能量，其中将称作能力的地方，只能是人们在实际运用中人为地扩大了它的外延。

2. “体质”与“体能”在应用领域的差异　在实际应用中，体质总是相对于国民体质、全民健身普及等群体研究；而体能更多的是相对于运动训练等较专业的领域。体质一般结合身体素质、体育素质、健康状况、发育状况、形态机能状况等进行使用；体能主要结合速度、力量、耐力、运动负荷等来运用，从此方面也可看出它们外延的不同。

3. “体质”与“体能”在生理系统的差异　体质涉及的生理系统基本有人体运动系统、神经系统、循环系统、呼吸系统等；体能则主要涉及能量供应系统，呼吸循环系统为从属系统；所以体质概念比体能概念涉及的生理系统要广泛。

综上所述：体质为一种较稳定的、基本的、内在的生理和心理特征倾向，是一种潜在的机制和功底；体能是在指人体运动中形成的能量贮备，体质与体能在外延上是不同的，体质的外延要大于体能的外延，体质是一个基础性概念，体能是个有一定局限性的概念，体质是体能的基础，体能是体质在一定范围的延伸。

二、健康

（一）健康的内涵

人人都希望健康，但什么是健康，大家却有各自不同的理解；怎样维护健康，也有不同的方法和途径。随着科学技术和社会不断进步，人们对健康的要求也越来越高，健康的概念也发生了明显的变化。在生物医学模式时代，健康的概念是“人体各器官系统发育良好、功能正常、体质健壮、精力充沛并具有良好的劳动效能的状态”。通常用人体测量、体格检查和各种生理指标来衡量。对健康的这种认识，在生物医学模式时代被公认是正确的。在这种医学模式下，生物学的指标成为判断健康和疾病的最终标准，而忽略了人的社会方面，忽略了人是具有丰富的内心世界的。

随着“生物－心理－社会医学”模式的建立，现代的健康观已逐渐形成，人们认为在人的生命活动中，身心是相互影响、不可分割的两个方面。一个完整的人，不仅是生活的人，同时也是社会的人。WHO 将健康定义为“健康不仅是免于疾病和虚弱，而且是保持身体上、精神上和社会适应等方面的完美状态”。在这一定义来看，疾病是指人体在身体上、心理上和社会上出现了各种障碍或异常，只有当个体在生理、心理和社会方面都处于完满状态时，才可以说是健康的。因此，除了关心众所周知的病理改变之外，也应注重人的心理健康和社会健康。

（二）健康的标准

WHO 于 1982 年提出了十条健康标准。

（1）有充沛的精力，能从容不迫地担负日常繁重的工作。

（2）处事乐观，态度积极，乐于承担责任，事无巨细，不挑剔。

（3）善于休息，睡眠良好。

（4）应变能力强，能适应环境的各种变化。

(5) 能抵抗一般的感冒和传染病。

(6) 体重适中，身体匀称，站立式头、肩、臂位置协调。

(7) 眼睛明亮，反应敏捷，眼和眼睑不发炎。

(8) 牙齿清洁，无龋齿，不疼痛，牙龈颜色正常，无出血现象。

(9) 头发有光泽，无头屑。

(10) 肌肉丰满，皮肤有弹性，走路轻松。

标准阐明的内容如下：①健康的目的在于运用充沛的精力承担起社会任务，面对繁重的工作不感到过分的紧张和疲劳；②强调了心理健康，处处事事表现出乐观主义精神和对社会责任感及积极的态度；③应具有较强的社会适应能力，包括对外界环境各种变化的适应能力，以保持不断趋于平衡完美的状态；④能够明显地表现出体格健康的几个主要方面，如体重、身材、眼睛、牙齿和肌肉的状态。

三、体质健康

（一）体质健康的内涵

关于体质健康的概念还没有统一的界定，主要从体质、体适能的概念中演化而来，主要以结构、机能指标来测试和评价不同人群的健康状况。随着社会经济的不断发展，人们对健康的需求不断提升，体质与健康的关系越来越密切，以结构、机能和技能指标为主的人体体质状况已成为反映人体健康状况的重要方面，并在全世界得到认同和广泛运用。目前，我国以“体质健康”的称谓来反映学生群体的健康状况，反映成年人群的健康状况主要用“国民体质”的称谓。我国已颁布了《国家学生体质健康标准》，建立了比较完善的国民体质监测制度，对国家掌握国民健康状况和提升国民健康发挥了重要作用。

体质、体适能和健康的概念具有紧密的联系，了解它们之间的关系，有助于理解体质健康的内涵。体质主要是指人体的质量及人体在遗传变异和后天获得性的基础上所表现出来的机能和形态上相对稳定的特征。体适能的概念起源于美国，主要是指人体的适应能力，WHO 将“体适能”定义为“身体有足够的活力和精神进行日常事务，而不会有过度疲倦，而且有足够的精力享受余暇活动和应付突发紧张事件的能力。”健康是一个古老的概念，WHO 对健康的经典定义是“没有疾病和衰弱状态，而是一种在身体上、精神上和社会上的完好状态”。健康主要反映人的整体状态。体质和体适能的内涵基本相同，只是体质侧重反映身体的质量，体适能侧重反映身体的适应力。二者均与健康存在着密切的联系，可以简单地理解为体质是维持健康的基础，体适能是维持健康的适应能力，健康是体质和体适能的外在表现。

体质健康是我国为提升国民健康水平而使用的专用名词，其将体质与和健康紧密联系在一起，突出以体质指标反映人体的健康状况，体质健康已成为我国反映国民健康状况的重要方面，国家通过颁布体质健康标准和建立国民体质监测制度，以更有效地指导和推动国民健康事业的发展。

（二）体质健康的范畴

如前所述，体质和健康是从不同的侧面不同范畴来看待人体状况的两个相互关联的概念，健康要大于体质的范畴。从体质的范畴来看，它更趋向于人体的形态发育、生理机能、心理发展、身体素质、运动能力以及对内外环境的适应和抵抗疾病的能力等。从健康的范畴来看，除了包括体质的范畴以外，还强调对环境包括自然环境和社会环境的适应、心理卫生、对疾病的预防、卫生保健以及生活方式对健康的影响等。

从体质健康标准研制的角度来看，大学更多的是选取那些最具有代表性有效性、客观性的指标来评价大学生的体质健康水平，并反馈给每一个大学生与健康密切相关的信息，帮助大学生自主地提高体质健康水平。至于健康范畴中的适应环境、疾病预防、心理保健和心理健康等，有些需要在全国大学生体质与健康调研中进行大规模的追踪调查研究，有些则需要学校、社会和家庭通力合作，对大学生进行健康教育，共同促进他们健康成长。

（三）体质健康评价的意义

大学生体质健康评价是高等学校体育教育工作中的重要环节，也是整个学校教育评价体系的重要组成部分。建立全面、科学的大学生体质健康的评价体系可以使大学生及时了解自己的体质健康状况，调整学习和锻炼的目标。同时，评价过程本身也是一次很好的体育宣传和教育的过程，是一次自身建设意识提高的过程；更为重要的是，体质健康评价可以使家长学校、社会及时了解大学生的体质健康状况，引起家长和社会的重视和关心，使学校教育的决策部门及时了解大学生体质健康状况的大量真实有效的信息，为学校和教育管理部门制定和调整有关大学生体育方面的政策提供科学的依据，使大学生的体质和健康问题引起全社会的关注。所以说正确、合理地对大学生进行体质健康评价，对促进学校体育和教育工作有着极为重要的意义。

（四）体质健康评价的内容

体质健康是健康评价的一个重要方面，尤其在相对健康的人群中。体质健康能更广泛地反映不同人群的生长发育、身体运动机能和身体成分的改变。通过对这些改变的分析可以折射出社会经济、文化、体育及公众生活方式的变化，通过对各种影响因素的干预，增强公众体质，进而增进公共健康。影响体质健康的主要因素有遗传、社会环境、行为和生活方式、体育运动等。这些因素综合起来对国民体质起到关键性的作用。20 世纪以来，人类的体质经历了急剧变化，物质生活的改善，医疗卫生和保健措施的改善与体育锻炼的普及，以及原来相互隔离的人群间的通婚等，使人类体质在生理学、生物化学、形态学等方面的许多指标上发生着变化，最被察觉和感受的首先是身高的增加、发育速度的加快、衰老的延缓和寿命的延长。

目前我国主要将体质健康理论与方法运用于个体和人群的健康评价。体质既是个人健康指标，也是人群健康的重要指标。体质是评价生长发育、营养状况和体育发展状况的重要指标。在人群健康评价中，与体育运动关系最为密切的就是国民体质健康评价。改革开放以来，我国已建立并完善了国民体质健康评价体系。国民体质状况已成为衡量一个国家社会、经济、教育、体育发展的重要指标，体育运动对完善国民体质所起的作用越来越受到社会的重视。目前我国的体质健康评价的内容主要是《国民体质测定标准》和《学生健康体质健康标准》；《国民体质测定标准》是由国家体育总局颁布和实施，主要包括幼儿、成年人和老年人三个部分；儿童青少年属于学生人群，有教育部颁布和实施《国家学生体质健康标准》。本章节所阐述和研究的主要是针对大学生的体质健康标准。

体质健康评价主要以体质指标为主，以科学化和人性化为测定原则，评价指标包括五个方面。

1. 身体形态发育水平 体格、体型、姿势、营养状况及其成分等。

2. 生理、生化功能水平 机体的新陈代谢功能及各器官、系统的工作效能。

3. 身体素质和运动能力水平 身体在运动中所表现出来的力量、速度、耐力、灵敏性、柔韧性等素质及走、跑、跳、投、攀等身体运动能力。

4. 心理发展状态 包括本体感知能力、个体意志力、判断能力。

5. 适应能力 例如对外界环境的抗寒、抗热能力和对疾病的抵抗力。

体质健康评价采用定量测量评价，由于心理发展状况和适应能力，还无法全面准确地进行定量评价，现行的评价内容主要是从形态、素质和技能三个方面。

第二节 体质评价体系概述

一、世界各国的体质评价体系

许多国家都非常重视国民体质健康状况，都想通过重视体质研究来解决国民健康问题。国外对体质健康测试的研究已基本成熟，其中最具有代表性的是日本和美国。美、日等国在19世纪末就以学生体质测试率先开始了研究。经过一个世纪的发展，各国的体质研究均有着各自的特点和发展趋势。

（一）美国体质健康标准研究发展概况

美国在体质研究上有着很长的历史，发展比较完善，研究的水平比较高，学术思想和试验方法比较先进。

在美国，与“体质”相应的英文名词是“fitness”，1945年著名的生理学家Cureton提出Fitness三要素：体格、机能能力、运动能力。与之对应的身体素质指标体系，最初仅限于运动能力方面，主要是用来测量“跑、跳、投的熟练性”，测试指标有50米跑、往返跑、立定跳远、悬垂、仰卧起坐、投实心球、600码跑。

1973年，德克萨斯州首次将“健康指标”加入体质测试项目中标志着人们对健康因素的关注和重视。20世纪80年代初，美国经济水平处于稳定上升的状态，大部分人在解决或满足基本的生活所需后，开始追求更深层的目标，保持强健的体魄，拥有健康的生活。于是，在青少年时期的体育教育和体质测试的设计等各个方面，不断融入健康的因素，旨在改善青少年的身体健康状况，不仅仅要求掌握运动技能，而且倡导积极健康的生活方式，提高生活质量。

在1975年的美国体质普查中取消了垒球掷远与往返跑；1985年立定跳远和50米也被删除了，还增加了1英里跑（反映心血管功能）、坐位体前屈（腰背柔韧性），完成了由测试“运动技术指标”向测试“健康指标”的过渡。测试指标也由旧的指标（50米跑、往返跑、立定跳远、悬垂、仰卧起坐、投实心球、600码跑）转向新的测试指标，即1英里跑或走、皮脂厚度、身体密度指数、坐位体前屈、引体向上。目前，在美国普遍使用的健康体质测试方法的测试指标包括1英里跑/走、体脂含量（%BF）、身体质量指数（BMI）、坐位体前屈、仰卧起坐、引体向上和曲臂悬垂。另一个是美国健康体育娱乐协会（AAHPERD）在1998年公布的测试方法Physical Test，包括1英里跑/走、皮下脂肪厚度、BMI、坐位体前屈和引体向上。这两组测试指标的选择都与人体的健康有关，可以归纳为4个方面：①心肺功能；②肌肉力量与耐力；③身体柔韧性；④身体组成。

（二）日本体质健康标准研究发展概况

日本是目前青少年体质调研资料最全的国家，现保存着自1898年至今所有的青少年体质发展资料，拥有1964年以来日本青少年体力和运动能力的总体发展情况。日本政府一向十分重视国民体质的发展，他们认为国民体质的强弱是民族和国家兴衰的重要标志。日本的测试指标始终随学校体育教育的改革与发展、国民体育观念的转变而不断的修正、完善。

早在明治12年（公元1879年），日本就开始着手对部分学生进行身体活动能力调查，检测内容包括身高、体重、胸围、上臀围、下肢围、饮食量、肺活量和握力8项指标，后来又增加力量（悬垂屈臂）和疾病状况的检查。1939年，为实行对外扩张政策的战争需要，日本进行了历史上规模最大的一次国民体质测定。1963年日本文部省对6～9岁学生颁布了《小学低、中年级运动能力测验实施要案》，1964年又为10～29岁的小学高年级、初中、高中、中等专业学校、短期大学、大学和劳动青年颁布了运动测验实施要案，规定10～29岁的青少年必须进行“运动能力测试”和“体力诊断测试”，通过这种方式对国民体质与运动能力的现状进行全面了解。从1967年开始对国民体质进行每年一次的调查，并对所采集的数据进行研究分析，及时了解学生体质动态变化情况，引导学校开展体育活动。

随着运动医学的发展、国民体格的变化以及社会的高龄化发展，在先前体力测试的基础上进行总结与反省，又引进了“新体力测试”，日本于1999年对不同年龄段的测试指标进行了修改，减少了测定指标数量，设置了各年龄通用测试指标，重新划分了年龄组，其中，通用指标为握力，仰卧起坐，坐位体前屈，12～19岁测试项目还包括反复横跨、1500米或1000米耐力跑、50米跑、立定跳远、手球掷远。日本新的体力测定指标体系增加了健康评价的内容，删掉了台阶试验、引体向上等测试指标，使测试实施工作的负担减轻。在耐力测试项目上，除男子1500米、女子1000米外，还可以选择20米往返跑，更安全更有效，也提高了受试者的兴趣；设置了各年龄组通用测定指标：握力、仰卧起坐；坐位体前屈，既有利于纵向比较又易于评价；新指标体系重新划分了年龄组，分为小学、中学、20～64岁、65～79岁4个年龄段。新的体力测定指标体系，增加了健康评价的内容，改变以往的体力测试以体力要素中的“运动体力”为主的做法，强调了“健康体力”的因素。

1999年后的17年时间内，日本的新体力测试没有再发生变化，但日本一直努力逐步加深对“新体力测试”的理解，期待更加卓有成效地利用新体力测试，为促进日本居民身心健康、充满活力而做出更多贡献。现在日本在每年的5～6月会对全国范围内的国民进行统一的体力测定，包括青少年，由文部省根据测试数据的结果撰写《体力、运动能力报告书》并向全国公布，这些测试结果不仅是国民体质的展现，也是政府用以决策的重要依据。

综上所述，美国和日本对体质的关注和研究起步均较早，就青少年体质研究的系统性来讲，日本在数据收集和保存上要远胜于美国；美国的体质测试研究经历多次改革，在体质研究领域研究更加广泛和深入。两国同样经历由重视青少年基本运动能力到注重青少年健康体质和运动习惯的两个阶段。美国最新的体质测试的目标和项目设置均为使青少年养成终身体育的习惯，并掌握基本运动能力；日本同样关注培养青少年运动习惯和“快乐体育、终生体育”的意识，这一理念几乎贯穿日本体质发展的始末，这说明青少年体质发展的重点和目前的难点正在于此。我国目前的学校体育和体质测试虽涉及学生的健康指标，但在着力培养学生保持健康体魄、树立终身体育意识方面还有待加强，这需要政府、学校和家庭等各方面的通力配合。

二、我国学生体质健康评价制度的演变和发展

中华人民共和国成立后，党和政府非常重视学校体育卫生工作，十分关心青少年学生的身体健康。1952 年教育部和国家体委联合颁布了《学校体育工作暂行规定》；1956 年制定公布了《准备劳动与保卫祖国体育制度》（简称《劳卫制》）；对当时群众体育活动的开展起到了促进作用；1964 年以后改名为《青少年体育锻炼标准》，1975 年颁布并实施了《国家体育锻炼标准》，1982 年和 1990 年对该标准进行了两次修改；进入 20 世纪 90 年代，先后颁布实施了《大学生体育合格标准》《小学生体育合格标准》《中学生体育合格标准》。为了促进学生体质健康的提升，2002 年制订了《学生体质健康标准（试行）》，2007 年正式颁布实施《国家学生体质健康标准》，2014 年重新修订了《国家学生体质健康标准》，并颁布了新的实施办法；对于推进学校体育工作的开展，激发了青少年学生参加体育锻炼的热情起到了积极的促进作用。

（一）《学生体质健康评价标准》产生的历史背景

至 20 世纪末，《国家体育锻炼标准》的部分内容已不能完全适应学校体育的发展要求，很多专家学者认为“体育合格标准”中体质的测试内容不能全面反映学生的体质健康状况，学校体育中重复“测试”的内容较多，在实施过程中出现了“教测不分”、学生体育锻炼的积极性不高等问题。在 2000 年教育部等五部委（局）共同组织的第 4 次全国学生体质健康调研结果表明：2000 年与 1995 年相比，学生的速度素质、耐力素质、柔韧性素质、力量素质和肺活量均有所下降，且下降幅度明显；教育部公布的“2002 年学生体质健康监测报告”也证实了专家们对形势分析判断的正确性，报告中指出学生体质健康水平存在相当严峻的问题。不可否认，“学生体育合格标准”在促进学生体质健康方面已经失去它应该起到的作用。因而，进一步修订与完善这些政策和措施，建立一个比较全面、科学、简单、实用的学生体质健康评价标准显得十分必要。

（二）《学生体质健康评价标准》的初步推行

为适应改革需要，教育部、国家体育总局于 2002 年 7 月 4 日印发了“教体艺（2002）12 号文件”，即《标准（试行方案）》及《 <标准（试行方案） >实施办法》。《标准》的实施办法比《学生体育合格标准》内容更细化，课外体育活动在体质健康测定成绩中构成更明确，学生参加课外体育活动的重要性得到突出。依据教育部要求，从 2003 年新学年开始，各地实施《标准》的比例扩大到 50% 的中小学校和所有高等学校，2004 年 9 月份新学年起，全国各级各类学校全面实施《标准》。在《标准（试行）》的制定实施过程中，还存在诸多有待改进和提高的地方，如身体素质类评分标准大幅度下降，尤其是 800 米和 1000 米跑的评分标准与原《国家体育锻炼标准》相比，分别降低了 27 秒和 24 秒；分数段划分过于粗略，三类选测项目中选择同一类中的不同测试项目测试结果差异较大，台阶试验存在较大的争议等。据 2005 年全国《标准》统计分析报告显示，单项的优秀率高，总体的优秀率低；小学阶段正常体重的比例基本保持均衡；初中和高中男女生的不及格率和及格率较高，而优秀率则在整个过程处于最低水平，大学的优秀率也远远低于设计水平。2007 年国家相关部门对《标准》进行了修改和补充，提高了评分标准，但有些规定的合理性仍有待商榷。推行《标准》是全国性政策，它的实施是一个的庞大的系统工程，还在实践中发现问题，解决问题，不断改进，不断完善。

纵观国内外有关学生体质健康评价的研究，评价重心从单一的体质评价向体质健康综合评价

转变的改革趋势得到普遍认可。我国学生体质健康测量与评价标准的发展演变，反映了我国社会、经济、科技、文化和教育方面在不同发展时期的发展水平，反映了国家全面提高青少年的身体健康素质、受教育者全面发展的人才培养战略。对于提高学生身体素质、改善健康水平、养成体育锻炼习惯起到了积极的促进作用。

综上所述，在不同的历史发展阶段，社会经济科技、教育的发展水平、社会对受教育者的要求、学生体质健康状况的变化、科学研究的新成果等都会影响学生体质健康标准的研制和评价内容的选择，同时也必然会对标准的制定和评价内容的选择起着一定的制约作用。历史是发展的，社会环境和生存条件也是变化的，一成不变的体质健康评价标准是不科学，也是缺乏生命力的。研制学生体质健康的测量与评价标准是一种创造性的活动。因此，《标准》的好与不好是相对的，没有最好的，只有更好的，绝对的、永恒的《标准》是不存在的。新颁布的《学生体质健康标准》绝不是无中生有，也不是对原有《标准》的否定，而是在新的历史条件下，根据社会发生的剧烈变化，面对随之而来的新矛盾、新问题所采取的积极的应对措施，是对原有“标准”的修订、补充、发展与完善。

第三节　国家学生体质健康标准

一、《国家学生体质健康标准》的实施及意义

《国家学生体质健康标准》是国家对不同年龄阶段学生个体在体质健康方面的基本要求，是促进学生体质健康发展，激励学生积极进行身体锻炼的体育手段，是学生体质健康的个体评价标准。《国家体质健康标准》的实施，将对促进和激励学生积极参加体育活动、养成体育锻炼的习惯、不断增强体质起到了重要作用。

《国家学生体质健康标准》（以下简称《标准》）实施过程中，体质测量与评价工作是重点。它对促进青少年学生的体育锻炼，提高体质健康水平具有十分重要的意义。首先，对《标准》的测试内容、方法与要求应有全面的了解，使测试的基本操作保持一致性；其次，对《标准》的管理制度、要求及质量有充分的认识。只有二者高度结合，才能使《标准》的测试工作得以真正落实。标准的实施和学校各项体育教育工作是一个有机的整体。学校体育的组织形式多种多样，体育课的基本组织形式也有多种多样。它和早操、课间操以及课外体育活动的整合，共同实现了学校体育的目的和任务。

《标准》是国家的一项体育和教育制度，与学校体育的各种组织形式和各个环节有着密切的关系，对推动和督促学校体育工作有意义。因此，在学校体育教学和各项体育工作中，都应积极贯彻和体现《标准》的精神，使其实施与学校体育的各种组织形式紧密配合，相互促进，互为因果。《标准》的实施，不仅对学生的体质健康状况进行了个体的评价，而且是促进学生体育健康发展，激励学生积极进行体育锻炼的教育手段。实施《标准》的质量如何取决于测试的结果，也取决于开展活动的过程和学校体育活动开展的程度，如果体育活动开展得好，学生参加锻炼的积极性高，则学生的体质健康水平就会得到不断的提高。为了达到实施《标准》的效果，保证《标准》测试工作健康稳步的发展，协调好各方面的关系尤为重要。

二、《国家学生体质健康标准》的基本内容

《国家学生体质健康标准》从身体形态、身体机能和身体素质等方面综合评定学生的体质健康水平，是促进学生体质健康发展、激励学生积极锻炼身体的教育手段，是国家学生发展核心素养体系和学生质量标准的重要组成部分，是学生体质健康的个体评价标准。标准使用的对象划分为以下组别：小学、初中、高中按每个年级为一组，其中小学为六组、初中为三组、高中为三组。大学一、二年级为一组，三、四年级为一组。大学生必测项目及其权重见表4-1。

表4-1　大学生体质健康测试指标与权重

单项指标	权重（%）
体重指数（BMI）	15
肺活量	15
50米跑	20
坐位体前屈	10
立定跳远	10
引体向上（男）/1分钟仰卧起坐（女）	10
1000米跑（男）/800米跑（女）	20

注：体重指数（BMI）=体重（kg）/身高^2（m^2）。

（一）身体形态的测试与评价

反映身体形态发育的指标主要有身高、坐高、体重、胸围、肩宽、骨盆宽、四肢的维度和径长等。在《国家学生体质健康标准》中，身高和体重是必测的项目，身高、体重也是身体形态和营养状况的评价指标。

1. 身高　人在地面上站立时，头顶正中线上最高点到地面的最大垂直距离，它是反映人体骨骼发育的状况和人体纵向发育水平的重要指标。

身高测量可以采用身高计。测量时，被测者要以赤足立正之势站在身高计的底板上（上肢自然下垂，足跟并拢，足尖分开成60度）。足跟、骶骨部以及两肩胛区与立柱相接触，躯干自然挺直，头部正直，耳屏上缘与眼眶下缘呈水平位。测量者两眼应与水平压板呈水平压板成水平位进行读数，以厘米为单位，精确到小数点后一位，测试误差不得超过0.5厘米。测量身高最好在上午，因为身体受重力影响，不同时段的身高存在着1.5~2.0厘米的差异。

2. 体重　人体横向发育的指标，它反映人体的骨骼、肌肉、脂肪及内脏重量的综合情况和身体的发育程度。体重受年龄、性别、身高、季节、生活条件、营养状况、工作环境等因素的影响。

测量体重应采用经过检验和核对的杠杆秤或电子体重计，计量以千克为单位要求，误差不得超过0.1千克。

测量体重时，被测者应赤足，男性身着短裤，女性身着短裤、短袖衫，站在秤台中央，不要晃动。

3. 体重指数及评价标准　体重指数（body mass index，BMI）即身体质量指数，简称体质指数，是由体重千克数除以身高米数的平方得出的，是目前国际上常用的衡量人体胖瘦程度以及是否健康的一个标准。大学生体重指数（BMI）单项评分标准见表4-2。

表 4-2 大学生体重指数（BMI）单项评分表（单位：千克/米^2）

等级	单项得分	大学男生	大学女生
正常	100	17.9~23.9	17.2~23.9
低体重	80	≤17.8	≤17.1
超重		24.0~27.9	24.0~27.9
肥胖	60	≥28.0	≥28.0

（二）身体机能的测试与评价

身体机能是指机体新陈代谢的水平和各器官系统的工作能力，在大学阶段评价的主要指标是肺活量。

1. 肺活量 一个人全力吸气后呼出的气体量，它是一种常用的反映呼吸机能的指标，和身高、体重、胸围成正相关。一般情况下，体重和胸围大的人，肺活量也大，因此，在对大学生进行评价时，多采用肺活量来进行评价。采用电子肺活量计进行测试时，被测者应采用站立姿势，中途不得二次吸气。每位被测者测三次，间隔 15 秒，选取最大值为测试结果。记录以毫升为单位，不保留小数。

2. 评价标准 大学生肺活量单项评分标准见表 4-3。

表 4-3 大学生肺活量单项评分表（单位：毫升）

等级	单项得分	男生 大一、大二	男生 大三、大四	女生 大一、大二	女生 大三、大四
优秀	100	5040	5140	3400	3450
	95	4920	5020	3350	3400
	90	4800	4900	3300	3350
良好	85	4550	4650	3150	3200
	80	4300	4400	3000	3050
及格	78	4180	4280	2900	2950
	76	4060	4160	2800	2850
	74	3940	4040	2700	2750
	72	3820	3920	2600	2650
	70	3700	3800	2500	2550
	68	3580	3680	2400	2450
	66	3460	3560	2300	2350
	64	3340	3440	2200	2250
	62	3220	3320	2100	2150
	60	3100	3200	2000	2050
不及格	50	2940	3030	1960	2010
	40	2780	2860	1920	1970
	30	2620	2690	1880	1930
	20	2460	2520	1840	1890
	10	2300	2350	1800	1850

（三）身体素质的测试与评价

身体素质是指人体在运动、工作和生活中所表现出来的力量、速度、耐力、灵敏性、平衡性，柔韧性等素质和走、跑、跳、投、攀登、爬越等身体基本活动能力的总称，是人的体能状态的反映。

1. 50 米跑　国际上通用的测试项目，是通过较短距离的高强度跑测试速度素质。它可以反映人体中枢神经系统的机能状态和神经与肌肉的调节能力，也可以综合地反映人体的爆发力、灵敏、反应、柔韧等素质，还可以反映人体无氧代谢的能力和水平。

50 米跑的测试成绩以秒为单位，保留一位小数，小数点后第二位数非“0”则进 1，如 9. 01 秒应为 9. 1 秒。大学男生 50 米跑评分标准见表 4 – 4。

表 4 – 4　大学生 50 米跑单项评分表（单位：秒）

等级	单项得分	男生 大一、大二	男生 大三、大四	女生 大一、大二	女生 大三、大四
优秀	100	6. 7	6. 6	7. 5	7. 4
	95	6. 8	6. 7	7. 6	7. 5
	90	6. 9	6. 8	7. 7	7. 6
良好	85	7. 0	6. 9	8. 0	7. 9
	80	7. 1	7. 0	8. 3	8. 2
及格	78	7. 3	7. 2	8. 5	8. 4
	76	7. 5	7. 4	8. 7	8. 6
	74	7. 7	7. 6	8. 9	8. 8
	72	7. 9	7. 8	9. 1	9. 0
	70	8. 1	8. 0	9. 3	9. 2
	68	8. 3	8. 2	9. 5	9. 4
	66	8. 5	8. 4	9. 7	9. 6
	64	8. 7	8. 6	9. 9	9. 8
	62	8. 9	8. 8	10. 1	10. 0
	60	9. 1	9. 0	10. 3	10. 2
不及格	50	9. 3	9. 2	10. 5	10. 4
	40	9. 5	9. 4	10. 7	10. 6
	30	9. 7	9. 6	10. 9	10. 8
	20	9. 9	9. 8	11. 1	11. 0
	10	10. 1	10. 0	11. 3	11. 2

2. 1000 米跑（男）、800 米跑（女）　测试人体持续工作的能力，即耐力水平的项目。由于耐力是衡量人的体质健康状况和劳动工作能力的基本因素之一，是从事各项运动必不可少的一种运动素质，因此，测试耐力水平对于评价大学生体质健康状况是非常重要的意义。

1000 米跑（男）和 800 米跑（女）的测试和评价以分、秒为单位记录成绩，不计小数。例如 5 分 30 秒 8 按 5 分 30 秒查评分表。见表 4 – 5。

表 4 – 5　大学生 1000 米跑（男）和 800 米跑（女）单项评分表（单位：分 · 秒）

等级	单项得分	男生（1000 米跑） 大一、大二	男生（1000 米跑） 大三、大四	女生（800 米跑） 大一、大二	女生（800 米跑） 大三、大四
优秀	100	3′17″	3′15″	3′18″	3′16″
	95	3′22″	3′20″	3′24″	3′22″
	90	3′27″	3′25″	3′30″	3′28″

续表

等级	单项得分	男生（1000 米跑）大一、大二	男生（1000 米跑）大三、大四	女生（800 米跑）大一、大二	女生（800 米跑）大三、大四
良好	85	3′34″	3′32″	3′37″	3′35″
	80	3′42″	3′40″	3′44″	3′42″
及格	78	3′47″	3′45″	3′49″	3′47″
	76	3′52″	3′50″	3′54″	3′52″
	74	3′57″	3′55″	3′59″	3′57″
	72	4′02″	4′00″	4′04″	4′02″
	70	4′07″	4′05″	4′09″	4′07″
	68	4′12″	4′10″	4′14″	4′12″
	66	4′17″	4′15″	4′19″	4′17″
	64	4′22″	4′20″	4′24″	4′22″
	62	4′27″	4′25″	4′29″	4′27″
	60	4′32″	4′30″	4′34″	4′32″
不及格	50	4′52″	4′50″	4′44″	4′42″
	40	5′12″	5′10″	4′54″	4′52″
	30	5′32″	5′30″	5′04″	5′02″
	20	5′52″	5′50″	5′14″	5′12″
	10	6′12″	6′10″	5′24″	5′22″

3. 立定跳远　测试爆发力的项目。爆发力是指人体在最短的时间内发挥最大力量的能力，其大小不仅取决于力量，而且取决于力量和速度的结合。

测试立定跳远时，被测者应两脚原地同时起跳，丈量起跳线后缘至最近着地点后缘的垂直距离。每人试跳三次，记录成绩是最好的一次。

立定跳远的测试和评价以厘米为单位，不计小数。例如，159.4 厘米按 159 厘米查评分表。见表 4－6。

表 4－6　大学生立定跳远单项评分表（单位：厘米）

等级	单项得分	男生 大一、大二	男生 大三、大四	女生 大一、大二	女生 大三、大四
优秀	100	273	275	207	208
	95	268	270	201	202
	90	263	265	195	196
良好	85	256	258	188	189
	80	248	250	181	182
及格	78	244	246	178	179
	76	240	242	175	176
	74	236	238	172	173
	72	232	234	169	170
	70	228	230	166	167
	68	224	226	163	164
	66	220	222	160	161
	64	216	218	157	158
	62	212	214	154	155
	60	208	210	151	152

续表

等级	单项得分	男生 大一、大二	男生 大三、大四	女生 大一、大二	女生 大三、大四
不及格	50	203	205	146	147
	40	198	200	141	142
	30	193	195	136	137
	20	188	190	131	132
	10	183	185	126	127

4. 引体向上　主要测试上肢肌肉力量的发展水平，为男生上肢力量的考察项目，是自身力量克服自身重量的悬垂力量练习。引体向上是最基本的锻炼背部的方法，也是衡量男生体质的重要参考标准和项目之一，它要求男生有一定的握力、上肢力量和肩带力量，这个力量必须能克服自身的体重才能完成一次，引体向上对发展上肢悬垂力量、肩带力量和握力有重要作用。

引体向上是以按动作规格完成的次数来计算成绩的，做得多则成绩好，受试者跳起双手正手握杠，两手与肩同宽成直臂悬垂。静止后，两臂同时用力引体（身体不能有附加动作），上拉到下颌超过横杠上缘为完成一次。记录引体次数。大学男生引体向上单项评分标准见表4－7。

5. 仰卧起坐　反映被测者腰腹肌耐力的一个项目，腰腹肌力量素质对于女生将来生育等方面有着十分重要的作用。通过仰卧起坐的练习，女生能够积极发展腰腹力量。

仰卧起坐要求被测者全身仰卧于垫上，两腿稍分开，屈膝成90度左右。两手指交叉贴于脑后，另一同伴压住其踝关节，以固定下肢。被测者起坐时，两肘必须触及或超过双膝才算完成一次，仰卧时，被测者两肩胛必须触垫才算达标。测试者记录被测者一分钟内完成的次数，精确到个位。大学女生一分钟仰卧起坐单项评分标准见表4－7。

表4－7　大学生引体向上（男）和仰卧起坐（女）单项评分表（单位：次）

等级	单项得分	男生（引体向上） 大一、大二	男生（引体向上） 大三、大四	女生（仰卧起坐） 大一、大二	女生（仰卧起坐） 大三、大四
优秀	100	19	20	56	57
	95	18	19	54	55
	90	17	18	52	53
良好	85	16	17	49	50
	80	15	16	46	47
及格	78			44	45
	76	14	15	42	43
	74			40	41
	72	13	14	38	39
	70			36	37
	68	12	13	34	35
	66			32	33
	64	11	12	30	31
	62			28	29
	60	10	11	26	27

续表

等级	单项得分	男生（引起向上）大一、大二	男生（引起向上）大三、大四	女生（仰卧起坐）大一、大二	女生（仰卧起坐）大三、大四
不及格	50	9	10	24	25
	40	8	9	22	23
	30	7	8	20	21
	20	6	7	18	19
	10	5	6	16	17

6. 坐位体前屈　测量被测者在静止状态下的躯干、腰、髋等关节可能达到的活动范幅度，主要反映这些关节、韧带和肌肉的伸展性和弹性，反映身体柔韧素质的发展水平。

测试采用坐位体前屈计进行，测试时，被测者两腿伸直，两脚平蹬测试板，坐在平地上，两脚分开 10 ~15 厘米，上体前屈，两臂伸直向前，用两手中指尖逐渐向前推动游标，直到不能推动为止。测试计的蹬板内沿平面为 0 点，向内为负值，向前为正值。坐位体前屈测试和评价以厘米为单位，保留一位小数。测试 2 次，取最好成绩。大学生坐位体前屈单项评分标准见表 4 –8。

表 4 –8　大学生坐位体前屈单项评分表（单位：厘米）

等级	单项得分	男生 大一、大二	男生 大三、大四	女生 大一、大二	女生 大三、大四
优秀	100	24.9	25.1	25.8	26.3
	95	23.1	23.3	24.0	24.4
	90	21.3	21.5	22.2	22.4
良好	85	19.5	19.9	20.6	21.0
	80	17.7	18.2	19.0	19.5
及格	78	16.3	16.8	17.7	18.2
	76	14.9	15.4	16.4	16.9
	74	13.5	14.0	15.1	15.6
	72	12.1	12.6	13.8	14.3
	70	10.7	11.2	12.5	13.0
	68	9.3	9.8	11.2	11.7
	66	7.9	8.4	9.9	10.4
	64	6.5	7.0	8.6	9.1
	62	5.1	5.6	7.3	7.8
	60	3.7	4.2	6.0	6.5
不及格	50	2.7	3.2	5.2	5.7
	40	1.7	2.2	4.4	4.9
	30	0.7	1.2	3.6	4.1
	20	−0.3	0.2	2.8	3.3
	10	−1.3	−0.8	2.0	2.5

三、大学生体质健康标准的综合评定

（一）综合评定的项目和权重

《国家学生体质健康标准（2014 年修订）》（以下简称《标准》）规定，要从身体形态、身体机能和身体素质等方面综合评定大学生的体质健康状况。大学生体质健康测试单项指标和权重参看表4－1。

（二）综合评定的方法

大学生体质健康测试结果的综合评定方法：学年总分有标准分和附加分之和构成，满分为120分。标准分是由各单项指标得分与权重乘积之和组成，满分为100分。附加分根据实测成绩确定，即对成绩超过100分的加分指标进行加分，满分为20分。大学的加分指标为男生引体向上和1000米跑，女生一分钟仰卧起坐和800米跑，各指标加分幅度均为10分（表4－9、表4－10）。根据学生学年总分评定等级：90.0分及以上为优秀，80.0～89.9分为良好，60.0～79.9分为及格，59.9分及以下为不及格。

表4－9　大学生引体向上（男）和仰卧起坐（女）评分表

加分	男生（引体向上）大一、大二	男生（引体向上）大三、大四	女生（仰卧起坐）大一、大二	女生（仰卧起坐）大三、大四
10	10	10	13	13
9	9	9	12	12
8	8	8	11	11
7	7	7	10	10
6	6	6	9	9
5	5	5	8	8
4	4	4	7	7
3	3	3	6	6
2	2	2	4	4
1	1	1	2	2

注：引体向上，一分钟仰卧起坐均为高优指标，学生成绩单项超过100分后，以超过的次数所对应的分数进行加分。

表4－10　大学生1000米跑（男）和800米跑（女）评分表（单位：分·秒）

加分	男生（1000米跑）大一、大二	男生（1000米跑）大三、大四	女生（800米跑）大一、大二	女生（800米跑）大三、大四
10	－35″	－35″	－50″	－50″
9	－32″	－32″	－45″	－45″
8	－29″	－29″	－40″	－40″
7	－26″	－26″	－35″	－35″
6	－23″	－23″	－30″	－30″
5	－20″	－20″	－25″	－25″
4	－16″	－16″	－20″	－20″
3	－12″	－12″	－15″	－15″
2	－8″	－8″	－10″	－10″
1	－4″	－4″	－5″	－5″

注：1000米跑、800米跑均为低优指标，学生成绩单项超过100分后，以减少的秒数所对应的分数进行加分。

每个学生每学年评定一次，记入《＜国家学生体质健康标准＞登记卡》。特殊学制的学校在填写登记卡时，可以按规定和需求相应地增减栏目。学生毕业时的成绩和等级，按毕业当年学年总分的50%，与其他学年总平均得分的50%之和进行评定。学生测试成绩达到良好及以上者，方可参加评优与评奖，成绩达到优秀者，方可获体育奖学分。测试成绩评定不合格者，在本学年度准予补测一次，补测仍不及格，则学年成绩评定为不及格。

学生因病或残疾可向学校提交暂缓或免于执行《标准》的申请，请医疗单位证明，体育教学部门核准，可暂缓或免于执行《标准》。并填写《免于执行 < 国家学生体质健康标准 > 申请表》，存入学生档案。确实丧失运动能力、被免于执行《标准》的残疾学生，仍可参加评优和评奖，毕业时《标准》成绩需注明免测。

学校每学年开展覆盖本校各年级学生的《标准》测试工作，《标准》测试数据经当地教育行政部门按要求审核后，通过“中国学生体质健康网”上传至“国家学生体质健康标准数据管理系统”。测试和数据上传时间由教育行政部门确定。

知识拓展

2020 年初，突如其来的新冠病毒肺炎疫情把“健康、体育锻炼”再次拉回我们的视野，我们对体育锻炼、强身健体的需求更加旺盛，也对体育锻炼有了新的认识。那么，可以让人体保持年轻的简单易行的运动有哪些呢？

1. 跑步　通过慢跑的方式能够锻炼人的心肺功能，在慢跑的过程中心脏功能会提高。心脏功能保持良好，可以输送血液到身体的每个部位满足身体需求，对正常生命活动维持有帮助，这样才能保持身体年轻。

2. 游泳　在游泳的过程中不仅能够锻炼人的四肢灵活度，还能够增强心肺功能，心肺保持年轻状态，人也会显得更加精神。

3. 散步　如果想要更加年轻，平时可以适当运动，吃完饭之后散步也是运动的一种方法，在运动过程中能够促进消化，提高肠胃蠕动能力。如果总是吃完饭之后久坐不动，有可能会出现肥胖、消化功能下降的情况。

本章小结

本章节首先导入了体质的概念和范畴，阐述了体质范畴中体能概念以及两者之间区别，介绍了健康的内涵和标准，重点叙述了体质健康评价的内容及意义；对我国学生体质健康评价制度的演变和发展以及美国、日本的体质评价体系做了比较说明。教学难点是《国家学生体质健康标准》的测试项目与权重以及大学生体质测试评分标准。旨在帮助大学生掌握正确的体育锻炼方法，积极参加体育活动，顺利完成体质健康测试。

思考题

1. 试述 WHO 提出的“健康”的标准。
2. 体育界怎样界定“体质”概念？“体质”主要包括哪 5 个方面的内容？
3. 如何理解“体质”范畴中的“体能”？
4. 你了解自己的体质健康状况吗？
5. 如何建立全面、科学的大学生体质健康的评价体系？

（赵　斌）

本章小结

下篇

实践部分

PPT

拓展阅读

第五章　田　径

学习目标

知识目标

1. 掌握田径主要项目的基本理论和基本技术。
2. 熟悉田径运动的基础竞赛规则。
3. 了解田径运动的起源与发展史。

技能目标

1. 学会正确使用器械，增加对器械的亲和力。
2. 能运用田径运动的基本技术，提高身体的控制能力。

第一节　田径概述

1896 年，在希腊举行的第一届现代奥运会上，步行、跑步、跳跃和投掷等 12 个田径项目被列为主要项目，这成为现代田径运动开始的标志。1912 年，国际业余田径联合会（IAA. F.）成立，确立了国际统一的田径竞赛项目和竞赛规则，开始组织国际田径比赛。田径运动是比速度、比高度、比远度、比耐力的体能项目，体现了“更干净、更人性、更团结”的新奥林匹克运动精神，奥运会田径有 47 块金牌，是奥运会金牌最多的项目，所以有“得田径者得天下”之说。

标准的田径场一般由外场、中场及内场三部分组成。外场，径赛跑道外侧，主要包括建筑看台或其他有关设备，一般来说，仅供教学和训练的田径场外场几米即可，而标准田径场周围则要留有几十米的空间。中场，田赛跑道所占据的空间，椭圆形状，内圈周长 400 米，弯道为半圆形，半径 36. 5 米。直道应沿南北方向，避免太阳低射时刺眼。跑道一般设有 8 ~ 10 条分道，每条分道宽 1. 22 ~ 1. 25 米。跑道内安全区不少于 1 米，起跑区不少于 3 米，冲刺缓冲段不少于 17 米。跑道左右倾斜最大不得超过 1∶1000，跑道方向上的向下倾斜度不得超过 1∶1000。内场，供田赛或球类比赛使用的部分。

田径项目包括跳跃、投掷、竞走、跑和全能五个部分，其中跳跃和投掷项目统称为田赛项目，竞走和跑的项目统称为径赛项目，由跑、跳跃、投掷项目组成的项目称为全能项目，如男子十项全能和女子七项全能。

田赛：“田”指广阔的空地。田赛项目包括男、女的跳高，跳远，三级跳远，撑竿跳高，铅球，铁饼，标枪和链球。

径赛：“径”指跑道和道路，竞赛项目是在田径场跑道上或在场外指定的道路上以不同距离竞走和各种形式赛跑的统称。一般按规定的距离比赛，并以运动员所跑（走）出的时间快慢来决定名次。长距离跑项目通常采用集体出发的形式，一次计时评定出名次。短距离和中距离跑、跨栏跑、接力跑则因参赛者较多而采用分组淘汰制，经过预赛、复赛、半决赛后，选出前8名进行最后决赛。径赛项目包括男、女的100米，200米，400米，800米，1500米，5000米，10000米，3000米障碍，400米栏，4×100米接力，4×400米接力，马拉松跑，20公里竞走，400米障碍，以及男子110米栏、50公里竞走和女子100米栏。

一、田赛项目

通常比赛分为两组，通过比赛标准的直接进入决赛。距离项目决赛前三轮的顺序由抽签决定，决赛前三轮结束后，将选出前八名运动员参加最后三轮比赛。第四轮和第五轮按照前三轮的倒序排序，第六轮按照前五轮的倒序排序，成绩最好的在最后。

在远度和高度项目比赛中，除犯规外，运动员每次试跳或已跳过的成绩都为有效成绩。但在投掷比赛中，除犯规外，运动员只有将投出的器械完全落在落地区内才算有效，测量成绩时，从距离投掷区最近的落点算起。其中，标枪必须是枪尖首先触地成绩才有效。远度比赛结束后以运动员最好的一次试跳（投）成绩作为最终成绩，并对最终名次进行评判。如成绩相同，远度比赛按第二好成绩确定名次，如果成绩还是相同，第一名涉及的运动员需要继续比赛，直到排名确定，第一名以外的名次可以并列。

高度比赛如果出现最好成绩相同，按以下规定解决，首先出现在成绩相同的高度上，试跳次数较少者名次列前，其次如成绩继续相同，以试跳失败次数比较少者名次在前，再次如成绩仍然相同，当涉及第一名时再进行决定名次的比赛，其余名次并列。

二、径赛项目

径赛项目中，所有项目参赛选手的名次都取决于身体躯干（不包括头、颈、臂、腿、手和脚）到达终点线后并沿垂直面为止时的顺序。比赛中要比较1/1000秒的成绩，成绩好的进入下一轮。如果成绩相同，则都进入下一轮。在决赛中如果第一名成绩相同，裁判长有权决定是否重新比赛，或者无条件重新比赛。

在国际比赛中，所有400米及以下距离的径赛项目都必须采用蹲踞式起跑，400米以上（不含400米）的径赛项目均采用站立式起跑。

在分道跑的径赛项目中，运动员越出跑道且获得实际利益，或者碰撞、阻碍其他运动员，也将被取消比赛资格。如果选手是被推出或挤出指定跑道，且未获得实际利益或影响他人，则不会被取消资格。同样，任何参赛者在直道中越出其跑道或在弯道中越出其跑道的外侧，只要不使他人受益或妨碍他人，都不算犯规。4×100米接力跑是分道进行比赛的，运动员可在接力区前10米处起跑。在接力区内，运动员交接棒必须在20米的接力区内完成。

跨栏跑运动员必须在自己的跑道上完成比赛，当跨越栏架时，如果腿或脚从低于栏架顶的水平线跨越，或跨越并非自己赛道上的栏架，都将被取消资格。如果裁判认为选手故意用手或脚撞倒跨栏，也将被取消比赛资格。

在100米跑、200米跑和100米跨栏、110米跨栏比赛中，如果顺风超过2米/秒，所创成绩都不能成为新纪录。

奥运会的公路赛包括男、女马拉松跑，以及男、女20公里竞走和男子50公里竞走。在这些比赛的途中，每5公里处都设有提供水和其他饮料的饮料站。

竞走比赛是田径比赛中最复杂的项目，有两个核心规则：①竞走运动员必须始终保持至少一只脚接触地面；②运动员的前腿从着地的一瞬间起直到垂直位置，膝关节不能弯曲。

三、全能项目

全能项目的比赛要按各项顺序进行，比赛规则和单项基本相同，但也有一些小的区别。比如在单场比赛中，第二次及以后抢跑的运动员都会受到处罚，但在全能比赛中，只有两次犯规后才会受到处罚。

男子十项全能是奥运会田径比赛的男子项目，运动员需在2天内完成10个比赛项目。第一天进行的项目是100米、跳远、铅球、跳高和400米跑，第二天进行的项目是110米栏、铁饼、撑杆跳、标枪和1500米跑。

女子七项全能是奥运会田径比赛中的女子项目，运动员需要在2天内完成7个项目。第一天进行的项目是100米栏、跳高、铅球和200米，第二天进行的项目是跳远、标枪和800米跑。

此外，新的世界纪录和奥运会纪录要求比赛时风速不能超过2米/秒，全能比赛则不能超过4米/秒。在跳远和投掷项目中，每个运动员只能试跳（投）3次。在跳高单项比赛中的每轮比赛后，横杆升高不得少于2厘米，而全能跳高比赛中始终升高3厘米；撑竿跳高单项比赛每次至少升高5厘米，而全能比赛中始终升高至少10厘米。

全能比赛按照所有项目的总积分排名。如果总分相等，得分较高的单项数量将排在第一位。如果再次相同，获胜者将是在任何一项中得分最高的人。如果同样的情况再次发生，得分第二高和更高的人将被排在第一位，以此类推。

第二节　走与跑

一、走

行走是人们最基本的活动之一，是由人体下肢支撑，不断地进行周期性交替运动，使人体移动的过程。把走步作为一种健身方式，不仅简单易行，而且是一种非常经济有效的锻炼方式。

（一）慢走

上体挺胸正直、双肩放松下沉、目视前方、下颌微抬、略收小腹，上下肢做自然的前后对称性交替摆动动作（图5-1）。

图5-1　慢走

（二）快走

将慢走的动作提高步幅或步频，加大摆臂幅度行走。

（三）竞走

步幅自然、宽大、频率快、身体重心轨迹波动小、移动速度快、实效性高。动作自然、协调、节奏感强、轻松省力、协调性好。双脚不能同时离地（图5－2）。

图5－2 竞走

竞走时上体躯干要正直，目视前方，颈部放松，不能低头和仰头。要配合双腿的交换，保持身体平衡，保证重心轨迹朝直线前进，上体躯干也应沿身体垂直轴适当摆动。两臂摆动主要是要调节步长和步频以及保持身体平衡。摆臂时需半握拳，摆臂需以肩为轴，肩部自然放松，肘屈约90度适当有力地摆动。前摆时不能超过身体中轴线，不能让拳高于下颌，肘屈约为（或稍小于）90度角。后摆时肘部稍微向外侧，摆动至上臂与地面接近平行，肘屈约为（或稍大于）90度角。

二、跑

跑步是由下肢支撑腾空的周期性交替运动，是使人体产生快速位移的自然运动。跑步是一项简单的运动，在体育锻炼中具有明显的健身效果。

（一）短距离跑技术

1. 健身跑 一种以健身为目的，以有氧供能为主的跑步方式。它具有运动强度低、运动量大的特点。跑步健身时，需要放松自然，上体前倾，目视前方，自然并摆臂幅度小，身体重心平稳，落地要轻快，深呼吸并且要有节奏。健身跑有许多种方式，主要的健身跑方式如下。

（1）短程健身跑 从50米开始练习，逐渐增加到100米、150米、200米、300米、400米。速度可按照10～15秒跑50米、20～30秒跑100米，每3～7天增量一次，当跑的距离达到1000米时，运动量不再随便增加，而是通过加快跑步速度来增加运动强度。

（2）常规健身跑 初学者可以根据自身的情况进行走和跑的交替练习，循序渐进，量力而行。随着身体机能的增强，逐渐过渡到完全慢跑。每次运动时间控制在20～30分钟，每周至少3次，心率控制在最高心率的60%～70%，跑步时，应注意呼吸的节奏自然、均匀，并采用腹式深呼吸方法。

（3）变速跑 一种中速跑交替慢跑的跑步方式。变速跑不仅能有效提高肌肉的有氧代谢能力，还能提高肌肉每天的无氧代谢能力，长期练习可以提高心肺功能和速度，更适合体质较好的长跑练习者。变速跑步时，根据锻炼者的实际情况改变跑步速度。随着运动水平的提高，中速跑和慢跑的距离应该改变，运动量也应该不断改变。

（4）定时跑 有两种方法：①不限速度和距离，规定时间跑；②有距离和时间的限制，随着运动水平的不断提高，时间逐渐缩短，从而加快跑的速度，相对延长跑的距离。这种跑步法对提高体质较弱女生的耐力、体力大有裨益。

（5）倒退跑 要求抬头挺胸，目视前方，肘部弯曲在腰部上方。先左腿屈膝收回小腿向后迈，身体重心后移动。右脚前脚掌主动蹬地后，左右脚交替跑动。注意重心后移，抬高小腿。倒退跑应根据个人情况进行，如感觉疲劳和难以控制平衡，则应改为正向跑。此外，倒退跑还可以和其他跑相结合，比如50米倒退跑加100米正向跑，100米倒退跑加200米正向跑等。

（6）特殊场地跑　在山地、沙滩、草地、树林中以及雪地和水中进行跑步练习。

2. 竞技跑　一种以竞技比赛为目的的跑步形式，它是田径运动中的一类比赛项目，属于径赛项目，包括短跑、中跑、长跑、跨栏跑等。这里主要介绍短跑、中长跑和接力跑。

（1）短跑　短距离跑的总称，包括100米、200米、400米、4×100米、4×400米等项目。

短跑的全程技术可分为五个部分：起跑、起跑后的加速跑、途中跑、终点跑以及弯道跑技术。短跑成绩由起跑的反应速度、起跑后的加速度能力、途中跑保持最高速度的时间和距离，以及各部分技术完成的质量决定。

1）起跑　发令包含“各就位”“预备”“鸣枪”（“跑”）三个阶段。当听到各就位时，运动员蹬上起跑器做准备姿势。听到“预备”时双腿弯曲用力，逐渐抬起臀部，身体前倾向前上方移动，低头，此时身体重量主要落在两臂和前腿之间，臀部稍高于肩，肩膀略超过手指与起跑线。鸣枪后，快速反应，利用双腿的爆发力迅速蹬离起跑器，两臂屈肘有力充分地做前后摆动，肘关节约成90度，使身体向前上方运动（图5-3）。

2）起跑后的加速跑　从后腿蹬离起跑器完成第一步到途中跑之间的一个阶段，其目的是在起跑的基础上争取在较短的时间内获得接近最高速度（图5-4）。起跑后的第一步不宜过大，一般为一脚半到两脚之间，以后逐渐增加步距，每步增加约半脚，直到七脚半至八脚长，接近途中跑步长。

图5-3　起跑

图5-4　加速跑

3）途中跑　短跑全程中距离最长、速度最快的一段，其目的是持续保持最高速跑。途中跑段是从起跑后至加速跑结束，经过2~3步惯性跑后进入的。

4）终点跑　跑途中，应尽全部力量，加强后蹬力和加快摆抬腿与摆臂的频率与速度（图5-5）。距终点15~20米时，尽力保持身体前倾，在离终点线前约1米距离时，上体应迅速以胸部或肩部撞线，并顺势跑过终点完成撞线。

5）弯道跑 包含200米和400米跑，有一半以上的距离是在弯道上进行的。为了适应弯道，技术上有相应的变化。弯道起跑和起跑后的加速跑，弯道起跑时，起跑器应当安装在弯道的跑道右侧，起跑器正对着弯道里侧分道线的切线方向，成直线（两点之间直线最短，跑直线比曲线速度快）。起跑时，右手撑在起跑线后，左手撑在起跑线后5～10厘米处，身体正对切线方向。弯道起跑后前几步应沿着内侧分道线的切线跑进。加速跑的距离适当缩短，上体抬起较早。在进入弯道时，应尽可能地沿着跑道内侧跑，身体及时向内侧倾斜。从直道进入弯道时，应惯性跑几步，身体应有意识地向内倾斜，加大右侧腿和臂的摆动幅度和力量，技术动作幅度右侧大于左侧。弯道跑的蹬地与摆动方向都应与身体向圆心方向倾斜趋于一致（图5－6）。

图5－5 终点跑

图5－6 弯道跑

从弯道跑进入直道时，应在弯道最后几步，身体逐渐缩小内倾程度，充分利用出弯道的离心力，以获得较高的出弯道速度，然后全力向前跑。

（2）中长跑 包括800米、1500米、3000米、5000米、10000米等项目，其全程技术可分为起跑、起跑后的加速跑、途中跑、终点冲刺跑和撞线几个部分。中长跑总的技术要求是动作轻松自然，身体重心移动平稳，节奏性强，肌肉用力和放松交替能力好，既有实效性，又能节省能量的消耗。

1）起跑 中长跑采用站立式起跑。听到枪声后，后腿立即蹬地以膝领先并快速向前摆动，前腿也快速用力且充分蹬直。两臂随着两腿的动作快速而有力地前后摆动，使身体迅速向前冲，进入加速跑阶段。

2）起跑后的加速跑 上体前倾幅度大，两腿交换快，摆臂、摆腿和后蹬都应迅速而积极。尽量按跑道内侧的切线方向和朝着自己的有利位置跑。

3）途中跑 上体接近垂直或稍微前倾，头部正直，胸部正对前方并前倾，整个躯干自然而不僵硬。摆臂时，肩膀要放松，两臂弯曲，肘关节约成90度，两手半握拳，前后自然摆动，前摆时稍向内，后摆时稍向外。

4）终点冲刺跑 此时要加快摆臂，加强腿部的蹬摆，奋力冲向终点。终点冲刺跑的距离应根据项目、训练水平、战术要求、个人特点和临场情况而定。通常800～3000米跑可在最后200米进行冲刺跑，3000米以上跑可选择在最后400米或更长一些距离进行冲刺加速。

（3）接力跑 田径运动中唯一的集体项目。以团队为单位，每队四人，每人跑同等距离。能有效提高速度、身体的灵敏度等身体素质，培养团结协作的集体主义精神。

目前，奥运会比赛项目分男、女4×100米接力跑和4×400米接力跑。接力棒为光滑、彩色的空心圆管，由整段木料、金属或其他适宜的坚固材料制成，长度为20～30厘米，周长为12～13厘米，重量不少于50克。传棒人必须持棒跑完各自规定的距离，接棒者可以在接力区前10米内起跑，两人必须在20米的接力区内完成传、接棒。

接力跑技术包括短跑技术和传、接棒技术，要求各队员在快速跑进的同时，配合默契。接力跑的距离越短，传、接棒技术要求越高。以4×100米接力跑为例，讲述接力跑技术。

1）传、接棒的方法　可以分为上挑式、下压式、混合式三种。

①上挑式：接棒人的手臂自然后伸，与躯干成40～45度夹角，掌心向后，拇指与其他四指张开，虎口朝下，传棒人将棒由下向前上方“挑”送入接棒人手中（图5－7）。上挑式动作自然，容易掌握，但由于第二棒接棒人手握棒的中段，第三、第四棒传接时棒的前端部分越来越少而易造成掉棒。

②下压式：接棒人的手臂后伸，与躯干成50～60度夹角，手腕内旋，掌心向上，虎口朝后，拇指向内，其余四指并拢向外，传棒人将棒的前端由上向前下方“压”入接棒人手中（图5－8）。下压式，各棒次接棒人均能握于棒的一端，但接棒时手腕动作紧张，掌心向上易引起身体前倾而影响加速跑。

③混合式：综合了上述两种方法的优点：第三棒运动员以右手持棒，沿弯道内侧跑进，用“上挑式”将棒传入；第四棒运动员左手中；第二棒运动员左手持棒，沿跑道外侧跑进，用“下压式”将棒传入第三棒运动员右手中。4×400米接力跑，多采用换手传、接棒技术。接棒人用左手接棒后，立即换到右手，也可以用右手接棒，跑至最后一个直道时再换到左手传棒（第四棒可免）。

图5－7　上挑式

图5－8　下压式

2）持棒起跑　第一棒运动员通常采用蹲踞式起跑，其技术和短跑弯道起跑基本相同。用右手的中指、无名指和小指握住棒的末端，拇指和示指分开撑地，接力棒不得触及起跑线和起跑线前的地面（图5－9）。接棒起跑，接棒人选择恰当的起跑姿势，标准有两个：①是否有利于快速起跑和加速跑；②是否能清楚地看到传棒队员及设定的起跑标志线。

图5－9　三种握棒起跑方式

第二棒、第三棒、第四棒运动员可用站立式或一手撑地的半蹲踞式起跑姿势。第二棒、第四棒运动员应站在跑道外侧，左腿在前（也可右腿在前），右手撑地，身体重心稍向右偏，头转向左后方，目视传棒队员的跑进和自己的起跑标志线。第三棒运动员应站在跑道内侧，右脚在前

(亦可左脚在前)，左手撑地，身体重心稍向左偏，头转向右后方，目视传棒队员的跑进和自己的起跑标志线。持棒运动员保持最快速度，接棒运动员根据持棒者的跑速有控制地进行加速，以便顺利并快速地接棒。

3）传、接棒的时机　为了集中精神保持高速度，4×100 米接力运动员均采用听传棒人信号而不看棒的接棒方式。传、接棒运动员在 20 米接力区内，双方均达到相对稳定的高速时，便是传、接棒的最佳时机。此时，一般距接力区前端 3~5 米。传棒人跑到标志线时，接棒人开始由预跑区内或接力区后端迅速起跑。传棒人跑至接力区内，距接棒人 1~1.5 米时，对其发出“嘿”或“接”等传、接棒信号，接棒人听到后迅速向后伸手接棒。

4）起跑标志线的确定　起跑标志线与起跑点的距离，是根据传、接棒队员的跑速和传、接棒技术的熟练程度以及最佳传、接棒时机而定的，一般为 5~6 米。起跑标志线要在训练中多次实践反复调整才能准确确定。

各棒队员的分配应合理放开，接力跑要求各棒队员之间协调配合，并能够充分运用每个人的特长，保证在快速跑进中精确、默契、迅速地完成传、接棒动作。一般而言，第一棒应起跑好，并善于跑弯道；第二棒应速度快，耐力好、善于传、接棒；第三棒除应具备第二棒长处外，还要善于跑弯道；第四棒通常是 100 米成绩最好、冲刺能力最强的。

知识拓展

极　点

“极点”现象的产生是因为人体有生理上的惰性。人体各系统器官的惰性大小有别，肌肉的惰性小，内脏器官的惰性大。人体由相对安静状态进入剧烈运动时，工作效率不高，不能及时地把氧输送给肌肉和带走大量二氧化碳、乳酸等代谢物，造成机体缺氧和代谢产物堆积，因而使机体产生“极点”现象。不经常锻炼的人，“极点”现象出现得早，持续时间长，反应强烈。长跑中出现“极点”现象时，应坚持下去，不要停止运动，必要时可适当降低运动强度，注意控制呼吸频率和增进呼吸深度，延缓呼气，都有助于消除“极点”现象或缩短它的持续时间。

第三节　跳　跃

跳跃运动包括健身跳跃、趣味跳跃和竞技跳跃，这里着重介绍健身跳跃、跳远和跳高项目。

一、健身跳跃

根据跳的方向，健身跳跃练习可分前后、左右、收腹跳跃等；根据有无器材又可分为徒手和有器材跳跃（如跳绳、跳箱）；根据跳的结果可分为跳远和跳高；根据参与跳的人数多少可分为单人跳跃和集体跳跃；根据场地变化可分为自然地跳跃和标准场地跳跃；根据单双脚可分为单脚跳和双脚跳。下面介绍几种常见的跳跃练习。

（一）原地徒手跳跃

原地徒手跳跃练习是指不用任何器械进行原地向上连续重复练习跳的动作，主要有直腿跳、收腹跳、脚尖跳、提踵跳、弓步跳、抱膝跳、拍手跳、半蹲跳、深蹲跳、分腿跳、挺身跳、计时跳、定时跳和配乐节奏跳等。

（二）行进间跳跃

行进间跳跃主要有单足跳、蛙跳、跨步跳、后蹬跳、跑跳步、三级跳、多级跳等。要求跳跃强度不宜过大，运动量因人而异，间歇充分，防止跳跃损伤。练习时，最好与游戏或与跑相结合进行。

（三）负重跳跃

负重跳跃即在身体上附加一定重量的物质，如沙袋、杠铃等，进行原地或行进间的连续跳跃练习。这种练习增加了运动的难度和负荷，对锻炼身体有良好作用，但要根据自身条件，灵活掌握练习的次数和时间。

（四）跳绳

跳绳有单人跳、双人跳、多人跳、单脚跳、双脚跳、交叉跳等多种方法。跳绳练习对于提高身体机能和协调能力都有良好作用。

（五）行进中跳远、跳高、支撑越障碍

这类练习通过跑与跳的结合，增加了练习的运动量，对发展身体的素质和协调能力、增进身体机能水平都有良好影响。

二、趣味跳跃

趣味跳跃可以分为两人或多人的方式。在跳跃过程中，组织者可以根据练习者不同的年龄和跳跃能力差异，对组织形式和规则进行适当的调整，以激发参加者的活动兴趣，提高跳跃的竞争性。

（一）排队搭肩跳

1. 练习目的 加强互相协调配合意识，提高跳跃能力。

2. 练习方法 将练习者分成人数相等的两路纵队，后面的人双手搭在前一人的双肩上。组织者发令后，大家一起向前跳，同组的人可喊口号配合跳跃。跳跃距离一般不要超过25米，先到达终点的队为胜者。

（二）木马跳

1. 练习目的 提高奔跑跳跃能力、灵敏反应素质。

2. 练习方法 将学生分成两队，每队有一名学生站在中分线上，上体前屈、手撑双膝当“木马”，各队排头站在起跑线上。当开始哨声响起，各队第一人迅速向“木马”跑去。做手撑“木马”分腿跨越，跳过后站在中分线上充当第二个“木马”，第一个“木马”迅速跑向端线绕过标志杆跑回本队与第二人击掌，以同样的方法依次进行。先完成的队获胜。

（三）追跳

1. 练习目的 提高弹跳速度、力量和耐力。

2. 练习方法 在一个边长5～10米的正方形内站一名学生，用猜拳令的方法决定起跳带头人。其他人需紧随带头人其改变方向或方法，依次沿方阵的边线向前方的角起跳，而后努力追自己前面的人，如有一人被追上为失败。失败者换人，游戏重新开始。

（四）单足跳“沟”接力

1. 练习目的 发展弹跳力和耐力，培养意志品质。

2. 练习方法 将练习者分成人数相等的两队，按顺序在起点线后集合。站在长 40 米、宽 2 米的两条“大沟”后面。当发出“预备”口令后，各排头单足在起跑线后预备。当发出“开始”口令后，游戏者单足跳过“沟”，换腿再向前跳过“沟”，两腿交替向前跨跳，直至跳到终点后，由侧面跑回起点，用右手击下一位的右手，重复上述动作，直至最后一名游戏者返回终点。先到达终点的队获胜。

三、竞技跳跃

（一）跳远

跳远由助跑、起跳、腾空和落地四个部分组成，它们之间相互联系紧密，不可分割。快速、准确地助跑是获得优异跳远成绩的前提。如何利用助跑速度，正确地完成起跳，创造合理的起跳角度，尽可能大地腾起速度，是跳远的关键核心技术。

1. 助跑 目的是获得最大的水平速度，为踏板准确起跳创造条件。为了获得较高的助跑速度，必须有相应的助跑距离，而助跑距离（步数）的确定与运动员短跑能力密切相关。助跑距离的长短还要受运动员自身身体状况、助跑方式和步长大小，以及跑道、风向的影响。要具备随机应变的能力以适应各种条件，确保在任何情况下都能高质量地进行助跑起跳。加大起跳前倒数第二步的步长，缩短起跳前倒数第一步的步长，是顺利进入起跳前的重要、关键环节。

2. 起跳 目的是要在保持助跑速度的状态下，尽可能大地获得腾起的初速度和合适的腾起角度。在起跳时，起跳腿几乎是伸直踩板（腾起关节角度 170 度），适当稍微屈膝后，充分用力蹬伸，此时，上体保持正直，摆动腿快速向前摆动，接近于水平。缓冲时，膝关节要适当弯曲角度，一般为 135 ~ 145 度。此时，上体要继续保持正直，使身体重心在相对较高的位置。

3. 空中动作 目的是减缓由于起跳所产生的身体向前的旋转力，尽可能地利用身体重心抛物线轨迹，为侧身落地做好准备。

为保持身体平衡，起跳腾空后，摆动腿放松向下、挺髋抬臂顺势向前移的起跳腿靠拢。在腾空最高点时，凭借自身的滞空能力将身体充分伸展，形成挺胸展髋的背弓姿势，两臂上举或后摆，然后收腹举腿，双腿前伸，完成落地动作。

挺身式空中动作的优点在于落地前能充分地拉长躯干前面的肌肉群，有利于完成收腹举腿和落地伸腿动作。在腾空后，由于摆动腿不需要在体前久留，有利于身体伸展维持身体的平衡。但空中动作的形式与用力特点与起跳动作的衔接不太紧密。

4. 落地 充分利用身体重心腾起的远度，创造尽可能更远的跳跃距离落点，以防止伤害事故的发生。落地的方法有折叠式和滑坐式两种。

（1）折叠式落地法 在腾空阶段经过最高点后，开始将两腿向上、向前伸出，上体向下折叠，两臂从上面向前并在落地前后快摆。使用蹲踞式和挺身式动作的运动员多采用这种方法。

（2）滑坐式落地法 在腾空最高点就开始做折叠动作。及早做折叠动作，不影响和改变腾空路线，到最后把腿及骨盆前移，上体稍后仰，落地时好像坐着，故称滑坐式。

（二）三级跳远

三级跳远是指比赛时，运动员在助跑后连续做三次不同形式的跳跃：第一跳为单足跳，用起跳腿落地；第二跳为跨步跳，用摆动腿落地；第三跳为跳跃，必须双脚落入沙坑。三级跳远中必须注意保持身体的平衡，维持较高的水平速度，配合大幅度的协调蹬摆，控制三跳的直线性，从而提高整体技术向前的良好效果。

1. 助跑技术 平跑速度是决定三级跳远成绩的关键因素。助跑的目的就在于获得尽可能大的平跑加速度，为完成第一跳单足起跳做好准备。

三级跳远的助跑技术与跳远基本相同，这里不再重复阐述。但第一跳起跳的腾起角（人体离地时，身体重心腾起初速度方向与水平线构成的角度）较小，因此整个助跑过程身体重心较高，加速平稳，强调向前行。最后几步，大腿高抬，上体正直，在保持步长或适当减少步长的情况下，加快步频，准备起跳。

助跑距离取决于个人的加速能力。加速能力强，助跑距离则短，反之助跑距离则长。助跑距离一般为 35 ~ 40 米，相当于 18 ~ 22 步。

2. 第一跳（单足跳）技术 三级跳远的起跳是以单足跳的形式，用其中一只有力的腿作为起跳腿完成的，起跳后经过空中交换腿的动作再用它落地。

技术要求：助跑与起跳动作衔接要合理、连贯，起跳角度不宜过大，起跳的方向更加向前，这一跳要尽可能远，而且应尽可能减少水平速度的损失，否则会增大第二跳起跳腿的负荷，为后两跳创造有利条件。

助跑最后一步，摆动腿积极有力地蹬地，起跳腿用全脚掌以积极、自然的动作快速踏上起跳板，此时，上体保持正直或适当前倾，起跳脚着地后，及时屈膝、屈踝，使上体和髋关节迅速前移，同时摆动腿折叠，屈膝积极前摆，双臂协调配合，使整个身体处于蹬伸前的最有利的姿势。当身体中心移过支撑点垂直上方时，起跳腿髋、膝、踝三关节要及时做快速的蹬伸动作。同时，摆动腿和两臂迅速向前上方做大幅度摆动，使身体向前上方腾起。

起跳离地后，身体进入腾空阶段，保持腾空步姿势。摆动腿的小腿随大腿向下放，自然地从前向下、向后摆动，同时髋部上提后的起跳腿屈膝前摆高抬，大小腿折叠收紧，带动髋部前移，两臂配合经体前摆向身体侧后方，形成空中交换步的动作幅度大且平稳。单足跳的腾空轨迹应尽量低而平，理想的起跳角为 12 ~ 15 度。

3. 第二跳（跨步跳）技术 第二跳为跨步跳，第三跳距离最短，难度较大，身体重心的抛物线最低。起跳角度与单足跳几乎相同，一般为 12 ~ 14 度。当单足跳落地时，起跳腿积极完成缓冲并快速有力地蹬离地面，髋、膝、踝关节充分伸展。摆动腿迅速屈膝向前上方摆动，足尖上挑，大小腿成 90 度角，膝部应摆至身体重心的上方。同时，上体保持正直或稍微前倾，两臂成弧形向侧后方摆动，完成跨步跳的腾空跨步动作。注意保持身体平衡，并达到必要的远度。

腾空跨步跳结束时，髋部前移，摆动腿大腿下压，膝关节伸展，小腿顺势由前向后用全脚掌落地并积极“后扒”，两臂由后向前上方摆动，完成第二跳的落地动作。

4. 第三跳（跳跃）技术 第三跳是最后一跳，同时又是用摆动腿起跳，所以起跳时应加大摆动腿和两臂的摆动力度和幅度。第二跳落地后，支撑腿要屈膝积极缓冲，身体快速前移，摆动腿和两臂快速有力地向前上方摆出。起跳腿充分蹬伸，摆动腿和两臂向前高摆，以增加重心向上移动的距离。落地前瞬间，收腹举腿，小腿尽量前伸，以求达到最大的远度。

（三）跳高

跳高要求运动员通过快速助跑，经单脚起跳，越过一定高度的横杆。它能有效地增强腿部肌肉力量，提高弹跳力、灵敏度和协调性，培养勇敢、果断的意志品质。跳高的技术动作先后出现过5次重大演变，即跨越式、剪式、滚式、俯卧式和背越式（图5－10）。当代跳高运动趋向于速度核心，即要求助跑速度快、起跳速度快、过杆速度快，所以本章节着重介绍背越式。

图5－10　五种跳高方式

背越式跳高以特定的弧线助跑，起跳后背对横杆腾起。背越式过杆是现代最为常用的一种跳高技术，由助跑、起跳、过杆和落地几个不同的技术环节组成。

1. 助跑技术　助跑方向由面对横杆过渡到起跳时的侧对横杆，多数运动员采用8步助跑，前4步为直线助跑，助跑方向与横杆之间的角度在70～90度；后4步为弧线助跑，助跑方向由面对横杆过渡到起跳时的侧对横杆。为起跳和顺利过杆创造有利条件。

2. 助跑的起动　有两种方式：原地起动（直接从助跑点上开始助跑）和行进间起动（预先走动或跑动3～5步，然后踏上助跑点开始助跑）。原地起动有利于助跑步点的准确性，步长相对固定，但动作较紧张，加速较慢；行进间起动动作自然放松，加速较快，但助跑步点不太准确。

3. 助跑的路线　背越式跳高助跑的前段为直线或近似直线，后段4～5步跑弧线。直线助跑时，上体略前倾，步幅开阔，后蹬充分，身体重心平稳且保持高位；弧线助跑时，身体逐渐内倾，外侧肩略高于内侧肩，外侧臂和腿的摆动幅度较内侧要大。

4. 跳高距离　从助跑点到起跳点的距离。全程一般8～12步，距离最长可达30米。

5. 助跑节奏　具体表现为步频（单位时间内两腿的交换次数）与步长在助跑中的变化。背越式跳高助跑的节奏要求从慢到快，前几步慢，后蹬充分，腾空较大，最后3～5步加快频率，但步长要变小。最后一步，需要最快充分利用助跑的惯力和自身爆发力。

6. 助跑技术要点　整个助跑过程的动作应该自然、放松、快速、连贯，全程节奏明确、逐渐加速。最后一步，摆动腿的动作极为关键。腿着地时，积极下压扒地，形成牢固支撑，身体重心迅速前移，进入起跳状态。

7. 起跳技术　起跳是背越式跳高的关键技术。其目的是快速改变人体运动方向，实现最大垂直速度和合理的腾空角度，为顺利过杆创造条件。起跳阶段，起跳脚踏上起跳点，起跳腿经过支撑、缓冲、蹬伸，蹬离地面跳起，摆动腿蹬离地面和臂协调摆动，达到最高点。起跳腿是指用于蹬伸起跳的腿，多选择较有力的腿。摆动腿是指起跳时用于协调配合起到摆动作用的腿。

在助跑最后一步身体内倾达到最大限度时，摆动腿用力后蹬，推动髋部迅速前移，使起跳腿快速踏上起跳点，形成肩轴与髋轴交叉扭紧姿势。接着，起跳脚以脚跟外侧着地并迅速过渡到全脚掌，脚尖朝向助跑弧线的切线方向，起跳腿自然屈膝并压紧。随着身体由内倾转为垂直，起跳腿的髋、膝、踝3个关节依次迅猛发力，快速完成蹬伸起跳的动作。

蹬伸结束时，起跳腿的髋、膝、踝3个关节应该充分伸直，使身体垂直于地面，以保证身体向垂直方向充分腾起。

8. 过杆与落地技术 起跳腾空后，头、肩、背、腰、髋、腿等身体各部分利用合理的技术动作依次越过横杆，并安全地落在海绵包上的技术阶段。

起跳结束时，充分伸展身体，向上腾起。利用摆动腿的力量提高髋部位置，然后摆动腿同侧的臂，肩领先过杆，顺势仰头、倒肩、挺髋。头与肩过杆后下沉，髋部高过两膝，身体形成反弓形。当髋部越过横杆时，顺势收腹，带动小腿向上甩，整个身体越过横杆，保持屈髋、伸膝的姿势下落，使肩背先着垫，仰头过杆后顺势收下颌，避免头部最先落地，造成颈部受伤。

第四节 投 掷

投掷项目包括铅球、铁饼、标枪、链球等。日常力量练习采用的投掷物有实心球、沙包、棒球、垒球等。经常参加投掷运动，能发展手臂肌肉力量和灵活性。

一、铅球

铅球的基本技术由握球、预备姿势、滑步和最后用力 4 部分组成。以右手持球为例。

（一）握球

五指自然分开，把铅球放在靠近示指、中指和无名指的指根处，拇指扶在球体侧面，掌心空出，手腕背屈。手指和手腕力量较强者，可将铅球适当的移向手指的第二指节处。手指和手腕力量弱者，铅球可放在更靠近指根处（图 5－11）。

握球后，把球放在肩上锁骨窝处，贴着颈部，手稍外转，掌心向前，右臂屈肘抬起（图 5－12）。

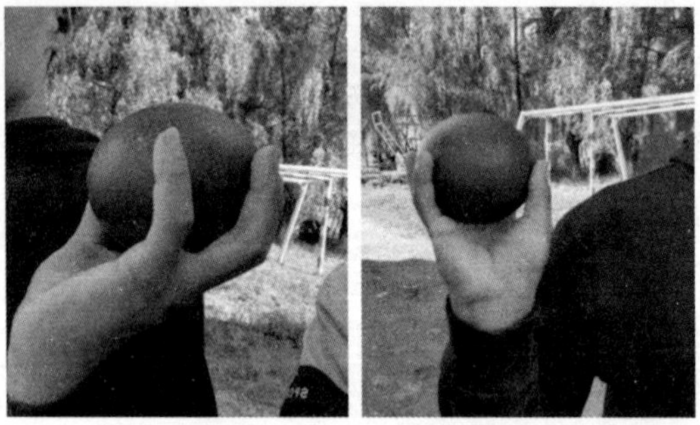

图 5－11 握球

图 5－12 持球

（二）预备姿势

分为高姿势和低姿势两种。

1. 高姿势 持球者背部朝向投掷方向，站在圆圈内靠近边缘，双脚前后开立，右脚跟朝向投掷方向，左脚前脚掌着地，持球臂肘部略低于或者与肩同高，左臂自然向上举，上身挺直放松。

2. 低姿势 持球后背对投掷方向，右腿在前，左腿在后，两腿变曲，重心落在右腿上，持球臂自然下垂，左臂自然下垂并稍向内。

（三）滑步动作

关键是两腿摆动和蹬踏的配合，即左腿向投掷圈前沿抵趾板方向摆出，右腿向投掷方向蹬伸，紧接着收落，右脚向地面滑动，同时左脚尽快落在投掷方向的左侧抵趾板处，两脚落地时间越短越好，以保证动作的连贯性，加速过渡到最后用力。

（四）最后用力

推铅球的主要环节，滑步结束后，左脚着地的一刹那开始。右腿右髋在左腿支撑配合下，积极蹬右腿同时髋向投掷方向转动，随之左臂向投掷方向摆动，使胸部适时地展开，髋轴超越肩轴，腰部扭紧，左腿压紧微屈支撑，在两腿继续用力蹬地时，右肩向前上方送，右臂推球的同时，抬头挺胸，手腕稍向外转，最后用手指把球拔出。

二、铁饼

掷铁饼的技术动作分为握法、预备姿势和预摆、旋转，以及最后用力和维持身体平衡4个技术环节。

（一）握法

五指自然分开，拇指和手掌平靠铁饼，其余四指的最末指节扣住铁饼边沿，铁饼的重心在示指和中指之间，手腕微屈，铁饼的上沿靠在前臂上，持饼臂自然下垂于体侧。

（二）预备姿势和预摆

1. 预备姿势 背对投掷方向，两脚左右开立约一肩半，站于圈内靠后沿处的投掷中线两侧。两脚平行开立或左脚稍后，持饼臂自然下垂于体侧，眼平视。

2. 预摆 为了获得预先速度，为旋转创造有利条件。目前常见的预摆有两种：左上右后摆饼法和身体前后摆饼法。

（1）左上右后摆饼法 开始时，持饼臂在体侧前后自然摆动，当铁饼摆到体后时，重心靠近右腿。接着以躯干带动持饼臂向上方摆起，当铁饼摆到左上方时，左手在下托饼，重心靠近左腿，上体稍微左转。回摆时，躯干带动持饼臂将铁饼摆到身体右后方，身体 向右扭紧，重心处于右腿上，上体稍前倾，左臂自然微屈于胸前，眼平视，头随上体的转动而转动。

（2）身体前后摆饼法 开始时，持饼臂在体侧前后自然摆动，当铁饼摆向体前左方时，手掌逐渐向上翻转，右肩稍前倾，重心靠近左腿。铁饼回摆到体后时，手掌逐渐翻转向下，重心由左向右移动，上体向右后方充分转动，使身体扭转拉紧。这种方法动作放松，幅度大，目前大多数优秀选手都采用这种方法。

（三）旋转

预摆结束后，弯曲的右腿蹬地，上体向左转动，同时左膝外展，重心由右脚向边屈边转的左腿移动。接着两腿积极转动，并以左脚前脚掌为轴向投掷方向转动，身体向投掷方向倾斜，投掷臂在身后放松牵引铁饼。当左膝、左肩和头即将转向投掷方向时，右膝自然弯曲，以大腿发力带动整个腿绕左腿向投掷方向转扣（右脚离地不能过高），这时左髋低于右髋，身体成左侧单腿支撑旋转，接着以左脚蹬地的力量推动身体向投掷圈的中心移动，右腿、右髋继续转扣。当左脚蹬离地面，右腿带动右髋快速内转下压，左腿屈膝迅速向右腿靠拢，左肩内扣，上体收腹稍前倾。接着，左脚积极后摆，以脚掌的内侧着地，落在投掷圈中线左侧圆圈前沿稍后的地方，身体处于最大限度的扭转拉紧状态，铁饼远远留在右后方，左臂自然微屈于胸前，为最后用力做好准备。

（四）最后用力和维持身体平衡

当左脚着地时，右脚继续蹬转，使右髋积极向投掷方向转动和前送。接着，头向投掷方向转动，左臂微屈于胸前，胸部开始向前挺出，重心逐渐移向左腿。当重心移向左腿时，右腿继续蹬伸用力，以爆发式的快速用力向前挺胸挥饼。与此同时，左腿迅速用力蹬伸，左肩制动，成左侧支撑，使身体右侧迅速向前转动，将全身的力量集中在铁饼上，当铁饼挥至右肩同高并稍前时，从小指到示指依次用力拨饼出手，使铁饼顺时针方向转动向前飞行。铁饼出手后，应及时交换两腿，身体顺惯性左转，同时降低身体重心，维持身体平衡。

三、标枪

掷标枪的技术动作分为握枪和持枪、助跑、最后用力和缓冲3个技术环节。

（一）握枪和持枪

1. 握枪　主要有普通式和现代式两种方法。

（1）普通式握法　标枪斜放于掌心，拇指和中指握在标枪缠绳把手末端第一圈的上沿，示指自然弯曲斜握在枪杆上，无名指和小指自然地握在缠绳把手上（图5-13）。

（2）现代式握法　将标枪斜放在左右手掌心，拇指和中指握在标枪把手末端边沿，示指自然弯曲斜放在枪体上，无名指和小指自然弯曲握在标枪把手上（图5-14）。

图5-13　普通式握法

图5-14　现代式握法

目前很多运动员采用现代式握法。其优点是利用中指长度，增加最后用力的工作距离，使标枪在出手瞬间所产生的绕自身纵轴更加强烈地旋转，而且有利于最后用力前的腕部放松。

2. 持枪　主要分为肩上持枪和肩下持枪两种方法。

（1）肩上持枪　持枪手于肩上方同前额高，持枪手靠近头部，高度与头顶齐平或稍高于头，枪尖稍低于枪尾或枪的纵轴平行于地面。目前大多数运动员都采用这一方法。

（2）肩下持枪　在预备姿势和助跑的前半段，持枪手臂自然下垂，预助跑一段距离后，将持枪手臂上举成肩上持枪姿势。

（二）助跑

助跑的目的是在最后用力前让标枪获得一定的预先速度，并在助跑中做好引枪和超越器械动作，形成最后用力前的有利姿势，为最后用力创造最佳条件。助跑的距离一般为25~35米。动作要自然、流畅，控制节奏。在全部助跑过程中一定要控制好标枪，干净利落地完成预期动作和保持枪的平稳运行。全程助跑14~18步，可分为预跑和投掷步两个阶段。

1. 预跑阶段 目的是通过助跑提高一定的水平速度。预跑从第一标志线到第二标志线为预跑段，16～20 米，跑双数步 8～12 步。通常是左脚踩在第一标志线处，以右腿为例，从右腿开始预跑的第一步，跑至左脚踩上第二标志物为止，8～14 步。预跑时动作应放松自然，上体与地面垂直微前倾，用前脚掌着地，大腿高抬，后蹬有力，富有弹性和节奏，逐渐加速，目视前方，持枪臂随跑的节奏自然前后摆动，从容地进入投掷步阶段。

2. 投掷步阶段 目的是继续加快腿部摆动速度，在加速节奏中准确地完成引枪、交叉步和超越器械动作，为最后用力制造条件。从第二标志线到起掷弧线力助跑的第二阶段。投掷步一般采用5步，也有采用6或7步。

（1）投掷步的第 1 步 左脚踏上第二标志线，右脚积极向前摆动，脚掌落地部位稍偏右，右肩转动并开始向后引枪，身体向标枪靠近，目视前方，左臂在胸前自然摆动，髋部正对投掷方向。

（2）投掷步的第 2 步 当右脚落地后积极蹬地，左脚离地前摆时，髋轴向右转动，右肩继续后撤并完成引枪动作。在第二步左脚落地时，上体转成侧对投掷方向，伸直右臂完成引枪动作，引枪结束时。标枪控制需靠近身体位置，枪头靠近右肩，与投掷方向成较大的角度，左臂摆至身体左侧，身体与地面保持基本垂直，目视前方。

（3）投掷步的第 3 步（交叉步） 第 2 步从左脚落地时右腿快速前摆开始，右腿自然弯曲，同时大腿带动小腿积极向前摆动，左腿猛蹬伸，使右大腿加速前迈，成交叉步，左臂自然摆至胸前，投掷臂伸直充分后引，髋轴与肩轴交叉，形成下肢在前、躯干扭紧、标枪在后的超越器械姿势。

（4）投掷步的第 4 步 助跑与最后用力衔接的重要环节。右脚落地前，右腿膝关节稍微弯曲，右脚踝适当背屈。落地时右脚跟先着地，快速过渡到全脚。右脚落地后，右腿被动屈膝缓冲，缓冲幅度不宜过大。当身体重心移过右脚支撑点上方时，右腿积极蹬伸，推动髋部加速向前运动。此时左脚已在右脚前方，快速前摆落地。左脚落地时，应保持躯干在交叉步中形成的后倾角度。

投掷步四步的步长比例：第 1、2 步较大，以便于完成引枪动作；第 3 步最大，以便有时间做出超越器械动作，为最后用力做准备；第 4 步最小，以利于助跑和最后用力的衔接，尽快形成稳固的双腿支撑。

优秀的男子标枪运动员在投掷步阶段的平均速度为 6～8 米/秒，女运动员平均速度为 5～6 米/秒。由于助跑使人体和器械获得一定的预先速度并形成更合理的用力准备姿势，因而优秀运动员助跑掷标枪的成绩可以比原地掷标枪提高 20～30 米。

（三）最后用力和缓冲

标枪技术最重要的部分，对成绩影响很大。投掷步第 4 步落地后，身体继续向前运动，右腿主动蹬地转髋，肩轴向投掷方向旋转，投掷臂上臂向上旋转，带动前臂和手腕向上翻转。当上半身转向面向投掷方向时，投掷臂转过肩，左肩内转，成“满弓”姿势（图 5－15）。然后，上臂带动前臂向前做爆发式的“鞭打”动作，让标枪向前飞。标枪离开手的瞬间，投掷手腕使标枪沿纵轴顺时针旋转。缓冲，标枪释放后，运动员继续以向前的惯性向前运动。为了防止犯规，应该及时向前迈 1～2 步，身体稍微向左转动，降低重心以保持平衡。

图 5－15 “满弓”姿势

本章小结

本章节讲述了田径运动的概念、起源与发展、功能以及分类等基本知识，初步了解和认识了田径运动，精选了短跑、接力跑、跳高、跳远、标枪、铅球等现代田径重要项目进行教学，逐步掌握科学锻炼身体、全面发展体能的方法。通过本章的学习，旨在让学生培养出吃苦耐劳的优良品质，提高田径运动技能，发展身体机能，形成符合自身职业特点的锻炼方式和兴趣爱好。

思考题

1. 田径运动包括哪些项目？
2. 简述田径运动中走、跑、跳、掷的动作技术特点。

（沈　亮　宋志明）

第六章 篮 球

PPT

拓展阅读

学习目标

知识目标

1. 掌握篮球的基本技术和基本战术的概念。
2. 熟悉篮球竞赛规则。
3. 了解篮球运动的起源与发展历程。

技能目标

1. 学会基本篮球技术和战术，提高身体素质。
2. 能够运用掌握的技战术动作参加篮球比赛，并配合队友完成战术进攻或战术防守。

第一节 篮球概述

一、篮球的起源和发展

（一）起源

现代篮球运动起源于美国，是1891年由美国马萨诸塞州斯普林菲尔德（Spring Frield）市基督教青年会训练学校（后来的春田学院）体育教师詹姆士·奈史密斯（James Naismith）博士发明的。奈史密斯从工人和儿童向“桃子筐”投准的游戏中得到启发，设计将两只桃篮分别钉在健身房内两端看台的栏杆上，桃篮口水平向上，距地面10英尺（3.05米），以足球作为比赛工具向篮内投掷，每投入桃篮一球得1分，按得分多少决定胜负。到1893年以铁质球篮取代了桃篮并挂上了线网。1895年开始把篮筐固定在（4×6）英尺的篮板上并逐渐深入场内。到1913年，人们将篮网底部剪开，形成了近似现代的篮板和球篮。因为这项游戏最初使用是桃篮和球，于是取名为篮球。

（二）国际发展

20世纪30年代以前的篮球运动处于传播和推广时期，技术和战术尚处于初级阶段。20世纪30年代以后，篮球运动登上了国际体育竞技舞台，世界性的比赛推动着篮球技术、战术的迅速发展，技术动作、战术组织和训练方法逐渐提高。1932年，刚诞生的国际篮联以美国大学使用的篮球规则为基础，制定了第一份世界统一的竞赛规则。此后，到1948年的10多年间，规则曾多次修改，促进了篮球攻防战术的变化运用，提高了攻防的速度。进入20世纪50年代，世界各强队普遍重视和发展高度，高大队员在高空争夺中占有明显的优势，但灵活性差，技术单调，篮下死打硬攻，因而战术呆板，使比赛速度受到影响。针对这种情况，1956年国际篮联对规则进行了修改，扩大了限制区，增加了30秒和干扰球规则。20世纪60年代是高度、技术和速度同步发展时期，世界各国开始重视进攻和防守的均衡发展，在发展高度的同时，加强了高大队员技术和灵活性的训练。20世纪70年代是高度、技术、速度相结合、相统一并持续发展的阶段，投篮技术中出现了空中换手投篮，各种单、双手扣篮。20世纪80年代以后是在高水平上的全面攻守对抗，同时，技术全面、特长突出的明星队员在队内的作用举足轻重。

如今，篮球运动在全世界开展得极为广泛。奥运会篮球比赛、世界篮球锦标赛、NBA等一系列重要赛事，吸引了数以亿计的观众。大家关注的不仅仅是比赛的胜负，更为重要的是欣赏运动员精彩的表演，并享受这项运动带来的快乐。

（三）在中国的发展

篮球运动在1895年9月传入中国天津，1896年1月11日下午4时，天津中华基督教青年会举行了中国篮球运动史上较为正式的篮球表演。

随后在北京、上海基督教青年会里也有了篮球活动。

在1910年的全运会上举行了男子篮球表演赛之后，全国各大城市的大、中学校的篮球活动逐渐开展起来，其中以天津、北京、上海开展得较好，水平也较高。中国篮球运动水平在1926年以后有了较大提高。

近年来，我国的篮球运动也有了长足的进步，不仅成功举办了CBA、CUBA、大学生篮球超级联赛、全国高中篮球联赛，而且国家队已经“冲出亚洲、走向世界”，在世界大赛中取得了可喜的成绩。此外，诞生于美国街头的“三对三”篮球，在我国也受到社会各界群众尤其是青少年学生的喜爱，吸引了众多人员的参与。

二、篮球的基本规律

（一）篮球运动的集体性

充分体现在团队精神和协同作风，体现在球场上一切个人行动都要基于团队整体的目的与任务之中。篮球运动是一项有较强集体性的对抗项目，要求每名队员在比赛场上必须做到齐心协力、密切配合。只有把个人技能融汇到集体中，集体才能为个人做最佳保障，给个人技术的发挥创造更多更好的机会。因此，篮球运动的集体性规律是篮球运动最为核心和明显的规律。

（二）篮球竞技比赛的对抗性

体现在无论球队整体或运动员个体，其根本目的都是为了采用合法规则要求的手段，重点在地面与空间制约对方。篮球运动属于同场对抗类竞技项目，对抗贯穿在比赛始终。主要表现在球队的技战术、队员的身体素质、心理素质、团队作风、信息等方面，具有综合性、激烈性、准确性的特点。在现代篮球训练中，把握住篮球对抗的基本规律和特点，有利于促进现代篮球运动的快速发展。

（三）进攻与防守的转换性

篮球比赛是由两个队在规定的时间内进行不断的转换攻守回合完成的。每次进攻后的防守和防守后的进攻之间的相互转换构成篮球比赛的重要内容。篮球比赛速度快，场地小，攻守转换十分频繁。随着现代篮球的发展，篮球运动的攻防转换越来越快，转换的界限越来越不明显，防守中蕴含着攻击性，进攻中始终关注防守的转换。

（四）篮球运动的动态性规律

篮球运动是一项动态性的运动，是在动中展开攻守并在动中不断发展的运动。攻守双方动中攻、动中守、动中及时转换，不间断地有策略、有针对性地动，有目的、有攻击性地动，以主动的动迫使对手被动的动，反复转换动的方式与方法，调整动的意图，变换动作节奏和方向，力求主动，这是现代篮球运动的基本规律和特点。

（五）篮球运动的多元统一性

身体、体能、心理、技术、战术、规则等因素的统一性。篮球运动独特的竞赛动态特征决定了篮球运动员的身体素质、心理素质和技战术水平的不断提高与创新，同时也产生了相应的、不断变化的比赛规则给予保障和促进，所以，篮球比赛规则是身体、体能、心理、技术、战术的统一，是篮球运动形成与发展的基本规律。

第二节 篮球的基本技术

篮球技术是在比赛中为达到一定攻防目的而采用的专门动作方法的总称，是篮球比赛中常见的动作体系和组合变化形式的总和，是进行篮球活动和参加篮球比赛的基础。

篮球技术依据攻守转换的特征可以分为进攻技术和防守技术。其中，进攻技术主要包括传接球、投篮、运球、持球突破、移动、抢篮板等；防守技术主要包括个人防守，抢、打、断球，移动，抢篮板等（图6－1）。

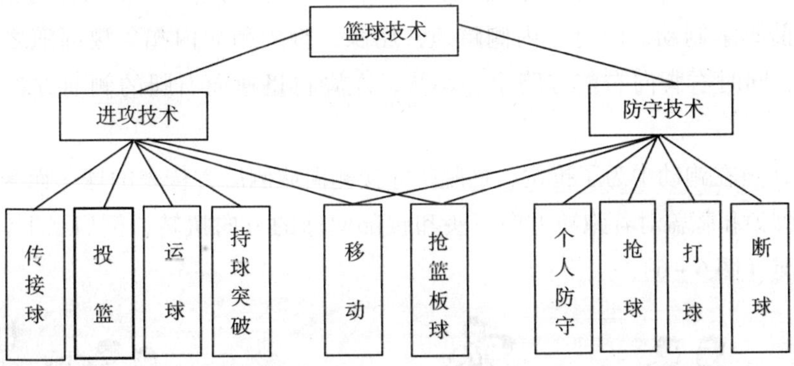

图6－1 篮球技术

一、移动

移动是篮球比赛中队员为了改变位置、方向、速度和争取高度、空间所采用的各种脚步动作方法的总称。移动技术是完成各项技术动作的基础，也是实现篮球战术目的的重要因素。一切攻守技术或战术都要通过脚步移动来完成。

（一）基本站立姿势

两脚自然开立，距离约与肩同宽，两腿微屈，身体重心落在两脚之间，略收腹含胸，屈肘，两手放于体侧前方。防守时站立姿势稍有不同，两脚开立略比肩宽，屈膝降低重心，含胸，两臂张开，抬头，收腹，两眼注视场上情况，随时准备向各个方向启动（图6－2）。

（二）起动

队员在球场上由静止状态变为运动状态的一种动作，是获得位移初速度的方法。进攻时，突然快速的起动，是摆脱防守的有效手段之一。起动分向前起动和向侧起动。

1. 向前起动 用后脚的前脚掌短促有力地蹬地，重心前移，上体前倾，迅速向前迈步，起动后的前两三步要短促而迅速（图6－3）。

2. 向侧起动 用异侧脚的前脚掌用力蹬地，同时上体迅速向起动方向侧转并前倾，重心跟随移动，迅速向跑动方面迈步，步法同向前起动（图6－4）。

图6－2 基本站立姿势

图6－3 向前起动

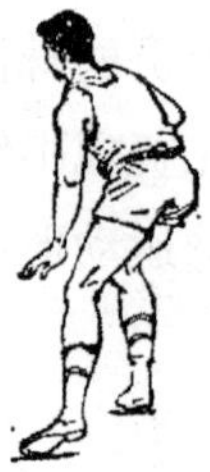

图6－4 向侧起动

（三）变速跑

篮球比赛当中跑动动作特别多，跑是为了完成攻守任务而争取时间的脚步动作。篮球比赛的跑步动作基本全是变速跑，变速跑是队员在跑动中利用速度变化来摆脱防守者的一种跑动方法，分为变向跑和侧身跑。

1. 变向跑 队员在跑动中突然改变方向的一种脚步动作。以左向右变向跑为例，队员跑动中最后一步用左脚前脚掌制动，同时脚内侧蹬地，屈膝，脚尖稍向内扣，腰部随之右转、重心右移，上体稍前倾，同时右脚向右前方跨出一小步，左脚再迅速向右腿的侧前方跨出一大步（图6－5）。

2. 侧身跑 队员在跑动中为了抢位，摆脱防守接侧向或侧后方传来的球，而采用的一种跑动方法。侧身跑时脚尖和膝盖对着跑动方向，头和腰部向球的方向扭转，侧肩、上体和两臂放松，随时观察场上情况（图6－6）。

图6－5 变向跑

图6－6 侧身跑

（四）急停

队员在跑动中突然制动速度的一种动作方法，是衔接其他技术动作和摆脱对手的有效方法。急停包括跨步急停和跳步急停。

1. 跨步急停 在快速移动中需要急停时规则规定只能跨两步以进行合法急停，这被称为两步节拍。当在快速移动中接球或在快速运球结束时，可以使用跨步急停的方法。

急停时的第一步跨出稍大，脚跟先着地滚动到前脚掌撑地，脚尖由向前方转为向侧前方，同时重心下降，并先落在后脚上，身体稍向后坐，以减缓向前的冲力。第二步着地时，前脚掌内侧用力蹬地，脚尖稍向内转，两膝弯曲并内收，上体稍前倾，重心落在两脚之间，两臂屈肘张开，帮助控制身体平衡（图6－7）。

2. 跳步急停 在篮球技术中，一步急停技术也被叫作跳步急停技术。跳步急停是队员在中速和慢速移动时，用单脚或双脚紧贴地面跳突然制动速度的一种方法。

队员在跑动时用单脚起跳，两脚同时落地（略比肩宽），前脚掌用力蹬地，两膝迅速弯曲，重心下降，两臂屈肘张开，保持身体平衡（图6－8）。

图6－7 跨步急停

图6－8 跳步急停

（五）转身

队员以一脚作为中枢脚进行旋转，另一脚蹬地向前后跨出，改变原来身体方向的一种动作方法，分为前转身和后转身。它可与急停、跨步、持球突破结合运用，有效摆脱防守，创造传球、投篮的机会。

1. 前转身 转身时移动脚向自己身前（中枢脚前的方向）跨出的同时，中枢脚碾地旋转使身体改变方向，动作要点是屈膝提踵，重心平稳（图6－9）。

2. 后转身 移动脚蹬地向自己身后（中枢脚后的方向），跨出的同时，中枢脚碾地旋转使身体改变方向。两脚用力蹬碾地，重心平稳不起伏（图6－10）。

图6－9 前转身

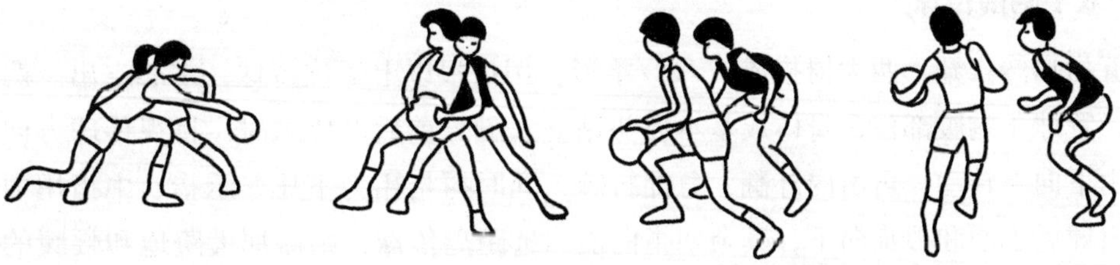

图6－10 后转身

（六）跨步

主要用于持球突破，也可以作为一种假动作或过渡性动作。以一脚作为中枢脚，另一脚向前、后、左、右跨出，但没有改变身体方向的动作方法。

1. 同侧步 移动脚向移动方向跨出，跨步时两膝微屈，中枢脚用力碾地，移动脚向移动侧前方跨出，上体随后侧转前倾。

2. 交叉步 跨步时两膝弯曲，中枢脚用力碾地，移动脚向中枢脚侧前方跨出，上体向中枢脚方向转动并前倾。

（七）滑步

队员防守时移动的主要步法，它易于保持身体平衡，可向任何方向移动。滑步一般分为侧滑步和前、后滑步。

1. 侧滑步 两脚左右开立，两臂张开。向左侧滑步时，右脚前脚掌内侧用力蹬地的同时，左脚向左跨出一步，右脚在左脚落地的同时紧随滑动，重心保持在两脚之间。向右侧滑步时动作相反（图6－11）。

图6－11 侧滑步

2. 前、后滑步 动作方法和要领与侧滑步相仿，只是方向不同。

（八）后侧步

在移动过程中，前脚变为后脚的一种移动方法。开始时两脚前后或左右开立，上体稍前倾，两膝微屈。后撤步时移动脚（或前脚）前脚掌内侧蹬地，腰部同时协调用力，后脚用力蹬碾地面，前脚后撤紧接滑步，后撤角度不宜过大，身体上半部分不能起伏。后侧步结束后一定要保持争取的防守姿势。

二、传接球

篮球比赛中队员之间有目的地转移球的方法。它是进攻队员在场上相互联系和组织进攻的纽带，是实现战术配合的具体手段。

（一）双手胸前传球

两手五指自然张开，两大拇指成“八”字形，用指根以上部位持球，掌心空出。两肘自然弯曲于体侧，置球于胸腹部位，身体成基本姿势站立，脚分前后。传球时，目视传球方向，两臂前伸，手腕由下向上转动，再由内外翻，急促抖腕，同时拇指用力下压，示指、中指用力弹拨，将球传出。出球后手心和拇指向下，其余四指向前。远距离传球，则需加大蹬地和腰腹的协调用力（图6－12、图6－13）。

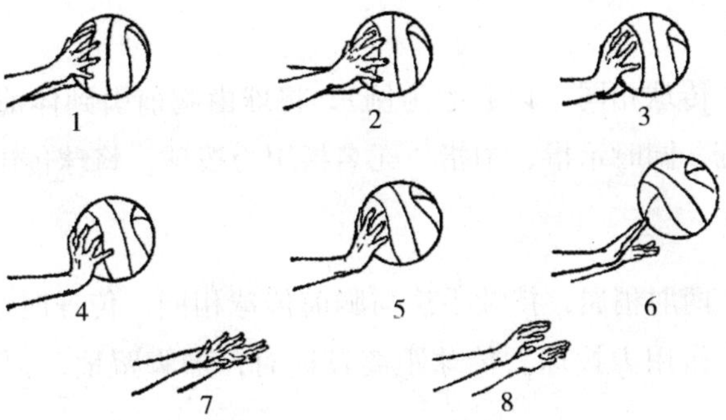

图 6－12　双手胸前传球

图 6－13　双手胸前传球示意

（二）单手肩上传球

以右手为例。双手胸前握球，两脚前后站立，左脚在前，左肩对传球方向，将球引至右肩，右手执球，肘关节外展，右手腕后仰，指根以上托球，掌心空出，重心落在右脚上。传球时，右脚蹬地，转体，前臂迅速向前挥摆，手腕前屈，通过拇指、示指、中指拨球，将球传出，球出手后身体重心随之移到左脚上（图 6－14、图 6－15）。

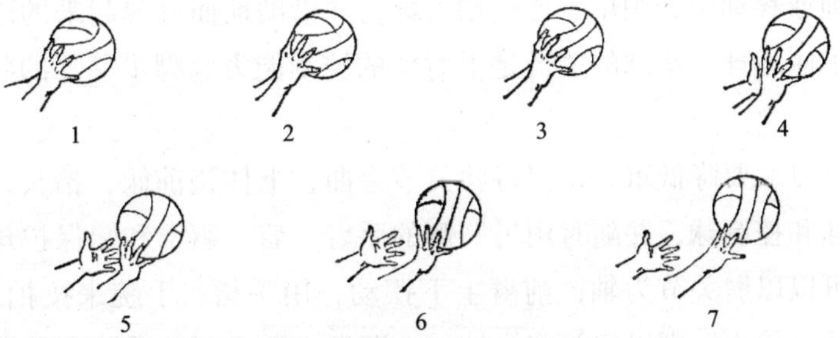

图 6－14　单手肩上传球

图 6－15　单手肩上传球示意

（三）单手胸前传球

持球手法与单手肩上传球相同（以右手为例），将球由胸前引到体前右侧，传球时振动前臂，手腕急速前扣，并向内翻，同时示指、中指、无名指用力拨球，将球传出。

（四）双手头上传球

双手持球举于头上，两肘稍屈，持续手法与胸前传球相同，传球时小臂前挥，手腕前扣外翻的同时，拇指、示指、中指用力拨球。传球距离较远时，加脚蹬地，腰腹用力，全身协调发力，将球传出。

（五）接球

分双手接球和单手接球两种。不论哪一种接球，眼睛都要注视球，肩臂放松，手臂要半屈迎向球，手指自然分开、放松。当手指触球时手臂立即随球后引缓冲来球力量，将球握于胸前，保持身体平衡，并做好投篮、传球、突破的准备（图 6－16）。

图 6－16　接球

三、运球

持球队员在原地或移动中，用单手连续拍击球，并借助地面反弹起来的球继续原地或移动中连续拍球推进的技术叫运球。运球的关键是手对球的控制能力，脚步移动的熟练程度以及手、脚的协调配合。

基本姿势：运球时，要降低重心，保持膝关节弯曲，上体稍前倾，抬头，五指自然分开，用手指和手根部按拍球和控制球，并随时用另一侧的手臂、肩、躯干和腿保护球。在快速运球或离防守队员较远时，可以以肘关节为轴，前臂上下摆动，用手指、手腕来按拍球，运球高度在腰、膝之间。如离防守队员较近，则以肩关节为轴，上臂发力，手指、手腕和前臂迎送球，使球落点在身体后侧方，远离对手。

（一）高运球

多用于快速运球，提高运球高度加大反弹距离，与快速奔跑相结合。

膝微屈，上体稍前倾，目视前方，手按球的后半部，球落点在人的侧前方（根据速度快慢、决定运球距离远近），球的反弹高度在腰、胸之间，手脚要协调配合，这种运球身体重心较高，便于观察场上情况。

动作关键：在手形正确的基础上，主动迎球，随球上引，前臂屈伸，控制球的落点；手按拍和脚步移动协调配合（图 6－17）。

（二）低运球

如果运球接近防守队员或防守队员来抢球时，运球队员应改用低运球突破对手，用身体保护球，并善于运用假动作摆脱防守。

两脚前后开立，两膝弯曲，上体稍前倾，抬头看前方，重心落在前脚掌上，手腕放松，手掌与地面平行，五指自然分开，用手指和指根按、拍球。手心空出，以肘关节为轴，前臂做上下伸压动作，结合手指、手腕缓冲球向上反弹力量，以控制球的高度和落点，一般运球落点应为运球手同侧脚的外侧稍前。运球高度在膝关节以下，为了保护球，运球者应该使球、自己和防守者三者保持一条线，不运球的手臂要抬起。行进间低运球，向前时要拍球的后半部，向左变向时拍球的右半部，向右侧则反之。

动作关键：突然改变运球高度，并且要控制好按拍球的反弹力量；上下肢配合协调（图 6－18）。

图 6－17　高运球

图 6－18　低运球

（三）运球急停急起

当对方防守盯得很紧，不能用快速运球超越对手时，运用运球速度上的突然变化，急停、急起，摆脱对手；或原地静止状态运球，突然运球急起摆脱对手。

运球急停要领与不持球急停相同。运球急停时，手按拍球的上方稍靠前，使球与地面成垂直反弹，用异侧臂和身体保护球。启动时，后脚下前脚掌偏内侧用力蹬地，上体前倾，重心前移，同时拍按球的后上方，利用起动速度，超越对手。

动作关键：急停稳，起动猛，人和球速一致，上体前倾和脚的蹬地协调配合（图 6－19）。

图 6－19　运球急停急起

（四）体前变向运球

队员在行进间快速运球，不与对手接近或对手迎上堵截，可选用改变运球方向来突破对手。以从对手左侧突破为例。当快速直线运球即将接近对手时，先向对方右侧运球，使对手误认为向其右侧突破，当对手堵截右方或重心稍有移位，运球队员立即向右侧变向，左手按球的左后上方，将球由自己的左侧运至右侧前方，同时左脚迅速向右前方跨出，脚落点在对手左脚侧面，脚尖向前，左脚跨步的同时上体向右转，用肩背挡住对手，然后换右手按球后上方，同时右脚用力蹬地、加速，超越对手。

动作关键：变向时突然按拍球的左后上方，转腰探肩保护球。换手后按拍球的后上方加速突破（图6－20）。

图6－20　体前变向运球

（五）后转身运球

以右手为例。当对手逼近自己的右侧时，左脚上步置于对手两腿之间，左脚为轴脚，左脚脚内侧蹬地，同时，后转身将球拉引向自己身体左侧，用身体背部挡住对手，左脚迅速上步加速。依据场上情况左手与右手均可运球以从对手右侧突破。

动作关键：上不快，转体稳，转引变向球近身（图6－21）。

图6－21　后转身运球

四、投篮

投篮是进攻队员为将球投入对方球篮而采用的各种专门动作方法的总称。投篮是篮球比赛中得分的唯一手段，一切技、战术运用的最终目的，都是为了创造更多更好的投篮机会，因此，投篮是整个篮球技术体系的核心。

（一）原地双手胸前投篮

双手握球在胸部以上（高度在肩部附近），握球手法与双手胸前传球相同，肘关节自然下垂，上体稍前倾，两脚前后或左右站立，两膝微屈，重心落在两脚之间，目视投篮目标。投篮时，两脚前脚掌蹬地，腰腹伸展，同时两臂向前上方伸出，两臂即将伸直时两手腕同时外翻，拇指向前压送，指端拨球，以拇指、示指、中指的力量将球投出，最后腿、腰、臂自然伸直。

动作关键：持球手法正确，全身用力协调，手指、手腕外翻并用力拨球（图6－22）。

（二）原地单手肩上投篮

以右手为例。右手五指自然分开（手心空出），指根以上部位触球，向后屈腕、屈肘持球于肩上耳部左右，肘内收，前臂与地面接近垂直，左手扶球的左侧，右脚稍前，左脚稍后，重心放在两脚之间，两膝微屈，目视投篮目标。投篮时，两脚前脚掌用力蹬地，伸展腰腹，抬肘，手臂上伸，即将伸直时，手腕用力前屈，中指和示指用力拨球，使得篮球从指端投出，球体向后旋转。球出手后，腿、腰、臂自然伸直。单手肩上投篮的关键是持球手法正确，全身用力协调，用手指手腕的力量拨球。

动作关键：翻腕持球于肩上，抬肘要领切莫忘，蹬伸屈拨要柔和，中指、示指控方向（图6－23）。

图6－22　原地双手胸前投篮

图6－23　原地单手肩上投篮

（三）行进间投篮

1. 行进间单手高手投篮　以右手为例。右脚跨出一大步，在没落地前接球，右脚落地后左脚向前跨一小步（缓冲向前的水平冲力），并用力蹬地向上起跳，同时举球于肩上（或头部以上）。当身体至最高点时，前臂向前上方伸展，右臂即将伸直时手腕前屈，示指、中指用力拨球，通过指端将球拨出，出手要柔和（图6－24）。

2. 行进间单手低手投篮　以右手为例。脚跨出一大步，在落地前按球，左脚紧接跨出，步幅稍小，不要减速，用力蹬地向前上方起跳，同时双手持球移至体右侧上举，左手离球，右手掌心向上托球，向球篮方向伸出，接着向上屈腕，示指、中指、无名指向上拨球投出（图6－25）。

图6－24　行进间单手高手投篮

图6－25　行进间单手低手投篮

（四）原地跳起单手肩上投篮

简称跳投，是跳起在空中完成投篮动作，具有突然性强、出手快、出手点高、不易防守的特点。

两手持球于胸前，两脚前后或左右自然站立，两腿微屈，重心在两脚之间。起跳时两腿迅速屈膝，前脚掌用力蹬地向上起跳，同时迅速举球于头侧上方（起跳和举球动作要协调一致），用右手托球，手腕后屈，左手扶球。当身体接近最高点时（以右手为例），左手离球，右臂伸向前上方，前臂即将伸直时，手腕用力前屈，示指、中指拨球，通过指端将球投出，手臂向出球方向自然伸直。落地时屈膝缓冲，保持身体重心稳定。

（五）运球、接球急停跳起投篮

可采用跳步或跨步急停动作方法，停步同时双手随起跳持球上举，当身体至最高点时辅助手离球投篮臂向前上方伸直，手腕前屈，示指、中指用力拨球将球投出。

动作关键：急停突然重心稳，起跳举球紧相随，最高点出手要记准（图6－26、图6－27）。

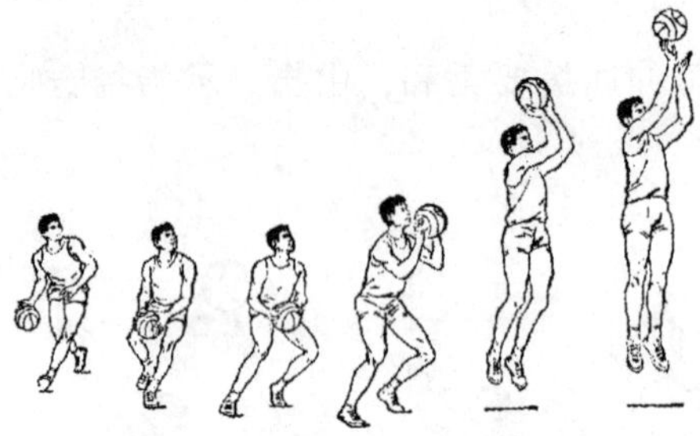

图6－26　运球急停跳起投篮

图6－27　接球急停跳起投篮

五、持球突破

持球突破是持球队员运用脚步动作与运球技术相结合，达到超越对手的一种进攻技术。持球突破是以运球和脚步动作为基础，由蹬、跨、侧身、探肩、推放球和加速等动作组成。

（一）交叉步持球突破

左脚作为中枢脚为例。两脚左右开立，两膝弯曲，两手持球于胸腹间。突破时，右脚前脚掌内侧用力蹬地，上体向左转移，右肩向前下压，右脚向左侧前方跨出，在左脚离地前，运球在右脚的左侧前方，左脚迅速蹬地跨步超越对手。

动作关键：第一步要快，蹬跨，转腰，探肩，推放球及加速运球必须协调、连贯、快速完成（图6－28）。

图6－28　交叉步持球突破

（二）同侧步（顺步）持球突破

以左脚作为中枢脚为例。两脚左右开立，两膝弯曲，两手持球于胸腹间。突破时右脚向右前方跨出一步，同时向右转体侧肩，重心前移，右手运球，左脚前脚掌用力蹬地向右前方跨出。

动作关键：转体、侧肩、加速（图6－29至图6－31）。

图6－29　同侧步持球突破（转体）

图6－30　同侧步持球突破（侧肩）

图6－31　同侧步持球突破（加速）

（三）转身突破

对手紧逼或背对篮接球时可以用转身突破对手，可分前转身持球突破和后转身持球突破两种。

1. 前转身持球突破 转身时移动脚向自己身前（中枢脚前的方向）跨出的同时，中枢脚碾地旋转使身体改变方向。

动作关键：屈膝提踵，重心平稳（图 6－32）。

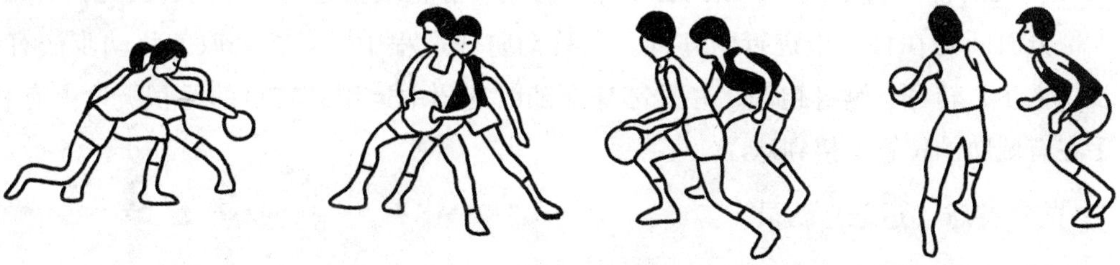

图 6－32 前转身持球突破

2. 后转身持球突破 移动脚蹬地向自己身后（中枢脚后的方向）跨出的同时，中枢脚碾地旋转使身体改变方向。

动作关键：两脚用力蹬碾地，重心平稳不起伏（图 6－33）。

图 6－33 后转身持球突破

六、防守

队员在防守时，为了阻挠和破坏对手的进攻，达到夺球反攻的目的所采取各种专门动作方法的总称。

防守技术分防守无球队员、防守持球（运球）队员两种。

（一）防守无球队员

在篮球比赛中，防守队员大部分时间是防守无球队员，他的主要任务是不让或者少让对手在有效攻击区内接到球，尽可能抢、断传自己对手或穿越自己防守区域的球。

1. 基本要求

（1）防守队员必须随时占据“人球兼顾”的位置。

（2）及时堵、卡对手的传球移动路线；随时做好抢断传给对手球的准备。

（3）必要时大胆放弃自己的对手，协助同伴完成集体配合防守任务。

2. 基本位置选择 防守队员要根据对手、球篮、球的位置和距离，以及对手的身高、速度、进攻特点、战术需要和自己的防守能力来确定防守位置和距离。防守外围无球队员时，应站在对手与球篮之间偏向有球一侧的位置上。防守篮下高大中锋时，应根据实际情况和战术需要采用贴近对手一侧或绕前、绕后的防守。

3. 姿势选择 防守离球较近的对手，经常采用面向对手侧向球的站立姿势，近球侧的脚在前，堵截对手摆脱移动的接球路线，并伸出前脚一侧的手臂，封锁接球路线。防守离球远的对手时，经常采用面向球侧向对手平行站立姿势。防守篮下高大中锋时，采用绕前防守，经常采用高举双臂，以阻断中锋的接球路线。

4. 移动 比赛中，无球队员不断向各个方向移动，静止站立是极短暂的，因此，对无球队员的防守大部分时间是在移动中进行防守的。在移动防守过程中，经常采取的移动步法有各种滑步、撤步、上步、转身、侧身跑等，并且都是在随时变化中运用，其目的为积极抢占有利位置，不让对手在有威胁的位置上接到球。

（二）防守持球（运球）队员

进攻队员一旦接到球，防守者要及时调整与对手的位置和距离。根据对手不同的进攻位置和特点，采用有所侧重的防守方法。

1. 防投篮 一只手轻贴对手身体，一只手抬起，扰乱对手的投球注意力，必要时跳起盖帽，但不要轻易就起跳，容易被对方假动作欺骗。

2. 防突破 身体保持好重心，稍微与对手拉开距离，一手向前平伸，全力注意对手的移动及时封住对手的突破路线。

3. 防运球 与防守突破一样，当防守时多前后移动，做抢球的动作，给对手压力。

七、抢球、打球、断球

抢球、打球、断球是攻击性很强的防守技术，是积极防守战术的基础。

（一）抢球

带有攻击性防守的重要技术之一，在对方动作迟缓、精神不集中或球保护不好的情况下，防守者都可以大胆地抢球。

抢球时要突然上步，靠近对手，同时伸出右臂右手迅速按在球上方（对方的两手之间），左手立即握住球的下方，右手下按球并将球向对方怀内旋转，左手用力协助转动。当球在对方手中转动时，右手加向回拉球动作，球即脱开对方双手，将球抢到手。

（二）打球

当队员持球、运球、投篮时，防守队员都可以出其不意地突然打球，也可以在集体防守的配合过程中，通过堵截、夹击、关门等方法打掉持球队员手中球。

（三）自上而下打球

首先观察和判断好持球队员的情况（以右手打球为例）。打胸前持球队员的球时，右脚稍上步同时右手迅速前伸接近球时手腕全力向下挥动，带动手指、手掌外侧的短速弹击力量将球击落，动作需小，出击突然。

（四）自下而上打球

当对方注意力不集中或接高球正要下落时，用这种打球方法（以左手为例）。左脚稍向前移，同时左手前臂向前伸，掌心向上，接近球时，手腕向上振动，带动手指、指根用短促振动力量将球打掉，手指打球时要有向回带的动作，以便打球后脱开对方持球部位打到自己面前。

（五）断球

1. 横断球 要准确判断对方传球意图和球的飞行路线，要与对手有一定距离，使其同伴感到可以传球。准备断球时要降低重心，要与传球人、接球人保持一定角度，位置要靠近传球一侧。注意观察持球队员的动作，当持球者传球出手时，迅速向来球方向起跳，充分伸展腰腹和手臂，当截获来球，立即收腹双脚落地保持平衡及时与运球、传球相接。

2. 纵断球 （以从对手右侧断球为例）纵断球时，右脚应向右前方（从对手侧后绕出断球时）或右侧前方（从对手身后绕出断球时）跨出，左腿从侧面绕过对手，同时右脚用力蹬地（或两脚蹬地）侧身向来球方向迅速跃出，两臂伸直将球断获，其他动作要领同横断球。

八、抢篮板球

比赛中双方队员争抢投篮未中的球所采用的技术统称为“抢篮板球技术”。

抢篮板球都是由判断与抢占位置、起跳动作、空中抢球动作和获得球后动作组成，根据动作结构可分为抢进攻篮板球和抢防守篮板球。当进攻队投篮未投中，自己或本方队员争抢在空间的球，称为抢进攻篮板球或前场篮板球；对方投篮未中，防守队员争抢空间的球，称为抢防守篮板球或后场篮板球。

（一）抢进攻篮板球

进攻队员一般位于防守队员外侧，处于不利于抢篮板球位置，因此，进攻队员抢篮板球要突出一个“冲”字。当同伴或自己投篮时，近篮的进攻队员首先要准确判断球的落点，运用身体虚晃的假动作，摆脱防守队员的阻挡，绕、跨、挤到对手的前面或侧前方，抢占有利位置，借助跨步或助跑起跳补篮或抢篮板球。

动作关键：准确判断球的反弹方向和落点，绕步或跨步冲抢，及时起跳。

（二）抢防守篮板球

防守队员处于抢篮板球的有利位置，位于进攻队员内侧，一般多采用“挡抢”。首先应保持正确的站位姿势，两膝微屈，上体稍前倾，重心落在两脚之间，两臂屈肘侧张占据较大的面积。当对手投篮出手后，首先应注意对手的动向，并根据与对手的位置，运用上步、撤步和转身抢占有利位置，把对手挡在身后，与此同时，观察判断球的落点准备起跳。起跳时前脚掌用力蹬地，向上摆臂并提腰，手向球的落点方向伸展，跳于最高点触到球时，用双手、单手抢球或将球点拨给同伴，如在空中抢到球未能传出，落地时应保持身体平衡和保护球，及时运用传或运转守为攻。

动作关键：准确判断球的反弹方向和落点，抢位挡人，及时起跳，迅速一传。

第三节 篮球的基本战术

篮球战术是篮球比赛中队员所运用的攻守方法的总称，是队员个人技术的合理运用和队员之间相互协同配合的组织形式。篮球战术是篮球比赛中队员之间相互协同行动的方法，其目的是更好地发挥本方队员的技术与特长，制约对方，力争掌握比赛的主动权。

根据篮球运动的对抗特征，通常将篮球战术分为进攻与防守两大系统。

在篮球比赛中两人之间有目的、有组织、协调行动的简单攻守配合方法。战术基础配合包括进攻战术基础配合和防守战术基础配合两个部分。

一、进攻战术

在篮球比赛中，进攻队员两三人之间有目的、有组织、相互协同行动的配合方法。进攻战术基础配合包括传切配合、突分配合、掩护配合和策应配合。

（一）传切配合

进攻队员之间利用传球和切入技术所组成的简单配合。

1. 一传一切配合 持球队员传球后摆脱防守，向球篮方向切入接回传球投篮的配合（图 6－34）。

2. 空切配合 无球队员掌握时机，摆脱对手，切入篮下接球投篮或做其他战术配合（图 6－35）。

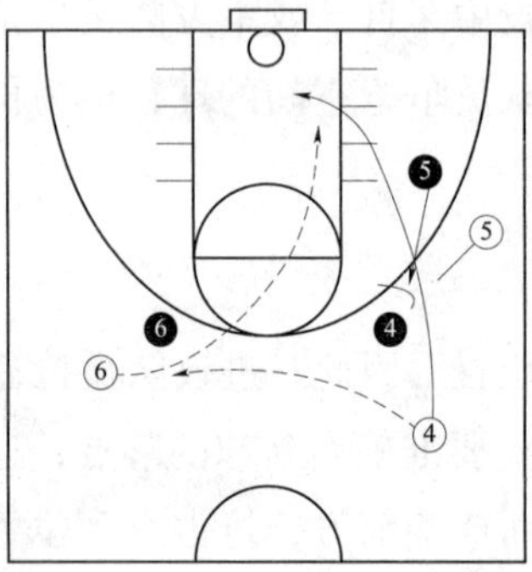

图 6－34 一传一切配合

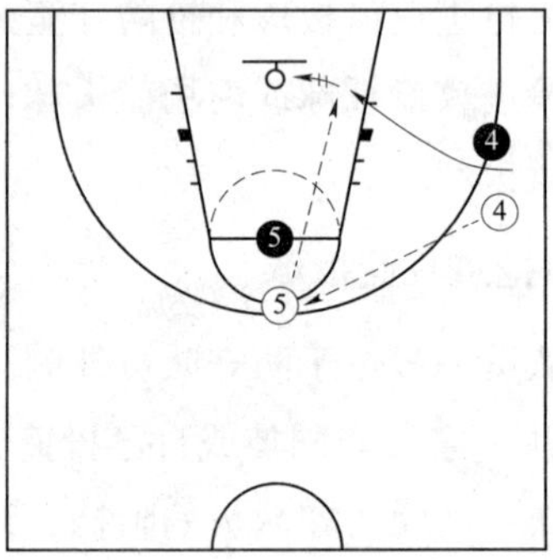

图 6－35 空切配合

（二）突分配合

进攻队员持球突破后，主动地或应变地利用传球与同伴配合的方法（图 6－36、图 6－37）。

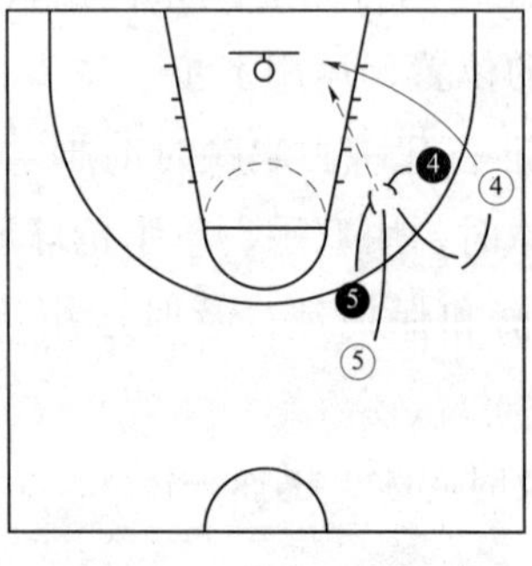

图 6－36 突分配合

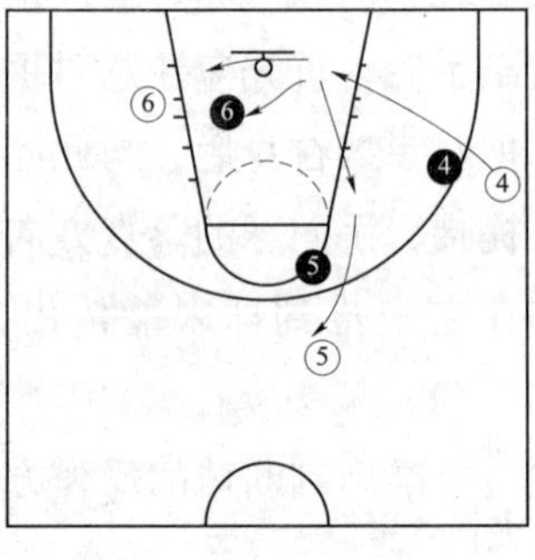

图 6－37 突分配合示意

（三）掩护配合

采用合理的行动，用自己的身体挡住同伴的防守者的移动路线，使同伴借以摆脱防守，或利用同伴的身体和位置使自己摆脱防守的一种配合方法。掩护配合有前掩护、侧掩护和后掩护 3 种形式。

1. 前掩护　掩护者站立在同伴的防守者身前所进行的掩护（图 6－38）：白④传球给白⑤后先向下压，然后突然绕到白⑤的身前，白⑤转身传球给白④并给白④做掩护，白④可根据防守者的情况及时投篮或突破。

2. 侧掩护　掩护者站在同伴的防守者侧面（稍偏后一些）进行的掩护叫侧掩护（图 6－39）：白⑤传球给白④后跑到黑④的侧后方做掩护，白④接球后先向左做突破假动作，然后突然从右侧贴着白⑤的身体运球突破上篮。白⑤掩护后转身切入篮下。当白④借助白⑤的掩护运球切入时，如遇到对方交换防守，白⑤就转身拉开，白④则及时传球给白⑤投篮。

3. 后掩护　掩护者跑到同伴防守的身后做掩护的一种配合（图 6－40）：白④传球给白⑥时，白⑤跑到罚球线右侧示意接球，实际是给白④去做后掩护，白④传球给白⑥后，先向左跨步移动，然后突然向右变向，利用白⑤的掩护切入篮下，接白⑥的球投篮。

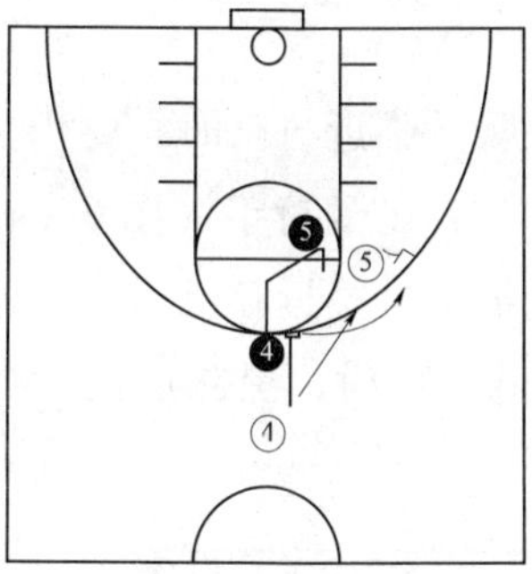

图 6－38　前掩护

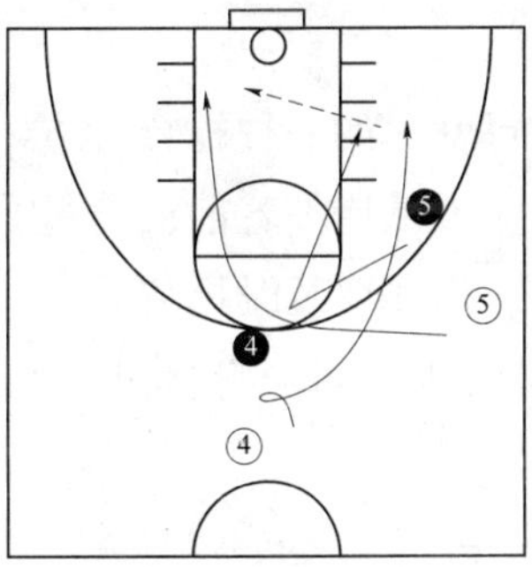

图 6－39　侧掩护

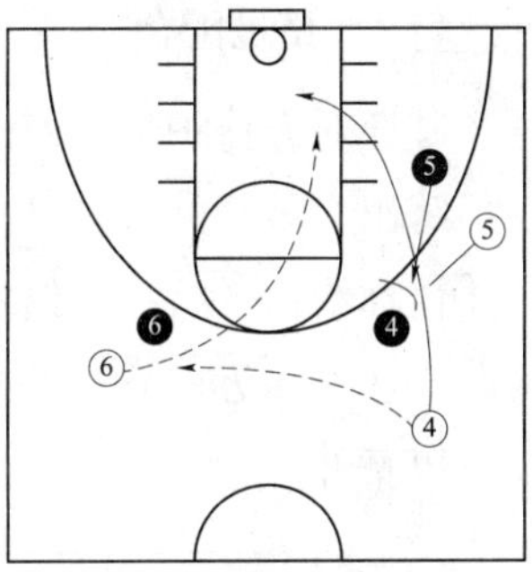

图 6－40　后掩护

（四）策应配合

处于内线的队员背对或侧对球篮接球，由他作为枢纽，与外线队员的空切相配合而形成的一种里应外合的方法。

二、防守战术

两三名防守队员为破坏对方的进攻进行配合，或当同伴防守出现困难时，及时互相协作行动的方法。

（一）关门配合

两个防守队员协同防守突破的配合方法。当进攻队员运球突破时，防守突破的队员向侧后方移动挡住其移动路线，临近突破一侧的防守队员，应及时快速地向突破队员的前进方向移动，与突破的队员靠拢，像两扇门一样关起来，堵住进攻者的前进路线，如图 6－41 所示。

（二）夹击配合

两个防守队员积极防守一个进攻队员的配合。它是一种积极主动、具有强烈攻击性的防守配合（图 6－42）：在黑④使白④向沿边线向中场运球过程中，黑⑤大胆地放弃白⑤，待白④球持球时立即与黑④击白④，其他员迅速补黑⑤的位置，准备断球。

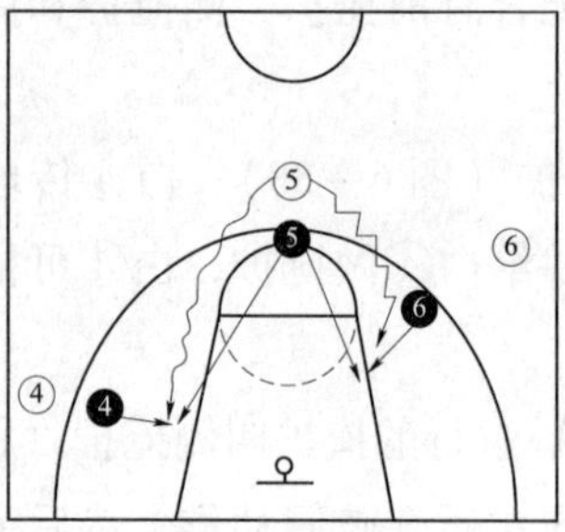

图6-41 关门配合

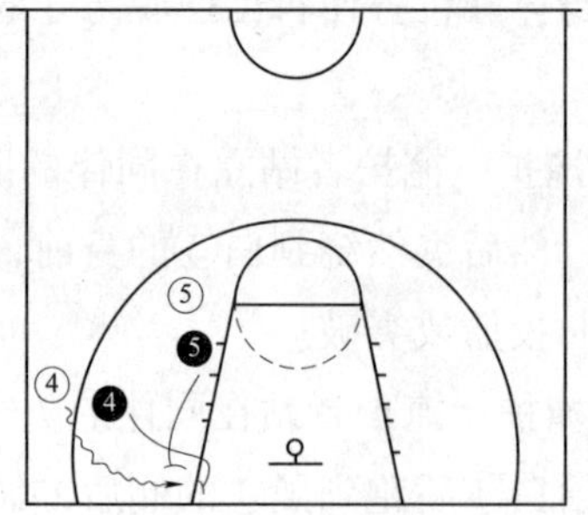

图6-42 夹击配合

（三）补防配合

防守队员当同伴出现漏防时立即放弃自己的对手，去补防那个威胁最大的进攻队员，而漏人的防守队员及时换防的一种协同防守配合方法（图6-43）。

（四）挤过配合

破坏对方掩护配合及时防守自己对手的一种配合。防守者在掩护队员临近自己时，要积极地向前跨出一步，贴近自己的防守对手，从掩护着前面挤过去，继续防住自己的对手（图6-44）：白④传球给白⑤后，去给白⑥掩护，黑④要及时提醒黑⑥，黑⑥在掩护队员接近自己时，迅速向前跨一步，靠近白⑥，并从白⑥与白④之间侧身挤过，继续防住白⑥，此时，黑④应向后撤一步，以备补防。

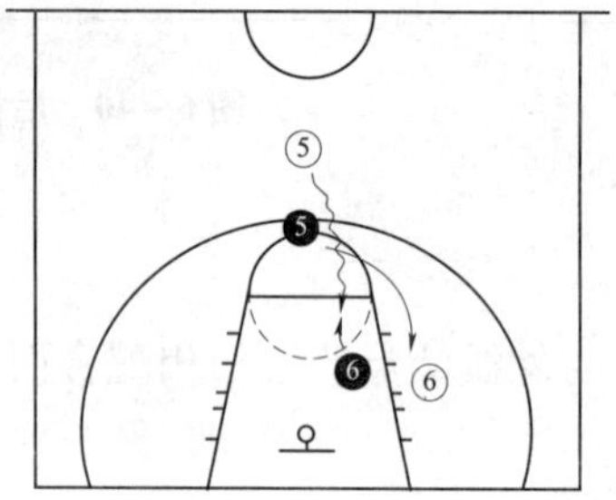

图6-43 补防配合

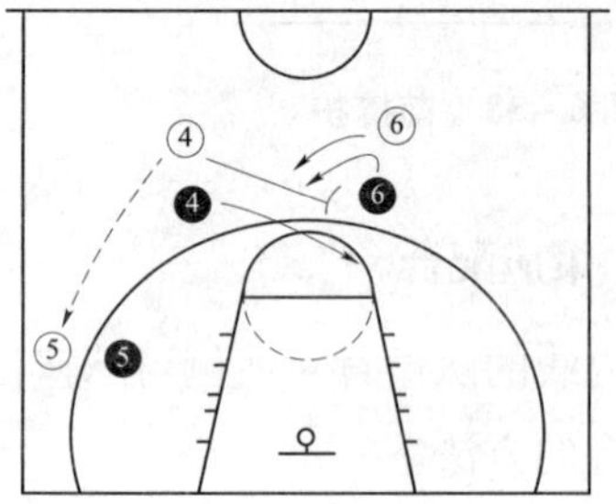

图6-44 挤过配合

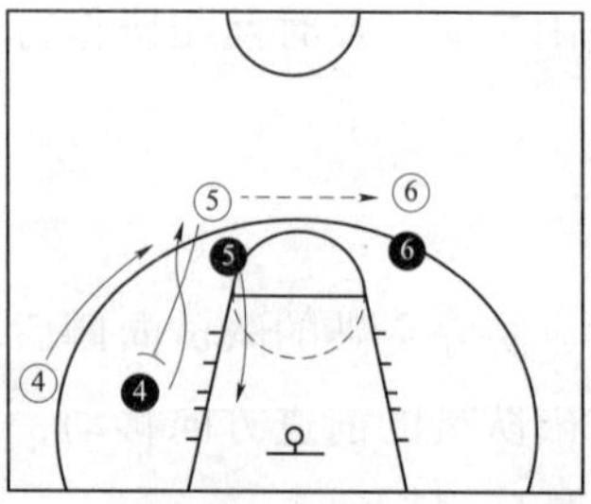

图6-45 穿过配合

（五）穿过配合

破坏对方掩护配合及时防守自己对手的一种配合。当进攻队员进行掩护时，防止做掩护的队员要及时提醒同伴并主动后撤一步，让同伴及时从自己和掩护队员之间穿过，以便继续防住各自的对手（图6-45）：白⑤传球给白⑥后去给白④做掩护，黑⑤要提醒同伴，并离白⑤远一点，当白⑤掩护到位前一刹那，黑④主动后撤一步，从白⑤和黑⑤中间穿过，继续防守白④。

（六）绕过配合

破坏对方掩护配合及时防守自己对手的一种配合。当进攻队员进行掩护时，防止做掩护的队员主动贴近对手，让同伴从自己的身旁绕道，继续防住各自的对手（图6-46）：白⑥传球给白⑤后，去给白⑤掩护，白⑤切入，黑⑤发现不便于挤过或穿过时，从黑⑥身后绕过，黑⑥要配合默契，主动贴近自己的对手，以便同伴顺利通过。

（七）交换配合

为了破坏进攻队员的掩护配合，防守队员之间彼此及时地相互呼应交换自己所防守的对手的一种方法，也称“轮防”战术，是一种可以弥补单纯盯人战术的不足的灵活战术手段（图6－47）：白⑤去给白④做掩护，黑⑤要主动发出信号，及时封堵白④向篮下突破的路线，此时黑④应及时调整自己的防守位置，防止白⑤向篮下空切。

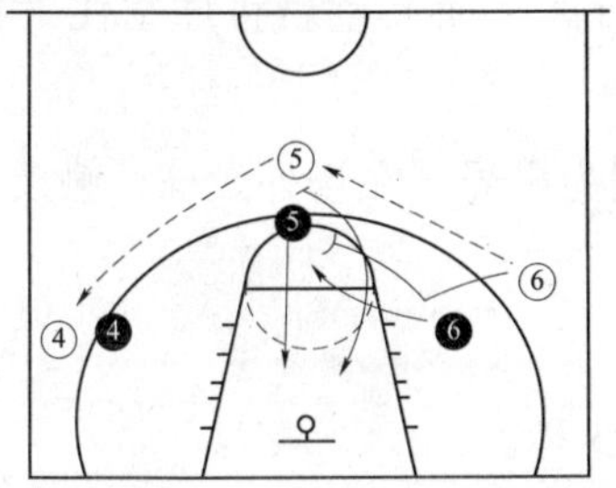

图6－46　绕过配合

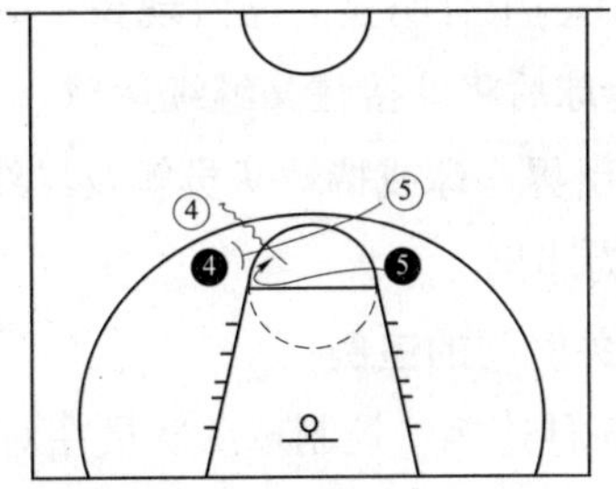

图6－47　交换配合

第四节　篮球竞赛规则

一、比赛方法

（一）篮球比赛

由两个队参加，每队出场5名队员。每队的目标是在对方球篮中得分，并阻止对方队得分。比赛由裁判员、记录台人员和技术代表（如果到场）管理。

（二）球篮

对方/本方被某队进攻的球篮是对方的球篮，由某队防守的球篮是本方的球篮。

（三）比赛的胜者

在比赛时间结束时，得分较多的队是比赛的胜者。

（四）比赛时间

每场比赛分为4小节，第1、2节和第3、4节分别为上、下两半时。每节比赛为10分钟。在预定的比赛开始前，应有20分钟的休息时间。第1、2节和第3、4节之间休息时间为2分钟。两个半时中间正常的休息时间为15分钟。在头3节的每节中，每队可准予1次要登记的暂停，第4节中准予2次要登记的暂停，每一决胜期准予1次要登记的暂停，每次1分钟。决胜期比赛时间为5分钟。

二、主要规则解析

（一）跳球（争球）

比赛开始，由双方各1名队员在中圈跳球。比赛中，双方队员抢球相持不下，或球由双方队员同时拍出界外，或球卡在篮圈与篮板之间，则执行交替拥有。

（二）违例

比赛场上队员出现以下情况时判违例，判由对方在违例地点附近边线外发界外球。

1. 带球走 带球队员移动，必须以一脚为中枢脚方能转身、跨步等。中枢脚不可离地，若要离地，必须在未离地前将球掷出，否则为带球走。

2. 两次运球 下面情况均为两次运球：①两手同时运球；②运球时手掌向下时有明显的翻腕动作或球在手中有明显的停留现象；③运球结束后，球自行离手而又重新将球拿住（视有意无意）；④运球后将球接住又继续运球。

3. 球出界 球或持球队员触及界线或界线以外的区域则为出界。在场外发球，触及界线及场内地面亦为违例。

4. 有关时间的违例

（1）3 秒违例 控制球队队员在对方限制区内停留超过 3 秒。

（2）5 秒违例 在罚球、掷界外球和持球队员被夹击时 5 秒内未将球掷出。

（3）8 秒违例 进攻队从后场控制球开始，未能在 8 秒内使球进入前场。

（4）24 秒违例 控制球队队员在 24 秒内未能投篮出手。

（三）犯规

1. 侵人犯规 与对方队员发生不合理的身体接触。

罚则：对投篮队员犯规判给 2 次罚球（3 分线外的投篮判罚 3 次）；若投篮命中有效，则追加罚球 1 次。对非投篮队员犯规，则判罚发界外球。

2. 故意犯规 队员不是为了抢球，而是故意和对方队员发生身体接触。

罚则：对不持球或持球没有投篮动作的队员犯规，判罚 2 次罚球后，由罚球一方队员在中场边线外发界外球；对投篮队员故意犯规，则投中有效，判罚球 1 次后，无论中与否，均由罚球一方在中场发界外球。

3. 双方犯规 双方队员同时相互犯规。

罚则：应给每一犯规队员登记 1 次侵人犯规；如犯规时有一方投篮命中，则投中有效，由对方在端线发界外球；如果某队控制了球或拥有球权，应将球判给该队在最靠近犯规的地点掷球人；如果任一队都没有控制球或拥有球权，则执行交替拥有。

4. 五次犯规 某队员全场各种犯规累计达 5 次。

罚则：自动退出比赛，不得再参加本场比赛，由其他队员替换。

5. 每节全队 4 次犯规 比赛的每节（决胜期作为下半时的继续）犯规达 4 次以后，每一次犯规均判罚球。

罚则：对不投篮的队员犯规，判 2 次罚球。对投篮队员犯规，则投中有效，并追加 1 次罚球。

6. 控制球队队员犯规 失去球权，由对方在就近的边线外发界外球。

7. 技术犯规 场上队员、场外教练员、替补队员等违反规则，不服从裁判，影响比赛顺利进行的犯规。

罚则：视情节轻重，可判罚为劝告、提醒、警告；判罚球 2 次后在中场边线外由对方发界外球，直至取消比赛资格。

8. 取消比赛资格的犯规 情节十分恶劣的侵人犯规（含教练员、替补队员严重技术犯规）。

罚则：令其退出比赛，并按故意犯规的罚则进行判罚。

（四）得分相等和决胜期

下半时结束如比分相等，应延长5分钟作为决胜期继续比赛。必要时可用几个决胜期，直至分出胜负为止。在所有的决胜期中，球队应朝向第4节中相同的球篮继续比赛。每次决胜期前，有2分钟休息时间。决胜期允许有1次暂停。另外，决胜期应被看作下半时比赛的继续，或者是下半时的延时。所有决胜期间发生的犯规，都应累加在第4节全队犯规栏内和个人犯规栏内。

本章小结

本章节讲述了篮球运动的起源、发展历程，介绍了篮球运动的竞赛规则，重点讲解了篮球运动的基本技术和基本战术。详细介绍了篮球基本技战术的基本概念、具体内容及动作关键。有利于学生更好地了解及掌握篮球运动技能，提高观看篮球比赛的能力。

思考题

1. 简述篮球运动的起源与发展。
2. 简述篮球运动的基本概念。结合自身体会谈谈影响篮球技术发展的因素。
3. 篮球移动技术和传接球技术各有哪些？如何练习才能更快地提高？
4. 投篮技术以及运球技术各有哪些？如何练习才能更快地提高？

（谭明雅）

PPT

拓展阅读

第七章　排　球

学习目标

知识目标

1. 掌握排球运动的基本技术、战术动作概念和要领。
2. 熟悉排球运动的基本竞赛规则。
3. 了解排球运动的起源与发展历程。

技能目标

1. 学会排球基本技术、重难点，以及战术的运用。
2. 能够运用排球基本竞赛规则进行比赛。

第一节　排球概述

一、排球的起源和发展

（一）起源

排球运动诞生于1895年，创始人是威廉·G·摩根，美国马萨诸塞州霍利沃克城基督教青年会干事。1895年，摩根在辅导一个由商人组成的班级时，渐渐萌生了一个大胆的想法：创造一种能结合篮球、棒球、网球以及手球的游戏，而这种游戏又必须避免像篮球那样的肢体接触。

为此，摩根在青年会的体育馆中进行了试验。他在篮球场上架起了网球网（高约1.98米），以篮球胆为球，让人们像打网球一样用手隔网来回托传球，与网球的不同之处是球不能落地，球在哪一方落地一次就算哪一方失败一次。

由于篮球胆太轻，在空中飘忽不定，玩起来很不方便，摩根尝试将篮球胆换成了篮球。但篮球又过于沉重，飞行速度太慢且很难用手将其隔网击打。最后，该市的司堡尔丁体育用品公司试做了圆周63.5～68.8厘米，重量9～12盎司（255～346克），外表为皮制，内装橡皮球胆的球。经试验，此球效果非常理想，于是就决定采用这种球——这就是第一代排球，其规格与现代国际比赛用球已经非常接近，而排球这项运动也正式诞生了。

1896年，摩根制定了世界上第一个排球竞赛规则，发表在当年7月出版的美国《体育》杂志上。同年，春田专科学校举行了首次排球表演赛，这也是世界上最早的排球赛。赛后，春田市立学院的霍尔斯特德教授根据球要在空中飞行、不能落地的特点，将其改名为“volleyball”（意为“空中连续击球”）。这一名称一直沿用至今。

最初的排球运动只是一种消遣游戏，比赛人数的多少、比分的多少都由比赛双方临时协商决定。

（二）传播

排球问世后，由美国的教会、传教士和驻外军官、士兵传播到了世界各地。由于排球在问世之初就没有严格的上场人数限制，加之传入的时间不同，世界各地排球运动的形式也不尽相同。

由于地理位置的原因，排球最先传入美洲，1900 年首先传入加拿大，1905 年传入古巴，1912 年传入乌拉圭，1914 年传入墨西哥。传入美洲的大多是六人制排球形式。

排球传入亚洲也比较早，1900 年首先传入印度，1905 年起先后传入中国、日本、菲律宾等国。因为所采用的规则不同，亚洲排球经历了 16 人制→12 人制→9 人制→6 人制的演变过程。

排球问世后，由美国的教会、传教士和驻外军官、士兵传播到了世界各地。由于排球在问世之初就没有严格的上场人数限制，加之传入的时间不同，世界各地排球运动的形式也不尽相同。

由于地理位置的原因，排球最先传入美洲，1900 年首先传入加拿大，1905 年传入古巴，1912 年传入乌拉圭，1914 年传入墨西哥。传入美洲的大多是六人制排球形式。

排球传入亚洲也比较早，1900 年首先传入印度，1905 年起先后传入中国、日本、菲律宾等国。因为所采用的规则不同，亚洲排球经历了 16 人制→12 人制→9 人制→6 人制的演变过程。

（三）发展

世界排球运动的发展主要可分为三个阶段：娱乐排球、竞技排球和现代排球。

1. 娱乐排球（1895 ~ 1936 年） 排球本就是为娱乐休闲而创造的，因此排球从诞生之初就被大众认可为一项娱乐性较强的游戏。人们进行排球运动，是以休闲、健身为主要目的。

但游戏也需要有规范，从 1896 年摩根制定第一个排球规则开始，排球的各项规则开始逐步建立；1900 年采用 21 分制；1912 年采用运动员轮换制和三局两胜制；1915 年采用 15 分制。尤其是 1921 ~ 1938 年间，因排球技术水平的提高和技术手段的多样化，规则进行了一系列的修改和完善，除划定了比赛场地外，技术动作被归类为发球、传球、扣球和拦网，场上队员也有了明确的位置分工。此外，1924 年单独制定了为妇女参赛的女子比赛规则。

1936 年柏林奥运会期间，第一个国际排球组织——排球技术委员会成立，旨在促进国际排球比赛和交流。但由于第二次世界大战的爆发，委员会还未正式开展工作就宣布解散。

2. 竞技排球（1947 ~ 1980 年） 第二次世界大战期间，世界排球运动一度停滞不前。直到 1947 年 7 月，在法国、前捷克斯洛伐克和波兰三国的倡议下，国际排球联合会（FIVB）在巴黎召开成立大会，制定了国际排联宪章，成立了技术委员会、竞赛委员会和裁判委员会，正式出版了通用国际排球竞赛规则，并选举法国人保尔·黎伯为第一任主席。从此，排球运动从娱乐阶段进入了竞技阶段。

1964 年，排球成为奥运会正式比赛项目，出现在了第 18 届东京奥运会的赛场上。竞技时代的全面到来，也掀起了世界排坛诸强争霸和各大技术流派竞相绽放的潮流。

20 世纪 60 年代中期到 70 年代末，世界排坛出现了“百花齐放，百家争鸣”的局面，日本女排学习了中国的“近体快”“平拉开”等快攻技术，创造了“短平快”“时间差”“位置差”等打法，成为“速度派”；苏联队保持了“力量派”的特点并加以改进；前捷克斯洛伐克队仍是“技巧派”的先锋；前民主德国队则以高大队员的“超手扣球”和高成功率著称，被称为“高度派”。

3. 现代排球（1980 年至今） 20 世纪 80 年代开始，世界排球进入了现代排球阶段。它包括全攻全守排球，社会化、商业化、职业化排球和“人排球”二个内涵。

进入 20 世纪 80 年代，各种技战术流派间的交流融合频繁，打法创新的步伐也在加快，凭一技之长就能一统排坛的时光已全然不在。于是，一场新的排球革命——全攻全守排球悄然开始。

全攻全守排球以中国女排和美国男排为标志，强调技战术的高快结合、前后结合，形成全面型进攻的打法。

20 世纪 80 年代初，中国女排在主教练袁伟民的带领下，形成了攻防全面、战术多变，以高制亚洲、以快制欧洲的技战术打法，1981 ~ 1986 年，创造了举世瞩目的"五连冠"伟业。美国男排则大胆运用跳发球技术和后攻技术，设计了立体进攻战术，也获得了"四连霸"的傲人战绩。

1984 年，墨西哥人阿科斯塔当选为国际排联主席。上任伊始他就郑重宣布，他的目标是把排球发展成世界上最受欢迎的运动项目之一。

如今，国际排联已拥有 200 多个会员国，是世界上最大的单项体育协会之一。为了更好地在全世界范围内扩大排球运动的影响，国际排联已开始有计划、有目的地开展和推广各种形式的排球运动，如沙滩排球、软式排球、学校排球、迷你排球、雪地排球等，其中沙滩排球的发展已经具有相当的规模，不仅拥有自己的管理机构——国际排联沙滩排球委员会，又创办了规范的世界沙滩排球锦标赛和职业巡回赛，还自 1996 年亚特兰大奥运会开始，成功成为奥运会正式比赛项目。

竞技排球与娱乐排球并存，高水平职业排球与群众排球共举，这就是"大排球"的概念。

二、排球的特点

1. 广泛的群众性 排球场地要求限制小，设备简单，比赛规则容易理解掌握。不但可以在球场上比赛，也可以在一般空地上活动，运动量可大可小，适合于不同年龄、不同性别、不同体质以及不同训练程度的人。

2. 技术的全面性 因为排球规则规定，每个队员都要进行位置轮转，既要到前排扣球与拦网，又要轮到后排防守与接应。因为每个队员都会轮到不同的位置，所以要求队员技术要全面。

3. 高度的技巧性 因为排球规则规定，比赛中球不能落地，不得持球、连击。击球时间的短暂，击球空间的多变，决定了排球的高度技巧性。

4. 激烈的对抗性 排球比赛中，双方的攻防转换始终是在激烈的对抗中进行的。高水平比赛中，对抗的焦点在网上的扣拦上。在一场比赛中，夺取 1 分往往需要经过多个回合的交锋。水平越高的比赛，对抗争夺也越激烈。

5. 攻防技术的两重性 排球是多种技术都可得分也能失分的项目，这种情况在决胜局比赛中更加突出，所以说每项技术都具有攻防的两重性。因此，要求技术既要有攻击性，又要有准确性。

6. 严密的集体性 排球比赛是集体比赛项目，除发球外，都是在集体配合中进行的。没有严密的集体配合，再好的个人技术也难以发挥，更无法发挥战术的作用。水平越高的队，集体配合就越严密。在比赛中更加考验的是集体默契配合的程度。

知识拓展

女排精神

女排精神是对中国女子排球队勤学苦练、稳扎稳打、无所畏惧、顽强拼搏、同甘共苦、团结战斗、刻苦钻研、勇攀高峰的总概括。她们在世界排球赛中，凭着顽强战斗、勇敢拼搏的精神，五次蝉联世界冠军，为国争光，为人民建功。

这种精神，给予中国人民巨大的鼓舞，不仅成为体育领域的品牌意志，更被强烈地升华为民族面貌的代名词，演化成社会文化的精神旗帜。

第二节　排球的基本技术

排球的基本技术，是指在排球规则允许的条件下，运动员采用的各种合理的击球动作和为完成击球动作所必不可少的与其他配合动作的总称。合理的击球动作指各种直接接触球的动作，如发球、垫球、传球、扣球、拦网等技术，这5项基本击球动作又称有球技术；而各种准备姿势、移动、助跑、起跳、倒地等没有直接接触球的配合动作，又称无球技术。

一、准备姿势和移动技术

准备姿势和移动是排球是最基本的技术，是完成发球、垫球、扣球和拦网等各项击球技术的前提和基础。

在起动、移动和击球前所采用的合理的身体动作或姿势，称为准备姿势（图7-1），其目的既是为了迅速起动和快速移动，同时也是为了及时助跑、起跳、倒地等完成各种击球动作，保证各项技术动作的规范化，提高技术动作的质量。

从起动到制动之间的位移动作称为移动，完整的移动过程包括起动、移动和制动三个环节。移动的目的是及时接近球，保持好人与球的位置关系以便击球，也是为了迅速占据场上的有利位置。

图7-1　准备姿势

（一）准备姿势

1. 稍蹲　两脚左右开立与肩同宽，一脚在前，两膝微曲，身体重心位于两脚之间，并稍靠近前脚，后脚跟稍提起，上体稍前倾，两臂放松，自然弯曲置于腹前。两眼注视球并兼顾场上各种情况，两脚保持微动状态（图7-2）。

一般用于对方正在组织进攻，或球虽在本方但离自己较远不需要及时移动击球时，以及在进行二传、扣球和接速度较慢弧度较高的发球、处理球时。

2. 半蹲　两脚开立略比肩宽，两膝弯曲，脚跟自然提起，上体前倾，重心靠前，膝部的垂直线应在脚尖前面，两臂放松，自然弯曲置于腹前，两眼平视，注意来球，两脚始终保持微动（图7-3）。

半蹲准备姿势是排球比赛中最基本的准备姿势，在接发球时运用最多，在传球、拦网时也常用。同时也是为短距离移动和防守较低来球做准备。

3. 低蹲　身体重心比半蹲姿势更低、更靠前，两脚左右、前后的距离更宽一些，膝部弯曲的程度大于半蹲准备姿势，身体重心要更靠前，肩部垂直线过膝，膝部垂直线超过脚尖，两手臂置于胸腹之间（图7-4）。

主要用于后排防守（接扣球）与前场保护（接拦回球），以及接低远的球和衔接各种倒地动作的接球，以扩大防守范围。

图7-2　稍蹲姿势

图7-3　半蹲姿势

图7-4　低蹲姿势

（二）移动

1. 并步　两脚前后站立与肩同宽，两膝微屈，上体稍前倾，两手自然放松置于腰腹，并步时，前脚向来球方向跨出一步，后脚迅速蹬地跟上，并做好击球前的姿势。并步的特点是容易保持身体平衡，便于做击球动作。并步可向前、后、左、右各方向移动。

主要用于近距离的移动，如传球、垫球、拦网等技术。同时，经常与跨步或其他倒地击球技术结合使用。

2. 滑步　两脚平行站立，向左滑步时左脚先向左侧迈出一步，右脚同时迅速跟上做滑步动作，连续做并步即滑步。

宜在短距离移动中运用，通常在来球距离体侧稍远，并步不能接近球时可采用滑步移动接球。

3. 交叉步　两脚左右开立。向右侧交叉步移动时上体稍向右转，左脚从右脚前向右交叉迈出一步，然后右脚再向右侧方向跨出一大步，同时重心移动至右脚，身体转向来球方向，保持击球前的姿势。

交叉步主要用于体侧2~3米的来球，或二传手和拦网者在网前移动及防守两侧来球时运用。

4. 跨步　跨步前膝部弯曲，上体前倾，身体重心移至跨出脚上。跨步时，一脚用力蹬地，另一脚向来球方向跨出一大步，后退随重心前移自然跟上，两臂做好迎球动作。

跨步移动可以单独使用，也可与滑步、交叉步、跑步的最后一步结合运用。当来球低、速度快、距离身体1米左右时运用较多。

5. 跑步　跑步时一脚蹬地起动，另一脚迅速向前跟上，两脚交替进行，两臂配合摆动，不要过早做击球动作的准备，以免影响跑步速度。球在侧方或后方时，应边转身观察球边跑。

跑步时移动经常与交叉步、跨步等结合起来运用。例如，向侧跑步时，常采用交叉步转身的方法来起动；在接近球时，又常用跨步、倒地和各种跳跃动作来制动使之完成击球动作。

6. 综合步　两种移动步法综合运用称为综合移动步伐。例如，跑步移动后接侧滑步，滑步移动后接交叉或跨步移动等。综合步移动法可根据实际需要和具体情况恰当运用。

主要用于身体离球较远，用一种步法不便于完成击球动作时常用综合步。

二、垫球

垫球是指用双手或单手小臂的前部的坚硬部位将球击出的技术动作。主要用于接发球、扣球、拦回球及接各种低球，是比赛中争取少失分多得分，由被动转为主动的主要技术。垫球技术分为正面垫球、侧面垫球、背垫、挡球、滚翻垫球、前扑垫球、侧倒垫球、鱼跃垫球等。

（一）正面双手垫球

运动员用双手在腹前将球垫起的动作方法，它是最基本的垫球方法，是各项垫球技术的基础，适合于接各种发球、扣球和拦回球，有时也用于垫二传。正面双手垫球在垫轻球、垫中等力量球和垫重球时，起动作方法是有区别的。

1. 准备姿势　两脚左右开立略比肩宽，脚尖内扣稍屈膝，蹬趾抠地脚跟提起，身体重心着力点在前脚掌指跟部，上体前倾，肩部放松，两臂自然弯曲置于腹前，手心相对，手指自然张开，两眼注视来球，两脚保持“静中待动”的状态（图 7－5）。

图 7－5　正面双手垫球

2. 击球手形　抱拳式、叠掌式或互靠式（图 7－6）。

（1）抱拳式　两手抱拳互握，两拇指平行向前，两掌跟和小臂外旋紧靠，手腕下压，使前臂形成一个垫击平面。

（2）叠掌式　两手掌掌跟相靠，两手手指重叠，手掌交握，两拇指平行向前，手腕下压，两手前部外翻成一个平面。

（3）互靠式　两手腕紧靠，两手自然放松，手腕下压，两臂外翻，前臂形成一个垫击平面。

上述三种垫球手形中，普遍常用的是叠掌式和抱拳式。它们适用范围广，便于初学者掌握，在接发球、接扣球以及接一般球时都可采用。

3. 击球和击球点　当球飞至腹前一臂距离时，两臂夹紧前伸，插到球下，用前臂腕关节以上 10 厘米左右桡骨内侧平面触球为宜（图 7－7）。

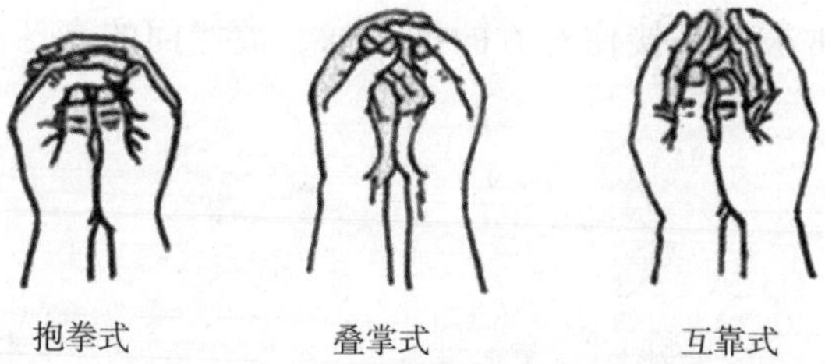

抱拳式　　叠掌式　　互靠式

图 7－6　常用的垫球手型

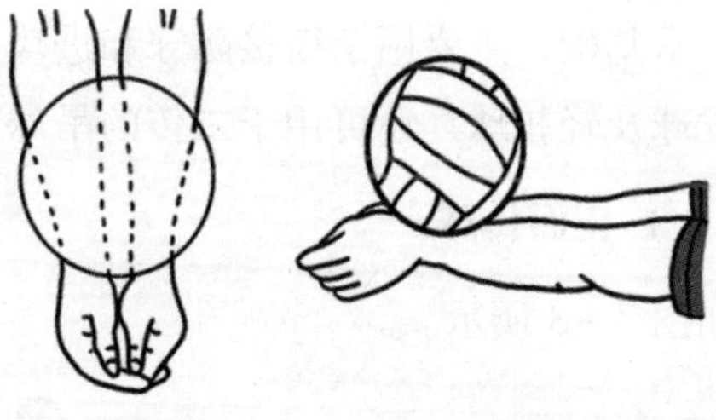

图 7－7　击球和击球点

4. 击球用力

（1）来球力量小，速度慢，击球主要靠手臂上抬力量，以增加球的反弹速度，同时配合蹬地，使重心向前上方移动。

（2）来球有一定力量，手臂迎击球动作的速度要慢，手臂要适当放松，主要靠来球本身的反弹力将球垫起。击球时，要运用蹬地、跟腰、提肩压腕、向前抬臂的动作击球的后下部。

（3）垫重球，采用半蹲或低蹲的准备姿势，两臂放松置于腹前。击球用力时，由于来球速度快，力量大，触球后球体自身的反弹力也大。因此不但不能主动用力迎击来球，还应采用收腹含胸的动作，帮助手臂随球后撤并适当放松肌肉，来缓冲来球力量。同时，用手臂和手腕动作来控制垫球的方向和角度。击球的手形和部位，应根据来球的情况而做变动。当击球点稍高并靠近身体时，仍可用前臂垫球；但击球点低而距离身体较远时，就要用屈肘翘腕的动作把球垫在手腕部位的虎口处。

（二）侧面双手垫球

一般在身体来不及移动到最佳位置时使用，也可用于接追胸球。

以右侧垫球为例。左脚前脚掌内侧蹬地，右脚跨出一大步，重心右移，两臂夹紧向右伸出，左肩微向下倾斜。利用向左转腰、提右肩和左肩向下倾斜的动作，配合两臂自右后方，向前截住球飞行的路线，用两臂垫球的后下部。收臂动作要小，主要靠身体蹬转的力量来控制球，切忌随球摆臂。

（三）背垫球

远距离救球时宜采用背垫球。

准确判断来球方向，移动到落点时，背对击球方向，两臂靠拢伸直，插到球下，击球点高于肩部。击球时，蹬腿抬头挺胸，展腹后仰，直臂向后上方抬起。

（四）单手垫球

一般用于来球较远，来不及双手垫球的情况。

移动后，向来球方向跨出一大步，重心倾斜向跨出腿，同侧手臂伸出，垫击球的合适部位。

（五）挡球

当来球较高、力量较大、不便于利用传球时，可采用挡球。

挡球时，前臂放松，两肘朝前，手腕后仰以掌外侧和掌根组成的平面挡击球的下部，击球时，手腕用力要适度，击球点在额前或两侧肩上。

三、传球

利用全身协调力量并通过手指手腕的弹力，将球传至移动目标的击球动作称为传球。传球是组织战术基础，主要用于衔接防守和进攻，它也常常被用来接住对方的推攻球、被拦回的高球和接轻发球及轻扣球，还可用于二传的吊球和处理球。

（一）正面传球

如图 7－8 所示。

图 7－8　正面传球

1. 准备姿势与迎球　采用稍蹲姿势，上体稍抬起，但身体重心不后移，仰头看球，双手自然抬起，屈肘，放松置于脸前。来球接近额头时，开始蹬地、伸膝、伸臂，两手微张从脸前向前上方迎球，全身各部位动作应协调一致。

2. 传球手形 两手张开斜相对，手指微屈成半球状，拇指相对成“八”字形，根据传球的具体要求从两肘向内、外收展来调整手形。

3. 击球点 向前传球，在额前上方约一球距离处；向后传球，手臂比向前传球时偏后。

4. 手形 手触球时，十指应自然张开使两手成半球状，手腕稍后仰，以拇指内侧，示指全部，中指的二、三指节触球的后下部，无名指和小指在球两侧辅助控制球的方向。两拇指相对近“一”字形（图7－9）。

图7－9 传球手形

5. 传球用力

（1）向前传球时，是用蹬地伸膝向上展体和伸臂的顺序来协调手臂传球动作，迎球伸臂由拇指、示指、中指负担球下落的力量，无名指和小指帮助控制球。手触球的一刹那，手指和手腕应保持一定的紧张程度，用手指的弹力和手腕、手臂与身体伸展的协调力量将球传出。

（2）向后传球时，靠蹬腿、展腹、抬臂、伸时动作，通过指腕弹力把球向后上方传出，手腕要始终保持后仰，大拇指应多发力。

（二）背传

将球向自己的后方传出。背传的一个重要特点就是隐蔽性强，同时对于救场外球也用得到。

背传时，击球点应保持在额上方。上体比正面传球时稍直立；身体重心稳定在两脚之间；触球时，手腕适当后仰，掌心向上，击球的下部，手形基本与正面传球相同，背传时拇指应托住球底，身体直立，利用蹬地、展腹、抬臂、向后翻腕以及手指弹拨的力量将球传出。

四、发球

队员在发球区用一只手将自己抛起的球直接击入对区的技术动作称为发球。常见的初学者较容易掌握的发球技术有侧面下手发球、正面下手发球和正面上手发球。

（一）侧面下手发球

动作较简单，容易掌握，可借助转体力量来击球，便于用力，适合女子初学者。发球失误少，但攻击性不强（以右手为例，图7－10）。

图7－10 侧面下手发球

1. 准备姿势 左肩对网，两脚左右开立，约与肩同宽，两膝微屈，上体稍前倾，重心落在两脚之间，左手持球置于腹前。

2. 抛球 左手将球平稳上抛于胸前，距身体约一臂远，球离手高度约一个半球。抛球同时，右臂摆至右侧后下方。

3. 挥臂 利用右脚蹬地向左转体的力量，带动右臂向前上方摆动。

4. 击球 在腹前用全掌、虎口或掌跟击球后下方。击球后，身体转向球网，并顺势进场。

5. 技术要领

（1）利用蹬地转体动作带动手臂挥摆，可增加发球的力量，击球手臂应由体侧右下方向斜前上方会动。

（2）击球点不应超过肩的高度，并注意控制击球出手的角度和路线，球出手时仰角大，球飞行就高，仰角太小，则不易过网。

（二）正面下手发球

动作简单，容易掌握，准确性大，适合初学者。初学者学会这种技术后，有利于进行接发球练习和教学比赛时使用（以右手为例，图 7－11）。

图 7－11 正面下手发球

1. 准备姿势 面对球网，两脚自然开立，左脚在前，两膝微屈上体稍前倾，重心在两腿之间，左手持球于腹前。

2. 抛球 左手将球在体前右侧轻轻抛起，离手约一球距离，在抛球前右臂伸直，以肩为轴向后摆动。

3. 挥臂 右脚蹬地，身体重心随后臂以肩为轴向前摆动而移至前脚。

4. 击球 右脚蹬地，身体重心随右臂由后向前摆动而前移，在腹前以全手掌击球后下部。击球后，随击球动作重心前移，迅速进场比赛。

5. 技术要领

（1）击球手臂应以肩为轴向后摆起，再以肩为轴直臂向前摆动，在击球前手臂不应有屈肘动作，这样有利于加快挥臂速度和控制击球出手角度和路线并加强准确性和攻击性。

（2）手触球时，手指、手腕要紧张，手成勺形，以掌跟部位击球。

（三）正面上手发球

1. 准备姿势 面对球网，两脚自然开立。左脚在前，左手托球于身前。

2. 抛球与引臂 左手将球平稳地抛于右肩的前上方，高度适中，同时右臂抬起，屈肘后引，肘与肩平，上体稍向右侧转动，抬头、挺胸、展腹、手掌自然张开（以右手为例，图 7－12）。

3. 挥臂 在左手抛球的同时，右臂抬起曲肘后引，与肩平，手掌自然张开，同时抬头、挺胸、展腹，身体重心移向左脚，然后蹬地，上体向左转动，同时收腹带动手臂挥动做鞭甩动作，以腰带肩，肩带动前臂，前臂带动手腕（以右手为例，图 7－12）。

4. 击球 右肩上方手臂伸直的最高点以全手掌击球，各手指自然张开吻合球，手腕有迅速主动地推压使球上旋飞行（图 7－13）。击球部位在球的后中下部，击球后人体随重心前移，迅速进场。

图 7－12 发球

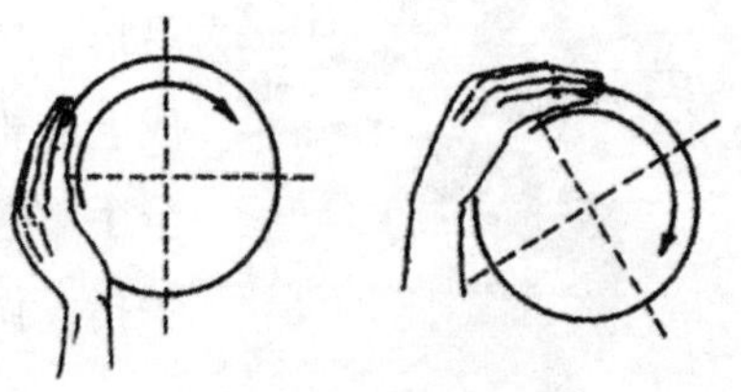

图 7－13 发球击球部位

5. 技术要领 准备姿势应左脚在前，这样便于引臂和身体自然右转。发球的取位应根据对方接发球布阵情况和攻击目标及发球队员自身的特点选定。

抛球应以手臂上抬、手掌平托上送的动作将球抛在身前 30 厘米处，球离手约 1 米高度为宜。球一定要平稳上抛，不要屈腕，以免球体旋转和偏离上抛垂直线，造成击球不准。右臂后引时，应有屈肘上抬的动作，要充分拉长胸腹和肩关节前侧的肌肉，便于增加工作距离和击球力量。

击球时，前臂和手腕动作要稳定，不要左右旋转。手腕推压动作的大小，应根据击球点的位置进行调整，击球点高或离身体近时，手腕向前推压的动作要稍大；击球偏前或较低时，手腕向前推压动作要稍小，以免击球出界或入网。

五、扣球

扣球（以正面右手扣球为例）是排球的基本技术之一，也是排球比赛中最积极、最有效的得分手段，是完成全队战术配合的最后一击（图 7－14）。扣球的攻击性主要是由于它具有击球点高、速度快、力量大、变化多的特点，可以扣出各种不同特点、不同时间、不同角度、不同弱点的变化球，使扣球更具进攻威力。

正面扣球是扣球技术中最基本的一种方法。由于面对球网，便于观察，准确性较高。加之正面扣球挥臂动作灵活，能更具对方防守情况，随时改变扣球的路线和力量，控制落点，因而进攻效果较好。初学者必须掌握好正面扣一般球后，再学习其他扣球技术。

图 7－14 扣球

（一）助跑起跳

根据人与球网的距离不同，可用两步、三步或多步助跑，但最后要选择好起跳点和起跳时机，起跳一般采用两步或三步助跑。第一步是决定助跑方向，第二步是起到调节的作用，以选择良好的起跳和击球点，所以当右脚跨出一大步时，左脚应迅速跟上，两脚着地时两膝弯曲，两臂由体后向前上方挥摆，两脚用力蹬地起跳。

图 7－15　空中击球

（二）空中击球

起跳后挺胸展腹，上体稍向右转，左臂向后上方抬起，身体成反弓形。挥臂时以迅速转体收腹动作发力，依次带动肩、肘、腕各关节成上肢鞭打向前上方挥动，击球时五指微张成勺形，并保持紧张，以全手掌包满球，击球的后中部。以掌心为击球中心同时主动屈手腕和手指，做推压动作，使扣出的球加速上旋（图 7－15）。

（三）落地

落地时前脚掌先着地再过渡到全脚掌着地，同时顺势屈膝，收腹以缓冲下落力量，并立即做好下一个动作的准备。

六、拦网

靠近球网的球员，将手伸向高于球网处阻挡对方来球，并触及球，称为拦网（图 7－16）。拦网是防守的第一道防线，是得分的重要手段，拦网水平的高低直接影响着比赛的胜负。

图 7－16　拦网

（一）单人拦网

1. 准备姿势　队员面对球网站立，两脚左右分开与肩宽，两膝微屈，两臂自然弯曲置于胸前。密切注视对方进攻队员和球的方位，随时准备移动和起跳。

2. 移动与起跳　根据对方传球和扣球的方向迅速跟随用并步或交叉步沿网平行移动，常用的步法有并步、交叉步、跑步等。无论采用哪种移动步法，都要做好制动动作，以保证向上起跳，避免触网和冲撞同队队员。拦网起跳时时间一般比扣球者稍晚一点，移动后的起跳，要注意制动并使移动与起跳动作紧密衔接。

3. 空中动作　起跳时两手从额前贴近并平行球网向网上沿的前上方伸出，两臂伸直，两肩尽量上提，前臂靠近网，两臂保持平行。拦网时，在空中含胸稍收腹，双眼密切注意对方扣球的位置和动作。两臂尽量过网伸向对方上空，两手接近球，两手自然张开，稍屈指，腕成勺形。在击球瞬间，两手要突然紧张，手腕用力下压拦击来球。

4. 落地 落地时应含胸收腹。如已将球拦回，则可面对对方，以双脚前脚掌着地屈膝缓冲；如未拦回球，则下落时要随球转头转体，立即准备做好下一动作。

（二）集体拦网

两人或三人的协同拦网称作集体拦网，目的在于扩大拦网面积，多数为双人拦网。拦对方4号位或2号位的扣球时，本方2号位或4号位先取位，拦直线或中斜线，3号位迅速移动过来拦中斜线或小斜线。拦对方3号位的扣球时，本方3号位先取位2号位或4号位积极配合拦网。集体拦网队员间的距离、两人相邻手距要保持好，应尽量组成统一屏障。

第三节 排球的基本战术

排球战术是指运动员在比赛中，根据排球竞赛规则和排球运动规律、比赛双方的具体情况和临场变化，合理运用个人技术及集体配合所采用的有意识、有组织的行动。

一、阵容配备

阵容配备是参赛队根据比赛的任务、本队战术组织的特点及队员的具体情况，有针对性地、合理地安排出场队员及位置分工，充分调配力量，科学地组合人员的筹划过程。其目的在于把全队的力量有效地组织起来，扬长避短，最大限度地发挥每一名队员的特长和作用。

（一）"三三"配备

由3名进攻队员和3名二传队员组成。站位时，1名进攻队员间隔1名二传队员。一般适用于初学者和水平较低的球队（图7－17）。

（二）"四二"配备

由4名进攻队员和2名二传队员组成。4名进攻队员中有2名是主攻队员，2名是副攻队员。他们都站在对角位置上。这种配备方法主要在初学和一般水平队中采用较多（图7－18）。

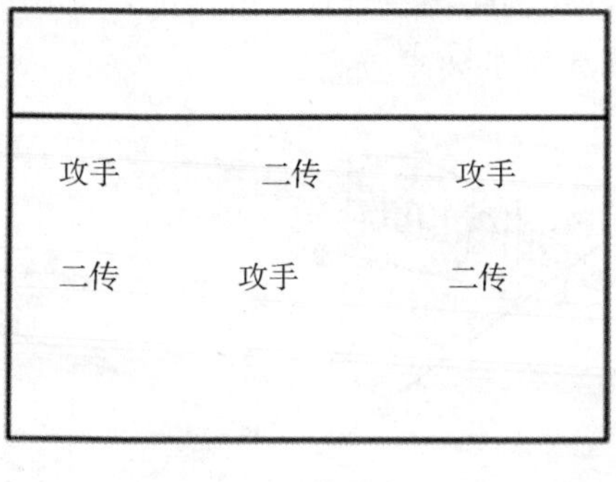

图7－17 "三三"配备

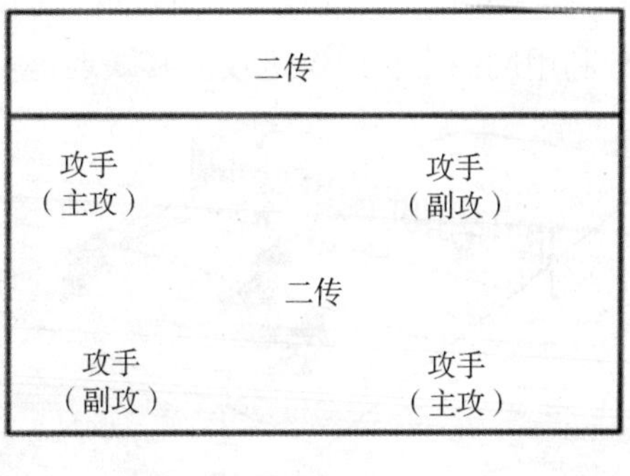

图7－18 "四二"配备

1. 优点 每一个轮次前后排都能保持有1名二传队员和2名进攻队员，便于组织和发挥本队的进攻力量。如果2名二传队员都具有进攻力量的话，每一个轮次都可以插上，组成三点进攻，大大加强了进攻威力。

2. 缺点 每一名进攻队员必须熟悉2名二传队员的传球特点，配合比较困难。一个队要培养出两名高水平的二传队员比较困难，而且又要求他们具有进攻能力就更不容易。

（三）“五一”配备

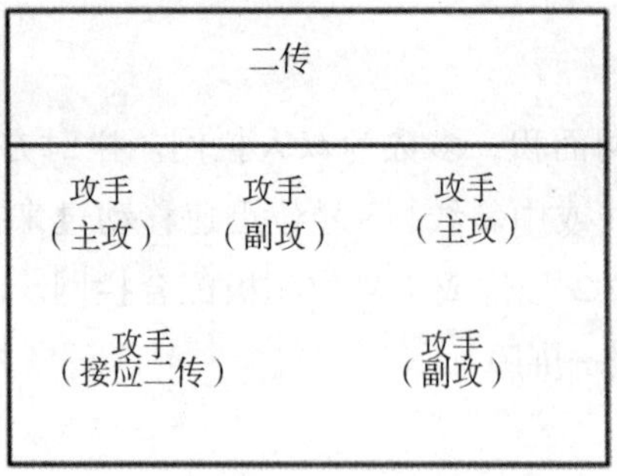

图 7－19　“五一”配备

由 5 名进攻队员和 1 名二传队员组成。其目的是加强进攻的拦网的力量。为了弥补在主要二传队员来不及传球时所出现的被动局面，可以在二传队员的位置上，配备 1 名有进攻能力的接应二传队员。这种配备方法目前在水平较高的队中被普遍采用（图 7－19）。

1. 优点　一名二传队员容易培养。当二传队员轮转到后地，前排有 3 名进攻队员，可以加强进攻和拦网的力量。全队进攻队员只需适应 1 名二传队员传球的特点、习惯，在相互配合上较容易建立默契。

2. 缺点　当二传队员轮到前排时，有 3 个轮次只有两点进攻。防反时，二传队员轮到后排要插上传球难度较大。

二、进攻阵形和进攻战术

进攻战术是指接对方来球后，全队所组成的有目的、有组织的配合。进攻战术是由一传、二传、扣球三个环节所组成的。主要分为进攻阵形和进攻打法两个方面。

（一）“中一二”进攻战术

1. 基本打法　3 号位队员作为二传，将球传给 4、2 号位队员进攻的组织形式（图 7－20）。

2. 优、缺点　“中一二”进攻阵形是进攻战术中最简单、最基本的战术形式。优点是一传向网中间 3 号位垫球比较容易，二传向 2、4 号位传球的距离较短，容易传准，有利于组成进攻，适合初学者采用。其缺点是战术变化少，只能两点进攻，战术意图容易被对方识破。

（二）“边一二”进攻战术

1. 基本打法　2 号位队员作为二传，将球传给 3、4 号位队员进攻的组织形式（图 7－21）。

2. 优、缺点　“边一二”进攻阵形的优点是始终能保持前排三点进攻，战术配合变化多，并能充分利用网的全长组织进攻。其缺点是对插上二传队员水平的要求较高。

图 7－20　“中一二”阵形

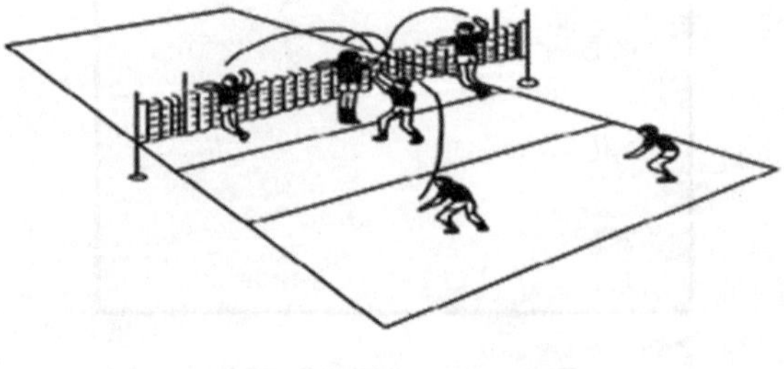

图 7－21　“边一二”阵形

三、防守阵形和防守战术

防守战术包括无人拦网的防守战术、单人拦网的防守战术、双人拦网的防守战术、集体拦网的防守战术四种，以下主要介绍单人拦网的防守战术和双人拦网的防守战术。

（一）单人拦网的防守战术

单人拦网下的防守阵形一般在对方进攻威力不大，路线变化不多，或因受对方战术迷惑，来不及组织集体拦网时采用。其优点是增加了后防人数，便于组织反攻。但当对方攻击力较强时，单人拦网就显得第一道防线力量薄弱。单人拦网的防守阵形有以下几种。

1. 4号位单人拦网 3号位队员撤下防心，2号位队员防小斜线，1号位队员放大斜线，6号位队员防中线及打手出界球，5号位队员防直线（图7－22）。

2. 3号位单人拦网 2、4号位队员撤下防心，其他三位队员成“马蹄形”防守（图7－23）。

3. 2号位单人拦网 3号位队员撤下防心，4号位队员防小斜线，5号位队员防大斜线，6号位队员防中线及打手出界球，1号位队员防直线（图7－24）。

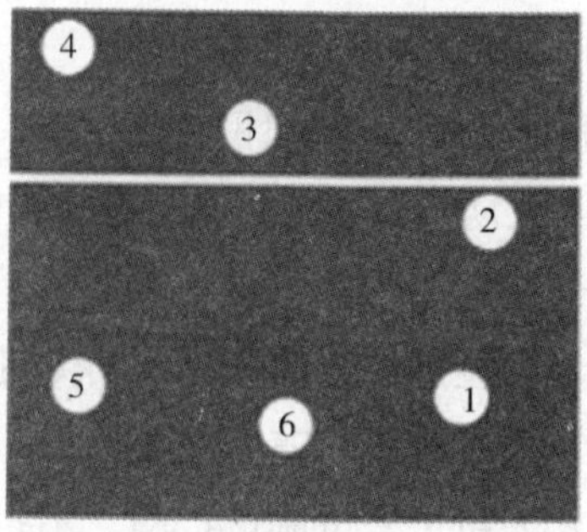

图7－22 4号位单人拦网

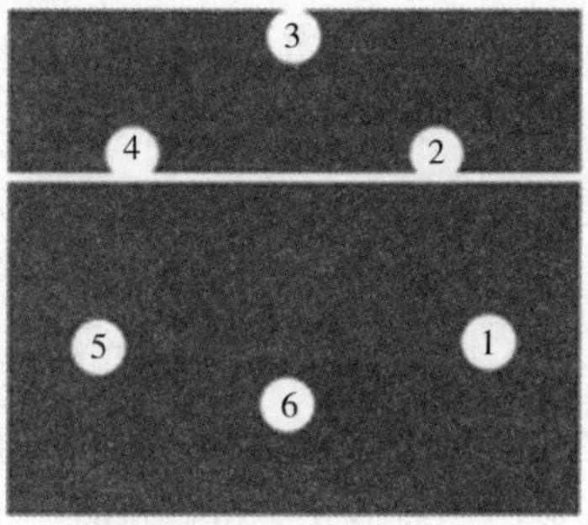

图7－23 3号位单人拦网

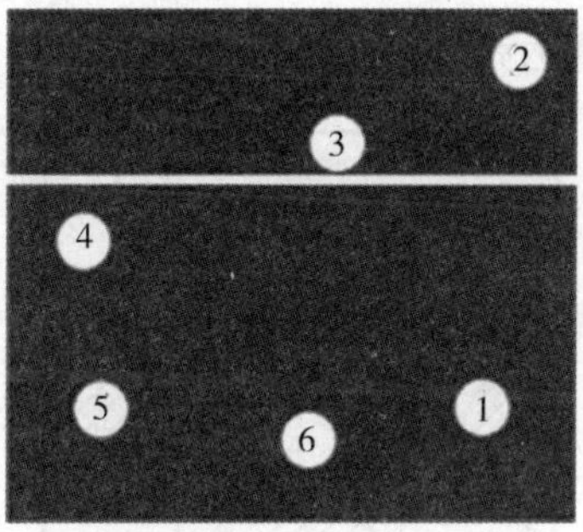

图7－24 2号位单人拦网

（二）双人拦网的防守战术

但对方进攻威力较大，路线变化较多，单人拦网不足以阻挡对方进攻时，应采用双人拦网防守阵形。它是接扣球防守中最主要的战术阵形。根据不同后排队员跟进防守的情况和前排不拦网队员的不同取位，双人拦网防守阵形有以下两种。

1. “边跟进”防守 这种防守阵形也称“马蹄形”或“1、5号位跟进”防守阵形。目前国内外强队广泛采用这种防守阵形。一般在对方进攻力量比较强、战术变化较多、吊球较少时采用。

这种防守阵形对防对方重扣球较为有利，同时也便于组织反攻。其弱点是球场中间空隙较大，容易形成“心空”。对方如扣直线结合轻扣或吊球，防守保护较为困难。尤其是边上的队员又要防直线，又要跟进防前区，比较困难（以拦对方4号位进攻为例，图7－25）。

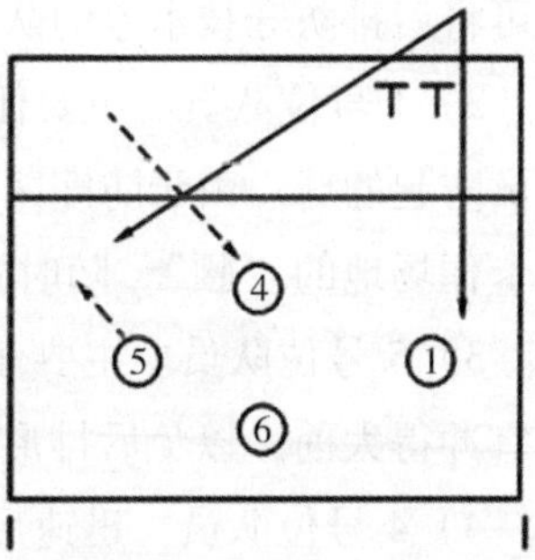

图7－25 “边跟进”阵形

（1）防守的区域和范围 在对方进攻之前，本方前排队员就要在网前做好准备，后排队员相应站好位置，随时准备组成防守阵形。当对方4号位进攻时，由本方2和3号位队员组成双人网，不拦网的前排队员后撤与后排队员组成半弧形防守，如对方吊球到前区，则由1号位队员跟进防守。

（2）防守的分工和运用

1）1号位队员 主要任务是防重扣、吊球和弥补“心空”，同时还要接应组织反攻。1号位队员要防守对方4号位的直线扣球，离落在拦网队员身后的吊球，同时还要注意防守打手出界的球。

2）6号位队员 6号位地处后场中央，防守区域较大，取位要在后场中央靠端线1米处，面向扣球方向。主要任务是要防起对方的重扣球，还要保护拦网反弹到后排的球，接应同伴防起距离球场较远的球。如1号位队员上前跟进时，应稍向1号位靠拢，弥补1号位后区的空隙。

3）5号位队员　主要任务是防守对方4号位的斜线扣球，还要保护对方吊到4号位区和中场空心地区的球。取位一般在离场地角端约3米处。

4）4号位队员　4号位队员后撤至进攻线后，主要任务是防守对方4号位的小斜线扣球和吊球。防守后要立即转入接应传球或反攻扣球。

2.“心跟进”防守　这种防守阵形也称“6号位跟进”防守阵形。“心跟进”多在对方扣球能力较强，对方采取打吊结合时采用。当对方4号位进攻时，本方2、3号队员拦网，6号位队员在本方拦网时跟在拦网队员之后进行保护，其余3名队员组成弧形防守。其优点是加强了前区的防守能力，缺点是后排防守队员之间的空间较大。当对方扣球队员经常采用打吊结合，本方拦网能力强，能封住后场中区，6号位或某个队员又善于防吊球时，就可采用“心跟进”防守阵。

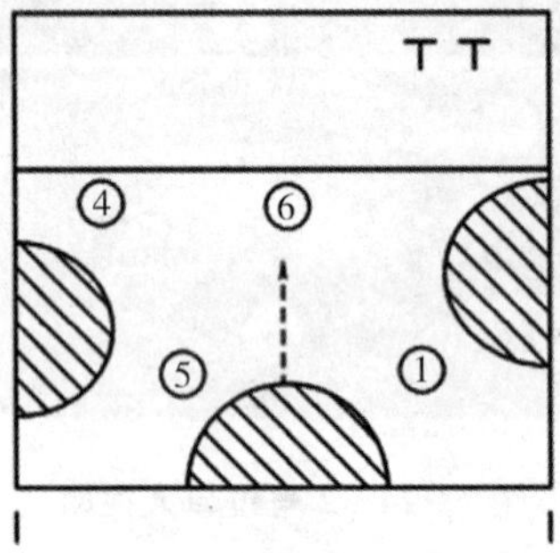

图7－26　“心跟进”阵形

采用“心跟进”防守阵形，有利于防吊球和拦网弹起的球，也便于接应和组织进攻。但后场只有两人防守，空隙较大，后场中央和两腰容易造成空当（以拦对方四号位进攻为例，图7－26）。

（1）防守的区域和范围（以对方4号位进攻为例）　在对方进攻之前，本方前排队员就要在网前做好布防准备，随时准备组成防守阵形。当对方4号位进攻时，由本方2和3号位队员拦网，不拦网的4号位队员后撤至4米左右防守，6号位队员跟至进攻线附近，1、5号位队员在后场防守，每个位置负责一定的区域。

（2）防守的分工和运用

1）6号位队员　在对方进攻之前，跟进至进攻线附近，采用低姿势准备，不要影响后排队员的防守视线。主要任务是防拦网弹起的球和接应后排防起的球。跟进队员不宜离拦网队员太近，以免影响其向两侧移动。一般由二传队员跟进保护较好，对反攻时的插上和组织反攻有利。有时也可将后排防守技术差的队员作为6号位跟进队员。

2）1号位队员　主要任务是防守对方直线扣球和拦网反弹到后场的球，接应5号位和4号位队员防起的球。由于防守区域大，要特别注意判断和移动取位，善于在对方2号位或4号位进攻时卡住场地的“腰”，随时弥补6号位空当。

3）5号位队员　主要任务是防守对方的斜线扣球。取位宜靠后，做好向前向侧移动的准备，不宜冲得太前，以免后排形成较大的空当。

4）4号位队员　迅速后撤至4米左右的位置，面向对方扣球队员，主要任务是防对方斜线扣球。

第四节　排球竞赛规则

一、比赛方法

（一）比赛场地

排球比赛的场地长18米、宽9米（图7－27）。男子比赛网高2.43米，女子比赛网高2.24

米，场地的所有界线均宽5厘米，场地的长和宽包括边界线，压线球为界内球。

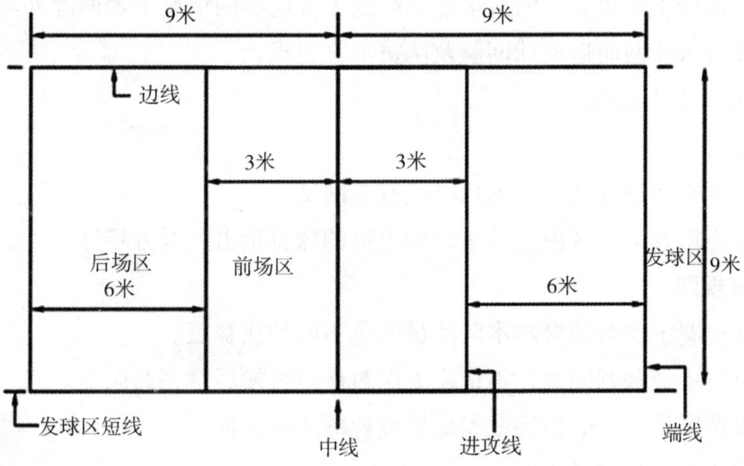

图7－27 排球比赛场地

（二）比赛位置的轮转

凡是取得发球权的队按照顺时针方向轮转（图7－28）。

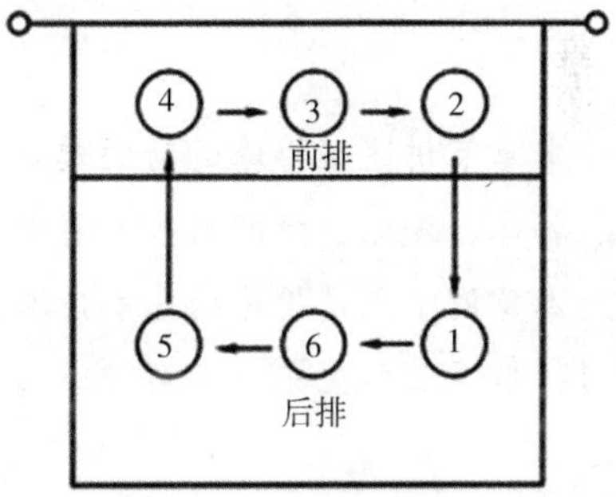

图7－28 轮转顺序

二、主要规则解析

（一）比赛的胜负

正式比赛采取五局三胜制和每球得分制，即攻防任何一方失误均由对方得分并发球。每局比赛队满25分并比对方至少多得2分为胜一局。当双方比分24平时，应继续比赛至某队多领先2分为止，某队先胜三局即取得该比赛胜利。如双方前四局出现2∶2平局时，第五局为决胜局。在该局比赛中，只要一方先得8分应交换场地，位置不变继续比赛。当比分14∶14时，此时无最高分限制，先超过对手2分的获胜。

（二）暂停和换人

比赛一至四局中，每局另有两次60秒的技术暂停，每当领先队达到8分和16分时自动执行，决胜局（第五局），没有技术暂停，比赛成死球时教练或队长可请求暂停两次，每次30秒钟。每局比赛只准换人6次，开赛队员只能退出比赛1次，再上场时只准换替换他的队员。

（三）犯规

1. 进攻型击球

（1）吊球是被允许的，但击球必须清晰并无接住或抛出动作。

（2）不准拦对方发球。

（3）不准后排自由防守员试图进行个人拦网或参加集体拦网。

2. 网下穿越

（1）队员一只（两只）脚或一只（两只）手部分穿越中线触及对方场区的同时，其余部分接触中线或置于中线上空是允许的，不判为犯规。

（2）队员身体的任何其他部位都不允许接触对方场区。

3. 触网

（1）触网或触标杆不是犯规，但队员击球时或干扰比赛的情况下触网除外。

（2）由于球被击入球网而造成球网触及队员不算犯规。

（3）球通过网时可以触网。

4. 后排队员犯规

（1）后排队员不得在进攻区内参加拦网或有拦网试图。

（2）后排队员不得在进攻区内把高于球网上沿的球直接击入对方场区。

5. 自由防守人规则

（1）自由人在比赛中，必须穿与本队队员颜色不同的比赛服。

（2）成死球时可不经裁判同意，不记换人次数任意替换后排一名队员。

（3）在替换发球队员时，必须完成发球后成死球才能替换。

（4）不得在前排参加扣球及拦网。

（5）在进攻区内自由人传、垫出的球，其他队员不得高于网直接击入对方场区。

本章小结

本章节讲述了排球运动的起源、特点；详细讲解了排球的准备姿势、移动步伐、传球、垫球、扣球、发球、拦网的基本要求；介绍了排球的基本战术、常用配备，以及排球的比赛基本规则。本章的重点是排球的基本技术，难点是排球的基本战术和基本竞赛规则的运用。通过本章的学习，旨在让学生充分了解排球的精髓，在提高身体素质的同时，培养良好的体育精神。

思考题

1. 简述排球运动的起源与发展。
2. 排球垫球的动作要领是什么？
3. 排球的两种进攻战术都是什么？选择其中一种简要说明。
4. 简述“网下穿越”简要规则。

（赵浩钧　车光跃）

第八章　足　球

PPT

拓展阅读

学习目标

知识目标

1. 掌握足球运动的基本技术、基本战术概念和要领。

2. 熟悉足球运动的基本竞赛规则。

3. 了解足球运动的起源、锻炼价值及意义。

技能目标

1. 能够通过足球技战术的练习提高身体素质；运用足球运动基本技术、基本战术参加基层比赛。

2. 学会欣赏足球比赛。

第一节　足球概述

一、足球的起源

（一）古代足球起源于中国

2004年初，国际足联确认足球起源于中国，2300多年前的春秋时期，齐国都城临淄（现山东淄博）流行"蹴鞠"活动。汉唐两代是中国古代足球发展最兴盛的时期。至宋代愈来愈接近现代足球。如专门设置了球场，规定为东西方向的长方形，两端各设六个对称的"鞠域"（也称"鞠室"），各由一人把守。场地四周设有围墙，比赛分为两队，互有攻守，以踢进对方鞠室的次数决定胜负。

（二）现代足球起源于英国

1863年10月26日，伦敦成立了世界上第一个足球运动组织——英格兰足球协会，并统一了规则，现代足球运动被正式确立。在1896年第一届奥运会上，就将足球列为比赛项目之一，结果丹麦队以9∶0战胜希腊队，成为奥运会足球比赛的第一个冠军。1904年成立了国际足球联合会。

二、足球的组织机构

（一）国际足球联合会

1904年5月21日在法国巴黎，国际足球联合会（英文缩写为FIFA，简称国际足联）创建，由比利时、法国、丹麦、瑞典、荷兰、瑞士和西班牙共7个国家的代表在有关文件上签了字。

1905 年，英格兰足协宣布承认并要求加入国际足联，苏格兰、威尔士和北爱尔兰也相继加入。国际足联是国际单项体育联合会总会成员。

国际足联下设欧洲、亚洲、非洲、中北美和加勒比地区、南美洲、大洋洲 6 个地区性组织，其总部于 1932 年由法国巴黎移至瑞士苏黎世。工作用语为英、法、西班牙和德语，如有语言冲突时，以英语为准。

（二）中国足球协会

中国足球协会（简称 CFA）1955 年 1 月 3 日成立于北京，总部现设于北京市，是中国奥委会承认的奥运会项目组织和代表中国参加国际足球联合会及亚洲足球联合会的唯一合法组织。

三、足球的价值

1. 有助于增强体质、促进健身 经常从事足球运动，可以增进人们的身体素质。足球比赛时，要进行有球和无球活动，如踢球、头顶球、接球、抢断球、运球等技术动作，要进行奔跑、急停、转身、倒地、跳跃、冲撞等身体行动，这些身体运动能有效地发展人的心肺耐力、柔韧性、肌肉力量和耐力、身体成分。足球运动几乎涵盖了体能的所有内容。经常参加足球运动能全面地发展体能。

2. 有助于精神文明建设 足球运动中树立的公正、民主、竞争、协作、团结、友谊、诚实等道德观念，是社会精神文明不可缺少的规范文化。人们从踢足球中得到情绪体验，从看足球中得到艺术享受，从谈论足球中得到思想交流。足球比赛是进行精神文明建设的重要手段。

3. 有助于良好心理品质和思想品德的形成 经常参加足球运动，可以培养人勇敢顽强、机智果断、坚忍不拔、勇于克服困难、团结协作、遵守纪律、集体荣誉感等思想品德，还能对自身良好性格形成产生巨大影响。经常参加足球运动能增加人与人接触和交往的机会，有助于加强合作意识，培养团队精神，增强社会适应能力。

4. 有助于提高民族自信心，振奋民族精神 随着足球运动的发展，竞争愈来愈激烈，足球比赛逐渐成为国家之间竞争的一个政治舞台，显示一个国家的政治、经济、文化水平的窗口。在重大的国际比赛中，一个国家的运动员在比赛中的表现和他们所取得的成绩反映着这个国家的综合国力和民族气质。在国际比赛中获胜会使千万人乃至整个国家沸腾起来，会使民族精神得到升华，爱国热情得以弘扬，增进民族团结，从而提高民族自信心和自豪感。

5. 有助于体育产业的发展，为社会创造财富 国际足联的领导人在法国世界杯期间证实国际足联的年收入为 2500 亿美元，世界上最大的公司也只能望尘莫及。当今市场经济中，可以利用足球的影响力和自身魅力，大力发展足球产业，如足球彩票、门票、运动员转会费、广告费、电视转播费等。足球市场的火爆带动了与竞赛相关的商品经营，促进运动器材、服装（球衣、球鞋、帽子）、纪念品（喇叭、队旗、围巾、俱乐部会徽）、旅游等行业发展，提供更多的就业机会，促进国民经济发展，为社会创造财富。

第二节 足球的基本技术

一、颠球

颠球是运动员用身体的各个有效部位连续地触击球，并通过控制尽量使球不落地的技术动作。颠球是运动员熟悉球性的一种练习手段，以增强对球的弹性、重量、旋转及触球部位、击球时用力大小、轻重的感觉。

（一）双脚脚背颠球

脚向前上方摆动，用脚背击球，击球时踝关节固定，击球的下部。两脚可交替击球，也可一只脚支撑，另一只脚连续击球。击球时用力均匀，使球始终控制在身体周围。

（二）大腿颠球

抬腿屈膝，用大腿的中前部位向上击球的下部，两腿可交替击球，也可一只脚做支撑，用另一侧的大腿连续击球。

（三）头部颠球

两脚开立，膝关节微屈，用前额部位连续顶球的下部顶球时，两眼注视球，两臂自然张开，以维持身体平衡。

（四）各部位连续颠球

根据上述单一颠球技术动作要领，用各部位配合连续颠球，配合的部位越多，难度越大。颠球的部位有脚背、脚内侧、脚外侧、大腿、头部、胸部、肩等。

二、运球及运球过人

运球技术从狭义上讲，仅是指运球的方法，即用身体的某一部分触球，使球能随运球者一起运动；从广义上看，则不仅让球随人运动，还必须越过对方的防守，这里就包含了运球方法的运用问题。可用左（右）脚的脚背内侧扣拨球动作与身体的虚晃动作相配合，诱使对手的重心发生偏移，然后用左（右）脚的脚背外侧向同侧方向拨运球越过对手。对手从侧面来抢截球时，先快速向前运球，诱使对手紧追过来，然后突然减速或做停球假动作，使对手随之放慢速度，再突然起动并加速向前推球甩掉对手。对手从身后来抢截球时，运球者用左（右）脚掌从球的上方擦过，做大交叉步，身体也随动作前移，诱使对于向运球者的移动方向堵截；然后以运球脚后前脚掌为轴，突然向右（左）后方转身，再用右（左）脚的脚背内侧将球扣回，把对手甩掉。

（一）运球

常用的运球技术有脚内侧、脚背外侧、脚背正面、脚背内侧运球。运球过人的技术如拉球、拨球、扣球等。

1. 脚内侧运球 要求在运球前进时支撑脚始终领先于球，位于球的侧前方，肩部指向运球方向，支撑腿膝关节微屈，重心放在支撑腿上，另一条腿提起屈膝，用脚内侧推球前进，然后运球脚着地（图 8－1）。这种技术多用在运球寻找配合传球时，或有对方阻拦需用身体做掩护时。特点是肩部指向运球方向，身体侧转，虽然移动速度较慢，但身体前倾有利于将对方与球隔开。

2. 脚背外侧运球 运球时身体持正常跑动姿势，步幅不宜过大，上体稍前倾，运球腿提起，膝关节稍屈，髋关节前送，提踵，脚尖绕矢状轴向内旋转，使脚背外侧正对运球方向，在运球脚落地前用脚背外侧推拨球的后中部（图 8－2）。脚背外侧运球时，身体姿势与正常跑动时相同，因而可以发挥出较快的速度，故与脚背正面运球有相同的用途。另外，利用脚腕的动作可以很快地改变脚背外侧面所正对的方向，故在运球脚一侧改变方向时也多采用这种运球方法。这种方法能用身体将对手与球隔开，故掩护时也常使用。

图 8-1　脚内侧运球

图 8-2　脚背外侧运球

3. 脚背内侧运球　身体稍侧转并自然协调放松，步幅小，上体前倾，运球腿提起外展。膝微屈外展，提踵，脚尖外转，使脚背内侧正对运球方向，在运球脚落地前用脚背内侧推拨球，使球随身体前进。脚背内侧运球由于身体稍侧转，不能采用正常跑动姿势，因而不适用于高速运球。但由于接触部位和支撑位置的特点易于完成向支撑脚一侧的转动，故多用于向支撑脚一侧的转动变向运球。

4. 脚背正面运球　运球时身体保持正常跑动姿势，上体稍前倾，步幅不宜过大，运球腿提起，膝关节稍屈，髋关节前送，提踵，脚尖下指，在着地前用脚背正面部位触球后中部将球推送前进。由于脚背正面运球时身体持正常跑动姿势，故可以发挥出较快的速度，因而这种技术多用在运球前方一定距离内无对手阻拦时。

5. 拨球　利用脚踝关节侧向的转动，以达到用脚背内侧或脚背外侧触球，将球拨向身体的侧前方、侧方、侧后方（图 8-3）。

6. 拉球　将前脚掌放在球的上部或侧上部，另一脚在球的侧后方支持，然后触球脚向后下方用力将球回拉。回拉球一般都是躲开或引诱对方出脚抢球的瞬间将球拉回造成对方抢球落空，使其重心随抢球脚前移，趁对手难以返回的瞬间将球迅速推送出去越过防守者（图 8-4）。

图 8-3　拨球

图 8-4　拉球

7. 扣球　这种方法与拨球相同，不同的是它的用力是突然的，并伴随着突然的转身或急停使对手在来不及调整重心的瞬间，突然从反方向推送球越过对手的防守（图 8-5）。

（二）运球过人

利用各种盘带技术进行晃动，摆脱防守自己的对方球员，进行传球和射门。前面所述仅是运球的基本方法，掌握了这些基本方法后，在无对手阻拦时可以将球控制在自己的周围。但若遇对手阻挡时要想越过对手，必须恰当地综合运用这些方法，抓住对手瞬间出现的漏洞，达到越过对手的目的。

1. 利用速度强行过人　必须对手身后有较大空挡且无其他防守者或其他防守者难以补位，持球者以突然地快速推拨球并与快速地奔跑相结合越过对手的阻拦。使用这种方法所具备的条件：

图 8－5　扣球

对手跑上来准备抢球，或持球者与防守者僵持时持球者突然推拨球起动；对手身后的较大纵深内无其他的防守者，或其他防守者难以补位，或持球者高速运球。这种方法主要是利用自己的起动速度或抓住对手突停或突然起动时所耽误的时间。

2. 利用身体掩护强行过人　当持球者接近对手时双方速度减慢，持球者侧身用身体靠住对手以另一侧脚将球拨出，同时转身将对手倚在身后并随球越过对手。这种方法要求持球队员有能力倚住对手而不被对方挤开；将球控制在远离对手一侧，对手伸脚时不能触及球；在抵住对手时不可将重心偏离支撑面，否则一旦对手闪开时自己也会失去平衡。

3. 利用变速运球过人　利用运球速度的变化，达到甩掉对手或越过对手的目的。对手在持球者侧面，运球者用另一侧脚运球，这种方法主要针对防守者是被动的，容易被运球者甩掉达到过人的目的。有时则采用突停突起甩掉对手，运球者必须能很好地控制球与自己的身体，做到球随人来，人随球走。

4. 利用穿裆球过人　当对手从正面阻拦，距离较近且两脚开立较大时，重心在两脚之间，运球者可侧身运球接近对手，抓住时机将球从对手两脚之间推（拨）过，身体也随着从防守者侧面越过并控制球。这种过人的方法有时可以收到奇效。因为一般防守运球队员时，多把注意力放在防止运球者从身体侧面越过，加之防守者使用左右开立的站法，脚下站得较死，转身比较困难，妨碍了转身、起动的速度。当防守者两腿左右开立并不大时，可以用假动作引诱防守者使其两腿分开较大，然后再使球穿裆而过。

5. 人球分路过人　运动员利用个人技术过人的时候，通常都是利用自己的身体做掩护，把足球和防守队员分开。这种方法主要是利用防守者注意力集中在球上，并认为可以触到球的心理，达到过人的目的。因此当防守者出脚抢球时，运球者抢先将球推（拨）到前方，而防守者的抢球脚未触到球着地时，身体重心也移过来了，这时运球者迅速从防守的另一侧越过去控制球，防守者再转身起动很难追上。若在推球时使用“蹭”的方法，蹭出弧线球来，就更有利于运球者越过防守者后控制球。

6. 运球假动作过人　运球者利用腿部、上体，头部的晃动使对手产生错觉而做出的抢球动作。在对手做枪球动作时，使其重心失去平衡，运球者则抓住时机从另一方向越过对手。比赛中运球过人的方法很多，只有熟练地掌握上述各种运球方法和动作，并注意下列因素，才能在比赛中成功地完成运球过人。

（1）注意观察对手所处的位置　依此决定自己所采取的过人方法。运球者应根据临场防守者所处的位置及状态来决定自己应采取的过人方法。例如：当运球者高速运球接近对手时，若对手快速迎上来抢球，就可以利用速度强行过人。

（2）掌握好过人时机　要根据现场防守者的情况，如运球行进速度很快时，则应离对手距离近些时再实施过人动作，否则对手将有时间转身起动将球追上抢断。用假动作过人时，应善于利用对手因重心失衡的时机实施过人动作，这样，对手比较容易被过掉。

（3）掌握好过人时的距离　除利用速度过人外，其他方法都应是在距离对手一大步的地方并应大于运球者与球的距离，对手勉强可以触到球，但不会先于运球者触及球。另外，这样的距离也便于运球者在做出动作使防守者重心发生错误移动时越过对手，而对手难于再进行成功的回追抢截。

三、踢球

踢球是足球运动技术的一种，按一定的动作方法有目的地用脚把球击向预定目标。踢球是足球技术中最重要的技术手段，主要用于传球和射门。可分为脚内侧踢球、脚背内侧踢球、脚背正面踢球、脚背外侧踢球、脚尖和脚跟踢球等多种方法。

踢球的方法很多，其完整的动作过程包括助跑、支撑、摆腿、击球和随前动作五个技术环节。

（一）脚内侧踢球

又称脚弓踢球，是运动员有目的地用脚内侧（脚弓）将球击向预定目标的技术动作。其特点是接触面积比脚的其他部位大，出球准确平稳且易于掌握（图 8－6）。是短距离传球和射门的理想方法。但由于踢球时要求大腿前摆到一定的程度时需要外展且屈膝，故大腿与小腿的摆动都受到限制，因此出球的力量相对较小。方法：直线助跑，支撑脚的最后一步稍大些，支撑脚在球的侧面约 15 厘米处，脚尖正对出球方向，支撑腿膝关节微屈。在支撑脚着地时，踢球腿大腿带动小腿由后向前摆动，在前摆过程中大腿外展，当膝关节的摆动接近球的正上方时小腿做爆发式摆动，在触球前将脚跟送出使得脚内侧部位所形成的平面（图 8－7）与出球方向垂直，踢球脚脚底与地面平行，脚尖微微翘起，踝关节功能性紧张使脚形固定，触球后身体跟随移动，髋关节向前送。

图 8－6　脚内侧踢球

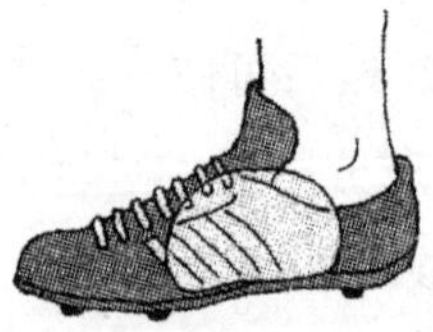

图 8－7　脚内侧踢球触球部位

（二）脚背正面踢球

摆幅相对较大，再加之用脚背正面踢球接触面积相对较大，因而踢球力量也较大，准确性也较强，适合远距离的传球和大力射门。但受以上动作因素的影响，出球的方向及性质相对变化也较小。在比赛中经常使用脚背正面踢地滚球、反弹球、空中球、定位球及倒勾球。球的性质多为不旋转的直线球，但也可用来抽击前旋球。以脚背正面踢定位球为例（图 8－8），直线助跑，最后一步稍大些，支撑脚积极着地支撑，在球的侧面 10～15 厘米处，脚尖正对出球方向，膝关节微屈，踢球腿随跑动以髋关节为轴大腿带动小腿由后向前摆动。当膝关节摆至接近球的正上方时，小腿做爆发式的摆动，脚趾屈，以脚背正面部位（图8－9）击球后中部，击球后，身体及踢球腿随球前移。

图8－8 脚背正面踢定位球

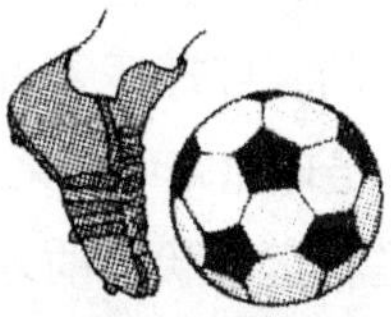

图8－9 脚背正面踢球触球部位

（三）脚背内侧踢球

脚背内侧踢球是一种用第一跖骨及趾关节部位触击球的踢球方法，其动作的特点是踢摆动作顺畅，幅度大，脚触球面积大，出球平稳有力，且性能和路线富于变化，是中远距离射门和传球的重要方法。其技术结构与前两类踢球方法相同，但技术细节则有所区别。以脚背内侧踢定位球为例：斜线助跑，助跑方向与出球方向约成45°角，最后一步稍大，以支撑脚积极着地，脚尖指向出球方向，距球侧后方20～25厘米，膝关节微屈。在支撑脚着地的同时，踢球腿已完成后摆，并开始以髋关节为轴大腿带动小腿由后向前摆动，当大腿摆至与支撑腿近同一平面时，小腿做爆发式摆动，此时脚背绷直脚尖外转，以脚背内侧部位触击球。击球后踢球 腿及身体继续随球向前（图8－10）。

（四）脚背外侧踢球

脚背外侧踢球是用第三、四、五跖骨部位接触球的一种踢球方法，由于踢这种球的脚踝灵活性较大，摆腿方向变化较多，且助跑时又是正常的跑动姿势，故其出球隐蔽性较强，适用于足球比赛中各种距离的弧线球及非弧线球（图8－11）。以脚背外侧踢球为例：助跑、支撑脚站位及踢球腿摆动均与脚背正面踢球技术的三个环节相同，脚触球部位是脚背外侧。此时要求膝关节和脚尖内转，脚趾紧屈并提膝，脚背绷紧，触球后身体随踢球腿的摆动前移（图8－12）。

图8－10 脚背内侧踢球

图8－11 脚背外侧踢球触球部位

图8－12 脚背外侧踢定位球

四、停（接）球

停球也叫接球，是指运动员运用身体的有效部位，将运行中的球停下来，有目的地接控在所需要的范围内，以便更好地衔接下一个技术动作。它是运动员获得球的主要手段，停球是为下一个动作服务的，停球质量直接影响下一个动作的顺利完成。良好的接控球能力能为球队创造更多的进攻机会，足球比赛中因来球的性质、状态不同，停球应根据不同情况，采用有效的动作方法。

停球是将运动状态的球控制住的一个过程，一个完整的接球动作应该包括判断选位、支撑、触球动作、接球后跟进四个环节。停球的方法有多种，常用的有脚内侧、脚背外侧、脚背正面、脚底、胸部、大腿、腹部、头部等部位。这里重点介绍以下几种。

（一）脚内侧停球

用脚内侧部位停球的一种技术。这种动作比较容易掌握，球与脚的接触面积大，容易接稳，并便于改变方向和结合下一个动作，比赛中经常使用这种技术停各种地滚球、平球、反弹球、空中球。

1. 脚内侧停地滚球　支撑脚脚尖正对来球方向，膝关节微屈，同侧肩正对来球；接球腿提膝大腿外展，脚尖微翘，脚底基本与地面平行，脚内侧正对来球并前迎，当脚内侧与球接触的一刹那迅速后撤，把球停在脚下（图 8 – 13）。

2. 脚内侧停反弹球　接反弹球时，身体正对来球，支撑脚位于球落点的侧前方，接球脚的前掌对准球的反弹方向，根据来球的落点及时移动到位，

支撑腿膝关节微屈，身体向停球后运行的方向偏移，停球腿提起小腿且放松，脚尖微翘，脚内侧对着停球后，球运行的方向并与地面成锐角，当球落地反弹刚离地面时，大腿向停球运行的方向摆动，用脚内侧部位轻推球的中上部（图 8 – 14）。

3. 脚内侧停空中球　根据来球的速度与运行轨迹及时移动到位。若为抛物线较小的平高球，则应根据现场的实际情况选择适当高度的停球点，将停球腿抬起，使脚内侧部位对准来球的方向并前迎，脚在接触球的一瞬间后撤，并将球停在所需的位置上（图 8 – 15）。

图 8 – 13　脚内侧停地滚球

图 8 – 14　脚内侧停反弹球

图 8 – 15　脚内侧停空中球

（二）脚底停球

由于脚底停球技术便于掌握，易于将球停到所需位置，故常被用来停各种地滚球和反弹球。

1. 脚底停地滚球　身体正对来球方向，移动前迎，支撑脚站立在球的侧面，脚尖正对来球方向，膝关节微屈，同时停球腿提起，膝关节微屈，脚略背屈，使脚底与地面成小于 45。一般以前脚掌接触的上部为宜；在触球瞬间停球脚可轻微屈将球停住，也可以根据需要在停球同时将球推向前方或拉向身后。

2. 脚底停反弹球 根据来球落点及时前移迎球，支撑脚站在落点侧后方，脚尖正对来球方向，球落地瞬间，用前脚掌去触球的中上部，微伸膝，用脚掌将球停在体前（图 8-16）。

（三）胸部停球

由于胸部停球部位较高，加之胸部面积大、肌肉较丰满等特点，易于掌握，所以是停高球的一种好方法。胸部停球包括挺胸式、收胸式两种方法。

挺胸式停球：面对来球站立，两膝微屈，重心置于支撑面内，上体后仰，下颌微收，两臂自然张开，维持身体平衡，触球瞬间，两脚蹬地，膝关节伸直用于胸部轻托球的下部使球微微弹起于胸前上方（图 8-17）。

五、头顶球

头顶球是运动员有目的地用前额将球击向预定目标的动作方法。足球比赛中不仅要处理各种各样不同形式和不同性质的地滚球，同时也要处理各种空中球。

当遇到胸以下部位不能触及或规则不允许触及的一些球时，需要用头部来处理，因为头是人体最高的一个部位，额骨的前面较为平坦，只有掌握顶球技术，顶出的球就会有力。这里主要介绍前额正面头顶球。

前额正面头顶球是由额肌覆盖着的额骨正面部分去击球的一种动作方法，触球部位为前额的阴影部分（图 8-18）。

图 8-16 脚底停球

图 8-17 胸部停球

图 8-18 头顶球触球部位

（一）原地头顶球

身体正对来球方向，眼睛注视运动中的球，两脚左右开立，膝关节微屈，重心置于两脚间的支撑面上，两臂自然张开。当球运行到身体垂直面时，两腿用力蹬地，迅速向前摆体，微收下颌，在触球瞬间颈部做爆发式振摆，用前额正面击球中部，上体随球前摆（图 8-19）。

（二）原地跳起头顶球

这种技术用在本方或对方传来高球时运用。两膝屈，重心下降，然后两脚用力蹬地起跳，同时两臂屈肘上摆，在身体上升阶段展腹挺胸，两臂自然张开，眼睛注视来球，身体自然成背弓。当球运行至身体额状面时，迅速收腹，上体前摆，触球瞬间颈部做爆发性振摆，用前额正面将球顶出，同时两腿向前做振摆，球顶出后两腿屈膝屈踝落地（图 8-20）。

六、抢、断球

抢、断球是指防守队员有目的地运用身体的某一部位，将对手控制下或传递中的球夺过来、踢出去、破坏掉的技术动作方法。抢、断球包含抢球和断球两种技术成分，但从其动作过程分析，都是由判断选位、上步抢断、衔接动作等环节所构成的。

图 8－19　原地头顶球

图 8－20　原地跳起头顶球

（一）正面跨步堵抢

图 8－21　正面跨步堵抢

抢球者两脚前后开立，迎着运球者而站，两膝微屈，身体重心下降并置于两脚间，当运球者与抢球者间的距离缩小到一定的范围，运球者脚触球后即将落地或刚刚落地时，抢球者后脚用力蹬并跨步向前，以脚内侧去堵截球，当已堵住球时，另一只脚应迅速上步。若抢球脚堵住球，同时对手也堵住球时，则抢球者应将另一只脚步迅速前移作为支撑脚，抢球脚在不脱离情况下迅速向上提拉，使球从对手脚面滚过，身体重心也迅速跟上并将球控制好（图 8－21）。

（二）正面铲球

移动接近控球者，膝关节微屈，重心下降，当控球者触球后尚未落地时，抢球者双脚沿地面向球滑铲，随即用手扶地做向一侧的翻滚，并尽快起身。

七、掷界外球

由于掷界外球时接球人不受越位规则的约束，因此不仅用于恢复比赛，而且可以为进攻创造有利条件。尤其是在前场 30 米内掷界外球，将球直接掷入门前，此时可以给对方造成很大的威胁。

图 8－22　原地掷界外球

（一）原地掷界外球

面对出球方向，两脚前后或左右开立，每只脚均应有一部分站立在边线上或边线外。膝关节弯曲，上体后仰成背弓，重心后移，两手自然张开，拇指相对，持球的侧后部，屈肘将球置于头后。掷球时，脚用力蹬地，两腿迅速伸直，身体重心前移，收腹屈体，同时两臂急速前摆，后脚可沿地面向前滑动，两脚均不得离地（图 8－22）。

（二）助跑掷界外球

两手持球放在胸前，在助跑迈出最后一步时，上体后仰成背弓，同时将球上举至头后，掷球时的动作与原地掷界外球动作相同。将球掷出后，后脚可在地面上向前滑行，但不得离地。

八、守门员技术

接球是守门员最主要的技术，它包括接地滚球、平空球和高空球等。

（一）接地滚球

1. 直腿式　两腿自然并立，脚尖正对来球，上体前屈，两臂并肘前迎，两手小指靠近，手掌对球。手触球的一刹那随球后引屈肘、屈腕，两臂靠近将球抱于胸前（图8－23）。

2. 跪撑式　多用于向侧移步接球。接左侧球时，左腿屈，右腿跪撑于左脚附近，距离不得超过球的直径，其余动作与直腿式接球相同（图8－24）。接右侧球时，动作相同，方向相反。

图8－23　直腿式

图8－24　跪撑式

（二）接空中球

1. 平空球　膝以上、胸以下的空中球。接球时面对来球，两手掌心向上，两手小指相靠，前迎接球。上体前屈，当手触球时两臂向后撤引缓冲，将球抱于胸前（图8－25）。

2. 高空球　面对来球，两臂上伸，两手拇指相对呈“八”字形，其余四指微屈，手掌对球（图8－26）。在最高点手触球瞬间，手指、手腕适当用力，缓冲来球并将球接住，顺势转腕屈肘，下引将球抱于胸前（图8－27）。

图8－25　接平空球

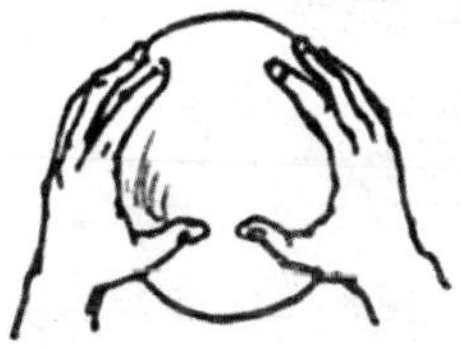

图8－26　空中触球手形

图8－27　接高空球

（三）击、托球

守门员接扑球在应急情况下的应变运用。常和出击高球与跃起扑球动作联系在一起。

1. 拳击球　准确判断来球运行路线，及时移动到位，握紧拳，在接近球的一刹那迅速出拳击球。拳击球有单、双拳击球，单拳击球动作灵活，摆动幅度大，击球力量大（图8－28）。双拳击球接触球面积大，准确性高。

2. 托球　判断来球运行路线后，向后跃起托球。托球时手指微张，手掌向外翻转，用手掌前部触球的下部，使球改变运行轨迹，呈弧线越过球门横梁（图8－29）。

（四）扑球

守门员技术的难点，是在守门员重心无法移动到位情况下，利用倒地加速重心向球侧移动的一种动作方法，大致分为倒地侧扑和跃起侧扑（鱼跃扑球）。

图 8-28　击球

图 8-29　托球

1. 倒地侧扑　异侧脚用力蹬地，双手快速向侧伸出，一手置于球后，另一侧手置于球的侧后上方。同时身体向同侧脚方向倒地，落地时以小腿、大腿、臀、肘外侧依次着地，落地后抱球团身（图 8-30）。

图 8-30　倒地侧扑

2. 跃起侧扑　近侧脚用力蹬地使身体跃起，身体在空中伸展，手指用力抓住球，接球后以球、肘、肩、上体、臀、腿外侧依次着地并迅速团身（图 8-31）。

图 8-31　跃起侧扑

（五）发球技术

1. 手掷球

（1）单手肩上掷球　两脚前后开立，两膝弯曲，单手持球，屈臂于肩上。掷球时，持球手臂后引，同时身体随之侧转，重心移到后脚上。掷球时，后脚向后蹬地，用转体和挥臂、甩腕的力量将球掷向预定的目标（图 8-32）。

（2）侧身勾手掷球　两脚前后开立，身体侧对出球方向，单手持球后引，臂微屈，同时重心移到后脚上。掷球时，后脚用力向后蹬地，同时转体，重心由后脚移向前脚。当持球手臂由后经体侧沿弧线摆至肩上说，手指和手腕用力将球掷向预定的目标（图 8-33）。

2. 脚踢球

（1）踢空中球　将球置于体前，在球自由下落过程中踢球。它多用于远距离或雨天场地泥泞时。

（2）踢反弹球　体前抛球，球落地后反弹起来的瞬间将球踢出。它比踢空中球准确性要性要高，速度较快，出球弧度低，隐蔽性强。这两种踢球的动作与脚背正面踢球基本相同，但由于要踢得远，所以守门员都是向前上方踢。

图 8－32　单手肩上掷球

图 8－33　侧身勾手掷球

知识拓展

“香蕉球”，是指足球踢出后，球在空中向前并沿弧线运行的踢球技术。弧线球常用于攻方在对方禁区附近获得直接任意球时，避开人墙直接射门得分。一脚漂亮的任意球是每一个球员都梦寐以求的。如何能在比赛中踢出一脚弧线球越过人墙打入球门，首先要用脚内侧和脚背之间的位置触球，这样可以激发越过人墙打透门将的力量。然后击打球的底部，踢球脚将球包住向上随球摆动。弧线球的关键在于能将球包住，在那一瞬间是可以感受到脚与球的亲密接触的，而不是一触即出。球的旋转效果要介于侧旋和上旋之间。

第三节　足球的基本战术

足球战术是指在足球比赛中，为了战胜对方，根据主客观情况所采取的个人行动和集体配合的方法。比赛实践证明，合理而巧妙地运用战术是夺取比赛胜利的重要因素。足球比赛由进攻与防守组成，攻守的转换，构成比赛过程，足球战术可分为进攻战术和防守战术两大系统。各系统又都包括个人战术、局部战术和整体战术。

一、比赛阵形

比赛阵形是比赛场上队员的位置排列、攻守力量搭配和职责分工的形式。阵形的人数排列，一般是从后卫排向前锋，根据队员排列的层次分成后卫线、前卫线和前锋线。阵形可使每个场上队员明确基本位置和主要职责。足球比赛中采用的阵形主要有以下几种。

（一）“四三三”阵形

由“四二四”阵形变化而来，是把一名前锋回撤到中场而形成的，这加强了中场控制，使防守更加稳固，进攻更加灵活（图 8－34）。

（二）“四四二”阵形

由“四三三”阵形变化而来，它是将一名前锋回撤到中场，以两名前锋突前而形成的。主要特点是全队防守更加稳固，有利于快速反击，场上队员更加机动，中、后场队员可随机插上进攻（图 8－35）。

（三）“五三二”阵形

由“四四二”阵形变化而来，它是把一名前卫回撤到后卫线，成为盯人中卫而形成的，主要特点是能组成稳固的防线，有利于快速反击，中、后场队员可随机插上进攻，增加了进攻的突然性（图8－36）。

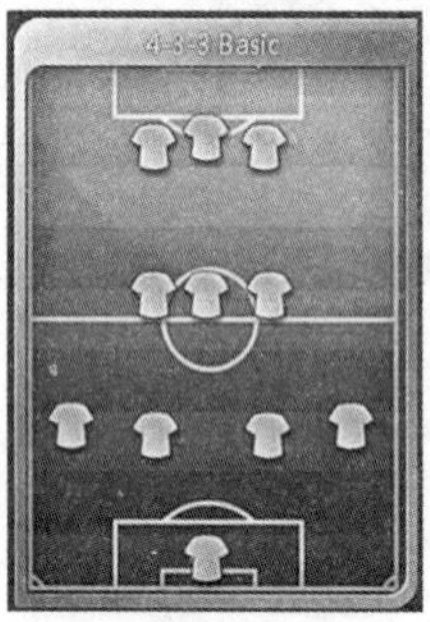

图8－34　“四三三”阵形

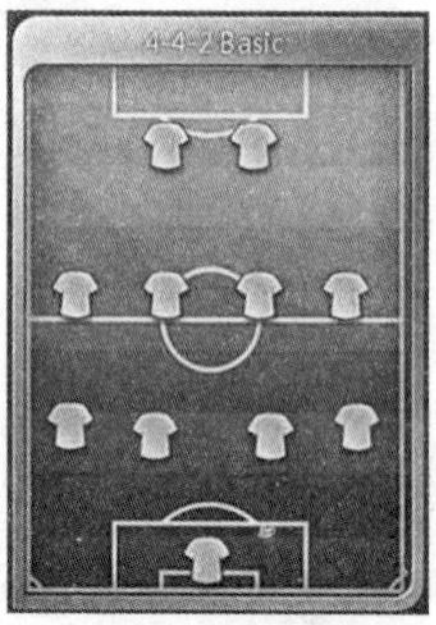

图8－35　“四四二”阵形

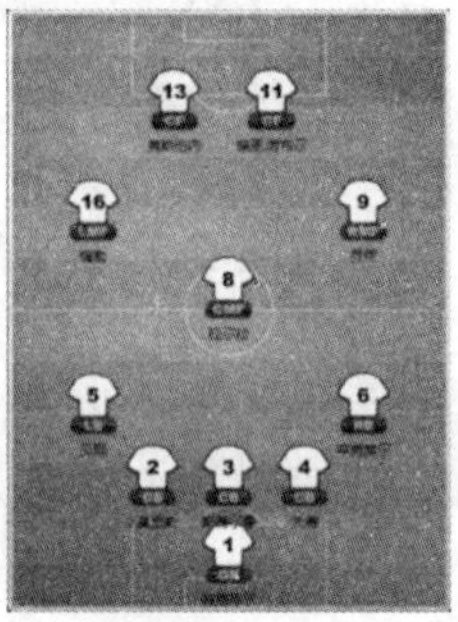

图8－36　“五三二”阵形

二、进攻战术

进攻战术是指在比赛中，为了战胜对方所采取的个人进攻行动和集体配合的方法。

（一）个人进攻战术

个人进攻战术是队员在比赛中，为了战胜对手，完成整体进攻任务而采取的个人行动。

1. 传球　队员在比赛中有目的地把球踢（顶）给同伴或踢（顶）向预定的方向的方法。传球是整体战术配合的基础，是组织进攻、变换战术和创造射门机会的重要手段，也是迅速逼近对方球门最有效的方法。

2. 跑位　在比赛中队员在无球情况下，通过有意识的跑动，为自己或同伴创造进攻机会的行动。跑位是整体进攻战术的基础，是进攻队员为获得球的准备行动，也是拉开对方防线、创造传球空当的重要手段。根据跑位目的和开始跑位状态，可分为摆脱跑位或接应跑位、切入或插上、扯动牵制或制造空当。

（二）局部进攻战术

局部进攻战术是指进攻中两个或几个队员之间的配合方法。它是集体配合的基础。

1. 交叉掩护配合　在局部地区两名进攻队员在运球交叉换位时，以自己身体掩护同伴越过一名防守队员的配合方法。

2. 传切配合　控球队员将球传给切入的进攻队员的配合方法。传切配合的形式有：局部一传一切和长传切入。

3. 二过一配合　在局部地区两名进攻队员通过两次连续传球配合越过一名防守队员的配合方法。二过一配合的形式根据传球和跑位的路线有斜传直插传二过一、直传斜插直传二过一、踢墙式二过一和回传反切直传二过一等。

（三）整体进攻战术

为了完成进攻战术任务所采用的全局性的进攻配合方法。整体进攻战术涉及的人员比较多，是全队协同一致的行动，体现一个队的进攻实力和配合能力。依据进攻发展的场区可分为边路进攻和中路进攻。一次完整的进攻由发动、发展和结束三个阶段组成。

三、防守战术

防守战术是在比赛中，为了阻止对方的进攻和重新获得球权所采取的个人防守行动和集体配合的方法。

（一）个人防守战术

1. 选位　防守的基础，防守队员在防守时选择占据合理防守位置的行动，合理的选位不仅能控制防守面和有效地运用防守动作，而且也决定整体防守布局的合理程度，对防线的稳固性具有重要作用。选位的基本原则是本方失球权后快速回位，并处在对手与本方球门中心所构成的连线上，与对手的距离要根据场区以及球所处的位置决定。

2. 盯人　防守队员限制进攻队员所采取的行动。盯人是现代足球比赛中广泛采用的防守方法，有效的盯人防守是遏制与瓦解对方进攻，重新获得球的重要手段。盯人分为紧逼盯人和松动盯人两种。紧逼盯人是贴近对手（也叫贴身紧逼），不给对手从容活动的机会，一般运用于罚球区附近地区和有球的局部地区以及对对方进攻的核心队员的防守；松动盯人是与对手保持一定距离，既能盯住对手，又能保护同伴，一般运用于防守离球远的进攻队员。

（二）局部防守战术

局部防守战术是指两个或几个防守队员之间的配合方法。它是集体配合的基础。基本配合形式有保护和补位。

1. 保护　同伴紧逼控球对手时，自己选择有利位置来保护同伴，防止对手突破的配合。在防守中，积极主动地逼抢控球队员是十分重要的，但是一对一拼抢一旦失败，很容易被对方突破。因此，防守队员之间必须进行互相保护，当距离较近的同伴逼抢控球的对手时，离球较远的队员应撤到同伴身后进行保护，控球队员一旦越过同伴，可以及时补位，防止突破。

2. 补位　防守队员弥补同伴在防守中出现漏洞所采取的互相协助的战术配合。比赛中，通过同伴间的相互补位，可以有效地遏制和破坏对方的进攻行动，变被动为主动。

补位分为补空位和相互补位。补空位用于当卫线队员插上进攻退守不及时，其他同伴暂时补他的位置，以防对方利用这一空当进行快速反击。相互补位用于当同伴被对手运球突破或对手突然快速插入同伴背后接球，同伴来不及盯抢时，邻近队员进行补位防守。

（三）整体防守战术

整体防守战术是指全队所采取的防守战术方法。整体防守战术主要有区域防守、盯人防守和综合防守三种。

第四节　足球竞赛规则

一、比赛方法

（一）比赛场地

1. 场地标识　比赛场地（图 8 – 37）形状必须为长方形，且由不具危险性的连续标线标示。

两条较长的边界线为边线，两条较短的边界线为球门线。边线必须长于球门线。边线长度最短 90 米、最长 120 米，球门线长度最长 90 米、最短 45 米。国际比赛场地尺寸：边线长度最长 110 米、最短 100 米，球门线长度最长 75 米、最短 64 米。场地每个角上应各竖一面不低于 1. 50 米高的平顶旗杆，上系小旗一面，相似的旗和旗杆可以各竖一面在场地两侧正对中线的边线外至少 1 米处。

比赛场地必须为全天然草皮。若竞赛规程允许，可使用全人造草皮。

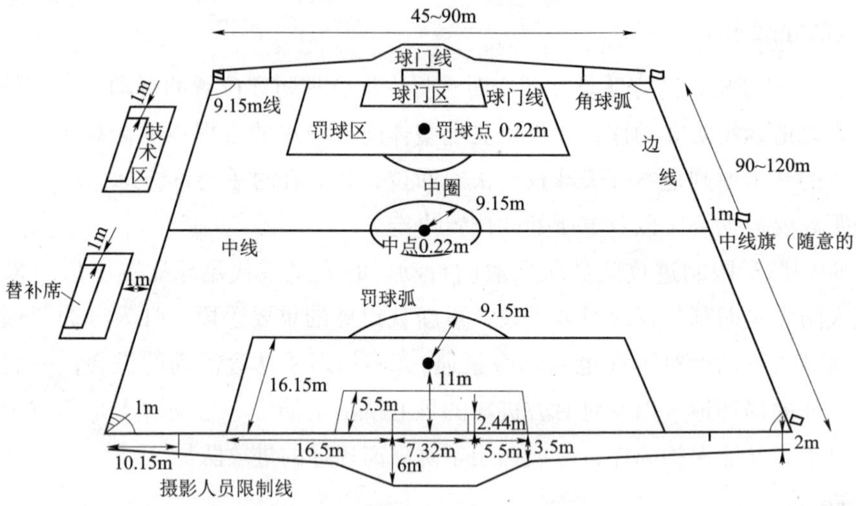

图 8－37　比赛场地

2. 画线　所有标线宽度必级一致，且不得超过 12 厘米（5 英寸）。球门线、球门柱和横梁的宽度必须一致。场地中间画一条横穿球场的线叫中线。场地中央应当作一个明显的标记，并以此点为圆心，以 9. 15 米为半径，画一个圆圈叫中圈。

3. 球门区　从距两根球门柱内侧 5. 50 米（6 码）处，画两条垂直于球门线的标线，向场内各画一条长 5. 5 米（6 码）与球门线垂直的线，一端与球门线相接，另一端画一条连接线与球门线平行，这三条线与球门线范围内的地区叫球门区。

4. 罚球区　从距两根球门住内侧 16. 5 米（18 码）处，画两条垂直于球门线的标线。这两条标线向比赛场地内延伸 16. 5 米（18 码），与一条平行于球门线的标线相连接。由这些标线和球门线围成的区域是罚球区。在每个罚球区内，距两根球门柱之间的中点 11 米（12 码）处，设置一个罚球点。在每个罚球区外，以罚球点为圆心，画一段半径为 9. 15 米（10 码）的圆弧。

5. 角球区　在比赛场地每个角上应各竖一面不低于 1. 50 米高的平顶旗杆，上系小旗一面，以各角旗杆为圆心，画一半径为 1 米的四分之一圆，这部分区域为角球区。

6. 球门　应设在每条球门线的中央，由两根相距 7. 32 米、与两面角旗点相等距离、直立门柱与一根下沿离地面 2. 44 米的水平横木连接组成，球门必须稳定地固定在场地上。门柱及横木的宽度与厚度，均应对称相等，不得超过 12 厘米。球网附加在球门后面的门柱及横木和地上。球网应适当撑起，使守门员有充分活动的空间。

7. 球门线技术（GLT）　球门线技术系统可以用于帮助裁判员判定进球与否。若比赛中使用球门线技术，则允许对球门框架进行改造，但需遵循《国际足联球门线技术质量项目》和《足球竞赛规则》的具体要求。如果使用球门线技术，必须在竞赛规程中注明。

（二）队员人数

一场比赛由两队参加，每队最多可有 11 名上场队员，其中 1 名必须为守门员。如果任何一队场上队员人数少于7人，比赛不得开始或继续。

国际足联、各洲际联合会或各国足球协会决定在其正式赛事中可约定替补队员人数，但最多不能超过5人次替换，涉及顶级联赛球队一队及国家队A队的男、女子赛事最多可进行3人次替换。

（三）裁判员

（1）每场比赛由一名主裁判员掌控，他有全部权力去执行与比赛有关的竞赛规则。

（2）主裁判员的权利和职责 执行《足球竞赛规则》，与其他比赛官员协作管理比赛，记录比赛时间，比赛成绩，并向相关机构提交比赛报告（报告内容包括赛前、赛中、赛后发生的纪律处罚信息及任何其他事件），监管和（或）示意比赛恢复。

（3）其他比赛官员包括两名助理裁判员、一名第四官员、两名附加助理裁判员、候补助理裁判员、视频助理裁判，以及至少一名助理视频助理裁判员。他们根据竞赛规则协助裁判员管理比赛，但最终决定必须由主裁判员做出。

（四）比赛时间

比赛时间应分为两个相等的半场，每半场45分钟。队员享有中场休息的权利，上下半场之间的休息时间不得超过15分钟。在每半场中由于替补、处理伤员、纪律处罚、延误时间及其他原因损失的时间均应补足，第四官员在每半场最后一分钟结束时展示裁判员决定的最短补时时间，裁判员可增加补时时间，但不得减少。在每半场时间结束时或全场比赛结束后，如执行罚球点球，则应延长时间至罚完为止。

（五）场地选择

通过掷币，猜中的队决定上半场比赛的进攻方向或本队开球。另一队开球或决定本方上半场进攻方向。下半场比赛两队交换半场和进攻方向。

（六）比赛的进行和停止

1. 比赛进行 所有的其他时间，如果球接触了比赛官员，或从球门柱、横梁、角旗杆弹回并且仍在比赛场地内，均为比赛进行中。

2. 比赛停止

（1）球的整体从地面或空中越过球门线或边线。

（2）裁判员停止了比赛。

（3）球接触了比赛官员后仍在比赛场地内，并且（任一队开始了一次有希望的进攻，或直接进入了球门，或控球球队发生了转换）。

（七）计胜方法

1. 进球得分 当球的整体从球门柱之间及横梁下方越过球门线，且进球队未犯规或违规时，即为进球得分。如果守门员手抛球直接进入对方球门，则由对方踢球门球。如果裁判员在球的整体还未越过球门线时示意进球，则以坠球恢复比赛。

2. 获胜队 进球数较多的队伍为获胜队。如果双方球队没有进球或进球数相等，则该场比赛为平局。当竞赛规程规定一场比赛出现平局，或主客场进球数相同时必须有一方取胜，仅允许采用客场进球规则、加时赛、球点球决胜。可将上述各方式组合使用。

二、主要规则解析

（一）越位

1. 越位位置 处于越位位置并不意味着构成越位犯规。队员处于越位位置：如果其头、躯干或脚的任何部分处在对方半场（不包含中线），且头、躯干或脚的任何部分较球和对方倒数第二名队员更接近于对方球门线。所有队员包括守门员的手和臂部都不在越位位置判定范围内。队员不处于越位位置，如果其与对方倒数第二名队员齐平或与对方最后两名队员齐平。

2. 越位犯规 一名队员在同队队员传球或触球的一瞬间处于越位位置，该队员在同队队员传球或触球后得球或触及球，从面干扰了比赛，或干扰对方队员方式参与了实际比赛，才被判罚越位犯规。

3. 不存在的越位犯规 如果队员直接得到球门球、掷界外球、角球，则不存在越位犯规。

4. 违规与处罚 如果出现越位犯规，裁判员在越位发生的地点判罚间接任意球，这包括发生在越位队员的本方半场。

（二）犯规

只有在比赛进行中犯规或违规，才可判罚直接或间接任意球以及球点球。

1. 直接任意球判罚 如果裁判员认为，一名场上队员草率地、鲁莽地或使用过分力量对对方队员实施犯规，包括冲撞、跳向、踢或企图踢、推搡、骂、打或企图打、用脚或其他部位抢截、拌或企图拌、手球犯规（守门员在本方罚球区内除外）。如果是有身体接触的犯规，则判罚直接任意球。

2. 间接任意球判罚 如果一名场上队员以危险方式进行比赛，在没有身体接触的情况下阻碍对方行进；以语言表示不满；使用攻击性、侮辱性或辱骂性的语言和（或）动作，或其他口头的犯规行为；在守门员发球过程中，阻止守门员从手中发球；踢或准备踩球犯有规则中没有提及的，又需裁判员停止比赛予以警告或罚令出场的任何其他犯规。如果守门员在本方罚球区发出球前，用手或臂部控制球超过6秒；在发出球后，其他场上队员触球前，用手/臂部触球；接同队队员直接掷来的界外球；同队队员故意将球踢给守门员，则判罚间接任意球。

3. 警告和罚令出场

（1）可警告的犯规 ①队员攀爬上周边的围栏，并以可能引发安全或安保问题的方式接近观众；②被替换下场时延误时间；③做出挑衅、嘲讽或煽动性质的动作或表现；④用面具或类似器物遮住头部或面部；无论进球有效与否，必须被警告。

（2）罚令出场的犯规 场上队员、替补队员或已替换下场的队员犯有如下行为时，应被罚令出场。①通过手球犯规破坏对方球队进球或明显的进球得分机会（守门员在本方罚球区内除外）；②通过可判罚任意球的犯规破坏对方的进球，或总体上朝犯规方球门方向移动的明显的进球得分机会；③严重犯规；④咬人或向任何人吐口水；⑤暴力行为；⑥使用攻击性、侮辱性或辱骂性的语言和（或）动作；⑦在同一场比赛中得到第二次警告；⑧进入视规操作室，被罚令出场的场上队员、替补队员或已替换下场的队员，必须离开比赛场地周边区域及技术区域。

（三）任意球

1. 种类

（1）直接任意球 这个球可以直接射入犯规队球门得分。

（2）间接任意球　踢球队员不得直接射门得分，除非球在进入球门以前曾被其他队员踢或触及。

裁判员单臂上举过头，示意间接任意球。并保持这种姿势直到球踢出后被其他队员触及、比赛停止或球已经明显不可能直接进入球门为止。如果裁判员未正确示意间接任意球，而球被直接射入球门，则必须重罚间接任意球。

如果直接任意球直接踢入对方球门，则判为进球得分。如果间接任意球直接踢入对方球门，则判为球门球。如果直接或间接任意球直接踢入本方球门、则判为角球。

2. 程序　所有任意球均应在犯规或违规的地点罚球，但下列情况除外。

（1）攻方球队在对方球门区内获得的间接任意球，应在与球门线平行的、离犯规地点最近的球门区线上执行罚间接任意球。

（2）守方球队在本方球门区内获得的任意球可在球门区内的任意地点罚球。

3. 球

（1）必须放定，且罚球队员不得在其他队员触及球前再次触球。

（2）当球被踢且明显移动，则为比赛恢复。

（3）在比赛恢复前，所有对方队员必须距球至少 9.15 米（10 码），除非他们已经处在本方球门柱之间的球门线上。

（4）守方队员在本方罚球区内罚任意球时，处在罚球区外；当守方组成“人墙”的队员人数为 3 人以上时，对方队员必须距离“人墙”至少 1 米（1 码），直至比赛恢复。

（四）罚点球

队员在本方罚球区内，犯有可判罚直接任意球的犯规，则判罚球点球。罚球点球可直接射入球门得分。

1. 程序　球必须放定在罚球点上，球门立柱、横梁和球网不能移动。必须清晰指定主罚的队员。守方守门员必须停留在球门柱之间的球门线上、面向主罚队员，且不可触碰球门立柱、横梁或球网，直至球被踢出。主罚队员和守门员以外的其他场上队员必须距离罚球点至少 9.15 米（10 码）；在罚球点后在比赛场地内；在罚球区外。

场上队员的位置符合规则规定后，裁判员示意执行罚球点球。主罚队员必须向前踢球。允许使用脚后跟踢球，只要球向前移动（在球被踢出时，防守方守门员必须至少有一只脚的一部分接触着球门线，或者与球门线齐平），当球被踢且明显移动，即为比赛恢复。

2. 违规和判罚　一旦裁判员示意执行罚球点球，球必须罚出。如未罚出，裁判员可以在再次示意罚球之前执行纪律处罚。

（1）主罚队员或同队队员如果在比赛恢复前违反规则　如果球进门，则重罚球点球；如果球未进门，则裁判员停止比赛，以间接任意球恢复比赛。

（2）守门员违反规则　如果球进门，进球得分有效；如果球未进门或者击中横梁、门柱弹回，只有守门员的犯规明显影响到了主罚队员才会判罚重罚球点球；如果守门员阻止了球进入球门，则判罚重罚球点球；如果因守门员违规导致重罚球点球，第一次提醒守门员，其后的所有违规行为都将受到警告。

（3）守门员同队队员违反规则　如果球进门，进球得分有效；如果球未进门，应重罚球点球；如果双方队员违反规则，应重罚球点球，除非某一队员的违反规则的程度更高（如使用不合法的假动作)。

(4) 如果守门员和主罚队员同时违规　警告主罚队员，防守方以间接任意球恢复比赛。

(五) 掷界外球

当球的整体从地面或空中越过边线时，由最后触球队员的对方掷界外球，在球离开比赛场地的地点，用双手将球从头后经头顶掷出。掷球时，掷球队员必须面向场地，任何一只脚的一部分在边线上或在边线外的地面上。球一进场内比赛立即恢复。所有对方队员必须站在距离掷球地点至少2米（2码）的位置。掷球队员在球被其他队员踢或触及前，不得再次触球。

掷界外球不得直接掷入球门得分，如果球直接掷入对方球门，判踢球门球，如果球直接掷入本方球门，判踢角球。

(六) 球门球

当球的整体从地面或空中越过球门线，而最后由攻方触及，且并未出现进球，则判为球门球。球必须放定，由守方球队中的一名场上队员在球门区内任意位置踢球。球被踢并明显移动，即恢复比赛。对方队员必须处在罚球区外直到比赛恢复。踢球门球的队员在球被其他队员踢或触及前，不得再次触球。球门球可以直接射入对方球门而得分。如果球离开罚球区后直接进入踢球队员的球门，则判给对方角球。

(七) 角球

当球的整体从地面或空中越过球门线，而最后由防守方队员触及，且并未出现进球，则判为角球。球必须放在球越过球门线时最接近的角球区内，必须放定，由攻方球队中的一名场上队员踢球，当球被踢且明显移动时，即恢复比赛，无须将球踢出角球区。

角球可直接射入对方球门得分，如果角球直接射入踢球队员本方球门，则判给对方角球。踢角球队员的对方队员距角球弧9.15米（10码），直到比赛恢复。踢角球队员在球被其他队员踢或触及前，不得再次触球。

本章小结

本章节讲述了足球运动的起源及价值；介绍了最新的足球竞赛规则及足球比赛中的常用战术，重点讲解足球比赛中常用的技术，详细分析了技术要领。本章强调足球运动是世界上开展最广泛、影响最大的体育项目，学习和掌握足球基本知识、基本技术和战术，有利于更好地欣赏和参与足球运动。通过足球比赛能促进学生身体健康、心理健康，提高良好的社会能力。

思考题

1. 试述脚内侧踢球的技术要领。
2. 常用的停球方法都有哪些？
3. 足球比赛中通常采用的阵形有哪些？
4. 足球的价值和特点是什么？

（王晓丽）

第九章 乒乓球

PPT

拓展阅读

学习目标

知识目标

1. 掌握乒乓球运动基本技战术的动作概念、要领和练习方法。
2. 熟悉乒乓球运动的基本竞赛规则。
3. 了解乒乓球运动的起源和发展。

技能目标

1. 学会乒乓球基本技术，并能灵活地运用到几种常用战术套路中。
2. 能够运用基本竞赛规则进行比赛。

第一节 乒乓球概述

一、乒乓球的起源和发展

（一）起源

乒乓球运动19世纪后期起源于英国，它的前身是室内网球。当时，人们开始是在室内的地板上打网球，后来在餐桌上打网球；先打实心网球（软木球和橡胶球），后打空心的赛璐珞球。随着球的改进，球拍也从类似网球的小球拍（以羔皮纸贴成椭圆形的长柄球拍）改为木拍。在国际乒乓球联合会（以下简称国际乒联）成立以前，乒乓球运动不仅使用的器材无统一的规定，比赛规则也不统一。有打10分一局的，也有打20分一局的，还有打50分、100分一局的；发球时，有的是将球先击到本方台区再跳到对方台区，有的是将球直接打到对方台区；在名称上也不一致，最初，有的将乒乓球称为“弗利姆－弗拉姆”（Flim－Plam），有的称为“高西玛”（Gossime）。1890年，英格兰的詹姆斯·吉布从美国买回了一些用作玩具的赛璐珞球代替当时使用的软木球和橡胶球，由于赛璐珞球与球拍、球台接触时发出“乒乓”的声音，因此人们将这种赛璐珞球称为“乒乓球”。

1902～1908年，日本京都高等师范学校教授坪井玄道在英国留学，后将乒乓球的整套器材带回日本，从此，乒乓球运动传到亚洲。

1904年，上海四马路一家文具店的经理王道平，从日本买回10套乒乓球器材（包括球台、球网、球和带洞眼的球拍）摆设在店中，并亲自表演乒乓球的打法和介绍在日本看到的打乒乓球的情况。从此，中国开始有了乒乓球活动。

1905～1910年，乒乓球运动又传入中欧的维也纳、布达佩斯，以后逐渐扩展到北非的埃及等地。

20世纪20年代以前，乒乓球活动基本上停留在游戏阶段。1926年，国际乒联成立，第一次国际乒联全体会议于1926年12月12日，在英国伦敦举行的第一届世界乒乓球锦标赛期间举行，会议通过了国际乒联章程，讨论并通过了乒乓球竞赛规则草案，推选英国乒协负责人伊沃·蒙塔古为国际乒联第一任主席。自此，乒乓球运动才由一种娱乐性活动转为一项竞技性的体育项目。1928年，国际乒联将“乒乓球”的名称正式定了下来。

（二）发展

乒乓球运动的发展经历了以下几个阶段。

第一阶段（1926～1951）：欧洲全盛期。在此期间，乒乓球运动共举行了18届世界锦标赛，除第13届在埃及举行外，其余17届均在欧洲举行，冠军也多是欧洲国家。这一阶段的技术以稳削防守为主，球拍采用木制球板。

第二阶段（1952～1959）：日本称雄世界乒坛，优势转向亚洲。这一阶段，日本选手创造了“长抽攻击型”打法，冲破了欧洲保持20多年的传统削球防线。这一阶段的技术以进攻为主，并革新了击球的工具，使用海绵球拍，从而加快了进攻的速度。

第三阶段（1960～1971）：中国直拍近台快攻打法于世界乒坛崛起。中国于1952年加入国际乒联，1953年第一次参加第20届世界乒乓球锦标赛。在1959年第25届世乒赛中，我国的容国团首次获得男子单打冠军。在这一阶段，我国运动员创造了“快、准、狠、变”独特风格的近台快攻打法，还发展了以“稳、低、转、攻”为技术风格的削球打法，把世界乒乓球技术大大地向前推进了一步。

第四阶段（1972～1987年）：欧洲的复兴及其与亚洲的对抗。欧洲从20世纪50年代负于日本，60年代负于中国后，用了20年的时间，吸取了日本弧圈球和中国快攻的优点，创造了适合他们特点的以弧圈球为主和快攻结合的新型打法，这种打法的特点是旋转较强、速度快、能拉能打，把旋转和速度紧密地结合起来，从而将乒乓球技术又推到了一个新的水平。

第五阶段（1988～1999年）：进入奥运时代，欧亚竞争更加激烈。1988年，乒乓球运动被列入奥运会的正式比赛项目，这大大促进了乒乓球运动的发展，各国因此都更加重视此项运动的普及和水平的提高。欧亚之间的竞争变得更加激烈。

第六阶段（2000年至今）：中国乒乓球队一直站在世界的巅峰，无人能够撼动中国队的霸主地位。实施新规则后的世界乒坛，对运动员提出了更高的要求，乒乓球技术朝着“主动、凶猛、敢打、多变”的方向发展，并且要求运动员技术更加全面，特长更加突出。

知识拓展

21世纪乒乓球规则的革新：自20世纪末，国际乒联对乒乓球比赛规则进行了一系列改革。2000年10月，乒乓球由直径38毫米、2.5克，改为直径40毫米、2.7克。2001年9月，乒乓球比赛由（每局）21分制改为11分制。2002年9月，乒乓球比赛执行发球无遮挡的规定。2008年9月1日起，禁止使用有机挥发溶剂胶水，改用水质胶水黏合球拍与胶皮。2014年7月，赛璐珞球改为新塑料球。2016年吉隆坡世锦赛，国际乒联大会同意了瑞典提出的关于增加球网高度的提议，但是对于网高增加多少，还在进一步测试之中，即增加网高也只是时间问题。

二、乒乓球的基础知识

（一）球台

球台结构如图 9－1 所示。

1. 端线　球台两端与球网平行的白线，宽 2 厘米。

2. 边线　球台两侧与球网垂直的白线，宽 2 厘米。

3. 中线　球台中央与边线平行的白线，宽 3 毫米。

4. 左半台和右半台　又称 1/2 台，通常是指击球范围。其左右方向以击球者本身为参照体。

5. 2/3 台　击球范围占球台的 2/3。左侧为左 2/3 台，右侧为右 2/3。

6. 全台　击球范围占整个球台，不限落点范围。

（二）站位

站位指运动员开始击球前的基本位置，是运动员击球时，其身体与球台端线之间的距离。各种站位如图 9－2 所示。

1. 近台　站位在离球台端线 50 厘米以内的范围。

2. 中台　站位在离球台端线 70 厘米左右。

3. 远台　站位在离球台端线 100 厘米以外。

4. 中近台　介于近台与中台之间的站位，站位离球台端线 50～70 厘米。

5. 中远台　介于中台与远台之间的站位，站位离球台端线 70～100 厘米。

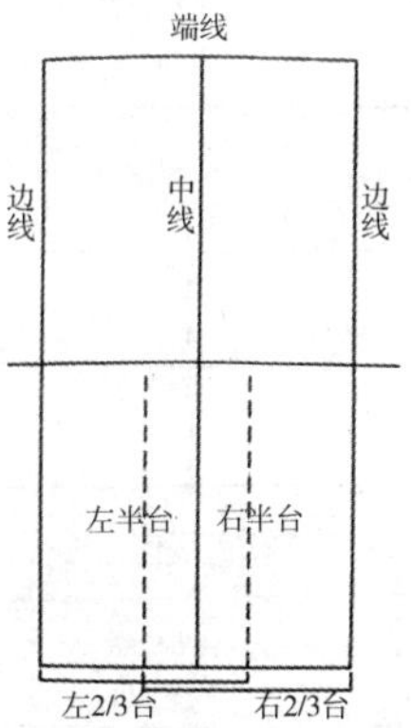

图 9－1　球台

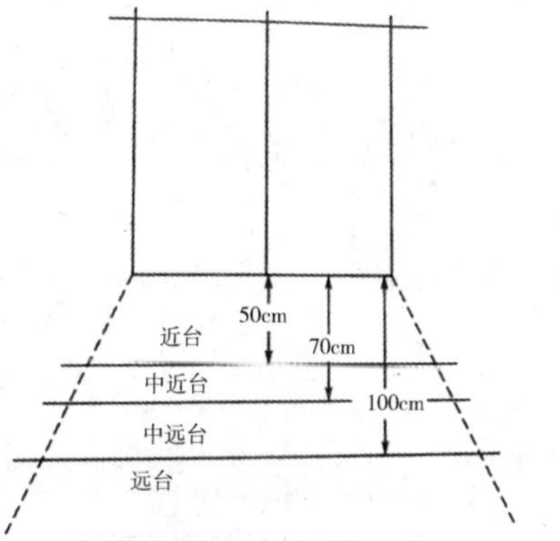

图 9－2　站位

（三）击球时间

击球时间是指来球落到本方台面弹起后，其运行轨迹从着台点上升再下降至触及地面以前的过程（图 9－3）。

1. 上升期　来球从台面弹起至接近最高点的这段时间，还可细分为上升前期与上升后期。

2. 高点期　来球从台面弹起在最高点附近的这段时间。

3. 下降期　来球从最高点开始下降的这段时间，还可细分力下降前期与下降后期。

（四）击球点

击球点是指击球时球拍与球体相接触那一点的空间位置。击球点的位置相对击球者身体而确定，包含三个方面的内容。

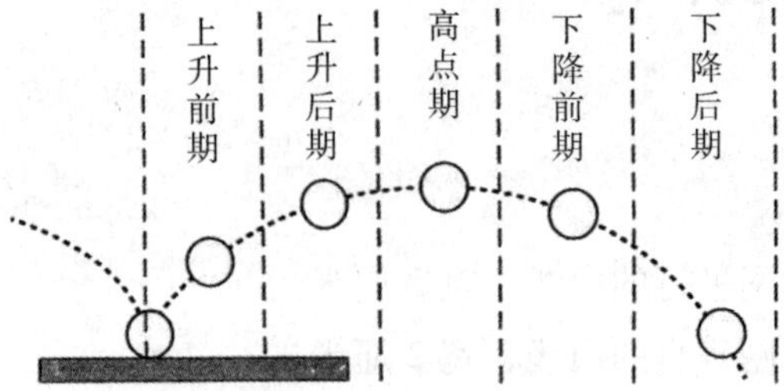

图 9－3　击球时间示意图

1. 击球时，球处于身体的前后距离位置、球和身体的左右远近距离及球的高低位置。
2. 击球点是和击球者、球台以及击球时间紧密联系在一起的。
3. 选择击球点应有利于发力和准确，步法要到位。

（五）击球部位

击球时，球拍触球的位置叫击球部位。实际击球的区域为打球者视角迎球面的上下、左右一定区域。从上到下大致分为上部、上中部、中上部、中部、中下部、下中部、下部（图 9－4）。

（六）短球、长球和追身球

1. 短球又称近网球　球落在台面的近网区，一般距球网 40 厘米以内（图 9－5）。
2. 长球又称底线球　球落在台面的底（端）线区，一般距端线 30 厘米以内（图 9－5）。
3. 追身球　将球击到对方身体中间部位。

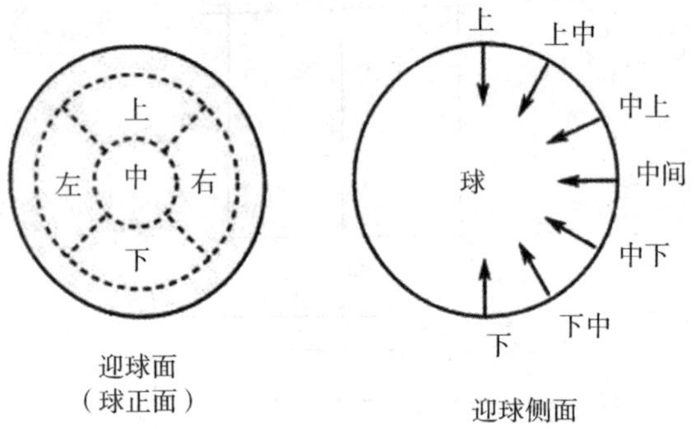

图 9－4　击球部位示意图

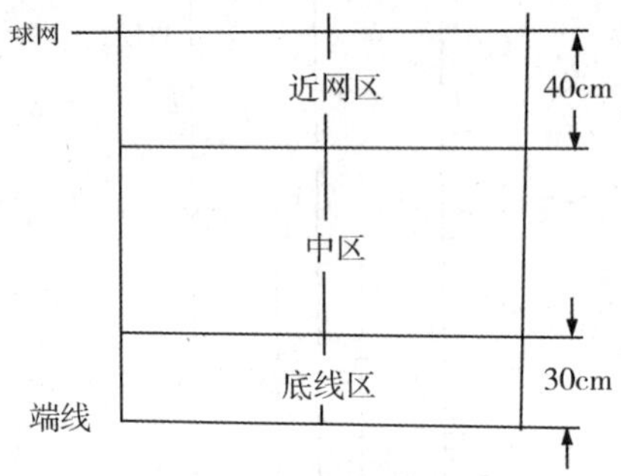

图 9－5　球落点区域

第二节　乒乓球的基本技术

一、基本站位、准备姿势与基本步法

（一）基本站位

不同打法类型有不同的基本站位（以右手持拍为例）。

（1）左推右攻打法的基本站位在近台，球台端线偏左 1/3 处。

（2）直拍两面攻打法的基本站位在近台，球台端线中间略偏左处。

（3）弧圈球打法的基本站位在中近台，直拍单面拉弧圈球打法在离球台端线偏左1/3处；横拍两面拉打法则稍偏中间位置；快攻结合弧圈打法与球台的距离介于近台快攻打法与弧圈球打法之间。

（4）横拍攻削结合型打法的基本站位在中远台。

（5）削中结合进攻型打法的基本站位在远台。

（二）准备姿势

两脚开立约与肩宽，两膝微屈稍内扣，以前脚掌内侧着地，身体重心在两脚中间，上体微前倾下颌微收，两眼注视来球，持拍手臂自然弯曲，手腕放松，球拍自然后仰置于腹前，左手自然弯曲抬起高于台面（图9－6）。

两脚前脚掌内侧着地，屈膝提踵，放松微动。

（a）准备姿势侧面图　（b）准备姿势后面图

图9－6　准备姿势

（三）基本步法

步法是指乒乓球运动员在击球时为选择合适的击球位置所采用的各种脚步移动方法，可以分为单步、跨步、跳步、并步、交叉步、侧身步六种。

1. 单步　一般是在来球离身体不远的小范位内运用。它具有移步简单、灵活、平稳等特点，在还击近网短球或追身球时常采用此步法。

动作要点：以一只脚的前脚掌为轴，另一只脚向前、后、左、右的不同方向移动，当移动完成时身体重心也随之落到摆动脚上（图9－7）。

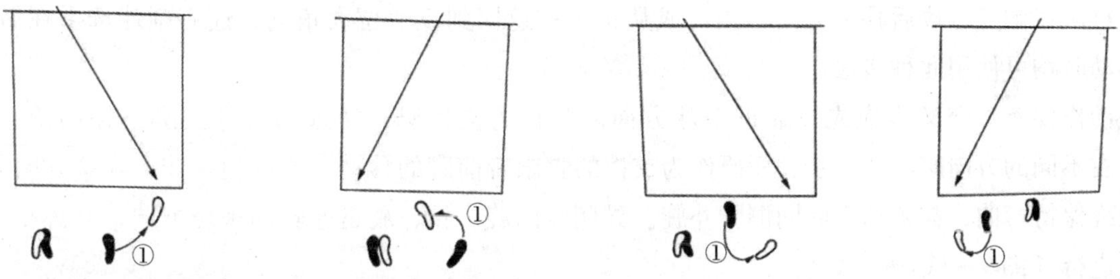

（a）单步向右前移动　（b）单步向左前方移动　（c）单步向右后方移动　（d）单步向左后方移动

图9－7　单步

2. 跨步　移动幅度较大，常会降低身体重心的高度，近台快攻打法在还击正手大角来球时用得较多。削球选手有时也会用它来对付对方的突然攻击。

动作要点：来球方向异侧脚用力蹬地，另一只脚向来球方向侧跨一大步，而蹬地脚也迅速跟着移动，球一离拍后应立即还原，保持准备姿势（图9－8）。

3. 跳步　移动时，常会有短暂的腾空时间，因此，通常是依靠膝关节的缓冲来减少重心的上下起伏。它在来球较快，角度较大时采用。是弧圈球打法在中台向左、右移动或侧身移动时常用的步法。

动作要点：来球异侧方向脚的前脚掌内侧用力蹬地，使两脚同时离开地面向前、后、左、右跳动，蹬地脚先落地（图9－9）。

4. 并步　移动幅度比单步要大，它在移动时没有腾空动作，重心起伏小，能保持身体的平衡和稳定。进攻型选手或削球型选手在左右移动时常采用此步法。

动作要点：先以来球异侧方向的脚用力蹬地向另一脚移（或叫并）半步或一小步，另一只脚在并步落地后即向同方向移动（图9－10）。

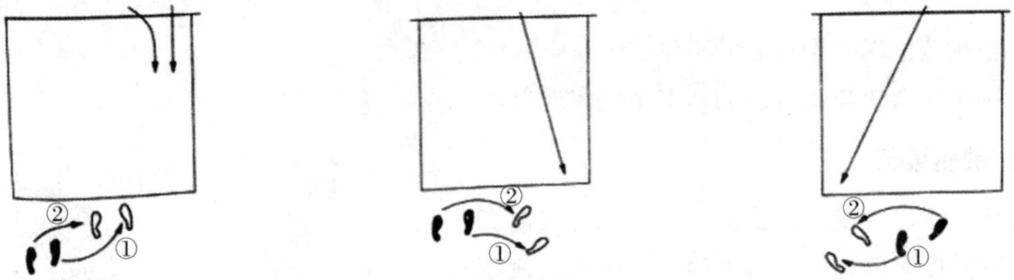

（a）跨步正手打回头　（b）跨步正手削突击球　（c）跨步反手削突击球

图9－8　跨步

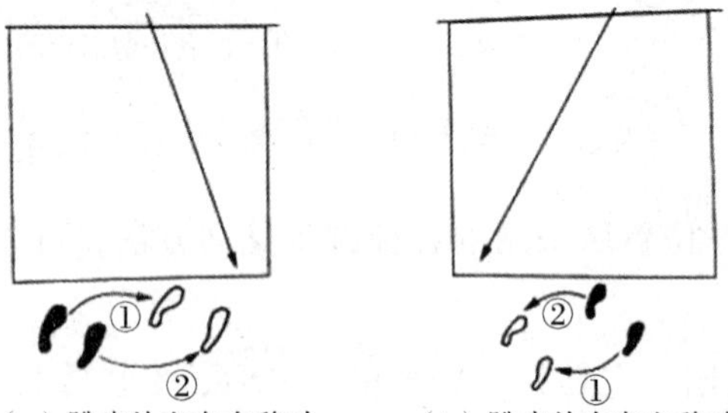

（a）跳步从左向右移动　（b）跳步从右向左移动

图9－9　跳步

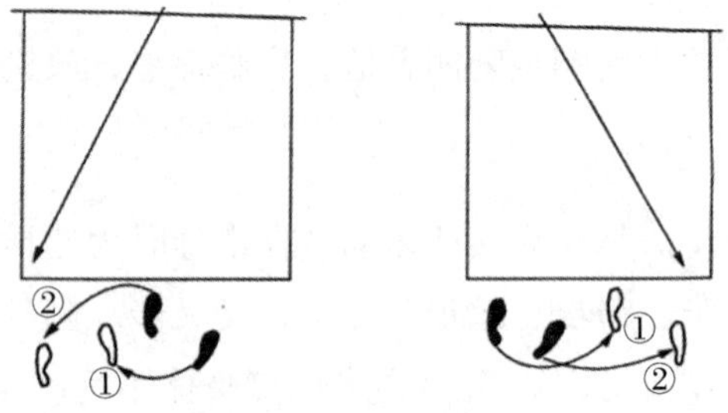

（a）并步从右向左移动　（b）并步从左向右移

图9－10　并步

5. 交叉步　主要是用来对付离身体比较远的来球。其移动幅度和范围都比较大。弧圈球和快攻型打法在侧身进攻后扑右大角空当，或从正手位返回到反手位大角度，还有削球选手在做前、后移动时均可使用此种步法。

动作要点：交叉步应先以靠近来球方向的脚作为支撑脚，使远离来球的脚迅速向前、后、左、右不同的方向跨出一大步，而原作为支撑的脚跟着前脚的移动方向再迈一步。在移动时膝关节始终保持弯曲，与来球方向同侧脚外旋、异侧腿内旋，腰、髋迅速转向来球方向，与挥拍击球同步进行（图9－11）。

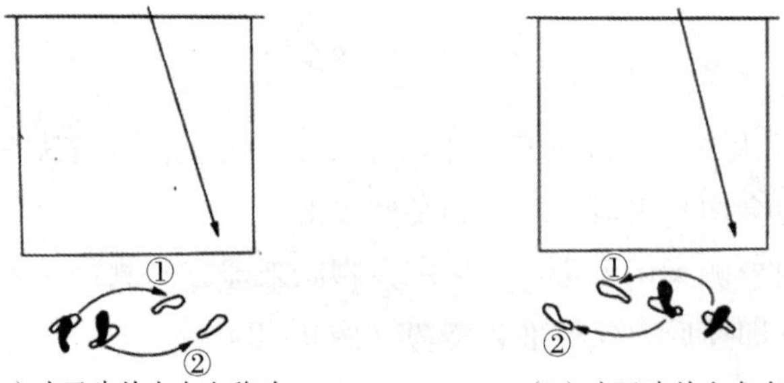

（a）交叉步从右向左移动　（b）交叉步从左向右移

图9－11　交叉步

6. 侧身步　严格地说不是一种独立的步法，它是根据乒乓球实战的具体情况在侧身位的应用。当来球逼近击球员身体或来球至击球员反手位时，击球员采用侧身正手进攻的方法。常用的侧身步有单步侧身、并步侧身、跨步侧身、跳步侧身、交叉步侧身等。其动作要点和作用如下。

（1）跨步侧身　左脚向左侧跨一步，右脚向左侧后方移动，同时上体收腹侧转腰，重心落在右脚上。它具有移动快、范围较小、侧身较充分、发力较大等特点，故快攻打法较多采用此步法（图 9－12）。

（2）跳步侧身　基本上同正常的跳步动作要点，跳动中腰、髋向同侧腿方向转动。它的移动速度比单步和跨步侧身要慢些，但移动的范围较大，让位较充分，有利于正手发力攻球或发力拉、冲弧圈球（图 9－13）。

（3）交叉步侧身　基本上同正常的交叉步动作要点，在移动的同时要注意腰、髋关节配合向右后方转动让位。它的主要是在来球离身体较远时采用，其移动的范围比跳步大，让位充分，对于弧圈球选手的发力抢冲比较有利（图 9－14）。

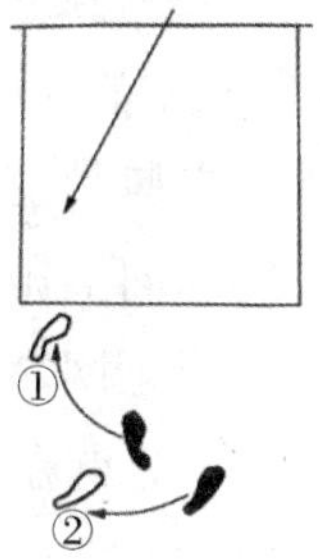

图 9－12　跨步侧身

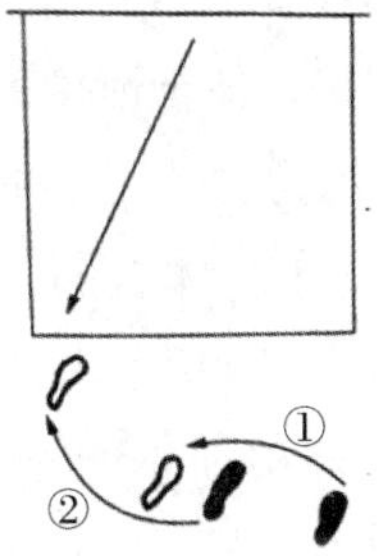

图 9－13　跳步侧身

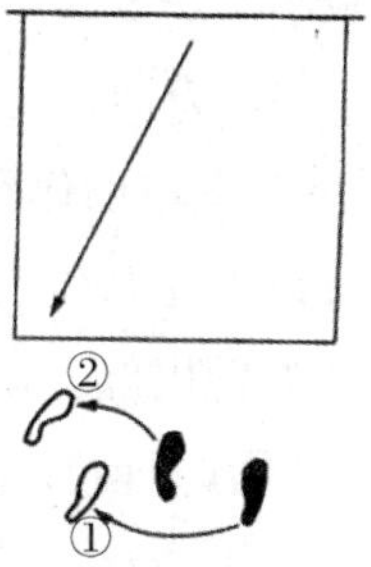

图 9－14　交叉步侧身

二、握拍

握拍法即指单手持球拍的方法。世界上流行着直拍和横拍两种握拍方法，两种握法各有千秋，实践时应因人而异，扬长避短。下面以右手为例讲解。

（一）直拍握拍法

正面拇指第一指节和示指第二指节握拍，拍柄压住虎口（两指间距离适中），背面中指、无名指和小指自然弯曲斜形重叠，中指第一指节顶住球拍的后上部使球拍保持平稳（图 9－15）。

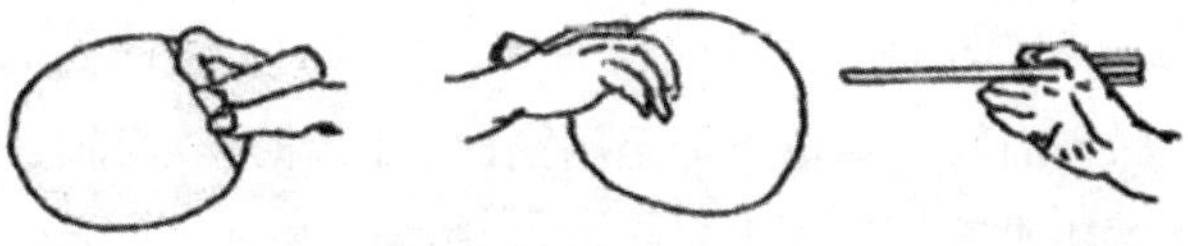

图 9－15　直拍握拍法

（二）横拍握拍法

中指、无名指和小指自然地握住拍柄，拇指在球拍正面轻贴在中指的旁边，示指自然伸直斜放于球拍的背面，虎口轻微贴拍，击球时拇指和示指帮助手腕调节拍形和加力挥拍作用。正手攻球时示指向上移动，反手攻球时拇指向球拍中部移动，帮助手腕下压加大击球力量（图 9－16）。

图 9－16　横拍握拍法

三、发球

在乒乓球技术中，发球是唯一不受对方来球制约的技术。它具有极强的主动性，可以选择自己最合适的站位，按照自己的意图把球发到对方的任何位置。

发球的方法是多种多样的，下面选择几种主要的发球技术进行分述。

（一）平击发球

1. 特点与作用 正手平击发球速度较慢，略带上旋，是最基本的发球技术，也是初学者最容易掌握的发球技术。一方面，平击发球能让初学者熟悉发球的抛、引和打过程，是掌握其他复杂发球技术的基础。另一方面，此种发球，对方容易回接，便于衔接正手攻球或反手推拨技术的练习。

2. 正手平击发球动作要领 以直拍右手持拍为例。正手平击发球站位近台，左脚稍前，击球前左手掌心托球置于身体右前方，右手持拍也置于身体右侧，发球时，持球手将球向上抛起，同时身体右转，右臂内旋，使拍面稍前倾并向右后方引拍。击球时，当球由高点下降至网高时，持拍手从身体右后方向前挥动，击球中上部，上臂带动小臂发力，击出的球的第一落点在球台中间。击球后，体重心移至左脚，手臂顺势向前挥动并迅速还原。

3. 技术动作关键点

（1）抛球、转体和引拍同时进行。

（2）注意击球点。正手平击发球，击球点在身体右侧前方。

（3）球的第一落点在球台底线至中线范围内。

（4）发力时，球拍会有略微向前发力击球的动作。

（二）正手奔球

1. 特点与作用 正手奔球的特点是速度快、落点长、冲力强、球的飞行弧线低。可运用奔球的速度和落点变化干扰对手，伺机抢攻。在对付削球类打法时，可迫使其退后防守，再结合摆短打乱其击球节奏，起到战术多变的作用。

2. 正手奔球动作要领 左脚稍前，身体略向右转，当球向上抛起的同时，执拍手随即向右后上方引拍，拍形稍前倾，腰向右转。当球下降至网高时，以肘关节为轴，上臂带动前臂由右后方向左前方挥动，触球瞬间运用手腕的弹击力量；再变化拍面发斜、直两线，提高隐蔽性，这时重心由右脚向左脚移动，注意还原。

3. 技术动作关键点

（1）击球点低，基本与网高齐平或略低于网高。

（2）第一落点尽量靠近本方端线。

（3）触球时，手腕会有抖动、弹击发力动作，爆发力足，动作随挥短，制动快。

（三）正手发转与不转球

1. 特点与作用 发球者用正手以相似的动作发出旋转强弱差异较大的球，这种球速度慢，前冲力小。在比赛中，转与不转配套使用，以旋转变化迷惑对方，破坏对方接发球战术，造成对方判断错误，可伺机抢攻或直接得分。

2. 动作要点 站位时左脚在前，右脚在侧后，抛球的同时执拍手向后上方引拍。拍面后仰，手腕适当外展，手臂放松，腰向右转便于发力。当球降至网高时，执拍手迅速用力向前下方挥动，发球后，挥拍动作尽可能停住，以利于还原。

发下旋球时，用球拍的下半部去摩擦球的中下部，拇指、示指、手腕在触球瞬间加强爆发力，尽量多摩擦球，注意体会球拍吃住球的感觉。

3. 技术动作关键点

（1）转与不转的动作区别核心在于触球瞬间的拍形，触球部位以及发力方向。

（2）发下旋球时，球拍后仰，用球拍的拍头去触球的中下部，并加速发力摩擦球。而不转球则是球拍稍后仰或直立，用靠近拍柄部位去触球的中部，使作用力接近球心，加速向前推送球，不是摩擦球。

四、接发球

乒乓球的比赛首先是从发球和接发球开始的，每局比赛双方接发球的机会与发球相同，每一分的争夺都是从接发球开始的，在比赛中，相对其他环节而言，接发球的难度最大。因为接发球方对发球者在技术上没有任何限制的方法，这样一来就大大增加了接发球的预测难度。所以，不断提高接发球的能力，合理地把所掌握的技术运用到接发球中，是迅速提高比赛实战能力的关键。

接发球的方法很多，它是由点、拨、推、拉、搓、削、摆短、撇侧旋、挑等多种综合性技术组成的。进入20世纪90年代后期，在原有的接发球技术手段和质量有所提高外，还出现了不少新的接发球技术，如晃接、撇接、劈长、拧、反撕、台内抢拉、抢冲等。所以，接发球技术是各项基本技术的综合运用，只有比较全面地掌握各种接发球的方法，才能在比赛中减少被动，多些主动。下面介绍几种常用的接发球技术。

（一）直拍快推技术

1. 特点与作用　快推具有动作小，回球速度快、变化多、稳定性好地特点，因此能较好地控制线路和落点。在比赛中，可通过变化线路和落点控制对方，为进攻创造机会。

2. 动作要点　左脚稍前，上臂内收自然靠近身体右侧，击球前手臂适当后撤引拍，前臂稍外旋，在来球的上升期拍形前倾，手腕外展，击球的中上部，示指用力，拇指放松，击球后手臂、手腕继续向前随势挥动，距离要短，并迅速还原成击球前的准备姿势（图9－17）。

图9－17　直拍快推技术

3. 技术动作关键点

（1）上臂靠近身体内侧，肘关节靠近胸肋。

（2）击球时示指压拍，拇指放松，保持球拍前倾。

（二）横拍反手拨球技术

1. 特点与作用 横拍反手拨球技术具有动作幅度小、速度快、落点变化多、有一定的力量和速度等特点。是横握拍进攻型选手的一项相持性技术。

2. 动作要点 两脚平行，两膝微屈，重心在两脚之间，球拍向后下引，肘关节稍前顶，腕内收，右肩稍沉。以肘关节为轴，拍面稍前倾，在上升期击球的中上部，向前上方弹击。触球时发力要集中，随势挥拍不宜太长，迅速还原成准备姿势（图9－18）。

1 2 3 4 5 6 7

图9－18 横拍反手拨球

3. 技术动作关键点

（1）手腕内收，肘关节前顶，右肩略微下沉。

（2）引拍位置在胸腹位置。

（3）前臂结合手腕发力，上升期击球，但是触球发力瞬间，保持手腕相对固定。不要甩手腕去发力，导致控制不住球。

（三）正手近台快攻技术

1. 特点与作用 正手近台快攻技术具有站位近、动作小、出手快、多借力还击等特点。在比赛中，可直接得分或在相持中结合落点变化调动对方，伺机进行扣杀。

2. 动作要点 左脚稍前，身体离台约40厘米，引拍至身体右后侧方，右肩稍沉，重心移至右脚，手臂稍做内旋使拍面稍前倾，在上升期击球的中上部；击球瞬间，手腕保持固定，前臂向左上方挥拍，身体重心由右脚移至左脚。击球后，随势挥拍至前额，并迅速还原（图9－19、图9－20）。

1 2 3 4

图9－19 直拍正手快攻

1 2 3 4

图9－20 横拍正手快攻

3. 技术动作关键点

（1）击球点在身体右侧前方。

（2）引拍时，腰部带动身体右转，大臂带动前臂引拍击球。挥拍击球和随势挥拍时，腰部带动身体向左转，重心随之移向左脚，继续向左前上方挥拍。

（3）触球瞬间，手腕保持相对固定，不要试图通过甩动手腕发力。

（四）正（反）手慢搓技术

1. 特点与作用　正（反）手慢搓技术具有动作幅度较大，回球速度较慢，稳健性强的特点。适用于回接旋转较强、线路稍长的来球。如与快搓结合，能变化击球的节奏。

2. 动作要点

（1）正手慢搓　右脚稍前，站位近台，前臂和手腕外旋使拍面稍后仰，身体略向右转，向右上方引拍。在来球的下降前期用球拍的下半部摩擦球的中下部，前臂加速向前下方用力的同时手腕内旋配合用力。击球后，前臂随势前送，立即放松并迅速还原（图 9－21）。

（2）反手慢搓　左脚稍前，站位近台，前臂和手腕内旋将球拍引至身体左上方，拍面后仰，在来球下降前期用球拍的下半部摩擦球的中下部，前臂加速向前下方用力的同时手腕外展配合用力。击球后，前臂随势前送，立即放松并迅速还原（图 9－22）。

图 9－21　正手慢搓

图 9－22　反手慢搓

3. 技术动作关键点

（1）球拍后仰，后上方引拍，前下方发力，触球中下部向底部延伸。

（2）下降期击球，上步后重心及时跟上，保证击球的稳定性。

（五）正手加转弧圈球技术

1. 特点与作用　正手加转弧圈球技术具有飞行弧线较高、球速较慢、上旋力很强的特点。球着台后下滑速度较快，击出的球第一弧线较高，第二弧线较低，是对付下旋球的有效技术。在相持中，可以对击球节奏进行变化。

2. 动作要点

（1）正手拉加转弧圈球：左脚在前，身体重心较低。手臂自然下垂向右后下方引拍，身体随之向右转动，右肩下沉，重心在右脚上。拍触球时拍面稍前倾，上臂带动前臂向前上方挥动，手腕配合发力，身体向左侧转动。在来球的下降前期击球的中部或中上部，在摩擦球的瞬间迅速收缩前臂加大摩擦力。击球后，身体稍向上抬起，随势挥拍至头部高度，重心移至左脚，并迅速还原（图9－23）。

图9－23 正手加转弧圈球

3. 技术动作关键点

（1）拉加转弧圈球，引拍多向下，少向后，同时以摩擦球制造旋转为重点。

（2）击球时借助蹬腿和转腰的力量，最后以前臂向上用力为主，向前用力为辅去摩擦球。

（3）随挥距离相对较长。

第三节 乒乓球的基本战术

在乒乓球比赛中，进攻与防守、主动与被动、进攻与反击等各种情况经常在短时间内交替出现并相互转换。因此，平时的技术训练要在一定的战术要求下进行，要带着战术意识和比赛的观念练技术，这样才能达到技术训练与战术比赛相结合的目的，以适应比赛的需要。乒乓球运动常用的基本战术有以下几种。

一、发球抢攻战术

（一）指导思想

发球抢攻是我国乒乓球运动员的重要战术之一。近年来，世界各种类型打法的运动员都越来越重视这一战术，并使之有了很大发展。运用发球抢攻时，应注意以下几点。

1. 注意发球与抢攻的配合 发球应与自己的技术特点紧密结合。擅长侧身抢攻的选手，可以侧身发高、低抛左侧旋球为主；擅长反手攻球的选手，可以反手发右侧旋球为主。发球时，应明确对方可能的接发球技术、接到什么位置、自己怎样抢攻等。

2. 注意发球抢攻与其他战术的配合 现在接发球水平越来越高，有时接过来的球很难抢攻，甚至对方直接接发球抢攻。此时，可先轻打一板，争取下板球再发力；亦可先控制一板，创造下一板抢攻机会。实战中，往往还需考虑到对方第四板球抢拉，反攻回来，如何攻守兼备的问题。不能一心只想发球后就抢攻，一旦无机会时强行出击，反而会变得被动。

3. 注意提高发球的质量 将速度、旋转和落点的变化结合起来。同时，应特别强调发球花样的创新，为抢攻制造更多的机会。当前，应特别注意克服发球种类单一、发球落点只短无长的现象。

4. 抢攻应大胆果断　不论对方用搓还是拉等技术接发球，自己都应能抢攻。近年来，新规则实施后，接发球方用挑、拉、拧技术接发球的可能性明显增加，所以抢攻上旋球的意识和能力就显得尤为重要。抢攻技术好，可以增加发球的威力。因为对方接发球顾虑多，就容易出机会球。

5. 发球抢攻多样化　每个运动员应有两套特别突出的发球抢攻，多而不精或只有一招都不好。

（二）战术种类

发球抢攻战术多种多样，具体的发球抢攻战术，主要有以下几套。

1. 正手发转与不转球后抢攻　一般以发至对方中路或右方短球为主，配合左方长球。开始先发短下旋球为好，以控制对方不能抢攻或抢拉，然后再发不转球抢攻。在了解对方的情况下，自己又准备拼抢者，亦可先发不转球。不转球一般也先发短的，或发至对方攻势较弱的一面；如果对方吃发球，还可适当发些长的到其正手。若能发到似出台又未出台的落点，则效果更好。发短球后，一般对方回短球的可能性也大，抢攻可用挑打或拧等台内抢攻技术。如实在难于抢攻，可先劈切两大角，争取下板球抢攻或抢拉（冲）。这样，既可避免盲目抢攻，还可打乱对方接发球后就准备防守的战术。

2. 侧身用正手发左侧上、下旋球后抢攻　侧身用正手发左侧上、下旋球的落点控制至对方中左短、左大角、中左长、中右（向侧拐弯飞行正好至对方怀中）和右方短球，一般多在侧身位发至对方右方近网，对方如轻拉至反手，可用推挡狠压（也可用侧身攻）一板直线，或直接得分，或为下板球的连续进攻制造机会；若对方回球至正手位，可用正手攻直线至对方反手。

3. 反手发右侧上、下旋球后抢攻　此战术适合于正、反手皆有进攻能力的选手使用。一般多发至对方中右近网和左方或中路似出台不出台的球，配合两大角长球。在具体运用时，有人惯于将发中右近网与左方或中路球交错使用；有人以一落点为主，另一落点只起干扰作用（如有人以发中右近网为主，偶尔发至对方反手大角）；还有人开局先发非特长落点，到关键时刻才发其特长落点。反手发右侧上、下旋球，应强调出手动作要快。对方接发球的一般规律：你发短球，我接球也短。发球抢攻者应有这方面的意识。

4. 反手发急长球后抢推、抢攻　急长球是指由直线、斜线或中路发出至底线，具有角度大、速度快等特点的长球。此战术在运用时，可分为下面两种情况。

（1）反手发急上旋长球至对方反手后，侧身抢攻。要求急长球必须发得快、力量大、线路长。最好能有一个直线急长球配合。

（2）擅长反手推挡的选手，或遇到对方反手推攻较差的选手，可发急下旋长球后用推挡紧压对方反手再伺机侧身攻的战术。为增强上述战术的效果，可与发右方小球配合运用，以长短互相牵制，相得益彰。

5. 反手发离抛右侧上、下旋球后抢攻　一般以发至对方正手位或中右近网为主，配合发两大角长球，伺机抢攻。

6. 正手发急长球后抢攻　单纯发急长球后抢攻，往往易被对方适应。所以，它多与其他发球配合运用。如侧身发球至对方反手或中路后，配合一个直线急长球。

二、接发球战术

接发球所采取的对策，包括在前三板战术运用的范围，它对整个战局能否获得主动起着主要作用。比赛中，双方都力争积极主动，如果接发球处理不好，很快就会陷入被动。因此，运动员在运用接发球战术时，要树立抢先争主动的意识，运用不同的技术手段去接发球，并与自身特长技术密切结合，才能在比赛中争得主动。常用的接发球战术有以下几种。

（一）接发球抢攻战术

以快打、快拉、快拨、快推等手段回击所有长球，并抢先上手，连续进攻。

（二）以快搓、摆短等手段为主

用快搓、摆短等手段回接。使对方难以发力抢攻或抢拉，自己抢先上手取得主动进攻。如我国选手刘国梁、孔令辉、杨颖、李菊等在国际比赛中，常以娴熟的快搓、摆短技术回接对手的发球，破坏其发球抢攻或抢拉弧圈的战术意图，为自己争取主动。

（三）用“快点”回击各种侧旋、上旋或不转的短球

用“快点”回击各种侧旋、上旋或不转的短球，伺机进攻，争取主动。

接发球战术，应在比赛中根据具体情况灵活运用，才能达到破坏对方发球抢攻或抢拉的战术意图，争取主动，创造机会。

三、对攻战术

对攻战术是进攻类打法在相持或相互对抗时，双方利用速度、旋转、力量和落点等变化来抑制对方，争取主动的重要手段，具体有以下几套。

（一）压对方反手，伺机正手攻或侧身攻

1. 适用范围　一般用于对付反手较弱或进攻能力不强的对手。

2. 注意事项

（1）压住对方反手时，可用推挡、反手攻或弧圈球。

（2）压住对方反手准备侧身前，应主动制造机会，或突然加力一板，或攻压一板中路，或攻压一板大角度，尽量避免盲目侧身。

（二）压左调右（压反手变正手）

1. 适用范围

（1）自己反手不如对方时，主动变线避实就虚。

（2）对方侧身攻的意识极强，以牵制对方侧身攻。

（3）对方正、反手交换摆速慢。

（4）正手位攻击力不够强的选手。

（5）自身正手实力强。

2. 注意事项

（1）变线的这板球应有质量，如推挡变线应凶一点，这样对方跑过去难于发力，自己侧身抢攻就容易。

（2）避免习惯性变线，被对方适应，反遭被动。

（3）切忌被动变线，否则易给对方提供抢攻的机会。

（三）压左等右

1. 适用范围　多在对方采用压左调右的战术时使用。

2. 注意事项　压对方反手要凶些，否则对方变线较狠，自己往往被动。上述三种战术经常结合运用。如对方反手较弱或准备不足时，先用压对方反手的战术；但对方注意了反手，或增多了侧身攻后，就应改用变对方正手的战术；而当自己在反手位得利后（包括侧身攻），对方往往会频频变线到自己正手，此时自己应采用压左等右的战术（紧压对方反手，等着对方变线，自己用正手抢攻）。

（四）调右压左

1. 适用范围

（1）对方左半台进攻能力较强，压对方反手位不占便宜时，可采用先打对方正手，将其调到正手并被迫离台后，再打其反手位。

（2）对付正手位进攻能力不是很强，或反手位只能近台、不善离台的直拍快攻选手。

2. 注意事项

（1）调整手位的这板球要凶，否则易遭对方攻击。

（2）调整手要有胆量和实力。许多人的正手弱点，需要有几个回合后才能暴露，不是一板球就能见效的。

（五）压中路配合压两角

1. 适用范围　对付不擅长侧身的两面攻或两面拉选手最为有效。

2. 注意事项

（1）压中路，最好能加减力相结合。一般应先用加力推（攻）将对方压下去，再用减力挡引对手上前，然后伺机扣杀。

（2）若对方正、反手技术实力差别较大时，还可将压中路与压其技术较弱的一面相结合。

（3）如果对方虽为两面攻（拉）选手，但遇中路来球习惯于侧身攻者，最好将压中路与调整手结合运用。

（六）正手全台抢攻

充分发挥正手攻球优势，能侧身攻即侧身攻，力争正手全台跑动，此为拼杀时的常见战术。

四、搓攻战术

搓攻战术是进攻型选手的一项辅助战术。主要是利用搓球的旋转和落点变化来控制对方，为进攻创造条件。运用这一战术时搓球的次数不能过多，一般快搓一两板就必须寻找机会主动进攻，否则将使自己陷入被动。具体有以下几套。

（1）快搓、摆短为主，结合搓长球至对方反手，伺机抢攻。

1）以快搓、摆短至对方中路近网小球，伺机侧身扣杀或冲直线。

2）以转与不转搓球至对方反手位底线长球，使其不容易侧身，伺机抢攻或冲右方大角度。

（2）搓转与不转结合落点变化，伺机抢攻。

1）以转与不转的搓球至对方左或右、长或短的球，伺机抢冲、扣杀。

2）以下旋搓球和侧旋搓球至对方反手位，伺机进行抢、冲或扣杀。

五、削、攻结合战术

这是削攻结合打法的主要战术，主要是以削球旋转的变化来牵制并控制对方，同时为进攻创造机会。

1. 削两角，伺机反攻

（1）以削球紧逼对方两大角，伺机抢攻。

（2）以削球紧压对方左角（右角）突变右角（左角），伺机反攻。

2. 削长、短球伺机反攻

（1）以削同线、异线长、短球，伺机反攻。

（2）以削近身长、短球，伺机反攻。

3. 削转与不转球，伺机反攻

（1）以先削加转，后送不转，结合落点变化，伺机反攻。

（2）以削下旋、突削侧旋，扰乱对手，伺机反攻。

（3）在连续削球中，突然用拱或带，扰乱对手，伺机反攻。

4. 削、攻结合

（1）在削球时，以削球为主，削攻结合，伺机得分。

（2）以反手削、正手攻，削攻结合，伺机得分。

（3）以正、反手削、攻结合运用旋转和节奏变化扰乱对方，争取主动进攻得分。

第四节　乒乓球竞赛规则

一、比赛方法

（一）球台

（1）球台的上层表面叫作比赛台面，应为与水平面平行的长方形，长2.74米，宽1.525米，离地面高76厘米。

（2）比赛台面不包括球台台面的侧面。

（3）比赛台面可用任何材料制成，应具有一致的弹性，即当标准球从离台面30厘米高处落至台面时，弹起高度应约为23厘米。

（4）比赛台面应呈均匀的暗色，无光泽，沿每个2.74米的比赛台面边缘各有一条2厘米宽的白色边线，沿每个1.525米的比赛台面边缘各有一条2厘米宽的白色端线。

（5）比赛台面由一个与端线平行的垂直的球网划分为两个相等的台区，各台区的整个面积应是一个整体。

（6）双打时，各台区应由一条3毫米宽的白色中线，划分为两个相等的“半区”，中线与边线平行，并应视为右半区的一部分。

（二）球网

（1）球网装置包括球网、悬网绳、网柱及将它们固定在球台上的夹钳部分。

（2）球网应悬挂在一根绳子上，绳子两端系在高15.25厘米的直立网柱上，网柱外缘离开边线外缘的距离为15.25厘米。

（3）整个球网的顶端距离比赛台面15.25厘米。

（4）整个球网的底边应尽量贴近比赛台面，其两端应尽量贴近网柱。

（三）球

（1）应为圆球体，直径标准为40.00~40.60毫米。

（2）球重2.67~2.77克。

（3）球应用新塑料制成，呈白色，黄色或橙色，且无光泽。

（四）球拍

（1）球拍的大小、形状和重量不限，但底板应平整、坚硬。

（2）底板厚度至少应有85%的天然木料，加强底板的黏合层可用如碳纤维、玻璃纤维或压缩纸等纤维材料，每层黏合层不超过底板总厚度的7.5%或0.35毫米。

（3）用来击球的拍面应用一层颗粒向外的普通颗粒胶覆盖，连同黏合剂厚度不超过2毫米；或用颗粒向内或向外的海绵胶覆盖，连同黏合剂，厚度不超过4毫米。

普通颗粒胶：一层无泡沫的天然橡胶或合成橡胶，其颗粒必须以每平方厘米不少于10颗，不多于50颗的平均密度分布整个表面。

海绵胶：在一层泡沫橡胶上覆盖一层普通颗粒胶，普通颗粒胶的厚度不超过2毫米。

（4）覆盖物应覆盖整个拍面，但不得超过其边缘。靠近拍柄部分以及手指执握部分可不予以覆盖，也可用任何材料覆盖。

（5）底板、底板中的任何夹层、覆盖物以及黏合层均应为厚度均匀的一个整体。

（6）球拍两面不论是否有覆盖物，必须无光泽，且一面为鲜红色，另一面为黑色。

（7）拍身边缘上的包边应无光泽，不得呈白色。

（8）由于意外的损坏、磨损或褪色，造成拍面的整体性和颜色上的一致性出现轻微的差异。只要未明显改变拍面的性能，就可以允许使用。

（9）比赛开始时及比赛过程中运动员需要更换球拍时，必须向对方和裁判员展示他将要使用的球拍，并允许他们检查。

二、主要规则解析

（一）相关定义

（1）回合球是指处于比赛状态的一段时间。

（2）球处于比赛状态是指从发球时，球被有意向上抛起前，静止在不执拍手掌上的一瞬间。到该回合被判得分或重发球。

（3）重发球是指不予判分的回合。

（4）一分是指判分的回合。

（5）执拍手是指正握着球拍的手。

（6）不执拍手是指未握着球拍的手。

（7）击球是指用握在手中的球拍或执拍手手腕以下部分触球。

（8）阻挡是指对方击球后，处于比赛状态的球尚未触及本方台区也未超过比赛台面或其端线，即触及本方运动员或其穿戴（带）的任何物品。

（9）发球员是指在一个回合中，首先击球的运动员。

(10) 接发球员是指在一个回合中，第二个击球的运动员。

(11) 裁判员是指被指定管理一场比赛的人。

(12) 裁判助理是指被指定在某些方面协助裁判员工作的人。

(13) 运动员“穿或戴（带）”的任何物品是指他在一个回合开始时穿或戴（带）的任何物品。

(14) 球台的“端线”是指端线两端的无限延长线。

(二) 合法发球

(1) 发球时，球自然置于不执拍手的手掌上，手掌张开，保持静止。

(2) 发球员必须用手把球几乎垂直地向上抛起，不得使球旋转，并使球在离开不执拍手的手掌之后上升不少于16厘米，球下降到被击出前不能碰到任何物体。

(3) 当球从抛起的最高点下降时，发球员方可击球，使球首先触及本方台区，然后直接触及接发球员的台区。在双打中，球应先后触及发球员和接发球员的右半区。

(4) 从发球开始，到球被击出，球始终在比赛台面的水平面以上和发球员的端线以外。而且从接发球方看，球不能被发球员或其双打同伴的身体或他们所穿戴（带）的任何物品挡住。

(5) 球一旦被抛起，发球员的不执拍手臂应立即从球或球网之间的空间移开。和球网之间的空间由球和球网及其向上的延伸来界定。

(6) 运动员发球时，有责任让裁判员或副裁判员确信他的发球符合规则的要求，且裁判员或副裁判均可判定发球不合法。如果裁判员或副裁判员对发球的合法性不确定，在一场比赛中第一次出现时，可以中断比赛并警告对方。但此后如该运动员或双打同伴的发球不是明显合法，将被判发球违例。

(7) 运动员因身体伤病而不能严格遵守合法发球的某些规定时，可由裁判员做出决定免予执行。

(三) 合法还击

对方发球或还击后，本方运动员必须击球，使球直接越过或绕过球网装置，或触及球网装置后，再触及对方台区。

(四) 比赛次序

在单打中，首先由发球员合法发球，再由接发球员合法还击，然后两者交替合法还击。在双打中，首先由发球员合法发球，再由接发球员合法还击，然后由发球员的同伴合法还击，再由接发球员的同伴合法还击，此后，运动员按此次序轮流合法还击。

(五) 重发球

1. 判重发球的情况

(1) 如果发球员发出的球，在越过或绕过球网装置时，触及球网装置，此后成为合法发球或被接发球员或其同伴阻挡。

(2) 如果接发球员或同伴未准备好时，球已发出，而且接发球员或其同伴均没有企图击球。

(3) 由于发生了运动员无法控制的干扰，而使运动员未能合法发球。

(4) 裁判员或副裁判员暂停比赛。

2. 暂停比赛的情况

(1) 由于要纠正发球、接发球次序或方位错误。

（2）由于要实行轮换发球法。

（3）由于警告或处罚运动员。

（4）由于比赛环境受到干扰，以致该回合结果有可能受到影响。

（六）一分

除被判重发球的回合，下列情况运动员得一分。

（1）对方运动员未能合法发球。

（2）对方运动员未能合法还击。

（3）运动员在发球或还击后，对方运动员在击球前，球触及了除球网装置以外的任何东西。

（4）对方击球后，该球越过本方端线而没有触及本方台区。

（5）对方击球后，球穿过球网，或从球网和网柱之间、球网和比赛台面之间通过。

（6）对方阻挡。

（7）对方连击。

（8）对方用不符合的拍面击球。

（9）对方运动员或他穿戴（带）的任何东两使球台移动。

（10）对方运动员或他穿戴（带）的任何东西触及球网装置。

（11）对方运动员不执拍手触及比赛台面。

（12）双打时，对方运动员击球次序错误。

（13）执行轮换发球法时，接发球运动员或其双打同伴，包括接发球一击，完成了 13 次合法还击。

（七）一局比赛

在一局比赛中，先得 11 分的一方为胜方，10 平后，先多得 2 分的一方为胜方。

（八）一场比赛

一场比赛应采用三局两胜制或五局三胜制或七局四胜制。一场比赛应连续进行，但在局与局之间，任何一名运动员都有权要求不超过一分钟的休息时间。

（九）发球、接发球和方位的选择

（1）选择发球、接发球和方位的权力应由抽签来决定。中签者可以选择先发球或先接发球，或选择先在某一方位。

（2）当一方运动员选择了先发球或先接发球，或选择先在某一方后，另一方运动员必须有另一个选择。

（3）在获得每 2 分之后，接发球方成为发球方，以此类推，直至该局比赛结束，或者直至双方比分都达到 10 分或实行轮换发球法时，发球和接发球次序仍然不变，但每人只轮发一分球。

（4）在双打的第一局比赛中，先发球方确定第一发球员，再由先接发球方确定第一接发球员。在以后的各局比赛中，第一发球员确定后，第一接发球员应是前一局发球给他的运动员。

（5）在双打中，每次换发球时，前面的接发球员应成为发球员，前面的发球员的同伴应成为接发球员。

（6）一局中首先发球的一方，在该场下一局应首先接发球。在双打决胜局中，当一方先得 5 分时，接发球方应交换接发球次序。

（7）一局中，在某一方位比赛的一方，在该场下一局应换到另一方位。在决胜局中，一方先得5分时，双方应交换方位。

（十）发球、接发球次序和方位的错误

（1）裁判员一旦发现发球、接发球次序错误，应立即暂停比赛，并按该场比赛开始时确立的次序，按场上比分由应该发球或接发球的运动员发球或接发球。在双打中，则按发现错误时那一局中首先有发球权的一方所确立的次序进行纠正，继续比赛。

（2）裁判员一旦发现运动员应交换方位而未交换时，应立即暂停比赛，并按该场比赛开始时确立的次序、按场上比分运动员应站的正确方位进行纠正，再继续比赛。

（3）在任何情况下，发现错误之前的所有得分均有效。

（十一）轮换发球法

（1）除了本条目下（2）的情况外，一局比赛进行到10分钟或者在任何时间应双方运动员或配对的要求，应实行轮换发球法。

（2）如果一局比赛已达到至少18分，将不实行轮换发球法。

（3）实行轮换发球法的时间到时，球处于比赛状态，裁判员应立即暂停比赛，由被暂停回合的发球员发球，继续比赛；如果实行轮换发球法时，球未处于比赛状态，应由前一个回合的接发球员发球，继续比赛。

（4）此后，每位运动员都轮发一分球，直至该局结束。如果接发球方进行了13次合法还击，则判接发球方得一分。

（5）实行轮换发球法不能更改比赛中按照条目（九）下（6）所确定的发球和接发球次序。

（6）轮换发球法一经实行，将一直执行到该场比赛结束。

本章小结

本章节阐述了乒乓球运动的起源、发展和常用术语；详细讲述了乒乓球常用单项技术的特点与作用、动作要领、技术动作关键点；还结合近些年新规则和技战术发展最新思路，详述了乒乓球常用战术套路以及竞赛基本规则。本章的重点是乒乓球的基本技术，难点是乒乓球的基本战术和竞赛规则的灵活运用。通过本章的学习，旨在让学生充分了解乒乓球运动，不断提高运动兴趣和身体素质，进一步增强终身体育意识。

思考题

1. 世界乒乓球运动的发展经历了哪几个阶段？
2. 正手快攻技术的动作要领是什么？
3. 发球抢攻和接发球抢攻战术的基本方法是什么？
4. 在乒乓球竞赛中，回合出现什么情况要判重发球？什么情况要暂停比赛？

（李秀焕）

第十章　羽毛球

PPT

拓展阅读

学习目标

知识目标

1. 掌握握拍、发球、击球、步法等基本技术动作要领。
2. 熟悉羽毛球核心技术、战术术语。
3. 了解羽毛球运动的起源、发展历程、赛项等知识。

技能目标

1. 学会羽毛球运动的技术动作要领、单（双）打战术，并能在实战中运用。
2. 能够参加一般性的羽毛球比赛。

第一节　羽毛球概述

一、羽毛球的起源和发展

（一）起源

19 世纪中叶，印度浦那城里，有一种类似羽毛球的游戏开展得十分普遍，它用圆形硬纸板或以绒线编织成球形插上羽毛，练习者手持木拍，将球在空中轮流击出，这项活动在英国驻印度军队里开展得尤其活跃。据考证，类似羽毛球活动的板羽球游戏在中国古代早就有了。

现代羽毛球运动起源于 1873 年，在英国伯明顿镇，有一位鲍费特公爵，他的庄园组织了一次游艺活动。由于天公不作美，户外活动只能改在室内进行。应邀来宾中有好几位是英国驻印度退役军人，他们建议进行浦那游戏。当时室内场地呈葫芦状，他们在场地中间拉了一根绳子代替网，每局比赛只能有两人参加，有一定的分数限制，大家打得非常热闹。于是，羽毛球作为一种高雅的娱乐性活动迅速传遍英国，为了纪念此项运动的诞生地，“伯明顿”成为羽毛球的英文名字而流传于世界。

（二）国际发展

1875 年，第一个军人羽毛球俱乐部在英国成立，1893 年英国已有 14 个羽毛球俱乐部。他们举行会议，正式成立了英国羽毛球协会，当时，英国羽毛球协会对羽毛球运动的开展、提高和传播起到了积极的推动作用。这项运动首先在欧洲传播，然后发展到美洲、亚洲和大洋洲。

20 世纪 20 ~ 30 年代，加拿大、丹麦、马来西亚等国也相继成立了羽毛球协会。为了推动世界羽毛球运动的发展，1934 年，由英格兰、法国、爱尔兰、苏格兰、荷兰、加拿大、丹麦、新西兰和威尔士九个羽毛球协会共协商成立了国际羽毛球联合会，第一任主席是汤姆斯，总部设在伦敦。

国际羽联的成立对羽毛球技术、战术的发展起了促进作用，除了传统的“全英羽毛球锦标赛”照常举行外，在1948年增设了汤姆斯杯赛（世界男子团体锦标赛），1956年增设了尤伯杯赛（世界女子团体锦标赛），并相继举办了世界羽毛球锦标赛、世界杯赛等，使世界羽毛球运动又向前前进了一大步。1981年，国际羽联和世界羽联正式合并，依然叫作国际羽毛球联合会（简称国际羽联），使世界羽毛球运动产生了新的飞跃，出现了欣欣向荣、生机勃勃的景象。

在1988年汉城奥运会上，羽毛球被列为表演项目，在1992年巴塞罗那奥运会上被列为正式比赛项目。1996年亚特兰大奥运会混双列为比赛项目。从此，羽毛球进入了一个新的发展时期。

（三）在中国的发展

现代羽毛球运动大约于1920年传入我国，最初在上海、广州、天津、北京等城市的教会组织的青年会和大学举办。1956年，中国羽毛球协会成立，标志着我国羽毛球运动新纪元的到来，在1959年第1届全运会上，羽毛球作为正式比赛项目，共有21个省、市派选手参加了比赛。这对羽毛球运动的普及和羽毛球技术水平的提高起到了促进作用。20世纪60年代初期，第二批印度尼西亚华侨青年相继回国，如汤仙虎、侯加昌、陈玉娘等。1963年，连获第4届、第5届汤姆斯杯冠军的印度尼西亚队来我国访问比赛，我国羽毛球队取得了六胜四负的战绩。1965年和1966年我国在与世界亚军、欧洲冠军丹麦队和欧洲劲旅瑞典队进行互访比赛时，再获全胜。当时中国羽毛球队的战绩使世界羽坛为之震惊，外国舆论界称中国队是世界羽坛的“无冕之王”“真正的世界冠军”。

进入20世纪80年代后期，我国羽毛球运动进入第二个鼎盛时期，我国羽坛选手参加各种世界比赛，都取得了好成绩。

20世纪80年代是我国羽毛球运动最辉煌的时期，是世界羽毛球运动的“中国时代”，中国羽毛球队为祖国争了荣誉，振了国威。进入20世纪90年代，中国羽毛球一方面是处于世界羽坛众目睽睽之下，各国都在研究、寻找击败中国选手的方法，另一方面我国羽坛也受到经济大潮的冲击，训练体制和人才体制都相应受到影响，训练质量下降，人才外流，导致中国羽毛球队出现成绩严重滑坡的现象。1994年在日本广岛举行的亚运会上，我国羽毛球男女选手无一人进入决赛。这表明，中国羽毛球运动水平已经跌落到自20世纪60年代以来的最低谷。中国选手葛菲和顾俊在1996年第26届夏季奥林匹克运动会上，奋力拼搏，夺得羽毛球女双金牌，实现了我国羽毛球项目在奥运会上零的突破，这表明中国羽毛球正走出低谷。1997年，我国运动员再次夺得“苏迪曼杯”，同时在世界锦标赛上获得了女单、女双和混双三块金牌，开始步入再铸辉煌的历程。

二、羽毛球的特点

1. 场地选择灵活 作为全民健身的羽毛球运动对场地、设备的要求不高，只要一块不大的平地就可以，当然如果有标准场地可供使用，也是一种不错的选择。

2. 运动量因人而异 若作为保健康复进行锻炼，运动量宜较小，活动20～30分钟即可，心率为100～130次/分钟。若作为促进生长发育、提高身体功能进行锻炼，运动量为中强度，活动时间在40～50分钟，心率为140～150次/分钟；若要大强度活动，可使心率达到160～180次/分钟。

3. 全身性运动项目 羽毛球运动在场上必须不停地移动、跳跃、转体和挥臂，从而增大了上、下肢及腰腹肌肉的力量，加快了血液循环，增强了心血管和呼吸系统的功能。同时，在短时间内要对瞬息万变的球路做出判断，这对提高人体神经系统的灵敏性、协调性也有重要作用。

4. 球路随意　在进行羽毛球运动时，从击球时的某一单个的击球手法和移动步法来看，是有一定规律的。但受对方击球后来球的方向有左有右、来球角度和弧度有大有小、来球的距离有长有短和来球的力量有强有弱等不定因素的影响，球的落点变化无常。因此，运动中技术动作没有固定不变的模式。一切技战术都是在“动态”的状况下完成的。

5. 竞技比赛体能消耗大　羽毛球比赛通常采用三局两胜制，先得到的规定分数的一方为胜方，不受时间限制。大型比赛中，无论是单打还是双打比赛，双方选手实力相当、久攻不下的情况比比皆是，有时一个球的竞争就要打 100 多拍，拿 1 分都非常不容易，一场比赛可能持续一个多小时，甚至 2 个多小时，双方体力消耗巨大。这种发展趋势，使比赛变得更加艰苦，对选手的耐力素质的要求也就更高了。

6. 动作更具爆发力　从羽毛球选手在场上身体运动的动作来观察，选手的上肢运动是通过手臂肌肉运动产生爆发力，并挥动羽毛球拍将球击出；下肢运动是下肢肌肉在力的作用下，产生快速移动，使人体在短时间内到达合适的位置，协调上肢完成击球动作。因此，羽毛球运动员需要的力量素质必须与速度素质紧密联系在一起，是一种动力性的速度力量，即爆发力。这种力量素质要求在短时间内产生强大的爆发性力量。下肢爆发性的启动蹬力，会加速身体的移动；上肢爆发性的手指与腕部力量，能使击球动作更加有力。

7. 运动中急停急起　羽毛球飞行的速度可达每小时 400 多千米，对选手的灵活性素质提出了很高的要求。选手在运动中动作转换的快慢，对来球的判断是否准确，都会直接影响对抗中的主动权。每一项技战术的运用与实施，都离不开选手的判断快、反应快、启动快、移动快、蹬跳快、击球动作快和回动快，既要在变化莫测的瞬间判断来球的方向、迅速向来球方向移动击球，又要根据对手的位置迅速决定回击的球的线路。因此，羽毛球选手只有具备了这种快速灵敏的思维决断能力，才能在高速度的激烈竞争中立于不败之地。

三、羽毛球的基础知识

（一）手指发力

1. 捻动发力　手指捻动拍柄，使球拍内旋或外旋发力。多用于网前小球处理、接发球挡网或击球力量较小的击球技术中。

2. 屈指发力　拇指和示指扣紧球拍为支点，其余三指由松到屈指紧握发力。一般用于杀球这样的需要较大击球力量的击球技术中，以提高击球的爆发力。

3. 屈捻发力　屈指发力和捻动发力的合成。一般用于吊球等击球技术中。

（二）手臂旋转

1. 内旋　手臂前伸，将掌心向下的动作。

2. 外旋　手臂前伸，将掌心向上的动作。

（三）击球点

球拍拍面与球托接触的点为击球点。

1. 前打　迎着来球主动击球，击球点要在身体的前面，不要到身体的后面或靠紧身体。

2. 高打 上手击球击球点越高越好，甚至可以起跳击球；网前球抢高点击球可以提高抢网概率及网前球质量；半场球在肩上击球还可以争取反击的机会。

第二节 羽毛球的基本技术

羽毛球基本技术包括手上的手法基本功和脚下移动技术。手法基本功包括握拍方法、发球方法和击球方法三部分。步法包括上网步法、后退步法、两侧移动步法和前后场连贯步法。

一、手法基本功

（一）握拍方法

有人曾做过这样的比喻："羽毛球的球拍是选手手臂的延伸。"正确的握拍可使其与人的手有机地融为一体，选手可用这只"延长的手"随心所欲地迎击不同方向、不同速度的来球，达到手与球拍之间完美的结合。

羽毛球拍握法正确与否，对于掌握和提高羽毛球技术水平，有着重要的影响。羽毛球技术中的握拍和指法是多种多样的，常用的握拍方法如下。

1. 正手握拍 以下介绍的所有基本技术均以右手握拍者为例，左手持拍者则反之。

一切在身体右侧的正手正拍面击球及头顶后场击球都用正手握拍法，动作要领如下。

（1）左手握住球拍的拍杆，使拍框与地面垂直。

（2）张开右手，虎口对准拍柄斜棱上的第二条棱线，用近似握手的方法握住拍柄，拇指和示指贴在拍柄两侧的宽面上，其余的三指自然握住拍柄。

（3）拍柄与掌心应留有空隙。一般情况下，以球拍柄端靠近手掌的小鱼际肌为益。

（4）握拍力度适宜，恰似握着一个鸡蛋，重则破损，轻则滑落（图 10－1）。

2. 反手握拍 一切在身体左侧的反手反拍面击球都用反手握拍法，动作要领如下。

（1）在正手握拍的基础上，将球拍柄稍向外旋，拇指顶贴在拍柄第一斜棱旁的宽面上，也可将大拇指放在第一、二斜棱之间的小窄面上，示指稍向下靠。

（2）击球时，靠示指以后的三指紧握拍柄，同时拇指前顶发力击球。

（3）为了便于发力，掌心与拍柄间要留有充分的空隙（图 10－2）。

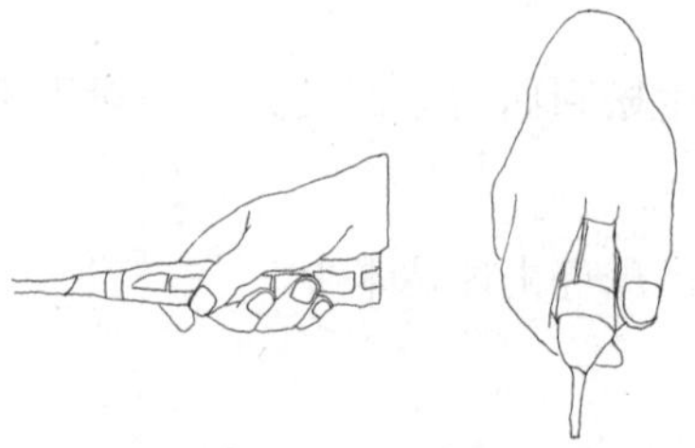

图 10－1 正手握拍

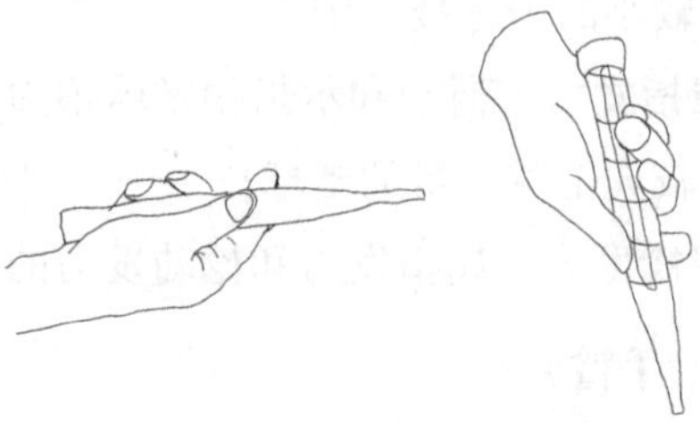

图 10－2 反手握拍

3. 熟练握拍的方法

（1）规范正、反手基本握拍方法，各种握拍方法都是在此基础上变换而来的。

（2）除击球瞬间以外，握拍一定要放松。

（3）平时做在手中转球拍练习，将球拍根据自己的换拍意念，不断地进行变换和还原运动，以发展手指的灵活性和提高手对球拍的控制力。

（4）在上述的基础上，可结合一些步法移动进行变换握拍的练习，羽毛球实战中的握拍变换，绝大多数都是在起动和移动中间完成的，也就是说，是在引拍的过程中间完成的。如能结合步法和引拍进行练习，达到熟练的程度，效果将会十分理想。

（二）发球方法

1. 持球 正手发球时持球手的拇指、示指和中指轻巧地捏在球的羽毛和球托之间，羽毛一侧向上，球托一侧向下。

反手发球时，拇指和示指轻巧地捏住羽毛，球托稍指向球拍。

2. 发球

（1）发球种类及其站位方法

1）发球种类 就发球的姿势而言，有正手发球、反手发球之分，可视自己的习惯或战术的需要来选用。一般情况下，单打中多采用正手发球，而在双打中则常采用反手发球。

就球飞行的轨迹和距离而言，可将发球分为发后场高远球、发后场平高球、发后场平快球和发网前小球4种。

①发后场高远球：多用正拍面将球击得又高又远，当球飞行至最高点（位于对方端线附近的上空）后改变方向，掉头呈垂直状下落至端线（底线）附近的一种发球。由于此种发球的落点处于对方端线附近，可有效地调动对方远离中心位置，并削弱其进攻的威力，同时也增大对方接下一拍球的难度。在单打中，这种发球被普遍采用（图10-3）。

图10-3 正手发后场高远球

②发后场平高球：可用正拍面或是反拍面击出飞行弧度较发后场高远球低的一种发球。其落点视单双打的发球规则要求不同有远近之分，落点分别位于对方单、双打发球区域的端线附近。球飞行的高度以对方跳起无法拦截为佳。由于飞行弧度不高和球速相对于高远球快一些，有一定威胁性，常与发网前小球配合使用，以增加对方接发球的难度（图10-4）。

图10-4 正手发平高球

③发后场平快球：可用正拍面或用反拍面击出飞行弧度较发后场平高球还要低的一种发球。这种球的飞行弧度几乎是擦网而过，直射对方后场端线附近区域，具有球速快、突击性强的特

点，是单、双打发球抢攻战术中常用的一种形式。在实战中，当发球方有准备而接发球方无准备的情况下，或是对手接发球站位出现空档的情况下，这种发球可以它的快速、突变发挥威力，迫使接发球方陷于被动或是接发球直接失误。

④发网前小球：可广泛运用正拍面或反拍面摩擦击球，使球轻轻擦网而过，落在对方前发球线附近的一种发球。由于它的飞行弧度低、距离短，可以有效地限制接发球方后场直接大力扣杀进攻，是单、双打中都较常见的一种发球（图 10－5）。

图 10－5　正手发网前小球

2）发球站位方法　单打的发球站位，是距前发球线约 1 米。选择场地中部这个位置发球，在单打中有利于迎击对方前、后、左、右任何距离和落点的来球。

双打中的发球站位则可选择稍前一点的位置，有利于下一拍抢网前球。

羽毛球规则规定，合法的发球应注意以下三点：①在发球的过程中，双脚均不能离开地面或移动，但发球时随重心前移，右脚跟随之自然提起，只要脚尖不动，不属违例；②2017 年 11 月，世界羽联在牙买加召开年度大会，会上讨论通过了羽毛球发球新规，新规要求发球时击球点的高度不能超过 1.15 米；③发球时，只要引拍动作一开始，无论有何原因，必须一口气完成整个动作过程。如果引拍动作中出现停顿，然后再向前做击球动作，则属于二次发球违例。

发球有效区域：场地中线将长方形的场地一分为二，中线右边为右发球区，左边则为左发球区。

在右发球区发球，必须将球发在对方场地的右发球区内才有效。单打右发球区的有效发球区域为中线、中线右边的单打边线、后场端线和前发球线之间；左发球区域则反之。双打右发球区的有效区域为中线、中线右边的双打边线、双打后场发球线和前发球线之间；左区则反之。

（2）发球技术

1）正手发球　在身体的右侧采用正拍面击球的一种发球方式，在实战中被广泛采用。正手发球可根据不同的战术需要发出不同的球，如发后场高远球、后场平高球、后场平快球和网前小球等。

正手发球以正手发后场高远球为基本动作，在此基础上，根据需要，在击球拍面角度、击球力量和击球点上加以控制和改变，即能发出以上 4 种不同弧度、不同线路和不同距离的球。因此，技术要领讲解以正手发高远球为主线，再分别列出其他发球技术的不同点。

羽毛球的发球技术均由准备姿势、引拍动作、击球动作和击球后的动作 4 部分构成（图 10－6）。

①准备姿势：两脚自然分开，左脚在前，脚尖对网，右脚在后，脚尖稍向右斜，重心放在右脚上；用左手拇指、示指和中指夹持住羽毛球中部，自然抬举于胸前方；右手正握拍，自然屈肘举至身体的右后侧，呈发球前的准备姿势。

图 10 -6　正手发球

无论进行哪种发球，尽量提高动作的一致性和隐蔽性，让对手接球前不知虚实，不好判断。

②引拍动作：持球手松开，使球自然下落，此时左手随引拍动作的进行即收回身体左侧；同时持拍手的大臂随转体而外旋，并带动小臂自下而上沿半弧形做回环引拍动作，充分伸腕，身体重心随转体和引拍动作逐渐前移，当拍挥至身体右侧前下方，身体转至近于面对球网时，准备击球。

发平高球的引拍与发高远球一样。引拍动作较发后场高远球略小一些。发平快球的引拍加速运作要较之高远球快一些，利于下一击球动作的发力。发网前小球的引拍动作却要慢和柔一些，目的在于下一击球动作好控制力量。

③击球动作：最佳击球点是在身体右侧前下方。在拍面与球接触的瞬间，大小臂迅速内旋带动手腕快速向前上方闪动，展腕屈指发力，用正拍面将球击出，身体重心随转体动作逐渐由右脚移至左脚上。

关键点：击球点必须在右前下方，击球瞬间小臂带动手腕由伸至展，充分闪动发力将球击出。击球后手腕呈展腕状态。

Ⅰ. 正手发平高球：击球时以小臂带动手腕发力为主，拍面与地面的夹角小于 45 度向前推进击球。

关键点：控制好球的飞行弧度。如果拍面仰角大，击出的球过高则达不到战术目的；如果拍面仰角小，击出的球低，易被对手拦击，因此必须注意球的飞行高度。

Ⅱ. 发正手平快球：击球时拍面仰角较小，前臂内旋带动手腕快速闪动，屈指向前发力击球。击球点在规则允许的范围内可争取略高一些。

关键点：击球动作小而快，目的性强。

Ⅲ. 正手发网前小球：击球时握拍要松，小臂只是前摆不做内旋动作，靠手指控制力量，收腕发力，用斜拍面往前推送击球，使球轻轻擦网而过，落入对方前发球区内。

关键点：击球时拍面与力量的控制。应避免球过网偏高，特别是在双打中，由于双方场上的移动范围较单打相对要小，对发网前小球的质量要求更高。如球过网稍高，对方可通过扑、推而直接进行接发球抢攻。所以双打中发网前小球时的站位可适当接近前发球线，引拍动作摆弧小，击球时拍面击球的摩擦力及击球的角度要控制好，在规则允许的范围内提高击球点，尽量使球贴网而过，以削弱对方接发球的威力。

④击球后动作：身体重心完全移至左脚上，持拍手随击球动作完成后的自然惯性向左上方挥动。然后左右手还原成接球前的准备动作。

发正手平快球和发正手小球均为制动动作结束。

2）反手发球　在身体的左前方用反拍面击球的一种发球方式。

同正手发球技术一样，用反手同样能发出各种不同弧度和速度的球。与正手发球所不同的是，反手发球时动作的力臂相对要短，发球时对球的控制力更强。加之反手发球动作更具一致性、隐蔽性和突然性，因而在双打比赛中被广泛采用。实战中反手发球，发球方根据双打战术的特点和需要，常用反手发后场平高球、后场平快球和网前小球。

反手发后场平高球是反手发球的基础。下面介绍的反手发球技技术以反手发后场平高球的技术要领为主，再分别列出反手发其他球的不同点（图 10－7）。

图 10－7　反手发球

①准备姿势：两脚与肩同宽，前后斜站。右脚在前，左脚尖侧后点地，重心放在右脚上；左手拇、中、示指握住球的羽毛处，将球置于腹前腰部以下；右手弯肘稍向上提起，展腕，用反手握拍以反拍面将球拍自然置于腹前持球手的后面，两眼正视前方，呈发球前的准备姿势。

②引拍动作：左手放球的同时，以肘为轴持拍手小臂内旋，带动展腕由后向前做回环半弧形挥动，至一定发力所需幅度。

③击球动作：击球时屈指收腕发力，用正拍面向前上方将球击出。

Ⅰ. 反手发后场平快球：拍击球时，尽可能地在规则允许范围内提高击球点，利用拇指的顶力屈指发力，使拍面与地面呈近似于 90 度角，迅速向前推进击球。

Ⅱ. 反手发网前小球：击球时手腕由外展至内收捻动发力，靠手腕和手指控制力量。以斜拍面向前轻轻推送切击球托，使球尽可能低地沿网上方飞过，并落入对方前场发球线内。

④击球后动作：以制动动作结束发力，并注意将握拍姿势迅速调整为正手放松握拍。

（三）击球方法

1. 接发球

（1）单打接发球　虽然发球者处于主动状态，接发球者处于被动、等待的状态，但是由于有种种发球规则限制发球者，所以对接发球者不会有太大威胁，只要处理好接发球，自己甚至能变被动为主动。

与前发球线保持 1.5 米的距离。如果在右区接发球，在偏中线的位置站立（防止对方的平快球攻击头顶区域）；如果在左区接球，在中线和边线的中间位置站立。此外，需视个人情况灵活处理：后场移动能力强，则稍靠前站立；后场移动能力弱，则稍靠后站立。

1）单打接发前场球

①以接发球的姿势准备，左脚在前，右脚在后，注视来球。

②判断来球方向，左脚蹬地，右脚向右前方跨出一步，正手握拍，手心向上，拍头指向网边，稍稍下沉，手腕略高于拍头，拍面低于网顶。

③击球时，用正拍面搓击来球的底部，使球旋转过网，落于对方前场网前。

接发前场球，一般可以用平推球、挑高球或者放网前小球来还击；如果来球较高，则可以直接扑球。接发网前球时，尽量选择高一点的击球点，使回球到达对方场地的落点低一些，让自己变被动为主动。

2）单打接发后场球

①以接发球的姿势站立，左脚在前，右脚在后，注视前方，关注来球。

②判断来球方向，迅速向右转体转髋，身体重心转移至右脚，右手持拍，自然屈肘，向后引拍。

③接球时，右脚蹬地，右手持拍举过头顶击球，尽量将球击向对方后场。击球后顺势将球拍收回至身体左下方。

接发后场球，一般是平高球和高远球，最基本的策略是迅速退到后场，尽量退至球的后面，这样能够提高击球的准确性，且发力较大，还能赢得更多的时间，让自己的动作更具隐蔽性，以迷惑对方，为自己赢得主动权。

（2）双打接发球

1）双打接发网前球

①以接发球的姿势站立，左脚在前，右脚在后，注视来球。

②判断来球，然后左脚蹬地，右脚向左前上方跨出一步，反手握拍。

③击球时，拍面立起来，用正拍面搓击来球的底部，使球旋转过网，落于对方前场网前。

双打接发网前球时，一般用扑球、放网前球、搓球、推球、勾对角球、挑球等方法进行还击，其中挑球是得不到主动权时的权宜之举，不宜多用。

2）双打接发后场球

①以接发球的准备姿势站立，左脚在前，右脚在后，注视前方，关注来球。

②判断来球方向后，迅速向右转体转髋，身体重心转移至右脚，右手持拍，自然屈肘，向身后引拍。

③接球时，右脚蹬地，右手持拍举过头顶击球，尽量将球击向对方后场。击球后顺势将球拍收回至身体左下方。

双打接发后场球，先准备好启动，然后判断对方来球的方向，尽量把球压到对方的后场。尽量击出高弧线的后场球。

2. 后场击高远球　把球打得既高又远，使球飞行至对方场地的端线上空后垂直下落到端线附近场区内的一种击球方式。它包括后场正手击高球、头顶击高球和反手击高球三种方法。由于后场高远球飞行的弧度高、速度慢，运动员一般是在自己处于被动的情况下，为了争取时间、调整场上位置、争取变被动为主动时而打出高远球。击高远球的目的是使对方远离球场中心位置，被迫退到端线附近去击球，如果运用得当的话，高远球也能为进攻创造良好条件，赢得战略上的优势（图10－8）。

图10－8　正手击高远球

（1）准备姿势 左脚在前，右脚在后，侧身对网。右手正手握拍，屈肘于体侧，上臂、前臂间夹角应为45度左右；左手自然上举，保持平衡，双眼注视来球方向。

（2）引拍动作 当球下落到一定的高度时，手肘上抬，手臂后到引拍，以肩为轴做回环动作；前臂充分向后下方摆动并外旋，手腕充分伸展；左手随转体协调屈臂向身体左侧下降。

（3）击球动作 击球时前臂急速内旋并带动手腕加速向前上方挥动，手腕屈收，手指屈指发力，用正拍面将球击出。击球点选在右肩的前上方，以持拍手臂自然伸直的高度击球为宜。

（4）击球后动作 右手随击球后的惯性向左前下方挥动，顺势收回至体前，呈接球前的准备姿势。

3. 前场击球 前场击球技术主要包括网前放网前球、网前搓球、网前推后场球、网前勾对角线、网前扑球和网前挑后场高球等几项技术，各项技术又分正手和反手两种击球方法。在前场击球技术中，网前搓球、网前推后场球、网前勾对角线、网前扑球属进攻技术，可以作为直接得分的手段，也可以为后场的进攻创造有利条件。在实战中，后场击球通常与精巧细腻的网前击球技巧相结合，才能发挥出巨大威力。

（1）放网前球 在网前区域将处于低手位置且离球网又有一定距离的来球轻轻一击，使球贴网而过落到对方网前区域内的击球方式。通过放网前球这种方式击出的球，在球过网的时候没有旋转与翻滚，但落点可以较贴近球网。放网前球适用于各种不同位置来球的回击，如远网球、被动球等。如果放网前球的质量高，能够使球擦网而且贴网落下，通常可以改变被动局面，创造有利进攻形式，并得到转机。放网前球可分为正手放网前球和反手放网前球两种。

1）正手放网前球 用正手握拍，以正面将网前区域低手位置的来球击至对方网前区域。

①准备姿势：右脚在前，左脚在后，两脚间距略比肩宽，右手握拍，自然将球拍举在胸前，身体微微向前倾斜，收腹。

②引拍动作：前臂随步法移动过程伸向前上方，并有外旋、手腕稍向后伸。

③击球动作：握拍手完全放松，拍面几乎呈仰平面（相对球托而言）置于球托下，用手指力量轻轻地向上“抬击”球托的底部，使其跃网而过，贴网下落。

④击球后动作：右脚掌迅速蹬地向中心位置回动，同时击球手臂收回至胸前，呈正手放松握拍姿势，并准备回击来球。

2）反手放网前球 用反手握拍，以反拍面将网前区域低手位置的来球击至对方网前区域位置的回球。

①准备姿势：右脚在前，左脚在后，两脚间距略比肩宽，右手握拍，自然将球拍举在胸前，身体向前微微倾斜，收腹。

②引拍动作：前臂随步法移动过程调整为反手握拍，前臂上举，手腕前屈，手背约与球网同高，拍面低于网顶，用反拍面迎球。

③击球动作：击球时主要靠拇指、示指的力量，轻轻地向前上方抖动手腕发力，碰击球托底部，使球过网后垂直下落。

④击球后动作：击球后右脚迅速回蹬向中心位置回动，球拍回收至胸前。

（2）网前搓球 运用快速上网步法，争取高的击球点，将网前位置的来球以斜拍面“搓”“切”等动作回击，使球在摩擦力的作用下旋转飞行，落到对方的网前区域，这种击球称为网前搓球。网前搓球是一种进攻性很强的技术，由于它的击球点高、速度快，球处于旋转翻滚不稳定状态下过网，或是羽毛向下，或是球托偏移下落，造成对方还击困难，或是击不准球，或会出现

"连击"等现象。比赛中网前搓球如果能够与网前推球或网前勾对角线配合使用，给对方造成的威胁将会更大。网前搓球可分为正手搓球和反手搓球两种。

1）正手搓球　用正手握拍以正拍面将网前位置的来球运用"搓""切"等动作回击到对方网前区域附近的击球方式（图10－9）。

图 10－9　正手搓球

①准备姿势：右脚在前、左脚在后，两脚间距略比肩宽，右手握拍，自然将球拍举在胸前，身体向前微微倾斜，收腹。

②引拍动作：前臂随步法移动过程伸向前上方，并有外旋、稍向后伸手腕动作。

③击球动作：有两种击球方式。第一种是收搓，即击球时手腕由展腕至收腕发力，由右向左以斜拍面切击球托的右后侧部位，使球呈下旋翻滚旋转过网；第二种是展搓，即击球时手腕由收腕到展腕发力，由左向右以斜拍面切击球托的左后侧部位，使球上旋翻滚旋转过网。

④击球后动作：击球后右脚迅速蹬地向中心位置回动，球拍回收至胸前。

2）反手搓球　用反手握拍以反拍面将网前位置的来球运用"搓""切"等动作回击到对方网前区域附近的击球方式（图10－10）。

图 10－10　反手搓球

①准备姿势：运用反手上网步法向来球方向移动，击球前的动作与正手搓球相同。

②引拍动作：前臂随步法移动过程调整为反手握拍，前臂上举，手腕前屈，手背约与球网同高，拍面低于网顶，用反手拍面迎球。

③击球动作：有两种击球方式。第一种是收搓，击球时手腕由展腕至收腕发力，击球时由左至右切击球托的左后侧部位；第二种是展搓，击球时手腕由收腕至展腕发力，以斜拍面由右向左切击球托的右后侧部位。

④击球后动作：与正手搓球一样，注意握拍要从反手握拍还原至正手放松握拍。

4. 中场击球　羽毛球技术中，除了后场击球技术和前场击球技术以外，还有介于前后场之间的中场击球技术，其中常见的是中场平抽快挡和中场接杀球技术。由于中场区域是比赛双方攻守转换的主要地带，双方运动员之间的距离比较近，球在空中的时间又比较短。因此，中场击球技术对挥拍击球时球拍的预摆幅度要求相对小一些，突出体现一个"快"字。

（1）平抽球　中场击球技术中的一种主动击球技术，它是把位于身体左右两侧，高度在肩部以下、腰部以上位置的球用抽击的动作使球过网，球过网后便向下飞行。这种技术的特点是速度快，球的飞行弧度较小，落点较远，是双打时主要运用的技术。

①准备姿势：与正手搓球动作相同。

②引拍动作：右脚向右侧迈出一小步，上体稍微向右侧倾斜，右臂向右侧上摆，球拍随着上举，左脚跟提起。前臂稍后摆带有外旋，手腕从轻微外展至后伸，使球拍引至后下方，完成向前挥拍的最长距离。

③击球动作：前臂急速向右侧前挥动，由外旋转为内旋，手腕由后伸至伸直闪腕，手指紧握拍柄，发力挥拍击球。

（2）快挡球　也是中场击球技术中的一种，它是把位于体前的来球，用正反拍把球弹击过网，使球过网后落于网前区域，是双打时的反攻技术。

①准备姿势：与正手平抽球动作相同。

②引拍动作：右脚向右侧跨出一步，在跨步的同时球拍向右侧后引，使之对准来球，上体向右后转至左肩对网，髋关节也转向右后方，右脚蹬直，给接近右侧身体的来球留出适当空位。

③击球动作：击球时不必做较大的挥拍动作，只需要借助来球力量，在手腕外展闪动的同时，示指、中指往拇指方向轻轻提拉，依靠其余手指突然紧握拍柄产生的力量将球轻挡过网。

④击球后动作：击球后，右脚向前迈，球拍随身体向左转，收回于身前。

（3）接杀球　羽毛球实战中由守转攻的重要环节，能够较好地掌握接杀球技术，通常可以由防守到反攻，可以得到较好的进攻主动权或直接得分的机会。比赛中接杀球看似一项防守技术，但是如果防守严密，回球时战术路线和落球点得当，往往是守中反攻的开始。掌握好接杀球技术，必须具备判断反应快、步法起动快、移动快、出球一致性好、球路活、落点变化多等多项能力，通过积极有效的接杀球，瓦解对方的进攻，达到从被动防守转为主动进攻的目的。接杀球技术分为接杀放网前球、接杀挑后场高球和接杀勾对角线球等。

二、脚下移动技术（步法）

羽毛球步法是指在本方场地上，进行快速、合理并又有一定规律的上网、后退和两侧移动的方法。步法是羽毛球技术的重要组成部分，在实战中具有十分重要的地位和作用，也是学习和能否掌握好正确击球技术的基础。

羽毛球步法可称为羽毛球运动之母，根据击球的需要，步法大致分为四类：上网步法、后退步法、两侧移动步法、前后场连贯移动步法。

（一）上网步法

上网步法包括跨步上网、垫步或交叉步上网、蹬跳上网。

不论用哪种步法上网，其上网前的站位及准备姿势都是一样的。即站位取中心位置，两脚左右开立（稍有前后），约同肩宽，两膝微屈，两脚前脚掌着地，后脚跟稍提起并左右微动；上体稍前倾，右手持拍于体前，两腿注视对方的来球。

1. 跨步上网　判断准对方来球后，左脚掌内侧用力蹬地并侧身向来球方向迈出，接着右脚也向前迈一大步，以脚掌外侧和脚跟先落地，再过渡到前脚掌，右膝关节弯曲并成弓箭步。紧接左脚自然地向前脚着地方向靠上小半步。击球后，右脚蹬地用小步、交叉步或并步回到中心位置。

跨步上网时注意右腿成弓箭步时，要防止因上网前冲力过大使重心越过右腿而失去身体平衡，另外，前脚脚尖应朝着边线方向，而不应朝向内侧。

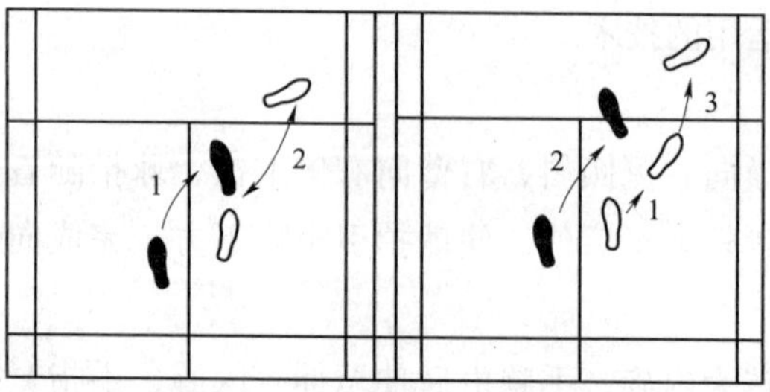

图 10－11　垫步或交叉步上网

2. 垫步或交叉步上网　判断准对方来球后，右脚先迈出一小步，左脚立即向右体重心在前脚垫一小步掌（或从右脚后交叉迈出一小步），左脚着地后，脚内侧用力蹬地，右脚再向网前跨一大步成弓箭步身（图 10－11）。击球后，前脚朝后蹬地，小步、交叉步或并步退回到中心位置。

垫步或交叉步上网的优点是步子调整能力强，在被动情况下，能利用蹬力强、速度快的特点迅速调整脚步，去迎击来球，垫步或交叉步上网的注意事项同跨步上网。

3. 蹬跳上网 在预先判断来球的基础上，利用脚的蹬地，迅速扑向球网，以争取在球刚越过网时立即进行还击。单打或的双打中常用此步法上网扑球。其步法是站位稍靠前，对方一有打网前球的意图后，右脚稍向前刚一点地便起蹬侧身扑向网前。击球后应立即退回中心位置。等着跳上网既要快，又要防止因前冲力过大而触网或过中线犯规。

（二）后退步法

后退步法有右后场区后退步法和左后场区后退步法。右后场区后退步法主要是正手的后退步法；左后场区后退步法包括头顶后退步法和反手后退步法。不论是哪种后退步法，其移动前的准备动作和站位界皆同上网步法。

1. 正手后退步法 有并步和交叉步两种。实战中可根据场上情况和个人特点灵活使用（图10-12）。

判断准来球后，先调整重心至右脚，然后右脚蹬地迅速向右后撤一小步，同时上体右转，左肩对网，接着，左脚用并步靠近右脚（或从右脚交叉后撤一步），右脚再向后移至来球位置。在移动的同时，必须完成挥拍击球前预备动作，待球在右肩上方下落时，做正手原地或起跳击球。击球后，身体重心随右脚前移迅速用小步跑或并步回中心位置。

2. 头顶后退步法 对方来球向左后场区，用头顶击球技术还击时所采用的后退步法。头顶后退步法也可用并步或交叉步移动后退。

判断准来球后，右脚蹬地撤向左后方，同时，髋关节及上体向右后方转动（转动的幅度比正手后退要大些），且稍有后仰。接着，左脚用并步或交叉步后撤，右脚再退至来球位置用头顶击球技术击球。击球后，迅速回到中心位置。

3. 反手后退步法 反手后退时，应根据离球距离的远近来调整移动步子（图10-13）。

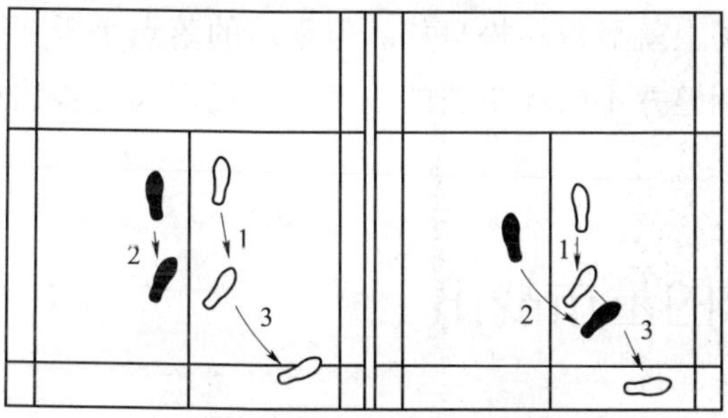

图10-12 正手后退步法

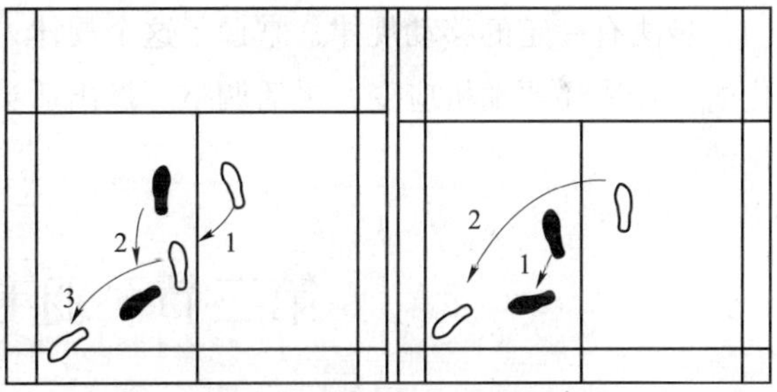

图10-13 反手后退步法

如离球较近，可采用两步后退步法。一种是左脚先向左后方撤一步，接着，上体左转，右脚向左后方跨一步，背对网。另一种是右脚先向左脚并一步，然后，左脚向左后方跨一步，同时上体左转，右肩对网做反手击球。如离球较远，则要采取三步或五步后退步法。三步后退时，右脚先向左脚并一步，左脚再向左后方撤一步，同时上体左转，右脚再向左后方跨一步至来球位置，背对球网，做反手击球。如三步移动还未到来球位置，则左脚、右脚再向后移动一步成五步移动步法。

（三）两侧移动步法

两侧移动步法多用于界对方的扣杀球和打来的半场低平球。其移动前的准备姿势及站位基本同上网步法。

1. 向右移动步法 判断准来球后，上体稍倾倒向左侧，用左脚掌内侧用力蹬地，右脚同时向右侧跨大步，髋关节随之右转，上体稍倾倒向右侧，重心在右脚上。若距来球较近，可采用上述动作，若距来球较远，则需左脚先向右脚垫一小步再起蹬，右脚同时向右侧跨大步。

2. 向左移动步法 判断准来球后，上体稍倾倒向右侧，用右脚掌内侧用力蹬地，左脚随髋关节的转动同时向左侧跨大步。若来球较远，左脚先向左侧移一小步，紧接着右脚往左侧方向起蹬并转身，向左跨大步（图 10－14）。

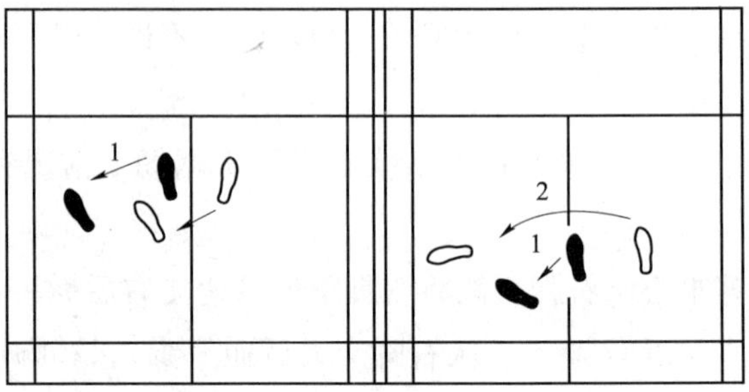

图 10－14 向左移动步伐

3. 起跳腾空步法 为了争取时间高点击球，用单脚或双脚起跳，居高临下，凌空一击的方法。主要采用并步加蹬跳步，这种步法在两侧突击进攻时较多使用。

（四）前后场连贯移动步法

连贯移动是指两个或两个以上击球动作之间的移动是连贯的。原因一般有两个：一是战术目的明确或预测判断有十分把握的情况下步法移动迅速；二是双方互相还击的球速都比较快，如接杀抽放网、勾、推这样一类技术，运动员跑起来步法之间衔接很快，也被认为是连贯的。

步法有一定的移动规律，掌握了这个规律，在场上就显得轻松自如。但来球的落点是千变万化的，步法还要随机应变，灵活调整。做出适当的调整并不破坏步法的规律性，反而能使步法更灵活。

第三节 羽毛球的基本战术

“凡事有预则立，不预则废”在羽毛球运动中同样适用，想要调动对手为自己争取到有利的进攻机会，就必须要把羽毛球战术“谋略”熟练掌握，方能百战不殆。

一、单打战术

（一）发球抢攻战术

从发球的第一拍起，争取控制对方，以攻杀得分。这种战术，一般为发网前低球结合平快球、平高球，争取第三拍的主动进攻。用这种战术对付应变能力较差的对手，或实施于比赛的关键时刻效果往往很好。实施战术时，应有高质量的发球予以保证，否则很难成功。

（二）攻后场战术

此战术是通过击高球、重复压对方的底线两角，造成对方的被动，然后寻找机会进攻。用它来对付初学者，或后场还击能力较差，或后退步子较慢以及急于上网的对手是很有效的。

（三）攻前场战术

对网前技术较差的对手，可运用此战术先将其吸引到网前，然后再攻击其后场采用此战术，自己首先要有较好的网前击球技术。

（四）打四方球战术

对于步子较慢、体力较差、技术不全面的对手，可以快速准确地落点攻击对方场区的四个角落，寻找机会向空当进攻。此战术的主要目的是通过打落点，逼迫对方前后奔跑、被动应付，并在其回球质量下降或露出破绽时乘虚而入而攻之。

（五）杀、吊上网战术

对对手打来的后场高球，本方先以杀球配合吊球把球下压，落点选在场区的两条边线附近，致使对手被动回球。若对手回网前球时，本方迅速上网搓球、勾对角球或平推球，创造在中场大力扣杀的机会。这种战术必须能很好地控制杀、吊球的落点，在使对方被动回球时，才能主动迅速上网。

（六）打对角线战术

对付身体灵活性差、转体较慢的对手，不论是进攻还是防守，均应以打对角线球为主。这样，对方会因移动困难而被动，为我方创造进攻机会。

（七）防守反击战术

在对方主动进攻、我方被动防守时，我方可高质量地接杀挡网，或抓住对方攻杀力量减弱，或落点不好的机会，以平抽底线球还击对方后场，扭转被动局面，并进行反击。

二、双打战术

双打比赛不仅仅是竞赛双方在技术战术体力上的较量，同时也是双打同伴相互配合程度的较量。因此，在学习双打战术之前，首先要了解两人之间站位形式上的配合。

一般情况下，有两人一前一后站位和两人分边（左、右）站位两种形式。一前一后站位即在后场的人分管后半场的球，站在前场的人则负责前半场的球。这种站位形式有利于进攻，而不利于防守。所以，一般在本方进攻时多采用此站法。分边站位多在防守时采用，这样，各人分管半边场地，在防守时就没有什么空当了。

（一）攻人战术

集中攻击对方中有明显弱点的人，并伺机攻击，另一人因疏忽而露出的空当，或对此人偷袭。双打比赛中的配对选手的技术，一般总有一人好，另一人稍差些。即便两人水平相差不多，但若能集中力量攻击其中一人，也可给对手造成很大的心理压力，从而使其出现失误。

（二）攻中路战术

当对方分边站位防守时，将球攻击到两人的中间，当对方前后站位时，可将球下压或平推两边半场。这样可使对方防守时互相争抢或互让而出现失误。

（三）攻后场战术

对方扣杀能力差，本方可采用平高球、推平球、接杀球挑底线，把对方一人紧逼在底线两角移动当对方被动还击时，则抓住机会大力扣杀。如另一对手后退支援时，即可攻网前空当。

（四）后攻前封战术

当本方处于主动进攻前后站位时，站在后场的队员见高球就杀或吊网前球，迫使对方接球挡网前，这为本方前场队员创造了封网扑杀机会。前场队员要积极封锁网前，迫使对方被动挑高球，一旦对手挑高球达不到后场，就为本方创造了再进攻的机会。

（五）防守反攻战术

在防守中寻找反攻的机会，以便摆脱困境转被动为主动。例如，挑底线高球，即不论对方从哪里进攻，本方都应设法把球挑到进攻者的另一边底线。如对方正手后场攻直线，就挑对角线，如对方攻对角就挑直线。这是一种较容易争得主动的防守战术，在女子双打中运用更为有效。时机有利，即可运用反抽或挡网前回击对方的杀球，从守中反攻，争得主动权。运用此战术时，要注意挑高球一定要挑到底线，否则将会出现对方连续攻杀而本方无力反击的局面。

知识拓展

羽毛球比赛“三大杯”——汤姆斯杯、尤伯杯、苏迪曼杯的由来

1. 汤姆斯杯羽毛球赛　世界男子羽毛球团体锦标赛，由原国际羽联创办于1948年。每两年举办一次。1934年，英国人乔治·汤姆斯当选国际羽联主席。5年后，汤姆斯在国际羽联会议上提出，组织世界性男子团体比赛的时机已成熟，并表示将为这一比赛捐赠一个奖杯，称为“汤姆斯杯”。

2. 尤伯杯羽毛球赛　世界女子羽毛球团体锦标赛，是英国著名女子羽毛球选手贝蒂·尤伯在1956年的国际羽联理事会上，正式向国际羽联捐赠由麦皮依和维伯制作的纪念杯，称为“尤伯杯”。

3. 苏迪曼杯羽毛球赛　世界羽毛球混合团体锦标赛，1989年开始举办，两年一届，在奇数年举行。苏迪曼杯是印度尼西亚羽毛球协会代表本国人民向国际羽毛球联合会捐赠的一座奖杯。之所以称为“苏迪曼杯”是为了纪念印尼羽毛球协会的创始人、前国际羽毛球联合会副主席迪克·苏迪曼。

第四节　羽毛球竞赛规则

一、比赛方法

（一）比赛场地

羽毛球场呈长方形，各条线宽均为4厘米，场地上空12米以内和四周4米以内不应有障碍物。球场中央网高1.524米，双打边线处网高1.55米。

羽毛球场地标准：羽毛球场为一长方形，长度为13.40米，双打场地宽为6.10米，单打场地宽为5.18米（图10－15）。球场上各条线宽均为4厘米，丈量时要从线的外沿算起。球场界线最好用白色、黄色或其他易于识别的颜色画出。按国际比赛规定，整个球场上空空间最低为9米，在这个高度以内，不得有任何横梁或其他障碍物，球场四周2米以内不得有任何障碍物。任何并列的两个球场之间，最少应有2米的距离。

从球场地面起网柱高1.55米。网柱必须稳固地同地面垂直，并使球网保持紧拉状态。在双打球场上，不论进行的是双打还是单打比赛，网柱或代表网柱的条状物，均应置于双打边线上。

（二）球网

（1）球网应由深色、优质的细绳织成，网孔方形，各边长均在15~20毫米。

（2）网上下宽760毫米。

（3）网的顶端用75毫米的白布对折而成，用绳索或钢丝从夹层穿过。白布边的上沿必须紧贴绳索或钢丝。

（4）球场中央网高1.524米，双打边线处网高1.55米。

（5）球网的两端必须与网柱系紧，它们之间不应有空隙。

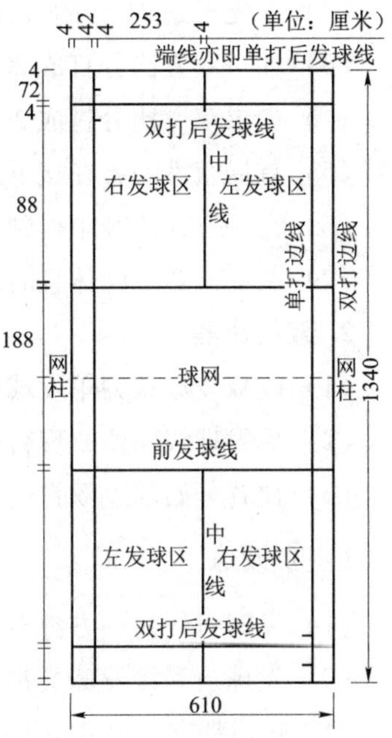

图10－15　羽毛球比赛场地

（三）羽毛球

（1）羽毛球应有16根羽毛固定在球托部。

（2）羽毛长64~70毫米，但每一个球的羽毛从托面到羽毛尖的长度应一致。

（3）羽毛顶端围成圆形，直径58~68毫米。

（4）羽毛应用线或其他适宜材料扎牢。

（5）球托直径25~28毫米，底部为圆形。

（6）羽毛球重474~550克。

（四）球拍

（1）球拍由拍柄、拍弦面、拍头、拍杆、连接喉组成整个框架。

（2）拍框总长度不超过680毫米，宽不超过230毫米。

（3）拍弦面长不超过280毫米，宽不超过220毫米。

（4）球拍不允许有附加物和突出部，除非是为了防止磨损、断裂、振动或调整重心的附加物，或预防球拍脱手而将拍柄系在手上的绳索，但尺寸和位置应合理。

二、主要规则解析

（一）挑选场地与发球权

比赛时，双方应掷挑边器。赢的一方将在规则1或2中做出选择，输方在余下的一项中做出选择。

（1）先发球或先接发球。

（2）一个场区或另一个场区。

（二）计分

1. 单打比赛

（1）每场比赛采取三局两胜制。

（2）率先得到21分的一方赢得当局比赛。

（3）如果双方比分打成20：20，获胜一方需超过对于2分才算取胜。

（4）如果双方比分打成29：29，则率先得到第30分的一方取胜。

（5）首局获胜一方在接下来的一局比赛中率先发球。

（6）当一方在比赛中得到11分后，双方队员将休息1分钟。

（7）两局比赛之间休息时间为2分钟。

2. 双打比赛

（1）改双发球权为单发球权。

（2）后发球线保留，现行规则适用。

（3）比赛开始前，双打选手通过投掷硬币方式确定由哪一方来选择是先发球还是后发球。

（三）发球

（1）发球时任何一方都不允许非法延误发球。

（2）发球员和接发球员都必须站在斜对角线发球区发球和接发球，脚不能触及发球区的界线；两脚必须都有一部分与地面接触，不得移动，直至将球发出。

（3）发球员的球拍必须先击中球托，与此同时整个球必须低于发球员的腰部。

（4）击球瞬间球杆应指向下方，从而使整个拍框明显低于发球员的整个握拍手部。

（5）发球开始后，发球员的球拍必须连续向前挥动，直至将球发出。

（6）发出的球必须向上飞行过网，如果不受拦截，应落入接发球员的发球区。

（四）重发球

（1）遇不能预见或意外的情况，应重发球。

（2）除发球外，球挂在网上或停在网顶，应重发球。

（3）发球时，发球员和接发球员同时违例，应重发球。

（4）发球员在接发球员未做好准备时发球，应重发球。

（5）比赛进行中，球托与球的其他部分完全分离，应重发球。

（6）视线员未看清球的落点，裁判员也不能做出决定时，应重发球。

（7）重发球时，最后一次发球无效，原发球员重发球。

（五）违例

（1）发球不合法违例。

（2）发球员发球时未击中球。

（3）发球时，球过网后挂在网上或停在网顶。

（4）比赛时：球落在球场边线外；球从网孔或从网下穿过；球不过网；球碰屋顶、天花板或四周墙壁；球碰到运动员的身体或衣服；球碰到场地外其他人或物体（由于建筑物的结构问题，必要时地方羽毛球组织可以制定羽毛球触及建筑物的临时规定，但其国际组织有否决权）。

（5）比赛时，球拍或球的最初接触点不在击球者网的这一方（击球者击球后，球拍可以随球过网）。

（6）比赛进行中：运动员球拍、身体或衣服触及网或网的支持物；运动员的球拍或身体，以任何程度侵入对方场区；妨碍对手，如阻挡对方紧靠球网的合法击球。

（7）比赛时，运动员故意分散对方注意力的任何举动，如喊叫、故作姿态等。

（8）比赛时：击球时，球夹在或停滞在拍上紧接着又被拖带；同一运动员两次挥拍连续击中球两次；同一方两名运动员连续各击中球一次；球碰球拍继续向后场飞行。

（9）运动员违反比赛连续性的规定。

（10）运动员行为不端。

本章小结

本章节讲述了羽毛球基本技术、基本战术和竞赛规则。详细讲解了握拍、发球接发球、击球等技术，以及上网、后退、两侧以及连贯步法；介绍了羽毛球单打战术和双打战术，以及场地器材、计分、发球和违例等基本规则。本章的重点是发球和击球技术中的高远球技术，难点是脚下移动技术的正确运用。通过本章的学习，旨在提高学生对羽毛球运动的兴趣，同时身体素质也不断提高，团队意识不断增强，使学生形成规则意识，培养学生“羽毛球不落地就不放弃”的顽强拼搏的意志品质。

思考题

1. 简述羽毛球运动的起源与发展。
2. 羽毛球运动的特点有哪些？
3. 结合自身实际谈谈羽毛球运动的意义。
4. 握拍的种类有哪些？详细阐述握拍方法。
5. 试述正手击后场高远球技术的过程。

（高　旻）

PPT

拓展阅读

第十一章　瑜　伽

学习目标

知识目标

1. 掌握瑜伽运动的腹式呼吸及基本体位法动作要领。
2. 熟悉瑜伽运动练习的注意事项。
3. 了解瑜伽运动练习的八个步骤。

技能目标

1. 学会正确运用瑜伽练习中呼吸的规律及方法。
2. 能够独立完成瑜伽体式经典组合——拜日式。

第一节　瑜伽概述

一、瑜伽简介

（一）概念

“瑜伽”一词是从印度梵语“yug”或“yuj”而来，其含意为“相应”“结合”或“连接”。瑜伽原意为“Yoke——牛轭”，指穿过牛鼻子、套在牛身上的绳具。古印度人认为，人的欲望发动，犹如驽马难以控制，征服它必须有高超的技巧。因此，原本用于驾驭牛马的牛轭，乃转为制服欲望的方法。而瑜伽修习的最初动机是“身心的调节”，即通过瑜伽可以使我们的身体柔软、内心平和。

如今的瑜伽运动，已是印度人民几千年总结出的人体科学的修炼法，不再是仅限于少数隐士的修持方式。它不只属于哲学和宗教的范畴，还有着更广泛的含义。瑜伽不仅能促进身体健康，更是一个帮助人类充分发挥潜能的体系。瑜伽也被人们当成一种修身养性、辅助医疗的手段。许多人都把闲暇时进行瑜伽练习作为放松身心、安神养气的方式，并沉醉其中。

瑜伽从最初的意识控制，逐渐发展到觉悟与解脱，再到塑体健美和健康促进，是一个随着社会发展和人类需求的改变而不断变化的过程，体现了瑜伽的社会适应性和包容性。

（二）主要流派和分类

1. 传统瑜伽主要流派　古老瑜伽的哲学与修炼主要分为四大流派：智瑜伽（Jnana Yoga）、业瑜伽（Karma Yoga）、奉爱瑜伽（Bhakti Yoga）以及王瑜伽（Raja Yoga）。

（1）智瑜伽　又称“知识瑜伽”，是一个探讨哲学、进行思辨的体系，要求修习者研究自己所关心的经文，并进行沉思，觉悟、发现宇宙的神秘本质。修习者要通过学习有关世界本源的知识，并在这些知识的引导下运用各种方法感知大自然最本质的奥秘，了解自我与原始动因的一致与结合。

（2）业瑜伽 又称“行动瑜伽”，是无私活动和工作的体系。行为是生命的第一表现，如衣食、起居、言谈、举止等。业瑜伽倡导将精力集中于内心的世界，通过内心的精神活动，引导更加完善的行为。

（3）奉爱瑜伽 又称“至善瑜伽”，是散播爱和奉献的体系。奉爱瑜伽主要进行祈祷、礼拜和各种象征性仪式以及大量的社会慈善活动，将自己奉献给爱，奉献给一切人类真善美的事业。

（4）王瑜伽 又称“八支分法瑜伽”，分姿势锻炼、调息、冥想等八个步骤，主张对心理活动的控制与修持，强调身体、心灵、灵魂的和谐统一，从而实现解脱。王瑜伽偏于意念和调息。

2. 现代瑜伽主要流派

（1）哈他瑜伽 所有瑜伽体系中最实用的一个体系，也是最广为人知的一个体系。“ha”指太阳，“tha”指月亮，“hatha”代表男与女、日与夜、正与负、阴与阳、冷与热以及其他相辅相成的两个对立面之间的平衡。哈他瑜伽包括了一系列的练习，通过身体的姿势、呼吸和放松的技巧，达到训练的目的，这些技巧对神经系统、各种腺体和内脏都大有益处。

（2）阿斯汤嘎瑜伽 包含一系列不同体式的组合，是原始的有关串联体位、凝视法、收束法、契合法和哲理的学说。阿斯汤嘎瑜伽均衡地锻炼了身体的力量、柔韧度和耐力，也被称作“力量瑜伽”，深受欧美国家健身爱好者的喜爱，是动作难度最大的瑜伽种类。

（3）流瑜伽 Flow Yoga 中的 Flow 意为“流水”，所以称为“流瑜伽”。流瑜伽是一种很流行的瑜伽练习风格，在练习的过程中以行云流水般流畅的动作组合来强健身体，它比较侧重伸展性、力量性、柔韧性、耐力、平衡性、专注力的全面锻炼。流瑜伽是哈他瑜伽与阿斯汤嘎瑜伽的结合体，难度介于两者之间，动作连贯流畅，富于舞蹈的美感，是练习阿斯汤嘎瑜伽的基础。

（4）艾扬格瑜伽 强调关注身体各部位的细节，手脚、盆骨、脊椎骨等身体部分的位置以及用力必须准确，特别重视“站立体式”的锻炼。它善于利用木块、长凳、沙袋、毯子、垫枕、布带等辅助工具来帮助完成动作，因此又称为辅助瑜伽。由于速度较慢，姿势保持时间较长，所以适合包括初学者在内的大部分练习者。

（5）高温瑜伽 又称“热瑜伽”，其原理是通过高温的环境，提高身体的温度，加速排汗，从而促进血液循环及毒素的排出，增加肌肉弹性。虽然这种练习方式被一些古典瑜伽师反对，认为热瑜伽不符合传统观念和规范，但热瑜伽拥有许多忠诚的追随者，对于减肥、排毒、塑身有较好的效果，是目前比较流行的瑜伽课程之一。

（6）阴瑜伽 美国瑜伽导师 Paul Grilley 在 20 世纪 80 年代创立，他将瑜伽修习经验和医学知识相结合，糅合中国道教和武术的精粹，形成了一个新颖的流派。每个动作静止一段时间，3 ~ 5 分钟，有时甚至是 10 分钟，主要锻炼的部位是骨盆及下背部。

（7）昆达利尼瑜伽 又称“惰者瑜伽（Laya Yoga）”，包括唱声、呼吸法、动作练习、深层放松和冥想。它需要与哈他瑜伽的技巧结合使用，主要专注于呼吸的延迟和大幅度的冥想练习。昆达利尼瑜伽不以体位法为主，对身体的柔韧性要求不高，因此受到中年女性们的推崇。

尽管瑜伽的分类多种多样，但在这个节奏越来越快、压力越来越大的社会里，无论练习何种瑜伽都不仅能让身体变得更加健康，还能让人拥有平和的心态和优雅的气质。

二、瑜伽的八支分法

按照印度瑜伽先哲帕坦伽利在《瑜伽经》中的描述，瑜伽练习分为以下八个步骤，也就是瑜伽的八支分法。

（一）持戒

持戒是一个方向，是一个接近本性的方向。人之初性本善，回归本性是第一步。要了解把自己拉离本性的五个行为，要时刻保持对它们的警觉。这就是练习瑜伽必须遵循的五个戒律：非暴力的、诚实的、不偷盗、净行以及不贪图。

1. 非暴力 如今瑜伽在全世界已经非常普及，但是并不是所有的瑜伽练习者都能遵守这第一步。一个对自我没有足够了解的人，拥有了强大的力量会变得更加暴力。自我是暴力的根源，它会展示其能力，用它来作秀、强化自我、征服他人，并不是真正的瑜伽修行，这样不但不能到达目的地，还会摧毁自己。

2. 诚实 真确、如实、不虚假、不戴面具，如实地面对自己的本性。

（1）关注自己内心　学会聆听自己内心的声音，要经常关注自己内心深处真正想要做什么。

（2）不要戴假面具　许多人在自己明明生气的时候却假装微笑，于是内在的分裂就开始了，这种矛盾会带给人心理疾病。想笑就笑，想哭就哭，这是大自然赋予人类的内心表达方式。只有尊重它，真实地表达它，内在系统才会正常运作起来。诚实会带来一个不同品质的生命质量。

（3）保持在当下　如果我们一直活在过去的回忆里，就无法与真实的当下相处；而未来是还没发生的事，如果总是活在对未来的担忧和妄想中，那就毁掉了现在。真实面对当下，处于此时此刻。没有过去，没有未来——这个片刻就是一切，这个当下就是永恒。

3. 不偷盗 不论是物质的东西，还是其他任何层面的东西，不要去拿不是自己的东西，包括知识、学术成果和经验。当我们拿了不是自己的东西时，内心会一直有很强烈的不安定感。这种不安定感会扰乱内在的本性，身体的整个机制就会混乱，造成一个病态的内心世界。

4. 不纵欲 在许多宗教里都反对性，而瑜伽并没有反对性。瑜伽让人们超越性，实现性能量的转变。超越不是回避，相反，我们要真正深入地了解它。当性不再神秘、不再是幻想，当性的本质被彻底地了解后，超越才会变得可能。

5. 不贪图 也就是不占有。一些人像疯了一样想占有那些本来就属于大家的共同财富，如土地、森林、海洋、花草、动物和人。有些人用一辈子的时间希望把这个世界变成“我的”，到头来最多只能在那些东西上贴上“我的”标签，但这些东西并不属于他，因为连他自己都是整个世界的一部分。我们可以使用它们，但不要说它们是“我的”。去掉那个占有欲，把爱和分享带入“我的”概念之中。不占有的意义就在于分享。

持戒是瑜伽的根，是瑜伽的地基，没有它瑜伽就像是没有根的树、没有地基的高楼，无法想象。

（二）内制

内制也可称为修行，就是对自己的内在进行不间断的修正，创造出一种和谐自然的秩序。修行就是培养领悟生命的能力，它是通过纯净、满足、研究自己、学习经典和虔诚来达到的。许多人以为修行就是躲进山里或庙里，去过单一的生活。这是一个误解。修行并不是要我们逃避生活，相反它是在丰富多彩的生活中保持观照、保持警觉，是要我们清醒地面对生活中的所有矛盾，不断地修正、平衡、领悟生命的过程。

从接触瑜伽的那一刻起，对自己的言行举止的观照就已经开始，修行也就开始了。

（三）体位

体位指的是体式或姿势。按照印度瑜伽先哲帕坦伽利在《瑜伽经》中的描述，体位应该是舒适而稳定的。要让坐姿稳定，身体就必须放松而毫不费力，这样才能保持这个姿势更久，但是往往很多人坐着不能放松，由于肌肉紧张而不能稳定，而肌肉紧张的原因往往是关节僵硬、经络不通或有疾病。要解决这些问题，对身体的训练是必要的。体位练习就是为了达到真正的放松。

（四）呼吸控制

呼吸控制指的是呼吸的延长和扩展。在做呼吸调整时，必须放松身体，而身体的放松需要找到完美的姿势——舒适、稳定而放松的姿势。所以呼吸控制的练习一般要在体位训练之后，只有这样身体才不会是一个障碍，而是一个通道。呼吸控制的练习是走进内在的关键步骤。

（五）制感

制感指的是从感官和欲望的束缚中解脱出来，具体地说，就是将各种感官从对外界事物的感觉中撤回来。呼吸练习是一个重要的转折点。制感意味着回归本性、向内，进入内在的旅程。我们已经了解呼吸的整个过程，知道什么样的呼吸韵律离自己的本性更近。当了解了呼吸的规律，制感——向内的旅程就变得有可能了。

（六）专注

专注指完全专注于一点或全身心地投入一个任务中。专注也叫凝神，这是一种把意识停留在单一客体上的能力。通过专注练习，意识不再到处游走不定，定力随着练习的深入被培养起来。定力的培养是打开内在之门的重要基础。

（七）冥想

冥想指专注的单一客体也消失了，只留下凝神本身，只有意识，没有客体。专注的练习，让我们有能力专注于一点。而冥想，就在专注的基础上放弃专注的对象，专注于专注本身。这时我们就来到了内在的核心——自己的本性。

（八）入定

入定是冥想的最高境界，这一刻就是觉悟和警醒。入定又叫三摩地，这是一个持续稳定的静心冥想。没有任何东西在那里，每一样东西都被放下，只剩下自己在一个极度觉知的状态，这是最后的阶段，是稳定的、不受干扰的存在。

三、瑜伽练习的主要内容

常见的瑜伽练习主要由呼吸法、体位法和冥想术三部分组成。

（一）呼吸法

呼吸是生命的特征之一。瑜伽的呼吸训练，能让人掌握正确、科学的深呼吸方法。它能使身体变得稳定、放松，能更好地舒展筋骨，并且能最大限度地将氧气吸纳到肺部，对身体的健康非常有益处。瑜伽的精髓就是由呼吸来控制身体的放松、稳定、平衡，以达到身心合一的境界，从而调动内在生命的智慧和力量。

（二）体位法

瑜伽体位法，梵文意为保持在很舒适的姿势中。远古的时候，瑜伽修行者在大自然中仔细观察动物的习性，模仿动物的典型姿态，创造出了瑜伽体位法。所以许多姿势都被冠以动物名称，像猫式、鱼式、兔子式、眼镜蛇式等。瑜伽体位法的每个伸展动作都是配合呼吸来完成的。

（三）冥想术

冥想就是在排除了一切杂念后，沉思、净虑的过程。冥想帮我们放松大脑、释放压力和紧张情绪，使我们身心产生平衡和安宁，使心灵更容易产生反思、直觉、灵感和创造意识，可以更深层地消除紧张、焦虑和愤怒，是学习深刻内心快乐的途径。

另外，瑜伽练习还有瑜伽洁净功法、瑜伽松弛功法和瑜伽自觉功等。

瑜伽洁净功法是一种增强集中注意力的功法，也是用以清除人体中的杂质和毒素的功法。

瑜伽松弛功和休息功法是一种最好的休息放松功法，对身体疲劳和精神疲劳都有很好的放松效果。

瑜伽自觉功能培养我们对身心的一种超脱态度，帮助我们做到几乎是以一个超脱的旁观者，来体会自己身心的状态。

第二节　瑜伽呼吸法与冥想术

一、瑜伽呼吸法

（一）呼吸规律简介

日常生活中，许多人从来没有关注过自己的呼吸，更不用说用正确的方法来呼吸，由于情绪压力等问题，很多人的呼吸变得又短又浅，呼吸的效率很低，这样会给心脏带来更大的工作压力，时间久了就会影响健康。而深长缓慢而有节奏的呼吸，可以给身体提供更多氧气，同时能放松精神，让人更加平静。

呼吸由四个部分组成：呼气、呼气后的停顿、吸气、吸气后的停顿。每一个人的呼吸频率和深浅都不一样，不同的生理活动和心理活动都对呼吸有很大的影响，这就决定了一个人的生理和心理状态。因此改变呼吸的节奏就可以改变生理和心理的状态。

呼吸贯穿于瑜伽练习的始终，习练者在瑜伽练习中，要学会协调呼吸与身体动作之间的关系，使两者以简单而又合乎规律的方式结合起来。当一个动作要扩展时吸气；当一个动作要紧缩时呼气。

呼吸在瑜伽运动中运用的规律有以下几点：上吸下呼、开吸合呼、张吸缩呼、起吸落呼、正吸扭呼。例如向上展臂式，举起手臂时吸气，放下手臂时呼气。

（二）瑜伽常用呼吸法

瑜伽的呼吸强调均匀、细腻、绵长，通过不同的呼吸方法能有效地按摩内脏，刺激各生理腺体的良性分泌，更好地清理洁净身体，为更高级的精神修养和灵性开发奠定基础。相反，如果呼吸有了问题，身体的循环系统、消化系统、排泄系统就都会受影响，大量毒素会蓄积在身体各部分，不利于健康。练习瑜伽常用的呼吸方法有以下几种。

1. 自然呼吸

（1）动作过程　取基本坐姿中一种最舒适稳定的姿势，用鼻子呼吸，观察自己的呼吸，注意自己呼吸的节奏，不要刻意去控制呼吸，感觉气息从鼻子到气管的流动，注意气息在肺部的停留，然后注意呼吸引起的腹部起伏，感觉吸气时腹部隆起，呼气时收缩，最后，注意整个呼吸过程。

（2）要诀　保持观照，不要刻意控制，了解自己的呼吸韵律。

（3）益处　能使心情平静下来，这是重要的开始，能够培养稳定的观照力。

2. 腹式呼吸

（1）动作过程　取简易坐或其他更稳定的坐姿，全身放松，注意自己的呼吸，把右手放在腹部，左手放在胸部正中，用右手感觉腹部的起伏，左手不要移动，横膈膜会随腹部的起伏而上下移动，注意胸部不要扩张，肩部放松不要移动，深长而缓慢地呼吸，吸气时尽可能地扩张腹部，横膈膜下降，呼气时腹部收缩，横膈膜上升，但是脊椎骨不要移动。持续练习几分钟。

（2）要诀　只是腹部的扩张和收缩，其他部位保持放松。

（3）益处　通过练习培养横膈膜呼吸的能力，增加呼吸的深度。

3. 胸式呼吸

（1）动作过程　取简易坐或者任何其他冥想坐姿，放松全身。吸气，胸廓向外向上扩张，呼气，胸廓向内向下收缩，无论呼气还是吸气，都要保持腹部不移动。

（2）要诀　只是胸部的扩张和收缩，其他部位保持放松。

（3）益处　通过练习培养肋间肌带动胸腔呼吸的能力。

4. 完全式呼吸

（1）动作过程　取冥想坐姿，放松全身，缓慢地深吸气，先让腹部完全扩张，然后胸部向上向外扩张，肋骨完全扩张，感觉肺部要扩张到颈部，肩部微微耸起，颈部肌肉有紧张感，这是完整的吸气，整个吸气过程应该自然和顺畅，没有明显的一步一步的分割过程。停留一会，开始呼气，首先放松颈部的下部，然后是胸部的上部，最后腹部收缩横膈膜向上，慢慢吐净肺部的空气。练习初期，做5~10轮，之后增加到每天10分钟。

（2）要诀　整个呼吸过程要和谐，在最后呼气完时屏气一会儿。

（3）益处　完全式呼吸能改善练习者的呼吸方式，并给身体带来最多的氧气和外界能量，这种呼吸对平静心情、放松神经有益。

（三）呼吸练习的注意事项

1. 检查坐姿　在练习前要对自己的坐姿进行检查，最好是在坐姿较稳定后再进行，如果坐姿不够稳定，身体很难放松，脊柱也很难保持中立位。找一个安静、通风而光线柔和的房间或户外，不要在空调、风扇和风很大的地方练习。准备一条毯子或大毛巾，天冷的时候可以盖一下。

2. 练习时间　一般可以在清晨或傍晚空腹时练习。呼吸时要用鼻子（除了一些特别的呼吸法），要保持鼻腔的清洁。

3. 练习时机　呼吸练习最好在体位练习之后，冥想之前进行。练习后的半个小时到一个小时内不要洗澡。初学者会有身体发热或发冷、身体发飘或发沉的感觉，如有更严重的不适感，应及时请老师诊断一下。千万不要在生病的时候练习，如果是理疗的话要在理疗师的指导下练习。

4. 平衡饮食　练习呼吸法，要注意饮食的平衡，不要急于求成，以免伤及肺部。练习呼吸法不能吸烟，吸烟的人不要练习呼吸法。

二、瑜伽冥想术

（一）瑜伽冥想术简介

瑜伽冥想是指身、心、灵合一后所进入的状态，是一种让大脑安静、心灵平和，让人变得更加自觉和自制的练习。“冥想”在瑜伽中有“警觉”的意思，是瑜伽调节心绪的一种方法。冥想是一种思考方式，通过冥想与自我潜意识的沟通可以让现代人达到减压和心灵美容的目的。

（二）瑜伽冥想时常采用的手印和坐姿

1. 手印　在瑜伽调息和冥想的练习中，双手的姿势具有重要的意义。瑜伽手印具有神秘的感召力，不同的手印对身心有不同的影响。瑜伽手印有助于净化心灵，引导人们了解瑜伽的奥妙和精髓。

（1）秦手印　拇指代表大宇宙，示指代表小宇宙，两指相扣代表个体小宇宙的能量与大宇宙的能量相融合。秦手印能让我们更快地进入平静的状态（图 11－1）。

1）选择一种瑜伽坐姿坐好。

2）双手的拇指和示指相扣，其余的三个手指放松，双手垂于膝盖上，掌心向下。

（2）智慧手印　代表把自身能量和大宇宙的能量融合在一起，可以让人的心灵很快归于平和，提升静坐和冥想的质量（图 11－2）。

1）选择一种舒适的瑜伽坐姿坐好。

2）双手摊放在双膝上，掌心向上。

3）双手的拇指和示指相扣，其余手指自然放松。

（3）禅那手印　也叫定结手印，是比较古典的手印，两手相叠呈碗状，意味着空而充满力量的容器，可以平和、稳定精神。冥想的静虑部分，也叫禅定。要做到“定”而后才能“静”，“静”后方能“安”，“安”后才得“虑”，禅那手印是帮助我们修定悟静的首选手印（图 11－3）。

1）选择一种舒适的瑜伽坐姿坐好。

2）双手放在小腹前，掌心向上相叠呈碗状，两拇指交接。

（4）祈祷手印　也称双手合十手印。人的身体是右阴左阳，双手合十代表着“阴阳结合”，身体和心灵的统一。掌心相对，能让人更加全神贯注，有助于活跃和协调左右脑，使人获得平和的心态（图 11－4）。

图 11－1　秦手印

图 11－2　智慧手印

图 11－3　禅那手印

图 11－4　祈祷手印

1）选择一种舒适的瑜伽坐姿坐好。

2）双手合十，大拇指指向心轮的方向。

（5）生命手印　能够增强活力，消除疲惫和紧张，并能改进视力（图 11－5）。

1）选择一种舒适的瑜伽坐姿坐好。

2）双手摊放在双膝上，掌心向上。

3）将大拇指与无名指、小指交接，其余手指自然平伸。

（6）能量手印　大拇指代表自我意识，中指代表挑战压力，无名指代表生命力，三指交接象征着能使人充满能量。能量手印能够排出体内的毒素，消除泌尿系统的疾症，帮助肝脏健康地运行。长期练习可调整大脑平衡，让我们变得有耐心、平和且充满信心（图 11－6）。

1）选择一种舒适的瑜伽坐姿坐好。

2）双手摊放在双膝上，掌心向上。

3）将大拇指与无名指、中指交接，其他手指平伸。

手印是瑜伽的另一种表情与语言，这些手印的外相与瑜伽的内在精神有着深层的联系，从而构成了瑜伽整体的姿势。长期练习，有助于更深入地了解瑜伽的奥妙。在练习时，注意配合深长、均匀的呼吸，意守内心的安定，效果才会最好。选择一种你所需要的手印，在每次冥想练习时使用，一段时间后你会看到很好的功效。

2. 坐姿　瑜伽坐姿不仅能矫正在日常生活中的不良坐姿，还能改善形体。学习瑜伽坐姿，是练习瑜伽体位法中的坐姿式体位法的第一步，更是调息和进入瑜伽冥想层面的基本训练。

（1）简易坐　初学瑜伽打坐者的首选。因为大部分初学者肢体僵硬，气血滞塞不通，心神散乱不定，所以采用简易坐这种比较舒适安逸的坐姿最适合。简易坐能够增强髋部、膝盖、脚踝的灵活性，加强腿部神经系统（图 11－7）。

1）坐在垫子上，双腿伸直。

2）弯曲左小腿，把左脚放在右大腿下。

3）屈起右小腿，把右腿放在左大腿下。

4）双手自然放于双膝，掌心向下，头、颈、躯干部保持在一条直线上。

（2）金刚坐　又称“正跪坐式”或“钻石坐”，是练习者要掌握的另一个重要姿势。如果其他坐姿坐久了感到腿麻痛难忍，即可换成跪坐，可以缓解疼痛。此外，此坐姿还有增强肠胃系统的功能、促进消化和强健脊椎周围核心肌群等功效（图 11－8）。

图 11－5　生命手印

图 11－6　能量手印

图 11－7　简易坐

图 11－8　金刚坐

1）双膝并拢跪地。

2）臀部坐在双脚脚后跟上。

3）放松肩部，收紧下巴，挺直腰背。

4）双手平放在大腿上（或自然垂于体侧），双手十指指尖朝前。

（3）半莲花坐　从简易坐向莲花坐的过渡形式，适合柔韧性还不够好的人。从瑜伽的角度来看，这个坐姿极适宜进行呼吸、调息练习和冥想时采用。它可以放松脚踝、膝盖和双腿肌肉，增强膝关节，缓解关节炎和风湿痛（图 11－9）。

1）坐在地上，双腿并拢且伸直。

2）弯曲左腿，将左脚放于右大腿下。

3）弯曲右腿，把右脚放在左大腿上。

4）腰背挺直，双手自然放于双膝上，掌心向下，保持自然呼吸。

（4）全莲花坐　瑜伽中最重要的体位法之一，非常适合做呼吸、调息、冥想练习。据说佛祖释迦牟尼便是以此式入定而悟道的。全莲花坐能使人变得沉着冷静、心灵平和、活跃而警觉，对患有神经和情绪问题的人非常有益。它还能摆正歪斜的骨盆、预防内脏器官下垂、美化腿部线条（图 11－10）。

1）以半莲花坐为起始动作，腰背挺直，然后将右脚搭放在左大腿根部，左脚搭放在右大腿根部。

2）双手自然放于双膝，掌心向下，或结智慧手印、禅那手印等。头、颈、躯干部保持在一条直线上，双肩保持放松。

（5）英雄坐　倘若初学者觉得盘坐较为困难，那么英雄坐是一个较好的选择。它能减少腿部脂肪，缓解膝部由于痛风或风湿症所引起的疼痛，促使形成正确的足弓度；还能按摩盆腔器官和强健脊椎，有助于心灵宁静、平和；如果在饭后练习，它还可以加强整个消化系统功能（图 11－11）。

图 11－9　半莲花坐

图 11－10　全莲花坐

图 11－11　英雄坐

1）双膝并拢跪地，双脚分开与臀部同宽。

2）臀部坐在两脚之间的地面上。

3）脚后跟夹紧臀部，挺直腰背，双手搭放在大腿上。

（三）瑜伽冥想的练习方法

1. 呼吸冥想法　要求冥想时要观察呼吸、观察感觉器官、观察身体的各个部位。这是最简单的冥想技巧，只要花 2～3 分钟时间把注意力集中到感觉和呼吸的节奏上，由它渐渐变得缓慢而深沉。吸进更多的氧气可以放松身体，让思绪平静，更加意识到身体和精神之间的联系。

（1）采取莲花坐、半莲花坐或简易坐，挺直腰背。采用腹式呼吸。吸气时，要保持清醒，“我正在吸气”。呼气时，也要保持清醒，“我正在呼气”。这样反复一直数到十，然后再从一开始数起。如果数错了或忘记了数，就回到一重新开始。也可以播放一段音乐，在音乐声中深长地、轻柔地、平稳地呼吸。

（2）掌握呼吸的节奏，但尽量保持自然和轻缓，同时对音乐和旋律保持清醒。不要迷失在音乐里，要继续做清醒的呼吸。保持练习 10 分钟以上，如果有时间可以连续练习。

在练习这个技巧时，既可以将眼睛睁开，也可以将眼睛闭上。如果眼睛是张开的，让目光停留在某个焦点上，如离你身体几米远的地上，或者在眼睛水平位置的蜡烛火苗上。如果眼睛是闭上的，就把注意力全部放在呼吸上。

2. 欧姆唱颂冥想法 最常用的经典瑜伽语音（Mantra）是“OM”，它已经作为冥想的工具被瑜伽修习者唱颂了几千年。OM 是瑜伽里面最神圣的词。它是由 a、u、m 三个基本音组成的，中文译为欧姆。连续不断地默念 OM，可以使大脑更加镇静、心情更加平和；有助于缓解压力、愤怒的情绪，消除紧张感。

（1）选择莲花坐或简易坐坐好，先调整呼吸，采用腹式呼吸。吸气，小腹微微胀起；呼气，小腹回收。如此练习 5 次以上。收回全部注意力，关注呼吸，微闭双眼。

（2）用深沉的语音唱颂欧姆，注意吸气之后念“欧”，而随着“欧”的渐渐结束念“姆”时，腹部发音上移，而“姆”字发的是鼻音。尽量延长呼吸和发音时间。反复进行练习，并且在吸气过程中默念欧姆，然后呼气时继续用深沉的语音唱颂欧姆。

通过练习在头脑中默念语音，但刚开始的时候，实实在在地把声音发出来，更容易使思想集中。过几分钟后，睁开眼睛，两腿伸直，休息一会儿再起来。

第三节 瑜伽体位法

现代人修习的瑜伽，通常指的是瑜伽体位法，即“身体层次的瑜伽”。瑜伽体位法的梵文为 Asana，其意思为在某一个舒适的动作或姿势上维持一段时间。借由一些扭转、弯曲、伸展的静态动作及动作间的止息时间，刺激腺体，按摩内脏，有伸展肌肉、强化身体、松弛神经、镇静心灵的功效。

一、瑜伽基本体位法的分类

身体的每一个姿势都必须由支撑开始。瑜伽的支撑是指身体通过与地面接触的部分将承受的重量以能量的形式传至地面，进而引起地面向上的支撑力又传给身体。从解剖学和力学的角度说，只有足够的支撑才能完成某一个特定的动作。下面是以支撑的不同部位对瑜伽基本体位的分类。

1. 站姿 由足底支撑。

2. 坐姿 由骨盆底部支撑。

3. 跪姿 由膝部、小腿和足背部支撑。

4. 仰卧 由身体背侧支撑。

5. 俯卧 由身体腹侧支撑。

二、常用的瑜伽体位练习

（一）站姿

1. 山式

（1）动作要领 大脚趾相碰，足跟稍微分开，两脚的第二个脚趾相互平行，重心均匀地放在两脚上。向上提升膝盖，大腿前侧肌肉向内旋转，提拉大腿后部肌肉。收腹，有意识地向肚脐方向抬高耻骨，使尾骨变长。肩胛骨内收，扩展肩膀向背部下沉。挺胸，脊椎骨向上伸展，展开锁骨，颈部挺直。手臂垂放于身体的两侧。下巴平行于地面。放松喉部，让舌头放松地平铺在下腭上。停留 30 秒至 1 分钟，自然呼吸（图 11－12）。

（2）功效　可以改善体形，加强大腿、膝关节和踝关节的力量，锻炼下腹部和臀部的肌肉，减轻坐骨神经痛，减少扁平足。还可以增强意志力，缓解焦虑情绪。

（3）注意事项　山式是所有站立姿势的预备式，注意力要集中，以保持平衡。平衡有问题的人可双脚和臀部同宽。

2. 幻椅式

（1）动作要领　双脚并拢直立，挺胸，肩部放松下垂。吸气，双臂上举掌心相对，肘部伸直，手掌展开，指尖朝上。踝关节弯曲，下压后脚跟，膝部和髋部保持弯曲，双臂伸直上举，胸部尽量靠后。如果肘部平直，就将双掌合拢（图 11－13）。

（2）功效　能够提高双肩和脚踝的柔韧性，并锻炼腿部肌肉；还可以调整腹腔内脏器和脊柱，使胸腔充分扩张。这个体式缓解肩部僵硬，纠正腿部任何细微的畸形。

（3）注意事项　腕关节和膝关节尽可能弯曲，大腿下压，身体和髋部上提。上半身有前倾的趋势，但要尽量使之后靠，接近垂直。初学者可以背靠墙壁进行练习，以保持平衡。

3. 树式

（1）动作要领　并立，调整呼吸。曲右腿，右手抓右脚踝，让右脚贴于左大腿内侧。站稳后，双臂缓缓向上伸直，放松肩部，挺直脊柱，收紧腹部，意守丹田穴，目光平视前方，均匀自然地呼吸，停留 30～60 秒。双手下降至胸前，腿松开，还原。换腿做（图 11－14）。

（2）功效　强化腿部力量，调整并舒展腿部肌肉，增强平衡感和专注力，紧实胸背的肌肉，矫正脊柱弯曲，消除腰痛。

（3）注意事项　为保持平衡，可以将视线集中于不远处的某一物体。可以靠墙练习，也可以用单手提拉住脚。保持支撑腿紧压地面，但支撑腿不能弯曲。

4. 三角式

（1）动作要领　身体向上伸展，呼气，身体朝左侧弯曲，左手握住左脚踝，右臂保持不变。双腿伸直，双膝上提。保持 30～40 秒，吸气，起身（图 11－15）。

图 11－12　山式

图 11－13　幻椅式

图 11－14　树式

图 11－15　三角式

（2）功效　增强腿部肌肉群，拉伸身体侧面肌肉群，提高髋部的柔韧性，增强脊柱的功能，缓解背部疼痛。有效刺激肠胃系统的蠕动，从而有助消化过程。还可帮助减少腰围线的脂肪。

（3）注意事项　最终目标是手掌能够向下按压地面，如果做不到，可用手握住脚踝，或用瑜伽砖辅助支撑，使脊柱充分伸展，胸部转向上方。柔韧度不够的初学者可以背靠墙壁来保持平衡。如果转头时感到颈部疼痛，可以直视前方或俯视脚面。

5. 战士一式

（1）动作要领 双脚迈开 1～1.2 米，上体左转，双臂上举并拢，掌心相对合十；左脚向外旋转 90 度，同时左膝弯曲 90 度，右腿伸直脚跟内转保持稳固。双臂尽量向上伸展，向上拉伸身体，打开胸部，直视前方（图 11－16）。

（2）功效 拉伸腿部肌肉，保持身体稳固和增加平衡感；充分扩张胸腔，改善呼吸，放松颈部、肩部和背部肌肉。

（3）注意事项 呼吸不宜过于频繁，但也不要屏住呼吸，保持呼吸均匀，以获得能量。如果下背部感到不适，可将双手置于髋部完成该姿势。如果后脚跟内转感到困难，可将脚跟靠墙，或用瑜伽砖支撑脚跟。

6. 双角式

（1）动作要领 吸气，双脚迈开 1.2～1.5 米，确保双脚平行，脚趾向前。绷紧双膝和大腿肌肉，使双腿伸直，呼气，身体向前伸展，舒展脊柱，双手分开与肩同宽，将双手放在双肩正下方的地面上。双臂和双腿伸直，身体前倾将头抬起，使背部呈凹型，目视前方。双肘朝后弯曲，身体下压，头顶向地面靠近。抬肩，使头部放松并更接近地面（图 11－17）。

（2）功效 使更多的血液流向上半身和头部，可以镇定身心，使人产生平静、安宁的感觉。

（3）注意事项 双脚外侧按压地面，但踝骨不能向外、向下突出。尽管身体前伸并下倾，但要始终保持双腿向上伸直。如果头部不能触地，可用瑜伽砖支撑头部。

（二）坐姿

1. 牛面式

（1）动作要领 金刚坐，调整呼吸。吸气，右臂上伸，屈肘，呼气，左肘扳右肘，尽量让右手放低到两个肩胛骨之间。左臂向背后曲起，两手手指相扣。挺直脊背，目光平视，保持 20 秒，自然地呼吸（图 11－18）。

图 11－16 战士一式

图 11－17 双角式

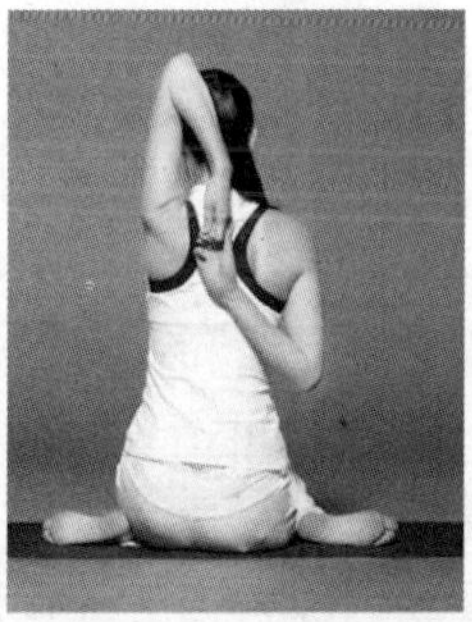

图 11－18 牛面式

（2）功效 加强臂部肌肉，灵活腕、肘、肩关节，矫正肩背的歪斜，扩展胸部。

（3）注意事项 如果双手无法接触，可在背后双手拉一根带子辅助。身体两侧保持相同程度的拉伸，头部摆正，眼睛平视，下背部不要弯曲成拱形。

2. 单腿伸展式

（1）动作要领 坐正，双腿向前伸直，脊背挺直，调整呼吸。曲右腿，右手抓右脚，贴近左大腿根。吸气，双臂上举。呼气，上身缓缓前倾，双手抓脚，放松头颈，尽量让前额贴腿前侧。

保持一会儿，自然呼吸。还原后，换腿做（图 11－19）。

（2）功效　伸展腿部肌肉、韧带，放松髋关节，伸展腰背肌。

（3）注意事项　如果手碰不到脚，可将带子绕在脚上，再用双手抓住带子两端。如果下背部疼痛，可用长枕支撑臀部。如果感到不适，可以坐在瑜伽砖上，也可以在弯曲的膝盖下面垫一块瑜伽砖。

3. 鸽子式

（1）动作要领　曲左膝，伸直右腿，成侧弓步坐好。抬起右小腿，用右肘揽住。左手和右手在体后相扣。右脚还固定在右肘弯不动，两手臂保持相叩的环状，向头后伸去，吸气。呼气，头向左侧转，挺胸，收紧侧腰肌。保持 20 秒，自然呼吸。还原放松，换边再做（图 11－20）。

（2）功效　强化侧腰肌、臀肌，减少腰、臀、髋部脂肪，柔软肩关节，伸展臀部肌肉。

（3）注意事项　要保持这一姿势不倒塌，骨盆底部的肌肉、腘绳肌与臀肌均应做离心收缩，使重力分布于这一体式的整个支撑面，而非仅仅作用在腘绳肌附着部或膝关节。

4. 半鱼王式

（1）动作要领　坐在地面上，双腿向前伸直。弯曲左膝盖，大腿和小腿折叠，把左脚放在臀部下方。弯曲右膝盖，抬起右腿，把右腿放在左大腿外侧，使右脚踝外侧触碰到放在地面上的左大腿外侧。使右腿胫骨与地面垂直。躯干向右转 90°直到左腋窝抵住右大腿外侧。把腋窝越过右膝盖呼气，伸展左手臂绕右膝盖扭转。右手置于臀部后方，手指指向后方，颈部可以向右转，注视右肩前方（图 11－21）。

图 11－19　单腿伸展式

图 11－20　鸽子式

图 11－21　半鱼王式

（2）功效　刺激肝脏和肾脏，伸展肩膀、臀部和颈部；使脊椎充满活力；缓解月经不调、疲劳、坐骨神经痛和背痛；对哮喘和脱发有辅助治疗作用。

（3）注意事项　背部或者脊椎损伤者只能在有经验的瑜伽导师指导下尝试半鱼王式。在半鱼王姿势中，相反的手臂要绕过大腿的外侧。对初学者而言，这样的体位可能非常困难并且存在潜在的危险。请保证自己的身体在安全的情况下进行这样的扭转。

5. 坐角式

（1）动作要领　双腿分开，双手放于地面，吸气。呼气，上身缓缓前倾，双臂沿地面向脚伸展，胸和下巴尽量触地。保持一会儿，自然呼吸。还原后，放松双腿（图 11－22）。

（2）功效　伸展大腿内侧肌肉、韧带，也可柔软腰部，增强骨盆弹性，促进骨盆区的血液循环，减轻坐骨神经痛；锻炼支撑膀胱和子宫的肌肉。

（3）注意事项　双脚不能外转，保持脚趾朝上。双脚跟尽量向外拉伸。双腿按压地面，膝盖朝上。

6. 全箭式

（1）动作要领 坐正，双腿向前伸直后，调整呼吸。吸气，曲起双腿，双手抱脚。呼气，同时慢慢伸直双腿，尽量贴近身体，同时脊背挺直，收紧腹部。保持一会儿，自然呼吸。还原后再做（图 11－23）。

图 11－22 坐角式

图 11－23 全箭式

（2）功效 强壮腹部肌肉，改善内脏下垂，可治因椎间盘疝气所致的腰痛。修正腰椎的扭曲，使激素得以正常作用，治疗经痛，月经不调，消除腹部的脂肪，有束臀的功效，并增加腹肌和腰背部的力量和平衡感。

（3）注意事项 依靠腹部和腿部肌肉保持平衡，而不是背部肌肉。下背部不能弯曲，保持挺直。双腿充分伸直。

（三）跪姿

1. 猫式

（1）动作要领 双手、双膝和小腿着地，两大腿、两手臂与地面垂直。吸气，抬头向上看，腰部下沉翘起臀部。呼气，放松颈部，低头，含胸，收缩腹肌，拱起后背（图 11－24）。

图 11－24 猫式

（2）功效 放松肩、颈部，收缩腹肌，减轻痛经，改善月经不调、子宫下垂。

（3）注意事项 动作不要太快，亦不要猛力将颈部前后摆动或把腰部拱后，不要过分伸展颈部。

2. 虎式

（1）动作要领 跪撑，双手、双膝着地，调整呼吸。吸气，头和左腿缓慢向上抬起。呼气，低头，拱起后背，紧缩腹部，左腿落下曲起，下巴尽量够左膝，保持数秒。反复几次后换腿做（图 11－25）。

（2）功效 活化脊柱，补养脊神经，减少臀、腿部赘肉，美化臀形。纠正子宫下垂，是产后妇女的最佳姿势。

（3）注意事项 髋部上提同时收紧臀部。提起脚跟可帮助背部抬得更高，当脊柱完全拱起后，脚跟可逐渐放低。再次感觉姿势，可再踮起脚趾。感到有把握增加伸展的幅度了，就让肋骨随着每次吸气，一点点地上升。胸部高处朝下巴尖靠近，可增加上背部的弯度。

3. 骆驼式

（1）动作要领　两腿分开跪立。吸气，身体慢慢后仰呼气，双手扶脚跟，放松颈部，头向后仰，髋部前送，脊柱向前推，尽量让大腿同地面垂直。保持数秒，自然呼吸。还原，放松（图11－26）。

（2）功效　扩展胸部，预防乳房下垂，矫正拘肩驼背，柔软肩关节，伸展身体前侧。

（3）注意事项　头部放松，颈项不要过分向后伸展。盆骨和大腿与地面保持垂直。

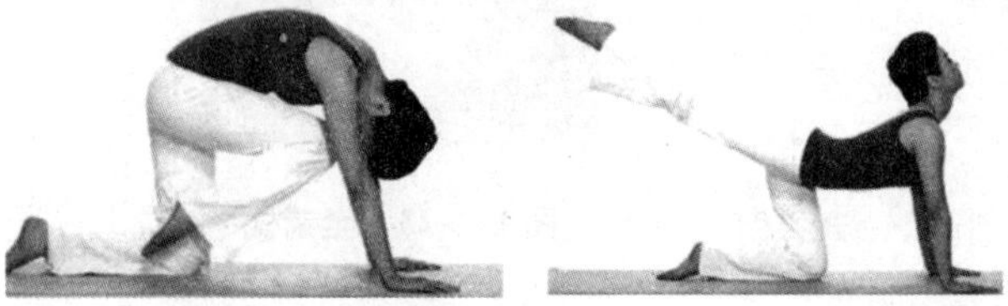

图11－25　虎式

图11－26　骆驼式

（四）仰卧

1. 犁式

（1）动作要领　完成肩肘倒立后，双腿下弯，伸过头部，双脚触地。双手支撑背部，使后背上提，胸部挺起并打开。双腿伸直，朝头部方向拉伸。保持1分钟左右（图11－27）。

（2）功效　放松大脑，感冒时练习最佳，可改善甲状腺和甲状旁腺的功能。

（3）注意事项　如果把脚趾放瑜伽在地面上有困难的话，那么就在身后放一把椅子，把脚趾放在椅子上。如果呼吸变得急促或者沉重，那么就不要把脚趾放在地面上，而是放在椅子上。然后头部就不会感到压力和充胀。

2. 桥式

（1）动作要领　仰卧，双臂置于体侧，调整呼吸。吸气，曲双膝，脚跟尽量接近臀部。呼气，双手保脚踝，缓缓把身体抬高离地，收紧臀部肌肉，保持30秒，自然呼吸。呼气，身体慢慢落下还原（图11－28）。

（2）功效　收紧臀部肌肉，美化臀部曲线，伸展身体前侧。

（3）注意事项　如果身体不够柔韧，过分练习会造成痉挛，应量力而行。缓慢进行，尤其是腰背、手臂力量不足的人群。

图11－27　犁式

图11－28　桥式

3. 鱼式

（1）动作要领　仰卧，双手置于体侧，调整呼吸。吸气，挺胸拱背，用头顶或者肘关节撑起上半身，头部后仰。缓缓让头顶着地，呼气，保持数秒，自然呼吸。缓慢还原，让后脑勺、肩、背依次慢慢着地（图11－29）。

（2）功效　预防乳房下垂，矫正驼背，美化修长颈部和下巴线条。

（3）注意事项　严重的腰部和颈部损伤者不宜进行该动作。

（五）俯卧

1. 蝗虫式

（1）动作要领　俯卧在垫面上，双手放在身体的两侧，双脚分开与肩同宽，吸气延展脊柱，呼气同时抬双腿双手向后向上。利用背部的力量，打开胸腔，延展身体的前侧，肩胛骨向后向下，双肩远离耳朵（图11－30）。

（2）功效　柔韧脊柱，增强脊柱的弹性，强健臀部、手臂和腿部后侧的肌肉，可有效改善背部疼痛，还能刺激腹部器官，对治疗各种腹部疾病有辅助的效果。

（3）注意事项　注意双腿从大腿的根部向上抬，而不是用双脚，将意念集中在背部或者腹部。

2. 眼镜蛇式

（1）动作要领　俯卧，双手撑于胸两侧。吸气，双臂伸直，撑起上身，头向后仰，眼看上方。呼气，依次慢慢放下上身、头部。

（2）功效　舒缓、消除背部、颈部紧张，促进血液循环，增强消化功能，有助于纠正月经失调。

（3）注意事项　自始至终保持均匀的深呼吸，用餐3小时后，等消化了空腹再修习。在修习结束后请务必多喝水。尽力而为，不可勉强，如身体不适可停练几天。

3. 全弓式

（1）动作要领　俯卧，双臂置于体侧，调整呼吸。两小腿向上曲起，双臂向体后伸直，双手抓住双脚。吸气，头、颈、向后仰，双臂用力向上抬起双腿，躯干也向上抬起，双膝尽量高抬，维持一会儿，自然呼吸。呼气，慢慢将上身还原，松开双手，将双腿放回地面（图11－31）。

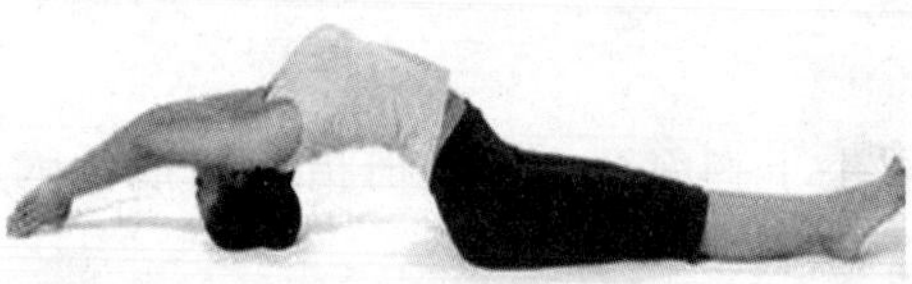

图11－29　鱼式

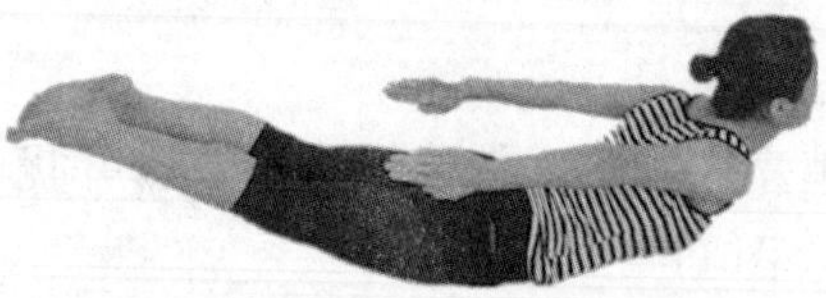

图11－30　蝗虫式

图11－31　全弓式

（2）功效　强壮腰、背、臀肌，伸展颈部前侧、胸部和腹部肌肉。

（3）注意事项　初学者会感觉很难将大腿抬离地面，可以在大腿下垫上瑜伽砖让大腿离开地远一些。

除了以上姿势外，瑜伽还有三角伸展式、婴儿式、鹰式、战士二式、英雄式、舞王式、仰尸式等各种姿势及其不同变式，不再一一赘述。

三、瑜伽体式经典组合——拜日式

（一）关于拜日式

向太阳祈祷式（Surya Namaskara），简称拜日式。Surya 意思是太阳，而 Namaskara 意思是敬礼或者是尊敬的意思。

在古印度，这组动作被作为朝圣的动作。其实在某些地方至今还能看到类似的朝圣动作。一个信徒可以从很远的地方三步一拜，花几个月甚至更长的时间到达目的地。当他到达的时候，他已经达成了健康平安的愿望。其实这是他的虔诚加上一路的朝拜动作，使他的身体变得清洁健康，这就足以让他成为一个充满力量的人，接下来在他身上发生的健康、快乐、平安和运气，就不足为奇了。

最初这组动作并没有被包括在传统瑜伽的体位动作里，后来人们才认识到这组动作具有很好的生理效果，它几乎是功效最全的一套练习动作。只要合理地加以练习，无论是对关节、肌肉和内脏器官的保健与修复，还是对身体的伸展能力、放松及释放精神的紧张情绪，都有很好的作用。

练习拜日式的时间最好是在清晨日出时面对着太阳，或者在日落时，这是一天中最安静的时刻。要是不能在这两个时间段练习，也可以在其他空余的时间练习。

（二）练习前的准备

1. 正确的站立 做拜日式前，两脚微微分开，双臂放松自然放在体侧。站立时，五个趾跟和脚后跟的正中间与地面均匀接触，非常仔细和小心地检查膝盖的位置，使膝盖受力均匀，小腹部收紧，尾骨下压，胸腔打开，肩膀放松，下巴略收，头顶像有一根线将你拉向天空。保持几秒钟后进入第二步的准备。

2. 身体放松 闭眼，清醒而警觉，感觉从头到脚，身体的每一部分，依次开始放松。渐渐地身体就像消失了般地轻松，一股能量从自己的身体升起，包围了整个身体。

3. 集中注意力 把注意力放在眉心轮上，感觉从身体内升起的能量开始聚集在眉心轮，就像天空升起的太阳，你面对着升起的太阳，一个体位接着一个体位做，感觉动作的韵律。

（三）初级拜日十二式

1. 祈祷式

（1）动作要领 站立，闭眼，腰背挺直，双脚并拢，双手于胸前合十，大拇指相扣抵住胸骨。保持3～5次呼吸（图11-32）。

（2）功效 这个姿势能很好地集中注意力，并且是其他体位很好的准备姿势。

（3）注意事项 打开胸腔，注意力放在眉心轮。

2. 展臂式

（1）动作要领 吸气，伸直双臂并向上举，边呼气边让上身向后伸展。保持2～3次呼吸（图11-33）。

（2）功效 这个体位锻炼了肺部及脊椎神经，拉伸了腹腔内的器官，增强消化能力，减去多余的腰腹部脂肪。手臂和肩部的肌肉也得到锻炼。

（3）注意事项 肺部充分伸展，注意力放在眉心轮。有贫血、低血糖及晕眩病者，要注意动作的幅度，不要屏气。

3. 站立前屈式

（1）动作要领　吸气，上身回正，呼气，双手带动身体向前经过直角，向下弯曲，保持背部伸直，双手放于双脚两侧，脸靠近小腿。在最后位置时收缩腹部，尽可能伸直膝盖。保持3~5次呼吸。初学者可以屈膝来完成这个动作，韧带打开后再慢慢伸直膝盖（图11-34）。

（2）功效　放松背部，强壮内脏器官，改善头和面部的血液供应。

（3）注意事项　脊柱保持伸展，背部肌肉放松，注意不要拉伤。有高血压者慎做。

图11-32　祈祷式

图11-33　展臂式

图11-34　站立前屈式

4. 起跑式

（1）动作要领　吸气，仰起上身，微微屈膝，右脚向正后方大步踏出，让右膝盖以下全部着地，左小腿保持与地面垂直，边呼气，边将胯部向下沉，双手尽量触及体侧的地面。保持2~3次呼吸（图11-35）。

（2）功效　按摩腹部器官，加强双腿的力量，增强平衡性。

（3）注意事项　注意胸部到大腿的拉伸，注意力放在眉心轮。

5. 斜板式

（1）动作要领　吸气，身体前倾，双手放于左脚两侧，呼气，左脚向后踏出与右脚并拢，收紧臀部，胯部微微下沉，身体成斜板状。保持2~3次呼吸（图11-36）。

（2）功效　加强身体核心的力量，同时也可以加强腿部以及手臂的力量，锻炼核心稳定性、平衡能力以及专注力。

（3）注意事项　腹部内收，背部稳定，不要塌腰。注意力放在脐轮。

6. 八体投地式

（1）动作要领　将重心前移至手臂垂直地面，放下膝盖双膝落地，接着将胸部和前额（初学者可用下巴）触地使得两个脚的脚趾、两个膝盖、两个手掌加上胸部及前额，共八个点与地面接触，臀部抬起。在做这个动作的时候屏气（图11-37）。

图11-35　起跑式（左）

图11-36　斜板式

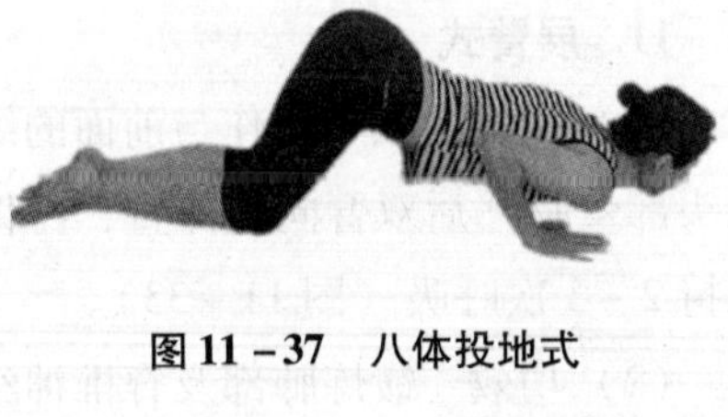

图11-37　八体投地式

（2）功效　拉伸手臂和双腿的肌肉。可以强健胸部、脊椎，以及双肩。对收紧腹部，强化腹横肌的力量有明显效果。

（3）注意事项　臀部抬高腹部应该离地，核心收紧，注意力放在脐轮。

7. 眼镜蛇式

（1）动作要领　吸气，伸直双腿，上半身沿着地面向前滑动，直到胯部接触到地面为止，头部向上伸展，让上半身后仰，眼睛看向天花板，注意不要耸肩。保持2~3次呼吸（图11－38）。

（2）功效　矫正脊椎，改善背部的血液循环，放松神经。同时对肝和肾脏也有好处。

（3）注意事项　吸气时抬起身体，放松脊椎，注意力放在生殖轮。

8. 下犬式

（1）动作要领　吸气，双脚脚掌贴地，抬起臀部，双手和双脚位置不动，伸直膝盖，让双肩向下压，尽量将额头和双脚脚后跟着地。身体呈倒“V”字形。保持5~8次呼吸（图11－39）。

（2）功效　加强双臂肌肉，增强脊椎神经，消除疲劳，伸展和加强腘旁肌、腓肠肌、比目鱼肌和跟腱，强壮坐骨神经。

（3）注意事项　注意力放在喉咙。血压异常或患有眩晕病的人，在练习时要注意一旦觉得不舒服，先跪下将臀部坐在脚跟上，同时额头顶地休息，再慢慢蜷起身体。

9. 起跑式

（1）动作要领　吸气，抬头，右腿向前迈一大步，使右小腿与地面垂直，左膝盖以下着地，边呼气边使胯部下沉。让上身尽量后仰，眼睛看向上方，双臂自然垂于身体两侧。保持2~3次呼吸（图11－40）。

图11－38　眼镜蛇式

图11－39　下犬式

图11－40　起跑式（右）

（2）功效　按摩腹部器官，加强双腿的力量。增强平衡性。

（3）注意事项　顶髋，从大腿到胸部充分伸展。注意力放在眉心轮。

10. 站立前屈式

（1）动作要领　这个体位是练习3的重复。吸气，上半身回正，呼气，左腿向前踏回，与右腿并拢伸直，双手放于双脚两侧，尽量把脸靠近小腿。韧带僵硬者可微屈双膝，保持3~5次呼吸（图11－34）。

（2）功效　放松背部，强壮内脏器官，改善头和面部的血液供应。

（3）注意事项　脊柱保持伸展，背部肌肉放松。有高血压者慎做。注意力放在腹轮。

11. 展臂式

（1）动作要领　动作与前面的练习2相同。吸气，抬头尽量目视前方，1次呼吸（以防止起来头部晕眩）后双臂向前伸直，身体经过直角，带动上身向上并向后仰，伸展颈部。目视上方。保持2~3次呼吸（图11－33）。

（2）功效　锻炼肺部及脊椎神经，拉伸腹腔内的器官，增强消化能力，减去多余的腰腹部脂肪。锻炼手臂和肩部的肌肉。

（3）注意事项 顶髋，腹部和肺部充分伸展。有贫血、低血糖及晕眩病者．要注意动作的幅度，不要屏气。注意力放在注眉心轮。

12. 祈祷式

（1）动作要领 吸气，手臂带动上身回到正中位置，呼气，双手经体前收回到胸前，双手合十，放松全身。保持3～5次呼吸。这是结束的动作也是开始的动作（图11－32）。

（2）功效 这个姿势能很好地集中注意力，并且是其他体位很好的准备姿势。

（3）注意事项 打开胸腔，注意力放在眉心轮。

上述的练习1～12的体位是拜日式的所有姿势，在另外一轮的练习中，应当重复这12个体位，但有左右脚的变化。在练习4起跑式时，换左脚向后跨一大步，在练习9起跑式时，换左脚向前跨一步。完成24个姿势后，完整一轮的拜日式就完成了。

拜日式的12个体位就像一个圆（图11－41）。开始就是结束，结束就是开始，没有开始也没有结束，当你开始时就是一个结束，当你结束时又是一个开始，一个像轮子一样运作的节奏和韵律，你可以从中了解生命、了解自然的法则。

拜日式是非常完美的练习组合，在练习的时候，每个人可以根据自己的身体情况，选择不同的练习强度和量，如果你坚持练习，一段时间后就会有明显的收益。

图11－41 拜日十二式体位导图

知识拓展

体位练习需要了解的运动生理知识

瑜伽练习中几乎80%的练习都能锻炼到脊柱。脊柱是由33节脊椎构成的：7节颈椎、12节胸椎、5节腰椎、5节骶椎、4节尾椎，它们联系着全身的各个系统，因此每一节脊椎的健康都关系着全身各个系统的健康。强壮的骨骼是人体的基础，支撑着柔软的肌肉与韧带，肌肉附于骨的表面，与骨骼共同支持人体、保护体内器官和承担运动的功能。只有当肌肉富有弹性，才能带动关节活动，才能维持人体稳定的姿势。而瑜伽发挥的功能就是用自然的方法使你慢慢地伸展每一块肌肉，只有当肌肉拉长到足够的长度，动作才会变得灵活。因此，有规律地练习瑜伽能让我们充分地运动关节，加强四肢和脊柱的弹性，并且使骨骼保持健康。

第四节 瑜伽与健康

一、瑜伽促进健康的途径和特点

（一）途径

瑜伽促进健康的途径是全方位的，包括各种体位法、呼吸法、冥想、饮食调理、清洁法、自然疗法、色彩疗法、唱诵、按摩以及健康生活方式的培养。可以说，瑜伽就是一种健康的生活方式。

瑜伽与中国传统养生学在促进健康的方法和理论上既相似又有不同。瑜伽主要建立在印度古老的阿育韦达理论（《吠陀经》）之上，主要依据的经典是《瑜伽经》和《哈他瑜伽之光》，核心理论是“生命之气 Prana”和“三脉七轮”，主要方法是瑜伽动作练习、呼吸法、冥想、健康饮食、生活规范训练等。中国传统养生学主要依据的经典是《黄帝内经》，理论基础是中医的“阴阳”“五行”“辨证施治”等，主要方法包括太极拳、五禽戏、饮食调理、合理作息等。

瑜伽的体位法多以动物的名字命名，与中国传统养生中的“五禽戏”“易筋经”等相近，瑜伽的呼吸法与中国传统养生中的健身气功类似，瑜伽的冥想与中国传统养生中的静坐接近，瑜伽的生活规范内容与中国传统养生中的“修德”“培养心性”有共同点。而且两者皆注重身心的相互影响，强调预防为主，遵循自然，倡导健康的生活方式。

（二）特点

1. 整体调理 传统瑜伽理论认为人的身体有五个层面，疾病的根本原因不仅在于身体的层面，还在于内在的更深层面以及五个层面之间不平衡的状态，瑜伽健身方法是身体的练习、呼吸法、饮食、内心的净化等途径的综合运用。瑜伽的健康观重视生命的整体调整，类似中国传统医学的整体观。

2. 身心相互作用 瑜伽哲学认为外在的身体和内心世界犹如一个硬币的两面，相互依赖，密不可分。通过身体练习，可以畅通体内的能量中心和能量通道，而体内气脉的畅通能带来内心的喜悦。内心的祥和与喜悦，又能解开体内的气脉阻塞，预防和缓解疾病。反过来，内心的烦恼会使体内的气脉阻塞，影响身体的健康，进而产生疾病。

3. 辨别体质 传统瑜伽理论认为每个人的身体都由“三种能量”：善良形态、情欲形态和愚昧形态构成，依据个人三种能量的强弱，分为三种体型（风型 Vata、火型 Pita 和土型 Kapha），又派生出七种“体质”。瑜伽养生要求根据自己的体质制定针对性的解决方案。

4. 重视饮食 瑜伽理论认为“吃什么，你就是什么”。瑜伽饮食理论把食物分为“悦性食物”“惰性食物”和“刺激性食物”三种属性，惰性食物和刺激性食物带来身体的疾病和内心的烦躁不安，健康的生活方式应该以摄取悦性食物为主。

5. 强调脊椎的重要性 瑜伽理论认为我们的实际年龄和脊椎成正比，瑜伽动作练习的重点围绕脊椎的前屈、后弯、扭转、侧伸展等，瑜伽养生注重脊椎的保养。

6. 注重呼吸 瑜伽传统理论认为，人的寿命和呼吸密切相关，呼吸越快的动物寿命越短，呼吸越慢的动物寿命越长，而且呼吸的状态直接影响内在的心理状态。在瑜伽养生中，有左右鼻孔交换呼吸法、停顿式呼吸法等多种专门的呼吸训练方法。

7. 积极预防 瑜伽理论认为人体内部潜在的能量处于沉睡状态，犹如冬眠的蛇，人的潜力需要开发和挖掘，人体具有自然的自愈功能，健康长寿要主动争取，而不是患病后再去医治，这与中医“治未病”的观点不谋而合。

二、练习瑜伽的注意事项

瑜伽对人体健康的好处很多人都知道，但也听说过有人得了“瑜伽病”，对于瑜伽伤病，可以理解为由于练习瑜伽产生的一系列病症。但这并不是一种严格意义上的疾病，也不是瑜伽这项健身运动的“原罪”，而是练习方法错了。一些练习者在做动作时过于勉强自己，以至伤了肌肉、关节、脊椎、韧带等，从而引发韧带拉伤、软骨撕裂、关节炎症、神经痛等常见“瑜伽伤病”。

瑜伽本身是安全的，不会给身体带来伤害，正确掌握瑜伽练习的注意事项能帮助我们更好地练习瑜伽。

（一）练习前准备

1. 衣着要求 尽可能穿简单、宽松的衣物。练习时最好光着脚，并摘掉手表、腰带或其他饰物。

2. 时间安排 清晨或傍晚是瑜伽锻炼的最佳时间。保持练习前1～2小时的空腹状态进行练习，喝入流质食物则可在半个小时后练习。无论是练习体位还是练习调息和冥想，都要在空腹情况下练习。这可以使你的意识保持清醒和警觉。

3. 练习场地与环境 要选择安静、清洁、空气新鲜的地方，如果在室内要注意保持空气的流通，这对于调息练习尤为重要。瑜伽练习时必须保持安静，避免交谈和心理活动，可以播放轻松简单的乐曲，以帮助身心能够专心集中。

（二）练习中的注意事项

1. 有意识地做练习 非常重要，慢慢伸展肌肉，不要无意识地或带着强烈的愿望做动作，以防止造成肌肉拉伤或骨折等意外事故。

2. 练习时关注呼吸 练习时务必关注呼吸，如果呼吸变得很沉重甚至难以控制，则表明你的练习必须停止，必须调整呼吸使其平稳后再开始练习。心脏有问题的人要特别注意，不要有太多的闭气用力的动作。所有瑜伽练习都要在呼吸可控的情况下完成，最佳的练习是呼吸与动作协调一致。

3. 体位练习时意识集中于练习部位 进行体位练习时，要将全部的注意力集中在主要锻炼的部位，仔细体会身体的感受，应避免意识游离。

4. 对静止姿势保持观照 体位法练习后，对最后姿势的静止状态要保持观照，这有助于了解动与静的平衡。培养意识对动的觉察力的同时，也要同时培养对静止的觉察力。

5. 正确地放松 每一个动作做完后，都要放松。最重要的是放松的时候保持警觉，不要让意识游走。练习结束后的放松尤为重要，它可以让你的肌肉和所有内脏系统得到整理和修复，并体验到放松带来的巨大能量。

6. 女性及某些患病者的注意事项 女性在生理周期期间应避免做腹部过于用力的动作，如用力地呼吸、倒立类动作等。做上体往下倒立的姿势时，高血压、低血压患者，头部受过伤害的人，晕眩病者，心衰的人应避免练习，以免头部充血而发生危险。患椎间盘突出的人应禁止做往前弓背的动作。

7. 合理使用练习用具 瑜伽练习中，借助一些实用工具可以让动作变得更容易，也能减少受伤的可能性，这对初学者来说十分必要。这些工具有的是专门的工具，有的是家庭常用物品，如果没有专门的工具，可以用家庭常用物品代替。

（1）瑜伽带 市面有售，用长绳也可以。长度应为1.5～2米，粗细以方便手握为准，要有一定的强度。如果没有，可用毛巾代替。

（2）瑜伽砖 如果没有瑜伽砖，用方形的木块或将几本书摞起来，也能起到一样的作用。

（3）薄毯 在休息时让自己保暖，也可以叠起来当垫子用。

（4）软靠垫 平常用在椅子上的靠垫就可以，在进行坐姿、仰卧、俯卧等动作时，将靠垫垫在身下，可以降低动作难度或让自己更舒服。

（三）练习后的注意事项

1. 注意练习后的身体反应 瑜伽体位练习的拉、伸、拧、挤能使身体受益，但是如果练习过度，会造成肌肉或韧带的损伤。练习后对身体还是要保持关注，有时候身体的反应在第二天才会有。如果出现肌肉韧带的疼痛、头晕耳鸣等情况，要及时与教练沟通，反省练习时的方法是否恰当。

2. 注意观察练习后的呼吸 除了在练习时注意呼吸，还要在练习后随时注意呼吸，将良好的呼吸方法运用到日常生活中。将练习中培养起来的观照的能力，运用到对平常自身的呼吸和情绪的觉察中。

3. 注意练习后的饮食 自然平衡的饮食，是瑜伽练习者特别要注意的。在食物的结构上，要以素食为主；在食物的烹饪上，要以清淡为主；在食物的种类上，要以多样化自然为主。

4. 练习后一小时内避免沐浴 瑜伽理论认为练习后身体需要一些时间来整理修复，这时能量会重新分配和流动，放松休息是最佳选择。而沐浴会破坏身体的自然整理，使练习收益大打折扣。

5. 保持良好的生活态度 树立正确的生活态度，生活中多一些对他人的关心与祝福。把快乐带给你身边的每一个人，向你的家人、朋友、同学、相识和不相识的人，传递你的祝福与快乐。

本章小结

本章节讲述了瑜伽运动的起源、主要流派和分类；介绍了瑜伽八支分法；阐述了常见的瑜伽练习内容呼吸法、冥想术和基本体位法。重点讲解了瑜伽体式经典组合——拜日式，介绍了瑜伽运动促进健康的主要途径和特点，以及瑜伽运动的健身价值。本章的难点是正确理解体位练习的标准，重点是瑜伽练习的注意事项。通过本章的学习，旨在让学生能够更好地理解和认识瑜伽运动，有助于保持体形，改善精神状态，养成健康的生活习惯。

思考题

1. 如何正确理解瑜伽的八支分法？
2. 简述呼吸在瑜伽运动中的规律。
3. 简述初级拜日式 12 个体位的动作要领。
4. 瑜伽练习的注意事项有哪些？

（王　青　朱丽丽）

第十二章　体育舞蹈

PPT

拓展阅读

学习目标

知识目标

1. 掌握体育舞蹈的分类以及不同舞种的不同特点。
2. 熟悉体育舞蹈的重要赛事与组织。
3. 了解体育舞蹈的概念、起源与发展。

技能目标

1. 学会舞蹈编排的方式与方法，能够自主完成4人以上团体舞编排。
2. 能够利用音乐完成恰恰恰舞与伦巴舞所有基本动作。

第一节　体育舞蹈概述

一、体育舞蹈的概念

有一种舞蹈，直到近代才传入中国，在近几年才风靡全国。它兼有文化娱乐内涵和体育竞技特征，并改变了我们对于舞蹈的认知。它不仅具有民族舞与芭蕾舞的柔美，又具有花样游泳与艺术体操一样的非对抗性。它是体育竞技与舞蹈表演的高度融合，它就是体育舞蹈。

体育舞蹈概念，其实无论是在国际还是在国内都没有严格意义上的界定。人们通常对于体育舞蹈的认知大多来源于交谊舞，直到竞技性的融入，体育舞蹈的概念才随之显现。在我们给体育舞蹈定义时，不仅要考虑到体育舞蹈的竞技性，更应该认清体育舞蹈是社交舞蹈的这一特殊属性，因此我们在定义过程中，应从狭义和广义两个层面进行。广义体育舞蹈概念与舞蹈概念大致相同，是指在不同风格的音乐伴奏下，通过单人、双人或者多人的身体语言或舞蹈动作，借以表达不同民族、不同文化、不同社会生产方式的思想内涵。并展现形体美、音乐美与服饰美等其他艺术形式的美。而狭义的体育舞蹈是指标准舞蹈，包括华尔兹、维也纳华尔兹、探戈、快步、狐步与拉丁舞包括桑巴、恰恰恰、伦巴、斗牛、牛仔。十支舞蹈风格各异，技术不同，在不同风格音乐的伴奏下，通过动作传达不同舞者对于舞蹈的理解和认知。

二、体育舞蹈的起源和发展

（一）起源

说到体育舞蹈起源，我们发现它与大多数舞蹈的起源大同小异，均来自民间。当人们处于原始社会时期，社会不够发达，人们通常把解决温饱问题作为生存第一要务，因此经常利于鱼叉、石斧、弓箭等捕获猛兽来获取蛋白质，也会采集野果来获得生命所需的维生素等营养物质。通过与自然界的斗争获得胜利之后，人们往往会自发地组织一系列的庆祝活动，拿起猛兽皮，戴上用猛兽骨头制成的项链与耳环，来炫耀自己的勇猛，随后便即兴地手舞足蹈起来。很明显在语言和文字并不发达的时代，人们无法明确地表达出情感，唯有利用肢体语言来抒发情感，表达心里所想，这便是最原始的舞蹈。再到后来，人们对舞蹈又赋予了新的“使命”，如宗教祭祀、婚丧嫁娶、重大节日等均出现了舞蹈的“影子”，并逐渐成为生活的一部分。

随着经济的发展，社会的进步，我们所处的时代也在改变，从原始社会到奴隶社会再到封建社会，改变的不仅是时间，文化、制度、思想也都在潜移默化地发生改变。舞蹈也从原来的表达情感和娱乐方式，变成统治阶级消遣方式之一。但是当人类用来表达情感的方式逐渐多元化之后，舞蹈依然没有消失，在民间舞中经常出现的男女对舞便是早期体育舞蹈的雏形。所以体育舞蹈起源于原始舞蹈，萌芽于民间舞蹈。初期的体育舞蹈与民族民间舞蹈联系密切，是伴随舞蹈的发展而逐渐发展起来的新兴的运动项目。

（二）国际发展

最新体育舞蹈史学研究成果表明，体育舞蹈经历了宫廷舞、舞厅舞、国际标准交际舞几个过程。早期的宫廷和民间同时传承着民间舞蹈的内容，此后一部分民间舞蹈进入宫廷，成为贵族致爱，一部分继续留在民间经过演变被带入社会舞场，成为舞厅舞。宫廷与社会两个不同平台共同推动着现代体育舞蹈的发展。

1. 宫廷舞的发展 作为欧洲文艺复兴时期历史文化特征之一，“宫廷舞”是 11 ~ 12 世纪民间舞蹈动作经过提高后被引进宫廷的，并成为贵族青年男女受教育的内容之一，他们通过舞蹈来训练体态、言谈举止和风度，以此来显示自己优越的社会地位。

宫廷舞十分重视程式与技法，规格严谨，形式华丽，殷勤隆重。跳舞时男女保持一定距离，手略微有接触，充满贵族气息。16 世纪流行开来，并逐渐成为一种独特的社交方式。直到 18 世纪，宫廷舞因为解体才逐渐回归平民社会，并开始在民间得到普及。当然有一部分舞蹈并没有经历宫廷的烦琐过程，而是不断地与社会现实相结合，通过完善自身得以继续生存下去。例如，拉丁舞大都来源于非洲民间舞蹈，经过战争洗礼或是民族迁徙，逐步在世界的每一个角落散播开来。

2. 舞厅舞的发展 说到舞厅舞，我们知道现代社会依然有舞厅舞的存在。最初的舞厅舞蹈是商业活动的产物，欧洲一些国家进入资本主义后，便推动民间或是宫廷舞蹈走向商业化更加明显的城镇。可以说，资本主义是推动舞厅舞发展的最佳动力，一方面舞厅舞走向社会，得到越来越多的人关注，成为人与人间最佳的交往方式；另一方面，舞蹈专业程度得到提高，也为舞蹈向专业化方向发展起到不可替代的作用。

当然，舞厅舞的发展也曾遇到重重阻碍。诸如电影与电视的影响、其他舞种的冲击、战争和宗教的影响，不同的社会阶层对舞厅舞的排斥也是影响舞厅舞的重要因素之一，在英国、法国、瑞士等地反对的声音始终不绝于耳。但舞厅舞又受到了部分社会名流的支持，因此这种反对与认同的对峙，成为推动舞厅舞发展的内在动力，直至被世界所接纳。

3. 国际标准交谊舞的发展 20 世纪 20 年代有 7 种舞厅舞被 1904 年成立的英国皇家舞蹈教师协会采用统一标准进行规范。且该协会对舞蹈理论及音乐、服装等方面具体内容进行制定，自此带有标准形式的交谊舞开始流行于世界。标准化的交谊舞使得舞厅舞走向了规范与系统化的道路，标志着交谊舞有了统一的标准可以遵循。第二次世界大战时期的国际标准交谊舞开展和传播受到了阻碍，但战后又迎来了再一次崛起。

1960 年拉丁舞被纳入“国际标准交谊舞”。1962 年多位世界交谊舞大师共同制定了世界通用舞步，并于 1969 年完成对内容的初步统一。1988 年才形成了真正系统化、规范化的“国际标准交谊舞”。

（三）在中国的发展

舞蹈作为文化的一部分，是文化繁荣的真实写照，而文化的繁荣则能直接映射出时代与社会的繁荣。我国古代便有社交舞一说，那时称之为“以舞相属”，把舞蹈当作一种礼节。这种舞蹈不仅仅有健身娱乐和艺术审美价值，更有一定社交价值，表现为一男一女的对舞。随后舞蹈经历过一段时间兴盛之后，南朝时期由于受到地理环境、封建专制、封建礼教的约束，使得舞蹈逐渐被禁锢，直至失传。清朝中国打开国门，结束闭关锁国，西方的社交舞蹈进入“天朝上国”，交谊舞才重新进入中国大众视野，经历中华人民共和国成立时期的普及与改革开放后的快速发展，直到现在，中国国标舞已经成为世界国标舞中一支不可或缺的力量。

首先，1840 年鸦片战争之后，列强入侵，中国国门被迫打开，中国走进了半殖民地半封建社会。受到帝国主义压迫的中国人民，开展了一系列救亡图存的爱国运动。洋务运动“中学为体，西学为用”，发展工业与经济。戊戌变法，促进了西方思想在中国的传播。辛亥革命，推翻帝制，倡导三民主义。新文化运动，宣传马克思主义，解放思想。这是一段忍辱负重的历史，也是一段向西方学习的历史。就是在这样的情况下，交谊舞逐渐进入中国，我们也会在多部反映这一时期的电影或电视剧作品中看到社交舞的出现。但是由于中国传统的思想与观念根深蒂固，中国的内敛谦逊和西方的开放竞争文化相互冲突，导致交谊舞在中国发展并不顺利，但仍在努力前行。

此后，随着中华人民共和国的成立，中国真正实现了民族的独立，结束了长达了百年屈辱历史，举国欢庆。建国最初十年，交谊舞发展迎来一段黄金时期，人们思想解放，参与人数逐渐增加，但受制于交通与社会发展的不平衡，导致参与人群以城市居民为主，较为单一。并且舞步简单，舞种不全，地点局限性大。而后一段时期，1956～1978 年，作为外来文化的社交舞，被认作资产阶级产物，更是受到强有力的冲击。

从 1978 年改革开放之后，中国开始主动打开国门，对于文化兼容并包，社交舞开始大踏步向前发展。人们开始主动接触这一项看似新兴的运动，参与人群逐步扩大，参与的地点也不再受约束。“百花齐放，百家争鸣”更是给社交舞的发展提供了广阔的平台。社会上更是出现专门的国标舞机构，1989 年中国舞蹈家协会正式成立了“中国国际标准舞总会”，1991 年 5 月“中国体育舞蹈运动协会”成立，之后中国体育舞蹈逐步向普及化方向发展。而中国专业的国标舞选手，也先后参加了英国的第 71 届黑池舞蹈节、1996 年的世界舞蹈节——环太平洋国际标准舞锦标赛并取得优异成绩。

21 世纪至今，世界体育舞蹈得到了更快的发展，世界经济的全球化使得世界文化更具有包容性。我国体育舞蹈也借助 2001 年加入世界贸易组织的春风迎来更美好的春天。2010 年是中国体育舞蹈最出彩的一年，在广州亚运会中，中国体育舞蹈运动员把体育舞蹈全部十枚金牌收入囊中，沈宏与梁瑜洁搭档更是在探戈舞比赛中为中国拿下亚运会历史上的第一千枚金牌。如今的体育舞蹈参与人群有 3000 万之多，包含专业舞者、业余舞者、交谊舞者等一系列舞蹈爱好者，中国的体育舞蹈也被誉为“亚洲的永动机”。

三、体育舞蹈的分类与各舞种特点

随着体育舞蹈标准化与竞技化的进程逐步推进，我们对体育舞蹈的划分也逐渐清晰且有序。按照地域、舞蹈形式、形成的先后顺序划分已经成为过去，如今的体育舞蹈分类已经综合了上述几个标准而形成现在约定俗成的两大舞系，那就是拉丁舞和摩登舞（标准舞）。

（一）拉丁舞

拉丁舞多起源于非洲、南美洲地区，具有活泼、热情奔放的特点。动作虽然没有规范严格的要求，但步伐较大，动作速率快，身体律动多，技术难度大，运动强度较高。深受青少年喜爱。

1. 桑巴（Samba） 最初来源于非洲的黑人舞蹈，16 世纪经历了臭名昭著的三角贸易，使得大批非洲黑人来到了广袤的南美大陆。作为整个事件的始作俑者，葡萄牙人不仅给巴西、阿根廷等地带去了廉价劳动力，更把非洲大陆的文化与习俗带到了南美洲，而非洲舞蹈在与印第安人的土著舞蹈相结合，并融合了其他舞种之后，便形成了桑巴舞的最初形态。随后桑巴舞风靡巴西，并在 20 世纪 20 ~ 30 年代传入欧美，继而登上世界舞台。桑巴舞动作粗犷豪放，整体流动性较强，组合编排沿舞程线进行。动作需要膝关节与踝关节配合完成，腹部和臀部动作明显。桑巴舞音乐热情奔放，节奏起伏感强烈，2/4 拍，每分钟 50 ~ 52 小节。在巴西桑巴舞被称为“国舞”，并于 2005 年被列入人类非物质文化遗产代表作名录。

2. 恰恰恰（Cha – Cha – Cha） 起源于非洲，盛行于中北美地区的古巴一带。该舞是由曼波舞演变过来，当曼波舞被带到南美洲之后，与当地音乐逐渐融合，配上当地特有的打击乐器，逐步发展成为今天我们看到的舞蹈。恰恰恰动作速度快，动作频率高，身体律动强，需要有强大的动作爆发力和肌肉控制力。由于恰恰恰的姿态来源于企鹅，因此又有幽默、风趣的舞蹈特点。恰恰恰音乐节奏欢快，4/4 拍，每分钟 30 ~ 31 小节。它是体育舞蹈中最受欢迎的舞蹈之一。

3. 伦巴（Rumba） 起源于中北美地区的古巴，它是由众多舞蹈发展而来。18 世纪初传入美国，并在美国得到发展。19 世纪 30 年代伦巴舞传入欧洲并最终形成现在的伦巴舞。伦巴舞蹈动作缓慢，身体延伸动作较多，脚下极为细腻，从脚尖到脚掌再到脚后跟，每一步如同精心雕琢一般。因为伦巴是表现男女之间浪漫爱情的舞蹈，因此造就了其浪漫、抒情、缠绵的舞蹈特点。其音乐节奏较为缓慢，多为抒情慢歌，4/4 拍，每分钟 27 小节。此外，伦巴舞历史悠久，是拉丁舞中的精髓和灵魂。

4. 斗牛（Paso Doble） 最初来源于祭祀舞蹈，17 世纪法国人在法西边境看到了西班牙斗牛这项运动，把斗牛运动的一些姿态和造型融入本民族的舞蹈之中，便逐步形成了最初的斗牛舞形态。在 16 世纪前后，西班牙人接触了这种类似于斗牛运动的舞蹈，于是斗牛场外这类舞蹈流行开来。20 世纪是国际社会最为动荡的一段时间，而斗牛舞也经历了兴盛到衰败再到流行的过程，直至今日成为国标舞中不可分割的一部分。斗牛舞的动作由于受到斗牛运动的影响，因此舞蹈通常采用流动与造型相结合的编排模式，动作干净且充满力量，舞者昂首挺胸，肩膀下沉，眼睛注视前方，眉宇之间充满杀气。斗牛舞的音乐较为特殊，通常选用标准的三段式的《西班牙斗牛士进行曲》作为首选音乐，2/4 拍，每分钟 60 小节。此外，斗牛舞是唯一一支展示男性身姿的舞蹈，而斗牛舞又是拉丁舞中唯一一支起源于欧洲的舞蹈。

5. 牛仔（Jive） 又名捷舞，最早起源于一种叫“吉特巴”的舞蹈。20 世纪初期流行于美国南部。第二次世界大战期间，被带到英国等地。当然牛仔舞的确切起源地目前还不知道，有人说来自美洲地区，有人说来源于非洲大陆，但 1994 年维克多西尔维斯特在《现在舞厅舞》一书中，第一次对牛仔舞进行介绍，这也是最早的历史记载。牛仔舞的动作与踢踏舞有些类似，动作主要以踢腿和摇摆为主，脚步看似快，但轻盈敏捷，女生旋转较多，胯部需要左右摆荡。整体舞蹈风格较为自由奔放，音乐旋律多欢快兴奋，跳跃感十足，4/4 拍，每分钟 44 小节。

（二）摩登舞

摩登舞多流行于欧洲宫廷，经过几十年的发展，如今的技术动作更加细腻，对于动作要求严格且规范，男女舞伴间需要有极强的配合能力。舞蹈风格飘逸，高雅端庄，流动性强，观赏性较高，中老人年参与度较高。

1. 华尔兹（Waltz）　作为圆舞的代表舞种之一，华尔兹出现时间最早，延续时间最久，生命力最强，且从古至今一直延续。对于华尔兹的起源，曾一度在欧洲地区引起争论。一方认为法国沃尔塔是华尔兹的起源，而另一方坚称起源于德国的德雷霍舞。因此，我们现在认为华尔兹最初起源于法国、德国、奥地利和附近的一些乡村。17 世纪华尔兹走出乡村进入宫廷，风靡一时，并一度成为“欧洲宫廷舞之王”。19 世纪传入美国，20 世纪重返欧洲以“慢华尔兹”的形式席卷欧洲，并逐渐深受世界人民的喜爱。摆荡与旋转是华尔兹的鲜明特点之一，并且对脚步动作要求极高，脚尖与脚掌进行转换。身体的升降也是华尔兹舞特点之一，需要脚踝的稳定性，以及大腿肌肉控制力相互配合。华尔兹充满欧洲贵族气息，女伴高贵典雅，男伴绅士且有气质。音乐为 3/4 拍，每分钟 27 ~ 30 小节。

2. 探戈（Tango）　17 世纪前后是非洲最黑暗的一段时期，被当成奴隶任人摆布的非洲人，每天辛勤劳动换来的只是无情的肉体摧残和灵魂践踏，舞蹈成为灵魂的寄托之一，因此黑人在劳动中创造了民间舞蹈——探戈诺舞，这也是探戈舞的原型。黑人奴隶在被贩卖到美洲之后，探戈诺舞吸收了拉丁美洲当地舞蹈之后，形成了墨西哥探戈和阿根廷探戈。再后来探戈又传入欧洲，逐渐形成具有宫廷风格的探戈舞。当代国标中的探戈舞的前身便是英国皇家式探戈舞。猫行蟹步是探戈最明显的特点，步伐有力，顿挫有致，脚法充分利用脚跟、脚掌、脚内缘，身体无明显起伏，膝盖较为放松，无升降。音乐节奏明快、真挚悠远，2/4 节拍，每分钟 33 小节。探戈被誉为“舞中之王”，是国标舞中的明星舞蹈。

3. 维也纳华尔兹（Viennese waltz）　同华尔兹一样，维也纳华尔兹也具有悠久的历史。交谊舞中所说的“快三”便是维也纳华尔兹。该舞蹈起源于奥地利北部的山区地带，19 世纪初便流行于欧洲，是德国农村的土风舞和奥地利民间舞相结合而成的。维也纳华尔兹步伐较为单一，所有动作变化基本上是使用旋转技术完成的，旋转技术的高低将直接影响整支舞蹈的水平。维也纳华尔兹对于步伐要求严谨规范，上体和髋关节在保持相对稳定的基础上完成前进、后退、旋转以及造型等动作。舞蹈整体具有高雅大方、动作洒脱且流畅的风格特点。音乐多为施特劳斯、肖邦等大师的创作，3/4 拍，每分钟 60 小节。

4. 快步（Quick step）　起源于美国，从美国民间“P、E、E、P BODY”改编而来。19 世纪逐步得到发展。20 世纪便开始在全球流行。最早的快步舞是和狐步舞连在一起的，直到 1924 年英国皇家舞蹈教师协会才公开发表慢狐步舞与快步舞分离。现在我们体育舞蹈中的快步舞是“英国式”快步舞。快步舞是标准舞中速度最快的一支舞蹈，它最大的特点是在保持男女生基本姿态情况下，进行快速的舞步运行并伴以快速身体的运动，通过脚踝的快速弹动作为辅助，形成自由洒脱、热情奔放、富有感染力的舞蹈风格，表达一种活泼向上的积极情绪。快步舞音乐节奏较快，动作节奏为 SSQQS（其中一个 S 等于两拍，一个 Q 等于一拍），4/4 拍，每分钟 50 ~ 52 小节。

5. 狐步（Foxtrot） 最早起源于美国，是舞蹈演员哈利·福克斯在看到马缓慢行走而创作的舞蹈，1914 在全美迅速流行，因为福克斯名字的发音特别像 FOX（狐狸），因此把这支舞蹈命名为狐步舞。1925 年皇家舞蹈教师协会促使狐步舞逐渐变标准化并于 1928 年传入中国。我们现在看到的狐步舞是由约瑟芳·宾莉改编的带有竞技性的竞技舞蹈。狐步舞中几乎无并脚动作，通常是动力腿经过主力腿随即产生向前、向后、向旁的移动。移动过程中借助脚跟落地和膝盖弯曲，使动作在运行中呈现降中有升，升中有降的起伏感。狐步舞旋律委婉，音乐甜愉，给人悠闲从容的感觉。节奏快慢结合，4/4 拍，每分钟有 28 ~ 30 小节。

知识拓展

体育舞蹈编排与中国元素的融合

1. 主题融合　通过对我国现实生活的描绘或者是对具有中国特色的人物形象刻画，来编排带有“中国元素”主题的舞蹈。

2. 音乐融合　在创编过程中，音乐的整体风格应该与舞蹈主题或情绪相吻合，当作品以“中国元素”为主题时，音乐尽量选择具有中国特色的音乐，更能使观众产生共鸣。

3. 动作融合　从体育舞蹈技术动作来看，在进行“中国元素”创编过程中，通常保留下肢的技术动作，在表情与上肢动作上进行中国化改变，来表达主题，突出主人公情感。

4. 服饰与妆容融合　在不脱离体育舞蹈服饰的整体特点，不影响技术动作发挥的情况下，服饰与妆容是中国化是对作品所表达的主题的深化。

第二节　芭蕾舞简介及基本动作

一、芭蕾舞的起源和发展

世界上有这么一支舞蹈，它最早出现在意大利，却兴盛于法国。“刀尖上的舞蹈，疼痛而残忍的美”是对它的最好评价，它的地位不可撼动，它的影响不可替代。足尖鞋和白纱裙是它的标志，《天鹅湖》和《胡桃夹子》是它的代表作。它就是芭蕾舞。至今有四百年历史的芭蕾舞在文艺复兴期间孕育而生，当时王公贵族为竞相把艺术作为炫耀自己的权势与扩大政治影响的工具和手段，因此使得芭蕾舞成为宫廷宴席期间一种游戏性舞蹈。15 世纪末被引入法国，历史上第一部大型芭蕾舞剧《皇后喜剧芭蕾》就此诞生。16 世纪，世界上第一所芭蕾舞学校——法国皇家舞蹈学院由路易十四创立，用来传授舞蹈技艺，培养舞蹈人才。17 世纪后半叶，芭蕾舞走出宫廷，走入社会，登上舞台，成为剧场艺术。

世界不是一成不变的，随着世界经济、政治、文化的影响，芭蕾舞也在跟随世界发展的大潮流与时俱进。为了迎合大众审美的需要，芭蕾舞逐步形成了古典芭蕾、现代芭蕾、戏剧芭蕾、交响芭蕾等风格不同的芭蕾舞。

芭蕾舞作为一个舶来品，在中国发展时间较短，直到 1949 年中华人民共和国成立，特别是 1954 年北京舞蹈学院的出现，才使我国芭蕾舞事业生根发芽。20 世纪中期芭蕾舞发展缓慢，但是进入改革开放时期，中国的芭蕾舞事业迎来了又一次腾飞。21 世纪的中国芭蕾舞出现了大量具有现代风格、中国风格的芭蕾舞作品，这意味着中国摆脱了西方芭蕾的束缚，开始走具有中国特色的芭蕾舞之路，这也为中国芭蕾舞事业未来的发展奠定了基础。

二、芭蕾舞对体育舞蹈练习的作用

随着时间的推移，虽然体育舞蹈的发展迅速，但是对于舞者的能力，对于舞者的技术要求却越发严格。如今的体育舞蹈发展需要舞者有更强的力量，包括速度、爆发力、控制力等，需要更强的柔韧性，需要更强的舞台表现力。由此可见，有坚实的基本技术是提高运动员成绩，增强舞台表现力的基础。

作为所有舞蹈的基础，芭蕾舞的训练既具有针对性，又有规律可循。无论是力量、技巧还是舞感，芭蕾舞训练都已成体系，这也得益于国外对于芭蕾舞的钻研和理解。而国外的舞蹈选手更是注重基本功训练，无论是小孩还是成人，都把芭蕾舞作为学前必修课。在中国，家长对于孩子学习舞蹈基本功越来越重视，从小就培养孩子走正确的道路，所以坚持儿童从芭蕾舞学起。所以现在中国的舞蹈事业给人带来了日新月异的变化。那么芭蕾舞对于体育舞蹈的训练到底有什么影响？

（一）形体训练的作用

作为非专业芭蕾舞者，在进行芭蕾舞训练过程中尤其注重形体和气质的培养，而部分体育舞蹈选手在比赛中总是能获得青睐，就是因为气质和身体的表现力成为选手比赛中的加分点。芭蕾舞在训练中往往通过加强身体的力量，训练身体柔韧性，塑造肌肉线条来达到完美塑性效果。再通过反复练习达到提升优雅气质的最终目的，进而提高体育舞蹈运动员或者是习练者的水平。

（二）基本动作训练的作用

芭蕾舞和体育舞蹈同样在力量上有较高要求，特别是腹背和腿部肌肉力量，以及踝关节和膝关节的控制力量。如体育舞蹈中的摩登舞对脚踝的控制力要求较高，当重心到达高点，脚后跟抬起，就需要脚踝的强有力的控制力。而在芭蕾舞中，通常会通过下蹲的或者是跳跃动作来引导练习者合理运用脚踝对身体进行控制和缓冲。当然包括体育舞蹈中对于脚背的要求，对于基本姿态的要求等都可以通过芭蕾舞中擦地和基本站姿的训练达到体育舞蹈的要求。

（三）音乐训练的作用

音乐与舞蹈是相通的，音乐与音乐之间也是相通的。每个人对于音乐的理解不同，如何合理运用音乐是不同舞者之间拉开水平差距的重要因素。以前的体育舞蹈训练对于动作要求较高，却忽视了乐感训练，导致在国际舞台上中国选手并不突出，成绩并不理想。随后我国各大体育舞蹈专业学校开始专门开设乐理课程，近几年中国选手才能在国际赛场上屡有突破。芭蕾舞训练通常用钢琴作为伴奏，并且注重音乐与舞蹈协调性的培养。首先有利于使练习者处理好动作与节奏的关系。其次有利于学生通过肢体语言来表达不同音乐所反映的情绪和意境。再次通过音乐训练使学生养成画面再现能力，从而提高对音乐的把控。

三、芭蕾舞的基本技术要求

（一）基本站姿

以一位脚站立为基本脚位，两脚跟相对，脚尖外开，尽量成“一”字形。膝盖绷直上提，大腿内侧肌肉收紧。背部挺直，腹部收紧，不要刻意挺胸，双肩下沉打开，肩胛骨夹紧，双臂置于身体两侧，抬头正视前方，拉长颈部线条，保持呼吸平缓。

（二）手形与手位

1. 芭蕾舞基本手形 拇指靠近中指第二个关节处，示指无名指比中指稍微往后一些，小指再往后一些，像花瓣一样有层次。从手背方向看，五指不分开。从手腕到手背到手指是圆弧形，没有棱角。

2. 芭蕾舞手位

（1）一位手 在基本站立要求的基础上，双手在身前下垂，肩膀到手指成弧形，两臂成椭圆形，大臂用劲，肘关节向外撑开，手心朝上，两手手指尖相距一拳，手掌与身体也相距一拳（图12－1）。

（2）二位手 保持一位手的形态，两条手臂平平地向上端起，手心对胸口约第三个纽扣处，使肩到手指有一个下坡度，双肩仍保持一位时的弧度，有一种合抱大树的感觉（图12－2）。

（3）三位手 保持二位手的形态，双臂同时向头顶鼻子的上方抬起，手心朝头顶，肘关节略向后用力掰开，双臂仍保持弧形（图12－3）。

（4）四位手 手臂三位手位置上，另一臂保持原有形态下降到二位手的位置（图12－4）。

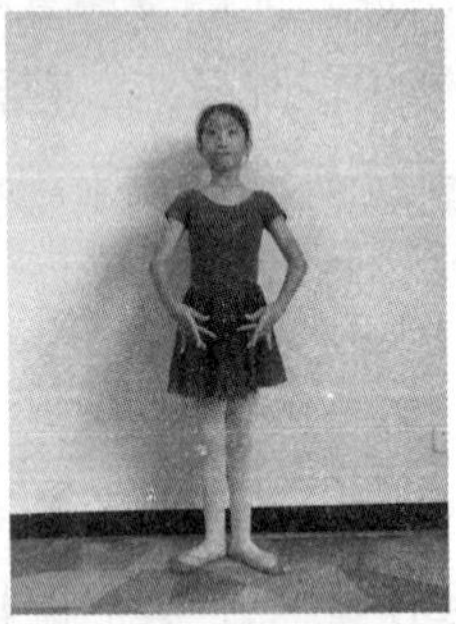
图12－1 一位手

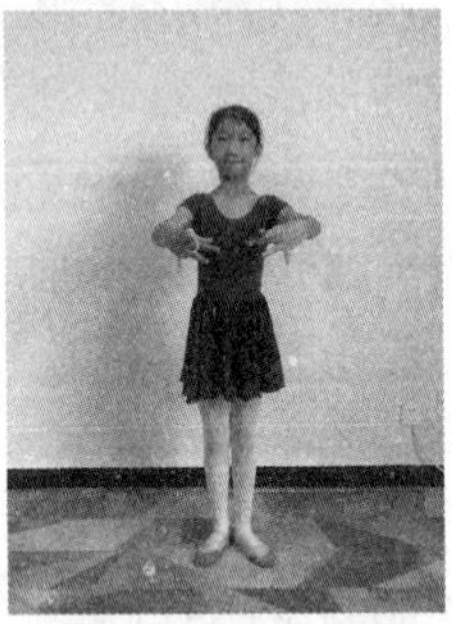
图12－2 二位手

图12－3 三位手

图12－4 四位手

（5）五位手 停留在三位手的手臂仍保持不动，下降至二位手的手臂向外向旁扩张出去到正旁稍靠前，肘关节向上抬起，手心向另一侧的斜前，从肩到手指也略有一点坡度（图12－5）。

（6）六位手 已打开到旁的手臂保持不动，另一手臂从三位手的位置上，下降到二位的位置上（图12－6）。

（7）七位手 原已打开的手臂仍保持不动，下降到二位的手臂向外向旁扩张出去到正旁，此时两臂在身体两侧平举（图12－7）。

七位手随吸气时手心朝下，然后双手稍往上抬，略高于肩随着呼气用手腕下沉带动手臂轻柔的下降，逐渐还原到一位手。

注意：手位练习中最容易出现的问题是肘关节在一位手时肘关节容易贴身，二位手时肘关节容易下沉，三位手时容易破坏两手臂基本的椭圆形态，七位手时肘关节容易下垂，同时还需注意从七位回到一位时保持均匀呼吸。此外在练习过程中时刻保持身体基本形态，尽量压肩拉长脖颈，保持呼吸通畅。

图 12－5　五位手

图 12－6　六位手

图 12－7　七位手

（三）脚位

1. 一位脚　双腿外开，两脚跟相对，双脚呈 180 度直线。肩部放松，颈部伸长，夹紧臀部。注意脚的十趾应均匀抓地，不应出现脚趾翘起现象，对于初学者应要求不要过分打开，量力而行（图 12－8）。

2. 二位脚　双脚保持直线，向旁打开，双脚距离与肩同宽或打开一脚的距离。要求膝盖收紧，身体重心在双脚之间，大腿内侧应随着双脚的开度有打开的感觉（图 12－9）。

3. 三位脚　双腿外开，脚向内收回至双脚重叠，前脚跟紧贴后脚心。前脚盖住后脚的一半。注意与中国舞“丁字步”较为相似（图 12－10）。

4. 四位脚　在三位脚的基础上，右脚保持一定的开度向前伸出，间距也应为一脚宽，形成双脚前后打开为四位脚。注意前脚脚尖与后脚脚跟，前脚脚跟与后脚脚尖在成两条平行直线（图 12－11）。

5. 五位脚　以四位脚为基础，双脚紧紧靠在一起，脚跟对脚尖。五位脚对双腿骨骼的打开程度，会形成更大的要求。此时，膝关节不易收紧，臀部也容易向后撅起，应更加注意膝关节收紧，臀部向前收紧，以便逐步达到要求（图 12－12）。

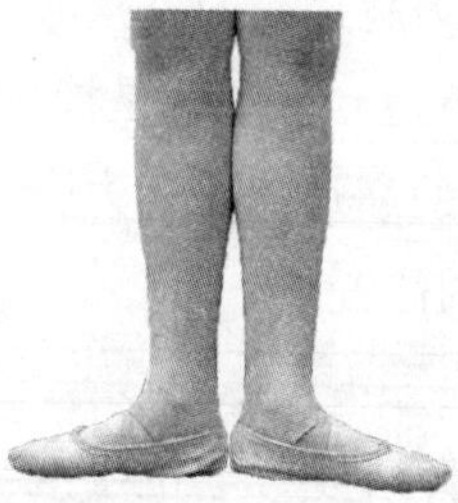

图 12－8　一位脚

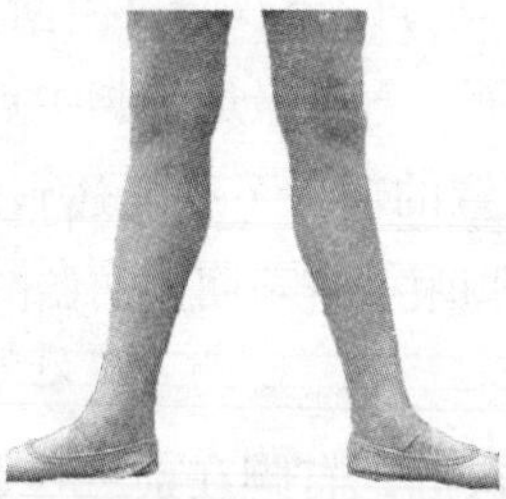

图 12－9　二位脚

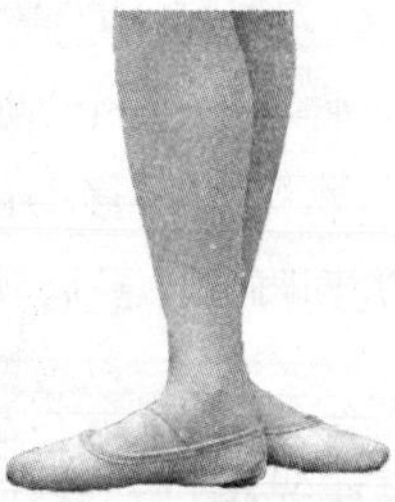

图 12－10　三位脚

图 12－11　四位脚

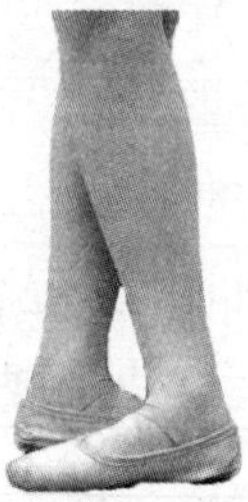

图 12－12　五位脚

（四）基本把杆动作

把杆是芭蕾舞练习过程中主要辅助工具之一。它可以辅助练习者找到重心，使非练习部位得到放松，力量集中于练习部位，以提高练习效果。其次可以强化肢体的头仍行，改善动作的稳定性、准确性与协调性，培养正确的姿态。

1. 压腿

（1）前压腿　首先抬右腿放置把杆上，左脚八字脚打开，左腿垂直于地面，髋关节正对把杆，两手上举至三位手，眼睛平视前放。背部保持直立，两手带动身体向前，腹部主动贴靠大腿，两手环抱于脚底，抬头下巴贴靠脚背，保持呼吸顺畅。随后两手带动身体回到初始位置，前压腿结束。反方向动作，动作相同方向相反。

注意：左腿（主力腿）伸直，右腿（动力腿）伸直，两腿大腿肌肉收紧，右脚脚背绷紧。

（2）旁压腿　身体右侧对把杆，吸右腿伸直放置把杆上。右手在右脚前侧扶把杆，左手上至三位手紧贴在耳边，向右腿靠近并尽量向远处伸展，拉伸旁腰，眼睛看天花板。左手带动身体回到初始动作，旁压腿结束。反方向动作，动作相同方向相反。

注意：左胯打开，胯部摆正。把杆上脚切不可倒脚，脚背立起向上，两腿两膝伸直，保证主力腿垂直于地面，身体向上翻开，腿不可到肩膀前。

（3）后压腿　后背面对把杆，并腿站立，两手扶腰或者扶一定高度的物体。以左腿为主力腿，右腿提起，脚背置于把杆上，脚面绷直。两手到三位，带动身体向后，做后弯动作，并适当振动。反方向动作，动作相同方向相反。

注意：肩关节与髋关节要在同一个平面，主力腿伸直并保证其垂直于地面，放在三位的胳膊要先行，后弯动作适度。

2. 擦地

（1）前擦地　以右脚为例，身体面对把杆，双手扶把，一位脚站立。右脚脚跟先行，将脚尖留住，保持脚与腿部的外开形态，擦出至正前方的最远点，这是动力脚脚尖与主力脚脚跟最外侧呈垂直直线，收回时右脚脚尖先行，脚跟留住，将脚收回至动作起始位置。反方向动作，动作相同方向相反。

（2）旁擦地　以右脚为例，身体面对把杆，双手扶把，一位脚站立。脚跟向前顶，保持脚与腿部的外开，向右侧擦出至正旁位置的最远点，这是动力脚和主力脚在平行的“一”字线上，再按原路线将脚收回至初始位置。反方向动作，动作相同方向相反。

（3）后擦地　以右脚为例，身体面对把杆，双手扶把，一位脚站立。右脚脚尖先行，将脚跟留住，保持脚与腿部的外开，擦出至正后方最远点，这时动力脚脚尖与主力脚脚跟最外侧成垂直线，收回时右脚脚跟先行，脚尖留住，逐渐收回至起始位置。反方向动作，动作相同方向相反。

注意：动作过程中人体垂直与地面站立，身体的重量平均分配至双脚，当动力腿擦出时，重心稍向主力腿一侧偏移。出脚时注意，脚跟、脚掌依次离开地面，直至最远端脚尖点地。最远端是指，脚尖向一侧擦出的距离是在两胯保持稳定、水平、不移动位置的情况下所能达到的最远点。动力脚收回时的过程与出脚时的过程相反，从脚尖到脚掌，最后到脚跟，直至回到初始的位置。

3. 小踢腿

（1）前小踢腿　以右腿为例，左侧身体对把杆，左手扶把，右脚在前五位脚站立，七位手准备，右腿先像擦地一样向前伸出，然后向上抬 25 度，收回时先落到 25 度，腿成为前点地，随后擦地收回。反方向动作，动作相同方向相反。

（2）旁小踢腿　以右腿为例，左侧身体对把杆，左手扶把，右脚前五位脚站立，七位手准备。动力腿脚部由脚趾领脚跟推起，经过旁擦地后，快速往正旁方向直膝踢出约离地 25 度。返回时由脚跟领脚趾，经过擦地收回到五位脚。反方向动作，动作相同方向相反。

（3）后小踢腿　以右腿为例，左侧身体对把杆，左手扶把，左脚前五位脚站立，七位手准备。动力腿脚部由脚跟领脚趾抬起，经过擦地后，快速向正后方直膝踢出约 25 度，返回时脚趾领脚跟，经过擦地收回到五位脚。反方向动作，动作相同方向相反。

注意：保持主力腿至上半身的直立体态不受下半身动力腿的影响，始终保持主力腿和动力腿的膝盖同时外开，且保持腿部肌肉始终处于收紧状态。收回时注意大腿肌肉的收紧以及两脚之间收紧。

第三节　恰恰恰舞基本动作

一、拉丁舞基本站姿、手形与手位

（一）基本站姿

两脚脚后跟并拢，脚尖打开，大腿肌肉收紧，膝盖上提，骨盆打开前推，臀部夹紧，腹部向后收紧，胸腔打开保证呼吸顺畅，肩膀由前向上再向后自然向下，两臂放置身体两侧，下颚微收，眼睛平视前方，脊柱拉长，头顶向上，重心向前放至脚部前侧。

（二）手形

拉丁舞手形与芭蕾舞手形略有不同，拉丁舞男士手形与女士手形也有区别。

拉丁舞要求五指更加用劲，充分伸开，力量一直延续到手指尖。

1. 男士手形　五指并拢伸直掌心向下，拇指与其他四指分开，拇指指尖向下与地面垂直，下压手腕（图 12－13）。

2. 女士手形　五指并拢伸直掌心向下，拇指与其他四指分开，拇指指尖向下与地面垂直，下压手腕。中指略微向下，示指、无名指、小指自然分开，形成一定层次感（图 12－14）。

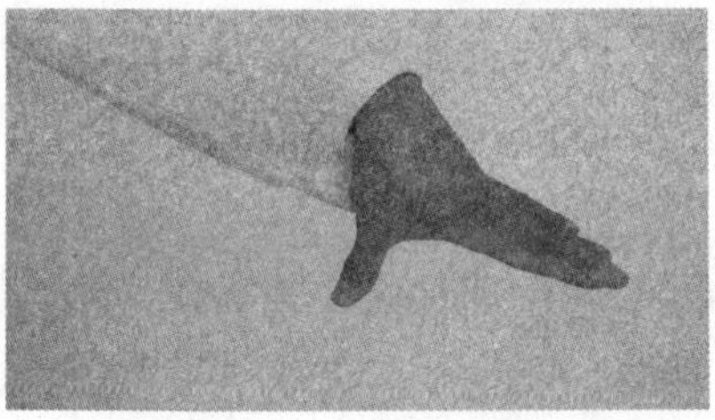

图 12－13　男士手形

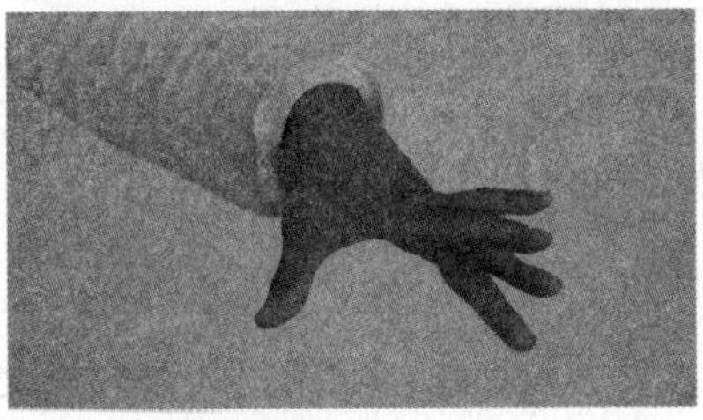

图 12－14　女士手形

注意：虎口用力张开，拇指与示指夹角尽量成直角，力量透过手指传递到手指尖。舞蹈中尽量以手腕运动为主，手指保持不动。

（三）手位

1. 第一手位　准备动作需要保持拉丁舞基本站姿，两腿分开约与肩同宽，重心置于两脚之间。右臂弯曲，右臂肘关节向下，右手掌心朝向身体一侧，左臂伸直打开置于身体左侧与肩部成一条直线。反方向动作，动作相同方向相反。正方向与反方向动作快速转换，形成拉丁第一手位的动态动作（图 12－15）。

注意：准备动作时拉丁舞手形保持不变，右臂肘关节距身体约为一拳，右手手心与拇指共同指向身体，左臂伸直后略微在肩关节后侧。动态动作要求两臂同时运动，运动轨迹为水平运动。

2. 第二手位　准备动作要求保持拉丁舞基本站姿，两腿分开约与肩同宽，重心置于两脚之间。两臂弯曲，小臂交叉于胸前，两臂肘关节与地板夹角成 45 度。随后左臂迅速伸直置于身体左侧，右臂迅速伸直向上紧贴耳朵。动作结束，两臂迅速收回至起始位置。反方向动作，动作相同方向相反。

正方向与反方向动作快速转换，形成拉丁舞第二手位动态动作（图 12－16、图 12－17）。

注意：准备动作时，两手手心与拇指指向身体一侧，距身体约为两拳。左臂伸直后略微在肩关节后侧与肩同高，右臂迅速抬肘，手臂伸直，手腕下压，肩关节不要发生转动。动态动作需两臂同时运动。

3. 第三手位 准备动作要求保持拉丁舞基本站姿，两腿分开约与肩同宽，重心置于两脚之间。两臂弯曲，小臂交叉于胸前，两臂肘关节与地板夹角成 45 度。随后左臂向身体前侧迅速伸直，右臂向身体斜后上方迅速伸直。动作结束，两臂迅速收回至起始位置。反方向动作，动作相同方向相反。正方向与反方向动作快速转换，形成拉丁舞第三手位动态动作（图 12－18、图 12－19）。

图 12－15 第一手位

图 12－16 第二手位准备

图 12－17 第二手位

图 12－18 第三手位准备

图 12－19 第三手位

注意：准备动作时，两手手心与拇指指向身体一侧，距身体约为两拳。右臂向前伸直注意与肩同高，左臂先抬肘再向斜后上方伸直，左臂尽量与头部在一条直线，两手手腕下压。

二、拉丁舞基本脚位

（一）前站位

以右脚为例，保持拉丁舞基本站姿。髋关节向左转动，右腿向前伸直小指外侧点地，重心留在后脚。反方向动作，动作相同方向相反（图 12－20）。

注意：髋关节转动时尽量保证肩关节向前。两腿伸直，两脚之间距离根据身高适当选择，前脚脚跟与后脚脚尖成一条直线，前脚脚尖与后脚脚跟成一条直线。

（二）旁站位

以右脚为例，保持拉丁舞基本站姿。髋关节向右侧转动同时右脚向右侧一步。重心在两脚之间。随后右脚脚后跟抬起至脚尖点地，重心向左移动至左脚。反方向动作，动作相同方向相反（图 12－21）。

注意：身体两侧从肋骨到脚尖均成一条直线，肩关节始终向前。右脚脚尖点地，两脚成一条直线，距离约与肩同宽。

（三）后站位

以右脚为例，保持拉丁舞基本站姿。髋关节向右侧转动同时右脚向后侧一步，重心留在左脚。反方向动作，动作相同方向相反（图 12－22）。

注意：身体两侧成两条直线，肩关节向前，右脚跗趾内侧点地脚后跟朝向左侧，两脚之间距离适中，前脚脚跟与后脚脚尖成一条直线，前脚脚尖与后脚脚跟成一条直线。

（四）delete 站位

以右脚为例，保持拉丁舞基本站姿。髋关节向左转动，屈右膝，右脚后跟抬起。反方向动作，动作相同方向相反（图 12－23）。

图 12－20　前站位

图 12－21　旁站位

图 12－22　后站位

图 12－23　delete 站位

注意：身体两侧成两条直线。屈膝膝盖朝向正前方，脚后跟抬起至半脚掌状态高度约为脚踝高度，两脚脚踝靠拢，屈膝，一侧脚踇趾内侧点地。

（五）锁步站位

以左脚为例，保持拉丁舞基本站姿，左脚向前一步重心在两脚之间。后腿膝盖弯曲，后脚变半脚掌状态，两腿髋关节至膝盖夹紧。反方向动作，动作相同方向相反（图 12－24）。

注意：身体自然放松，两脚始终保持脚尖打开状态，前脚脚尖与后脚脚跟成一条直线，后脚踇趾内侧点地。

图 12－24　锁步站位

三、恰恰恰舞基本节奏与基本步伐

（一）基本节奏

恰恰恰舞节奏为 two three chacha one，节奏时值则为一拍、一拍、半拍、半拍、一拍。根据音乐时值完成动作。

（二）基本步伐

1. 恰恰恰转动　保持拉丁舞基本站姿，两手置于身体两侧伸直打开，与肩同高。随后髋关节一拍一动，左右交替。two 髋关节向左，three 髋关节向右，cha 髋关节向左，cha 髋关节向右，one 髋关节向左（图 12－25、图 12－26）。

注意：除髋关节外，其他部位保持静止。两脚压实地面，身体左右两侧成两条直线。膝关节伸直，注意节奏时值变化。

2. 恰恰恰律动　律动主要运用 delete 站位与第一手位动态动作配合完成。准备动作以右腿弯曲 delete 站位开始，同时右臂伸直打开置于身体右侧，左臂收回左手面对身体一侧。动态动作“two”拍左手打开右手收回，髋关节从左侧向右侧转动，右脚落脚跟，左脚跟抬起，右腿膝关节伸直，左腿膝关节弯曲。“three chacha one”四拍重复前面动作，要求脚跟、膝关节、髋关节、手臂四个部位同时左右转换（图 12－27、图 12－28）。

图 12－25　转动（左）

图 12－26　转动（右）

图 12－27　律动（左）

图 12－28　律动（右）

注意：delete 站位需按要求完成，肩关节需始终面对正前方，两脚跟同时快速转换，注意节奏变化的时间值。身体两侧成两条直线，腹部收紧。

3. 恰恰恰移动　主要运用 delete 站位、旁站位与第一手位。准备动作为右脚旁站位，左臂打开的第一手位。反方向动作，动作相同方向相反（图 12－29）。

（1）“two” 拍　右脚从旁站位收回至 delete 站位，手臂转换（图 12－30）。

（2）“three” 拍　同恰恰恰律动，注意四个部位转换（图 12－31）。

（3）“cha” 拍　右腿向右侧打开一步，注意步幅适中，到达左脚旁站位，同时转换手臂（图 12－32）。

图 12－29　移动准备

图 12－30　移动（1）

图 12－31　移动（2）

图 12－32　移动（3）

（4）“cha” 拍　左脚从旁站位收回至 delete 站位，手臂转换（图 12－33）。

（5）“one” 拍　同（3）（图 12－34）。

注意：动作归纳为“收换开收开”，手位一拍一动。保持基本站姿，收回与打开动作自然。

4. 恰恰恰方形步　主要运用旁站位、前站位、后站位、锁步基本站位、第一手位、第二手位。准备动作右脚旁站位，左臂打开第一手位。方形步完整动作共两小节，先完成后退部分，再做前进部分（图 12－35）。

（1）“two” 拍　右脚从旁站位，经过右脚 delete 站位，向后到达左脚后站位。右臂打开左臂收回（图 12－36）。

（2）“three” 拍　重心前移，前脚落跟至全脚，后脚脚跟抬起至半脚掌。左臂打开右臂收回（图 12－37）。

（3）“cha cha one” 三拍　同移动，向右侧出脚，结束于左脚旁站位。

（4）“two” 拍　左脚向前，到达锁步基本站位，重心在两脚之间。两手经过胸前交叉到达右手在上的第二手位（图 12－38）。

（5）“three”拍　由锁步基本站位回到左脚前站位，手臂不动（图 12－39）。

（6）“cha cha one”三拍　同移动，向左侧出脚，结束于右脚旁站位。注意第一个 cha 左臂不动，右臂收回。

图 12－33　移动（4）

图 12－34　移动（5）

图 12－35　方形步准备

图 12－36　方形步（1）

图 12－37　方形步（2）

图 12－38　方形步（3）

图 12－39　方形步（4）

注意：保持拉丁舞基本站姿。出脚过程中，动力腿（无重心）要经过主力腿（有重心）。落脚时，脚尖脚掌脚跟依次落下。双人方形步在练习过程中需要两个人以闭式位为起始动作，同侧脚旁站位为准备，如：男士右脚旁站位准备，女士则为左脚旁站位准备。

5. 恰恰恰手接手　主要运用前站位、后站位、delete 站位、第一手位。准备动作为右脚旁站位，左臂打开第一手位。反方向动作，动作相同方向相反（图 12－40）。

（1）“two”拍　以左腿（主力腿）为轴，向右侧转身。到达右脚前站位同时右脚后退，到达左脚前站位。左臂收回右臂打开（图 12－41）。

（2）“three”拍　左脚后跟落下，右脚后跟抬起，到达左脚前站位。左臂打开右臂收回（图 12－42）。

图 12－40　手接手准备

图 12－41　手接手（1）

图 12－42　手接手（2）

(3)"cha cha one"三拍　同移动，注意先向左侧转身，同时右脚收回至 delete 站位，再向右侧出脚做移动，结束于左脚旁站位。

注意：保持拉丁舞基本站姿，转体动作应先转动身体，最后转动头部。在完成双人手接手动作过程中，两人应面对面手拉手同侧脚准备，"two"拍时两人同时后退转向同一侧，身体外侧手分开做一位手，内侧牵手置于两人之间。"three"拍时外侧手收回，内侧手不动。"cha cha one"三拍回到手牵手位置。

6. 恰恰恰纽约步　主要运用锁步基本站位、后站位、delete 站位、第三手位。准备动作为左脚旁站位，右臂打开第一手位。反方向动作，动作相同方向相反（图 12－43）。

(1)"two"拍　以右腿（主力腿）为轴，向右侧转身，左脚收回到 delete 站位，两手臂胸前交叉。随后左脚向前到达锁步基本站位，两手打开至第三手位（图 12－44）。

(2)"three"拍　落右脚跟，右腿迅速伸直，左脚后跟抬起，重心回到后脚到达左脚前站位，手位不变（图 12－45）。

(3)"cha cha one"三拍　同移动向左侧转身同时向左侧做移动，结束于右脚旁站位。

图 12－43　纽约步准备

图 12－44　纽约步（1）

图 12－45　纽约步（2）

注意：保持拉丁舞基本站姿，转体动作应先转动身体，最后转动头部。在完成双人手接手动作过程中，两人应面对面手拉手同侧脚准备，"two"拍时两人同时前进并转向同一侧。外侧手分开做三位手，内侧牵手置于两人之间。"three"拍时内外侧收均不动。"cha cha one"三拍回到手牵手位置。

第四节　伦巴舞基本动作

一、伦巴舞基本音乐节奏与手位

（一）音乐节奏

伦巴舞音乐节奏为 two three four－one（2 3 4 1），其中重拍在 one。由于伦巴舞音乐节奏较慢，为了使动作的时间值与音乐的节奏值吻合，通常把节奏改为 &two&three&four－one&（&2&3&41&），其中 & 作用为转动降重心。

（二）手位

伦巴舞基本手位，由于动作之间有 & 作为衔接动作，因此手位之间需要 & 手位起过渡作用。& 手位取决于髋关节的方向，当髋关节向左转时，右臂回落至右侧肋骨处，右手内侧紧贴肋骨掌心向上。左臂伸直向前滑动至身体右前方，手腕向前。当髋关节向右转时，动作相同方向相反（图 12－46、图 12－47）。

图 12－46　& 手位（左）

图 12－47　& 手位（右）

二、伦巴舞基本步伐

1. 伦巴律动　转动主要运用 delete 站位与第一手位配合完成。准备动作为右脚旁站位，左臂打开第一手位（图 12－48）。

（1）“&”拍　右手回落至肋骨处，小指一侧手掌贴住身体，左手水平向前滑动至身体斜前方，髋关节向左转动，右脚由旁站位收至 delete 站位（图 12－49）。

（2）“two”拍　右腿伸直脚跟回落，同时左脚脚跟抬起。左臂收回置于身体前侧，右臂向右伸直打开置于右肩后侧，髋关节不动（图 12－50）。

（3）“&”拍　髋关节向右转动，屈左膝左脚跟抬起到达左脚 delete 站位。左手回落至肋骨处，小指一侧手掌贴住身体，右手水平向前滑动至身体斜前方（图 12－51）。

（4）“three”拍　与“two”拍动作相同方向相反。

（5）“&”拍　与（3）“&”拍动作相同方向相反。

（6）“four－one”拍　与“two”拍动作相同。

图 12－48　律动准备

图 12－49　律动（1）

图 12－50　律动（2）

图 12－51　律动（3）

注意：保持拉丁舞基本站姿，只有“&”拍需要转动髋关节，其他步伐多为重心的移动。

2. 伦巴移动　移动主要运用旁站位、delete 站位、第一手位。准备动作参考伦巴转动。反方向动作，动作相同方向相反（图 12－52）。

（1）“&two&three&”五拍　动作参考伦巴律动。

（2）“four－one”拍　右腿向右侧一步，髋关节由右侧转到左侧，右臂打开左臂收回到达第一手位，动作结束于左脚旁站位（图 12－53）。

图 12 – 52　移动准备

图 12 – 53　移动（2）

注意：保持拉丁舞基本站姿。移动过程中发生重心的转移，如向右侧一步时，重心跟随至右侧。

3. 库克拉恰　移动主要运用旁站位、delete 站位、第一手位。准备动作参考伦巴转动。反方向动作，动作相同方向相反（图 12 – 54）。

（1）“&”拍　动作参考伦巴律动（1），如图 12 – 55 所示。

（2）“four – one”拍　右腿伸直脚跟回落，同时左脚脚跟抬起。左臂收回置于身体前侧，右臂向右伸直打开置于右肩后侧，髋关节不动（图 12 – 56）。

（3）“&”拍　髋关节向右转动，屈左膝左脚跟抬起到达左脚 delete 站位。左手回落至肋骨处，小指一侧手掌贴住身体，右手水平向前滑动至身体斜前方（图 12 – 57）。

图 12 – 54　库克拉恰准备

图 12 – 55　库克拉恰（1）

图 12 – 56　库克拉恰（2）

图 12 – 57　库克拉恰（3）

（4）“two”拍　左腿伸直向左侧一步，同时重心移动到左侧到达右脚旁站位。左臂打开右臂伸直到达第一手位（图 12 – 58）。

（5）“&”拍　髋关节向左转动，右手回落至肋骨处，小指一侧手掌贴住身体，左手水平向前滑动至身体斜前方，右脚有脚尖点地转换为跗趾内侧点地（图 12 – 59）。

（6）“three”拍　左脚跟落下，右脚跟抬起，重心推至右脚。右臂伸直打开左臂收回到达第一手位。动作结束于左脚旁站位（图 12 – 60）。

图 12 – 58　库克拉恰（4）

图 12 – 59　库克拉恰（5）

图 12 – 60　库克拉恰（6）

注意：保持拉丁舞基本站姿，所有的重心移动均是主力腿推动动力腿。力量多集中于主力腿。

4. 前进走步　主要运用前站位、后站位、第一手位。准备动作参考伦巴转动（图 12 – 61）。

（1）“&”拍　动作参考伦巴转动（1）（图 12 – 62）。

（2）“two”拍　右腿向后一步，到达左脚前站位，重心置于后脚。右手打开左手收回（图 12 – 63）。

（3）“&”拍　髋关节向右侧转动，重心下降（图 12－64）。

图 12－61　前进走步准备

图 12－62　前进走步（1）

图 12－63　前进走步（2）

图 12－64　前进走步（3）

（4）“three”拍　前脚落跟后脚抬跟，重心移动至前脚，到达右脚后站位，左臂打开右臂收回（图 12－65）。

（5）“&”拍　髋关节向左转动。右腿弯曲，两腿髋关节至膝盖夹紧。右臂至身体右侧肋骨，左臂至身体左前方（图 12－66）。

（6）“four－one”拍　右腿经过右脚 delete 站位，继续向前同时右臂打开左臂收回，结束于左脚后站位（图 12－67）。

图 12－65　前进走步（4）

图 12－66　前进走步（5）

图 12－67　前进走步（6）

注意：保持拉丁舞基本站姿，完成动作（1）～（6）后，动作改为持续向前进，节奏不变，动作重复（5）和（6），特别注意左右脚交替向前。此外每一步都应先经过 delete 站位，再向前推动重心，到达后站位。

5. 伦巴方形步　主要运用旁站位、前站位、后站位、第一手位。准备动作参考伦巴转动（图 12－68）。

（1）“&two&three&”五拍　动作参考前进走步（1）～（5）。

（2）“four－one”拍　以左腿为轴，右腿经过右脚 detele 站位向右侧一步，右臂打开左臂收回至一位手，到达左脚旁站位（图 12－69）。

（3）“&”拍　髋关节向右转动，左腿收回到左脚 delete 站位，左臂至身体左侧肋骨，右臂至身体右前方（图 12－70）。

（4）“two”拍　左脚向前一步同时重心移至左脚，左脚脚尖脚掌脚跟一次落地，右脚跟抬起至半脚掌到达右脚后站位。左臂伸直打开，右臂收回至第一手位（图 12－71）。

（5）“&”拍　髋关节向左转动。右腿弯曲，两腿髋关节至膝盖夹紧。右臂至身体右侧肋骨，左臂至身体左前方（图 12－72）。

（6）“three”拍　右脚跟落地，左脚跟抬起，重心移动至右脚，右臂伸直打开，左臂收回至第一手位（图 12－73）。

（7）“&”拍　髋关节向右转动，左臂至身体右侧肋骨，右臂至身体左前方（图 12－74）。

（8）“four－one”拍　以右腿为轴，左腿经过 detele 站位向左侧一步，左臂伸直打开右臂收回，重心推置左脚，到达右脚旁站位（图 12－75）。

图 12－68　方形步准备

图 12－69　方形步（1）

图 12－70　方形步（2）

图 12－71　方形步（3）

图 12－72　方形步（4）

图 12－73　方形步（5）

图 12－74　方形步（6）

图 12－75　方形步（7）

注意：保持拉丁舞基本站姿，步幅适中尽量不要超过肩宽。双人方形步在练习过程中需要两个人以闭式位为起始造型，同侧脚旁站位为准备，如：男士右脚旁站位准备，女士则为左脚旁站位准备。

本章小结

本章节讲述了体育舞蹈概念与起源，介绍了世界体育舞蹈发展过程中重要的赛事和组织。阐述了体育舞蹈的发展历程，以及体育舞蹈在中国是如何走向成功的。重点讲解了芭蕾舞基本动作，恰恰恰舞、伦巴舞的基本步伐。并结合运动锻炼的自身优势，介绍了体育舞蹈在锻炼过程中的价值与功能。本章的重点是能够熟悉恰恰恰与伦巴舞基本动作的动作要求及注意事项，难点是在音乐伴奏下自主熟练完成规定动作。通过本章的学习，旨在培养学生良好身体素质，塑造好的体态。

思考题

1. 简述体育舞蹈的分类以及不同舞蹈的特点与风格。
2. 世界体育舞蹈赛事与组织都有哪些？
3. 初学者应如何做好恰恰恰舞方形步？

（冯　晨）

第十三章 健美操

PPT

拓展阅读

学习目标

知识目标

1. 掌握健身健美操运动专业用语。
2. 熟悉健美操运动的基本动作。
3. 了解健美操运动的分类及特点。

技能目标

1、学会健身健美操的基本动作和构成元素。
2、能够逐步提高练习自信心，培养良好的身体姿态。

第一节 健美操概述

健美操是集音乐、舞蹈、体操、美学于一体的新型体育项目。它以其自身固有的价值和魅力，风靡世界，深受广大青年学生及群众的喜爱。目前，健美操已列入我国学校体育教学大纲，成为学校体育教学的主要项目。

一、健美操的概念

瑞典著名现代体操家 Meekman 被称为韵律体操的创始人，她主张韵律操动作的创造，应将人体的运动规律融贯进动作中去。韵律操可当作节奏体操的新式动作形态体操。

健美操是一项新兴的体育运动项目，且发展迅速，因此人们对健美操的认识理解各不相同，我国一些健美操专家，近些年来对健美操的定义也提出了各种各样的看法。

“健美操主要是以舞蹈和体操相结合，配以流行的节奏音乐，达到有氧训练目的的体操。”

“健美操是以人体自身为对象，以健美为目标，以身体练习为内容，以艺术创造为手段，融体操、舞蹈、音乐于一体的一项新兴体育项目。”

“健美操是根据人体的生理特点，为了追求人体美，在音乐伴奏下所进行的体操与舞蹈动作结合的边沿性综合运动项目。”

纵观健美操的特点与发展，结合专家的观点，健美操的概念应为：健美操是融体操、音乐、舞蹈、美于一体，通过徒手、手持轻器械和用专门器械的操化练习，达到健身、健美和健心的目的一种新兴体育项目。

健美操是以健身美体为主要特点的运动项目，其内容丰富，简单易学，变化繁多，不受年龄、性别、场地、器械的限制，可使全身各类关节都得到充分的活动，各部位的肌肉得到均衡的发展，塑造出良好的体态。

健美操作为一种运动项目，除了具有一般体育活动共有的锻炼身体、增进健康、增强体质的作用外，对女子减肥和改善体形体态、提高韵律感及身体协调性有着特殊的作用。

二、健美操的分类

根据当今世界和我国健美操运动的发展状况和未来的发展趋势，按照不同的目的任务，健美操运动可分为健身健美操、竞技健美操和表演健美操三大类。

（一）健身健美操

健身健美操练习的主要目的是“锻炼身体、保持健康”。健身健美操在练习的要求上也可以根据个体情况而变化，严格遵循健康、安全的原则，防止运动损伤的出现，在保证安全的基础上，达到锻炼身体的目的。它根据练习对象的需求进行创编，动作简单易学，节奏稍慢，时间长短不等，可编排5分钟到1小时。

健身健美操按练习形式可分为徒手健美操、轻器械健美操和特殊场地健美操三大类。

1. 徒手健美操 包括传统的有氧健美操和为满足不同人群兴趣和需求的各种风格的健美操。传统意义上的健美操目前仍很受欢迎，其主要练习目的是提高心肺功能和有氧代谢能力。但随着社会的发展和生活水平的提高，人们的健身需求越来越多样化，近年来出现了多种新的徒手健美操练习形式。

2. 轻器械健美操 利用轻器械、以力量练习为主的一种有氧健美操。器械健美操利用各种可移动的轻器械进行练习，既增强了健身的效果，同时也使健美操的练习形式更加多样化。

3. 特殊场地健美操 以其独特的功效目前在国外发展很快，但在国内还开展较少，目前我们了解到的有水中健美操和固定器械健美操。水中健美操是目前国外非常流行的一种独特的健美操练习形式，它可以减轻运动中地面对膝踝关节的冲击力，有效减少关节的负荷，并利用水的阻力以及水传导热能快的原理提高练习效果，深受中老年人、康复病人和减肥者的喜爱。固定器械健美操如功率自行车等，可以固定在某一处（地面或水中的任何地方），学员可根据自己的需要进行练习，达到锻炼身体的目的。

（二）竞技健美操

竞技健美操是一项在音乐的伴奏下，能够表现连续、复杂、高强度健美操操化动作能力的运动项目。该项目起源于传统的有氧健身运动。成套动作必须通过健美操七种基本步伐以及完美完成的难度动作等来展示运动员完成连续动作、柔韧及力量动作的能力。在音乐伴奏下竞技健美操成套动作包括操化动作、难度动作、过渡与连接动作、托举、同伴关系（身体配合/协作）等。操化动作是健美操基本步伐与手臂动作的组合：在音乐的伴奏下，创造出动感的、有节奏的、连续的并包含高低不同强度的一连串动作。

根据竞技健美操评分规则的定义，成套动作的基础是在音乐伴奏下展示操化动作和难度动作。在此基础上通过连接以及“修饰”的方式增强成套动作的艺术性，另外再通过成套动作全部内容与音乐及表现力的结合，才能创编出独一无二、完美融合的成套动作。

完成质量（熟练/完美）是成套动作的基础，需同时展现难度动作、技巧动作，以及创编动作（操化动作、过渡连接、托举与配合等）高效的完美完成，所有动作均需呈现正确的技术技巧。

成套动作的独创性与创新性，不仅包括根据所选音乐编造的运动主题，还包括运动员真情流露状态下的其他动作（托举、团队协作、过渡动作等）的原创性和独特性。

竞技健美操比赛的项目有男子单人操、女子单人操、混合双人操、三人操、五人操、有氧舞蹈、有氧踏板等。竞技性健美操在参赛人数、比赛场地和成套动作的时间等方面都必须严格按照规则进行。规则对成套的编排、动作的完成、难度动作的数量等也都有严格的规定。所有项目的成套时间均为1分20秒，允许多或少5秒的伸缩度（不包括提示音）。

国际体操联合会健美操官方正式比赛是世界健美操锦标赛。现每两年（偶数年）举办一次。

由于竞赛的主要目的就是取胜，因此在动作的设计上更加多样化，并严格避免重复动作和对称性动作。近年来，运动员为争取好的成绩，均在比赛的成套动作中加入了大量的难度动作，如：各种大跳成俯撑、空中转体成俯撑等，这样对运动员的体能、技术水平和表现力等方面都提出了更高的要求。

（三）表演健美操

除了健身性健美操和竞技性健美操，在我国还有一种表演性健美操，这是我国健美操运动历史发展过程中出现的一种特殊形式。表演性健美操的主要练习目的是“表演”，它是事先编排好的、专为表演而设计的成套健美操，时间一般为2～5分钟。表演性健美操的动作较健身性健美操动作复杂，音乐速度可快可慢；为了保证一定的表演效果，动作较少重复，也不一定是对称性的；参与人数不限，并可在成套中加入队形变化和集体配合的动作。表演者可以利用轻器械，如花环、旗子等，还可采用一些风格化的舞蹈动作，如爵士舞等，以达到烘托气氛、感染观众、增加表演效果的目的。

表演健美操主要是以在表演中展示自己的价值和魅力，在观赏中陶冶情操、净化心灵、促进健美操活动的广泛开展，满足人们展开和表现自我的需要为目的，在特定的活动、场合或节日庆典中进行表演，集观赏、娱乐为一体的体育节目。一般而言，健身健美操用于表演极其普遍，竞技健美操用于表演时可不受规则的限制。

表演性健美操的动作比健身性健美操的动作复杂多变，所以对参与者的身体素质要求较高，不仅要具备较好的协调性，还要有一定的表演和集体配合的意识。

三、健美操的特点

1. 本能性　健美操不同于其他项目的一个显著特点是以自然人体为对象，运用自己的力量把自身作为对象，实现自我塑造。健美操的自我塑造是遵循人体的可塑性，如肌肉的强弱、发达程度、脂肪的沉积程度以及脊椎和胸廓的形状、关节的灵活程度等，这些决定身体姿态、体形改变的自我塑造的可变因素。

2. 力度性　健美操以力量性为主的徒手动作为基础，它所表现的力是力量、力度、弹力、活力的综合。健美操动作要求的力度和力量性很强，不论是短促的肌肉力量、延续力量，还是瞬间的控制力量都展现较高的力度感。健美操所形成的动作力量性风格，可充分表现出人体健的风采、美的神韵。

3. 节奏性　健美操所有的动作均在一定的节奏下进行，它将人体动作经过有节奏的组织和规范，使之摆脱自然状态，使人体的动作节奏化。健美操锻炼时的节奏感是通过身体运动表达的，节奏性运动使健美操能充分表现出人体运动的艺术美。

4. 创新性 由于人体结构复杂，动作多变，人的情绪丰富，性格迥异，因此决定了健美操动作的丰富性。随着健美操运动的发展和变化，不断创编出独特新颖的具有显著特征的健美操动作，是健美操长盛不衰的显著原因。

知识拓展

舞蹈课程方向术语

1~8 点（呈“米”字形，45 度一个点，舞蹈者正前为 1 点，依次点数顺时针方向）是用以规范舞蹈者面向、走向的专业术语。即场地正前为第一方位——“1 点”；右前、右旁、右后为第二、三、四方位——“2、3、4 点”；正后为第五方位——“5 点”；左后、左旁、左前为第六、七、八方位——“6、7、8 点”（图 13－1）。

1 为面对舞程线，2 为面斜壁线，3 为面对壁线，4 为背斜中央线，5 为背对舞程线，6 为面斜壁线，7 为背斜中央线，8 为背斜中央线。舞者按照舞程线不断变化方位，向前移动，8 条线则指示舞蹈者每个舞步的行进方向。

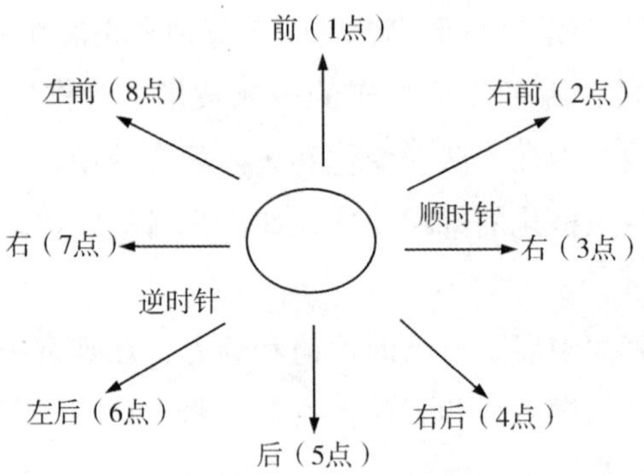

图 13－1 舞蹈课程方向

第二节 健美操基本动作及姿态

健美操基本动作是指在健美操运动中出现的具有基础性的最小单位动作，是健美操动作中最主要、最稳定的部分，是一类型动作得以扩展和变化的核心。

健美操基本动作主要由站立、基本步法和上肢动作等组成。通过基本动作的学习，能够使练习者掌握健美操基础技术。其中，良好的站立姿势是学习健美操的前提，基本步法是健美操最为基础的组成部分，是健美操学习的基本内容。上肢动作包括手臂和手形，是健美操基本姿态的重点练习内容。

一、基本站姿

立是指两腿站立的姿势，有直立、分腿立、提踵立、点地立、单腿立等。

（一）直立

动作做法：两腿伸直并立，臀部上收，立腰、收紧腹部，两肩下沉，两眼平视，下颌稍向后收，头的后部向上顶。

技术要求：身体姿态挺拔，头、躯干和腿在一条垂直线上。

（二）分腿立

动作做法：两脚分开与肩同宽，重心在两脚之间。臀部上收，立腰、收紧腹部，两肩下沉，两眼平视，下颌稍向后收，头的后部向上顶。

技术要求：身体姿态挺拔，头、躯干和腿在一条垂直线上。

（三）提踵立

动作做法：两脚并立，脚跟提起，臀部上收加紧，立腰、收紧腹部，两肩下沉，两眼平视，下颌稍向后收，头的后部向上顶。

技术要求：支撑腿脚跟提起至最大限度，脚跟向前顶，使小腿与脚面在一条垂线上。

（四）点地立

动作做法：一腿支撑，另一腿伸直前点地（侧点地、后点地）。

技术要求：重心在支撑腿上，动力腿尽量向远伸。

（五）吸腿立

动作做法：一腿支撑，另一腿屈膝上举，脚贴于支撑腿的膝关节内侧。

技术要求：重心在支撑腿上，举腿至大腿与地面平行，绷脚尖贴于膝关节处。

（六）弓步

1. 前弓步

动作做法：两脚自然分开，前后大分腿站立，前腿屈膝，后腿伸直。

技术要求：收腹、立腰，小腿垂直于地面，重心在两脚之间。

2. 侧弓步

动作做法：两腿大分腿开立，一腿屈膝，膝关节指向侧方，另一腿伸直。

技术要求：收腹、立腰，小腿垂直于地面，重心在两脚之间。

二、基本步法

健身健美操基本步法根据人体运动时对地面的冲击力大小分为无冲击力步法、低冲击力步法和高冲击力步法三大类。许多低冲击力动作通过改变用力方法也可以做成高冲击力动作。

（一）无冲击力步法

无冲击力步法动作是指两脚始终接触地面，身体重心在两脚之间没有腾空的动作。

1. 半蹲（Squat）

（1）并立半蹲

动作做法：两腿并立有控制地弯曲和伸直（图 13－2）。

技术要求：屈膝下蹲时膝关节角度不小于 90 度，屈髋上体前倒，臀部向后 45 度方向下蹲，膝关节不超过脚尖。

（2）开立半蹲

动作做法：两腿左右分开，比肩稍宽，脚尖稍外开，髋、膝有控制地屈和伸（图 13－3）。

技术要求：屈膝时关节角度不小于90度，膝关节对准脚尖方向，屈髋上体前倒，臀部向后45度方向下蹲，膝关节不超过脚尖。

2. 弓步（Lunge）

（1）前弓步

动作做法：两脚自然分开，前后大分腿站立，前腿屈膝，后腿伸直（图13－4）。

技术要求：收腹、立腰，小腿垂直于地面，重心在两脚之间。

（2）侧弓步

动作做法：两腿大分腿开立，一腿屈膝，膝关节指向侧方，一腿伸直。

技术要求：收腹、立腰，小腿垂直于地面，重心在两脚之间。

（二）低冲击力步法

低冲击力步法是指在做动作时始终有一脚接触地面，而根据动作完成形式的不同，可分为以下四类。

1. 交替类 两脚做交替落地的动作。

（1）踏步（March）

动作做法：两腿原地依次抬起，依次落地（图13－5）。

技术要求：前脚掌先落地，过渡至全脚掌，下落时，踝、膝、髋关节依次有弹性地缓冲。

（2）走步（Walk）

动作做法：迈步向前走或后退，然后反之。向前走时，脚跟先落地，过渡到全脚掌；向后走时则反之（图13－6）。

技术要求：每步落地下肢关节依次次缓冲，并随移动方向移重心、蹬伸。

图13－2 并立半蹲　图13－3 开立半蹲　图13－4 弓步　图13－5 踏步　图13－6 走步

（3）一字步（Easy walk）

动作做法：右脚向前一步，左脚并于右脚，然后再依次还原（图13－7）。

图13－7 一字步

技术要求：向前迈步时，脚跟着地，过渡至全脚掌；前后均要有并腿过程；每次落地下肢关节依次顺势缓冲屈伸。

（4）V 字步（V－step）

动作做法：右脚向右前方迈一步，左脚随之向左前方迈一步，成两脚开立，屈膝缓冲，然后依次退回原位（图 13－8）。

技术要求：向前迈步时，脚跟着地，过渡至全脚掌；两脚运动轨迹成“V”字形，每次落地下肢关节依次顺势缓冲屈伸。

（5）漫步（Mambo）

动作做法：右脚向前迈出，屈膝缓冲，重心随之前移，左脚稍抬起，然后原地落下；右脚向后一步，重心后移，左脚稍抬，然后原地落下（图 13－9）。

技术要求：两脚始终保持交替落地，身体重心随动作前后移动，但始终在两脚之间。

图 13－8　V 字步

图 13－9　漫步

（6）BOX 步（Box walk）

动作做法：右脚向前迈步，左脚向右前方迈出、随后右脚向后一步，左脚向右脚并拢。

技术要求：重心随步法移动，身体始终保持面向前方。

2. 迈步类　一条腿先迈出一步，同时移动身体重心，另一腿用脚跟、脚尖点地或吸腿、屈腿、踢腿等，然后向另一个方向迈步的动作。

（1）并步（Step touch）

动作做法：右脚向右侧迈一步，左脚前脚掌并于右脚屈膝点地；随后向反方向迈步（图 13－10）。

技术要求：每一拍动作髋、膝、踝始终保持屈伸弹动。

（2）迈步点地（Step tap）

动作做法：右脚向侧迈一步，两腿经屈膝移重心，成左脚侧点地立。可做前、侧、后用脚尖或脚跟点地（图 13－11）。

技术要求：两膝同时有弹性地屈伸，动力腿尽量远伸。

（3）迈步吸腿（Step knee）

动作做法：右脚向前迈一步，左腿屈膝举至水平，左、右腿依次向后迈步还原（图 13－12）。

技术要求：经过屈膝半蹲，抬膝时支撑腿稍屈膝，上体稍前倾，保持关节的屈伸控制。

（4）迈步后屈腿（Step curl）

动作做法：右脚迈出一步，左腿小腿后屈，后屈腿的脚跟靠近臀部，然后向反方向迈步（图 13－13）。

技术要求：经屈膝半蹲，重心控制在支撑腿上稍屈膝，保持关节的屈伸控制。

(5) 侧交叉步 (Grapevine)

动作做法：右脚向侧迈一步，左脚在其后交叉，稍屈膝，随之再向侧迈一步，左脚点地并腿稍屈膝（图 13－14）。

技术要求：第一步脚跟先着地，身体重心快速随着脚步而移动，保持髋、膝、踝关节的屈伸弹动。

图 13－10　并步

图 13－11　迈步点地

图 13－12　迈步吸腿

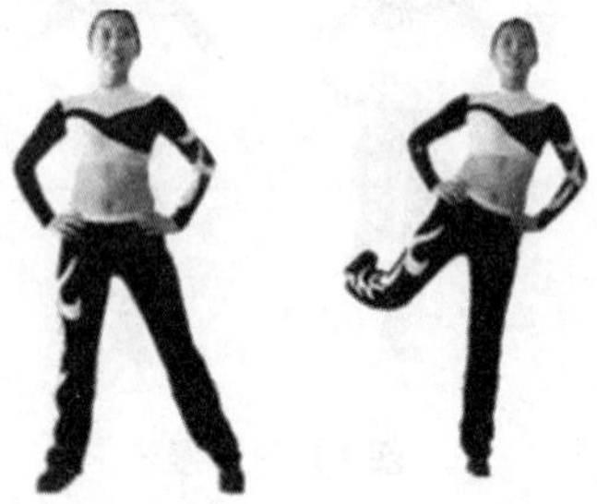

图 13－13　迈步后屈腿

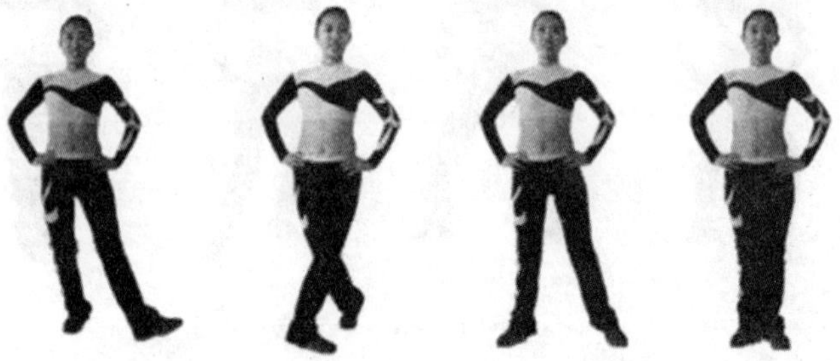

图 13－14　侧交叉步

(6) 拖步 (Pull walk)

动作做法：左脚向左跨一步，屈膝落地，右腿伸直并顺势向左拖移，随后还原成直立。

技术要求：落地屈膝、重心拖移随即控制。

(7) 恰恰步 (Cha－cha－cha)

动作做法：右脚向右迈一步并向上跳起，空中左脚迅速向右脚靠拢，左、右腿依次落地，重心在两脚之间。

技术要求：二拍三动，两脚之间重心移动流畅，身体稍后倾，空中有并腿过程。

3. 点地类　一腿屈膝站立，另一腿伸出，用脚尖或脚跟点地后还原到并腿位置的动作。

(1) 脚尖点地 (Tap together)

动作做法：一腿屈膝站立，另腿脚尖点地。然后还原到并腿姿势，可做前、侧、后点地（图 13－15）。

技术要求：支撑腿始终保持屈膝站立，并且随动作有弹性地屈伸。

(2) 脚跟点地 (Heel together)

动作做法：一腿稍屈膝站立，另一腿脚跟点地，然后还原到并腿姿势。只可做向前和向侧的脚跟点地（图 13－16）。

技术要求：支撑腿始终保持屈膝站立，并且随动作有弹性地屈伸。

4. 抬腿类　一腿站立，另一腿以直腿或屈腿形式向上抬起。

(1) 吸腿 (Knee lift)

动作做法：一腿支撑，另一腿屈膝向上抬起，落下还原（图 13－17）。

技术要求：支撑腿保持屈膝弹动，屈膝举至大腿与地面平行，上体保持正直。

（2）摆腿（Leg lift）

动作做法：一腿站立，另一腿向侧、向前或侧前、侧后摆动（图 13－18）。

技术要求：支撑腿稍屈，保持身体稳定，摆腿有控制，上体保持正直。

（3）踢腿（Kick）

动作做法：一腿支撑地面，另一腿向前、向侧或向后踢腿，然后还原（图 13－19）。

技术要求：支撑腿保持屈膝弹动，向上踢腿加速度，下落速度快，还原两腿并拢，上体保持正直。

图 13－15　脚尖点地

图 13－16　脚跟点地

图 13－17　吸腿

图 13－18　摆腿

图 13－19　踢腿

（三）高冲击力步法

高冲击力步法是指双脚同时离开地面的动作，有腾空的动作。有些高冲击力步法是从无冲击步法和低冲击步法动作通过改变用力方法演变而来。高冲击步法也分为四种。

1. 双腿起跳类

（1）并腿小跳（Jump）

动作方法：左脚侧前迈步，右脚并左脚，两腿稍屈膝跳起，腾空时两腿伸直，随后两脚同时落地屈膝缓冲（图 13－20）。

技术要求：两腿稍屈膝蹬伸至脚趾尖，空中保持身体肌肉适度紧张，落地时前脚掌着地过渡到全脚掌。

（2）开合跳（Jumping jack）

动作做法：两腿屈膝向上跳起，落地成开立，随后向上跳起，两腿并拢还原落地（图 13－21）。

技术要求：分腿落地时前脚掌着地过渡到全脚掌，两脚自然外开，屈膝时关节角度大于 90 度，膝关节对准脚尖方向。

（3）弓步跳（Lunge jump）

动作做法：两腿并拢屈膝向上跳起，落地成前后大分腿立，前腿屈膝，后腿伸直，随后向上跳起，两腿并拢还原落地。

技术要求：收腹、立腰，小腿垂直于地面，重心在两脚之间，落地屈膝缓冲。

2. 交替起跳类

后踢腿跑（Jogging）

动作做法：左腿蹬地跳起，右腿屈膝后踢，两腿依次交替进行（图 13－22）。

技术要求：髋关节保持伸展，摆动腿后屈脚尖接近臀部，落地屈膝缓冲。

图 13－20　并腿小跳

图 13－21　开合跳

图 13－22　后踢腿跳

3. 迈步起跳类

（1）迈步吸腿跳（Step knee jump）

动作做法：右脚向前迈步，左腿屈膝举至水平同时向上跳起，左、右腿依次向后迈步还原。

技术要求：吸腿跳时上体直立稍前倾，落地屈膝缓冲。

（2）迈步后屈腿跳（Step curl jump）

动作做法：右脚迈步，左腿小腿后屈，同时向上跳起（图 13－23）。

技术要求：经屈膝向上跳起，屈腿的脚跟靠近臀部，落地屈膝缓冲。

（3）侧交叉步跳（Grapevine jump）

动作做法：右脚向侧迈步，左脚在其后交叉，稍屈膝，随之再向侧迈一步，左脚向右脚并拢同时跳起（图 13－24）。

技术要求：身体重心快速随着脚步而移动，保持髋、膝、踝关节的屈伸弹动，腾空落地屈膝缓冲。

图 13－23　迈步后屈腿跳

图 13－24　侧交叉步跳

（4）小马跳（Pony jump）

动作做法：右脚稍向上举起，左腿蹬地向侧小跳，同时屈膝向右脚靠找，右、左脚依次落地并交换腿小跳，至右脚站立、左脚前脚掌点地（图 13－25）。

技术要求：依次落地，二拍三动，第二拍两脚交换着地。

4. 单腿起跳类

（1）吸腿跳（Knee lift jump）

动作做法：左腿向上跳起同时右腿屈膝上举至水平，随后右腿与左腿并拢落地（图 13－26）。

技术要求：摆动腿屈膝至 90 度，小腿垂直地面，上体正直。

（2）钟摆跳（Swing jump）

动作做法：右腿侧摆，同时左腿跳起，右腿着地跳起，同时左腿侧摆。

技术要求：两腿像钟摆一样摆动，重心始终与地面垂直，落地屈膝缓冲。

（3）弹腿跳（Flick jump）

动作做法：右腿后屈同时左腿跳起，左腿继续跳起同时右膝伸直向前下方弹踢。

技术要求：后屈腿大腿垂直于地面，弹踢时大腿先发力，随后小腿有控制地向前下方伸。

（4）踢腿跳（Kick jump）

动作做法：左腿支撑连续跳起两次，同时右腿向前（侧）踢，至最高点达到肩的高度，顺势落下与支撑腿并拢（图13－27）。

技术要求：直腿高踢，下落迅速与支撑腿并拢，向上踢腿和下落都要有加速度，上体保持正直。

图13－25　小马跳

图13－26　吸腿跳

图13－27　踢腿跳

（5）踏步跳（March jump）

动作做法：右脚向前一步稍屈膝，随即向上跳起，左腿后举。

技术要求：空中右腿稍前踢，左腿后举有控制，上体保持正直，落地屈膝缓冲。

三、上肢基本动作

健美操上肢基本动作主要包括常用手形及手臂基本动作，在健美操运动中手形和手臂动作的变化既能使动作新颖、多样，又能改变动作的强度和难度。

（一）常用手形

1. 并掌　五指并拢，指关节伸直。

2. 开掌　五指用力分开，指关节伸直。

3. 拳　四指指关节弯曲，握紧，拇指扣在示指与中指的第二关节处。

4. 花掌　五指用力伸直张开，从小拇指依次内旋，形成一个扇面。

5. 立掌　手掌用力上屈，五指指关节自然弯曲。

6. 指　示指伸直，其余手指紧握。

（二）手臂基本动作

1. 举

动作做法：臂移动范围在180度内，并稍停止在某一方位上的动作（图13－28）。

技术要求：手臂放松，手指远端用力带动手臂移动，停在某一部位时，肩关节放松，指尖向远伸（有向远延伸的感觉）。

2. 曲臂

动作做法：大臂与小臂关节角度减小（图13－29）。

技术要求：肘关节屈，大小臂收紧，肱二头肌收缩。

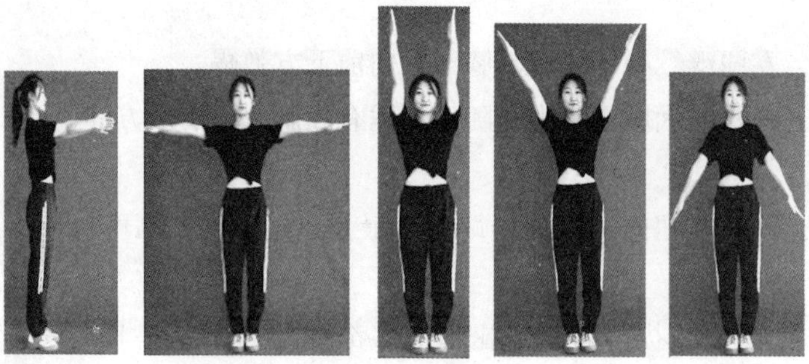

图 13-28　举

图 13-29　曲臂

3. 伸臂

动作做法：大臂与小臂关节角度增大（图 13-30）。

技术要求：动作过程中，手臂放松，手指和肘关节同时移动，停在某一部位时，肩关节放松、指尖向远伸。

图 13-30　伸臂

4. 摆动

动作做法：以肩关节为轴，屈臂或直臂在 180 度以内的同时或依次运动。

技术要求：沿身体矢状面或额状面自然摆动。动作放松、幅度大。

5. 绕与绕环

动作做法：以肩关节为轴，手臂在 180～360 度之间的为绕；大于 360 度以上的圆周运动为绕环。

技术要求：绕、绕环时，手指尖带动手臂移动，动作幅度大。

第三节　健美操的基本素质及训练

一、基本素质

健美操的基本素质包括速度、力量、灵敏、柔韧性、协调性等，其中柔韧和力量素质最为重要，下面着重介绍。

（一）柔韧性练习

柔韧性练习是健美操练习者必不可少的练习，发展柔韧性主要通过做一些伸展性练习，通过这种伸展练习可使身体各部位肌肉关节、韧带的活动范围增大，灵活性增强。这些练习主要针对肩、胸、腰、躯干、腿等几部分进行，包括静力性练习、动力性练习和本体感受神经肌肉练习，每个练习应持续 15 秒左右。柔韧性练习方法很多，主要如下。

1. 肩部伸展练习　持棍练习、左右伸肩、肩绕环等。

2. 胸部伸展练习　扶门框拉肩、垫上压胸等。

3. 腰部伸展练习　把杆体侧屈、下腰、垫上腰背肌练习等。

4. 躯干伸展练习　坐在地板上，躯干侧面伸展、左右转体、绕环等。

5. 腿部伸展练习　正、侧、后压腿，正、侧、后踢腿向上伸展。

6. 两臂伸展练习　盘腿坐两臂交叉，手掌相对，经耳朵上抬两臂超过头，尽可能向上伸展。

7. 垫上练习　纵叉、双人后搬腿等。

（二）力量练习

发展肌肉力量对完成动作是非常必要的，一套健美操完成的质量高低，其力度是不容忽视的，根据健美操的特点，以及竞技健美操中特定动作的要求，发展肌肉力量的练习分为上肢力量练习，下肢力量练习以及躯干肌肉力量练习。

1. 发展上肢肌肉力量　两臂侧举负重扩胸、负重弯举、俯卧撑等。

2. 发展下肢肌肉力量　负重半蹲、弓腿练习、俯撑交叉腿、侧卧侧抬腿、侧卧前后举腿。

3. 发展躯干肌肉力量　斜板仰卧起坐转体、俯卧挺身、俯卧两头起、仰卧两头起等。

二、基本技术训练

运动技术是指运动员通过内力，改变身体各部位之间的相对位置，保证身体重心沿着一定的轨迹运动，以符合动作本身要求的方法。即我们常说的做动作时在不同时间、空间内如何用力，用力的方向，用力的大小，哪部分肌肉用力，哪部分肌肉放松，以及它们之间的协调、配合、节奏等，根据健美操项目的特点，基本技术主要包括身体重心节律性弹动技术、身体姿态控制技术、操化动作的准确控制技术。

（一）弹动技术训练

弹动技术是指在动作过程中身体重心上下有节律地起伏。它是健美操运动项目的核心技术，这种弹动体现为动作与音乐节奏相吻合。重心上下节奏感地弹动时起伏要保持上体直立，肩部放松，臀部收紧的身体姿态，在训练中要培养学生通过感受音乐节拍来传递地面反作用而引起身体重心节律性上下起伏弹动。训练方法如下。

1. 屈膝弹动　一字步—V 字步。

2. 开立半蹲　并步　两次并步。

3. 开立半蹲　屈膝点地—并步—后屈腿。

4. 并步　两次并步—侧交叉步。

5. 屈膝弹动小跳　后踢腿跳—开合跳。

（二）身体姿态控制训练

身体姿态控制技术是指在成套动作中，无论动作如何复杂多变，身体姿态要求始终控制在良好的姿态位置，始终保持躯干、腰、髋的稳固性，保持腹肌的收缩和身体的挺拔。在运动中，人的身体重心随着运动方向的变化而变化。要求运动员在平时的训练中要养成保持正确身体姿态的习惯，不论做什么动作都要做到身体正直，重心稳定。

（三）操化动作训练

操化动作的准确控制技术是指操化动作的肌肉发力与控制，包括手臂操化和步伐。健美操的每一个操化动作都要求必须有清楚的开始与结束。动作开始位置准确清晰；动作过程中肌肉用力使动作加速运动，用力方法要正确，力度要适宜，参与动作的肌肉要按照一定的顺序进行收缩，动态中要求协同肌与对抗肌保持适度的紧张，有控制地用力；动作结束要有明显的短暂控制。

步伐落地缓冲控制技术要求脚着地时，由脚跟过渡到全脚掌或由前脚掌过渡到全脚掌，然后迅速屈膝、屈髋缓冲，所有动作在瞬间依次完成，同时保持良好的身体姿态。在训练过程中要注重培养学生落地缓冲意识，以减少地面对关节、肌肉的冲击力，预防运动损伤。在训练实践中，要注重培养学生操化动作的准确性，可采用分解练习，如练习下肢或上肢动作，再进行完整动作练习，使学生的动作做得准确到位。

1. 上肢操化动作训练 多采用徒手体操。在动作编排上，以健美操的基础动作为主，通过练习提高运动员基本姿态准确性、动作位置的准确性、肌肉用力的准确性。

2. 操化组合

（1）开开合合 2 次，臂前举交叉，臂侧举。

（2）开合跳 4 次，臂胸前交叉，臂肩上屈，臂前举交叉，肩上屈。

（3）开合跳前进 4 次，臂胸前屈，臂侧上举，胸前屈，侧下举。

（4）开合跳转体 90 度 4 次，胸前击掌，右臂侧举左臂胸前平屈，胸前击掌，右臂胸前平屈左臂侧举。

3. 操化组合二

（1）向前吸腿跳 4 次，臂胸前平屈、还原。

（2）吸腿跳转体 90 度 4 次，两臂侧摆、还原。

（3）吸腿跳后退 4 次，两臂依次向后绕。

（4）单腿两次吸腿跳 2 次，臂胸前平屈，侧上举，平屈还原。

4. 操化组合三

（1）向前后踢腿跑 8 次，臂侧上举、胸前交叉、侧下举、上举击掌。

（2）单腿吸腿跳 2 次，臂胸前屈、下举、胸前平屈。

（3）弓步跳 4 次，一臂前举一臂侧举、两手扶头。

（4）踢腿跳 4 次，两臂侧下举。

三、基本动作练习时应注意的问题

1. 动作的规范性 动作的规范建立在动作的准确性上，因此，练习时肢体的位置、方向及运动的路线一定要准确。此外，注意动作速度、肌肉力度和动作幅度，使肌肉充分拉长与收缩，只有这样才能达到动作的整体效果。

2. 动作的弹性 动作富有弹性是健美操特点之一，动作的弹性所涉及的身体部位有踝关节、膝关节、髋关节、肘关节、肩关节以及脊柱。在练习时，应注意肌肉的收缩与放松要有控制，使动作富有弹性，节奏均匀，避免动作过分僵硬和关节的过度伸展。在进行高冲击有氧练习和力量性的练习时，应注意调整好呼吸，使健美操运动达到完美的最佳效果。

3. 动作的节奏感 掌握好动作节奏对健美操运动非常重要。练习者要想表现出较好的动作节奏感，必须具有一定的肌肉控制能力、音乐节奏感及动作的完成能力。因此，在开始练习时，要重视开发、训练学生的动作节奏感，使他们在听懂音乐节奏的基础上慢慢掌握动作的节奏感。

本章小结

本章节讲述了健美操的概念、分类、主要动作特点、基本步法和基本技术训练；重点讲解了健身健美操的分类以及各类动作；详细论述了健美操特点及动作。通过本章的学习，旨在让学生关注自己身心健康的发展，将健美操融入日常生活，了解健美操相关知识并通过训练提升自己的身体素质，加强对健美操的认识，树立正确的健美操观念。

思考题

1. 简述健健美操的分类及特点。
2. 健美操的基本站立姿态有哪几种？
3. 健美操的基本技术训练包括哪些？
4. 健美操基本动作练习时应注意哪些问题？

（田　栋）

第十四章　武　术

PPT

拓展阅读

学习目标

知识目标

1. 掌握武术的基本动作和技术，培养学生空间体位感觉，发展身体的协调、柔韧、平衡能力。

2. 熟悉武术的运动特点，通过对武德的学习培养，建立令行禁止的行为意识，让学生学会为人处世的基本道理和法则。

3. 了解武术的起源与发展。

技能目标

1. 学会简化二十四式太极拳、初级长拳（第三路）。

2. 能够通过自我练习，形成终身体育锻炼的运动习惯。

第一节　武术概述

一、武术的起源和发展

“武术”这一概念的使用于近现代，古代记载中如商代有“拳勇”、春秋有“技击”、汉代有“武艺”等提法，近代中国武术又被誉为“国术”。在中华人民共和国成立之后，被正式确立为一项体育运动项目，才正式采用“武术”这一概念。

武术的发展与古代的军事斗争有着千丝万缕的联系。西周学校教育中，教授“礼、乐、射、御、书、数”六艺。射、御和乐中武舞的教育内容都一定程度上推动了武艺的普及。春秋战国时期，是我国封建制度逐渐形成发展的时期，频繁的战争增加了短兵相接的机会，对技击格斗的要求逐渐增高，并从春秋开始以个人技艺为主的徒手搏技——手搏、角力，在民间有广泛的市场。在文化的交融中，武术与养生也逐渐地相结合，春秋战国时期就出现了以动健身的养生思想，提出了“静养”养形练气，“动养”注重形体锻炼的不同主张。宋元时期，对抗性的“手搏”“角力”得到进一步发展。还出现了“露台争交”，类似于后期出现的擂台比武，是一种古老的武术竞赛形式。

明清时期是武术大发展时期，在中华大地上已经形成了各种不同的武术流派，拳种纷呈，十八般武艺有了具体的名称和内容。少林武术也在明代弘扬显名。明清时期随着商业的发展，保镖行业兴起，以武术为职业的保镖、镖师为武术的发展与传承起到了一定的推动作用。在民间武术表演更为兴旺，这也推动着武术的发展。

近代中国，是中西文化碰撞与交融的时期，冷兵器在军事上的地位明显消退，而武术并未因此而消退。它作为强身自卫的运动，适应时代的变化，逐步成为中国近代体育的重要组成部分。在这种背景下，民间出现了许多拳社、武士会、体育会等武术组织。1911 年，由十多位武术名家编辑的《中华新武术》借鉴了兵式体操的教练方式，以传统武术拳技和摔跤术等为素材，采取中西融合的方法，成为新式武术教本。1928 年，“中央国术馆”成立，它是隶属于国民党南京政府的武术机构，中央国术馆成立后，各地纷纷建立国术馆、国术社，形成自上而下的国术馆系统。

1949 年中华人民共和国成立，武术成为社会主义文化和人民体育事业的一个组成部分，得到了蓬勃发展。百废俱兴的历史潮流也为武术注入了新的活力。为增强人民体质，国家提倡进行各种有益于人民健康的运动项目，太极拳因其独特的健身价值，得到了人民群众的广泛喜爱。1979 年国家体委在全国范围内掀起挖掘整理的高潮，使很多鲜见的拳种得以传播，濒危的拳种得以抢救，并编纂成册，留下了宝贵的文字、录像资料。

二、武术的概念、内容和分类

（一）概念

武术是以攻防技击为主要技术内容，通过套路演练和搏斗对抗等运动形式，以达到增强体质，培养意志，注重内外兼修的民族传统体育项目。

（二）内容和分类

1. 功法运动　以单个武术动作作为主体进行练习，以达到健体、增强某一方面体能的运动。如以通过调心、调身、调息方式进行长时间站马步桩增强腿部力量。

2. 套路运动　以技击动作为内容，按攻守进退、动静疾徐、刚柔虚实等运动的变化规律编排而成的整套练习形式。主要内容有拳术、器械、对练、集体表演。

（1）拳术　徒手练习的套路运动。如长拳、太极拳、南拳、形意拳、八卦拳、通臂拳、象形拳等。

（2）器械　手持武术兵器进行练习的套路运动。可分为长器械、短器械、双器械、软器械。最常用的器械有刀、剑、枪、棍。

（3）对练　在单练的基础上，两人或两人以上，在预定的条件下进行假设性攻防练习。包括徒手对练、器械对练、徒手与器械结合的对练等。

（4）集体表演　6 人以上徒手或手持器械同时进行练习的演练形式。演练时可变换队形，也可以采用音乐伴奏，要求队形整齐，动作协调一致。

3. 搏斗运动　两人在一定的条件下，按照一定的规则进行斗志、较力、较技的实战练习形式。目前武术竞赛中的搏斗运动有散打、推手等。

（1）散打　又称散手，古称手搏、白打等，由于徒手相搏，相角是在搭建的台上进行，又称“打擂台”。现代的散打两人按照一定的规则使用踢、打、摔、拿等方式制服对方的竞技项目。

（2）推手　两人遵照一定的规则，使用掤、捋、挤、按、採、挒、肘、靠等手法，双方粘连黏随，寻机借劲发力将对方推出，以此决定胜负的竞技项目。

三、武术礼仪

中国武术讲究“未曾学艺先学礼，未曾习武先习德”，武术第一课并非学习武术动作，而是要学习抱拳礼。“左掌右拳”是武协规范的抱拳礼，右手握拳，五根手指代表“五湖”，左手为掌，大拇指内扣，代表“四海”。行抱拳礼代表五湖四海皆兄弟，天下武林是一家，是以武会友、相互尊重的表现。左掌大拇指收回弯曲，意味着不自大、不骄傲。左掌掩右拳，表示“勇不滋乱”“武不犯禁”，以此来约束、节制勇武的意思。左掌为文，右拳为武，表示文武兼修，恭候师友、前辈的指点。

中国武术抱拳礼的行礼方法：并立步，身体自然直立，右手握拳，左手拇指屈拢，四指并拢伸直成掌。

双手从体侧向胸前合抱，两小臂微内旋，两臂撑圆，平举于胸前，左掌心贴于右拳面，双肘不可扬起，目视受礼者。

抱拳礼现多使用于武术比赛的始终、运动员赛前及赛后公布分数时使用，在社会活动中，习武之人也会行抱拳礼示意。

第二节　二十四式简化太极拳

一、太极拳简介

太极拳是中国武术运动中一颗璀璨的明珠，也是中国体育文化的典型代表。“太极”一词源出《周易·系辞》中“易有太极，是生两仪”，含有至高、至极、无穷大之意。太极拳这个名称的取义是因为太极拳拳法变幻无穷，含义丰富，它以人体生命的整体观，以及人与社会、人与环境的和谐统一为其哲学基础，集导引、呼吸吐纳、拳技为一体，起到健身养性之功效，流传百年，深受广大人民群众喜欢。

1956 年，国家体委组织部分专家，在传统杨氏太极拳的基础上，按由简入繁，循序渐进，易学易记的原则，选取二十四式太极拳动作编排而成。

二、太极拳基本功和动作

（一）手形

1. 拳　握拳方法与长拳相同，但拳要虚握，手心略含空（图 14－1）。

2. 掌　五指自然分开并微屈，虎口成圆形，掌心微含（图 14－2）。

3. 勾　与长拳相同，唯需自然，不用力（图 14－3）。

图 14－1　拳

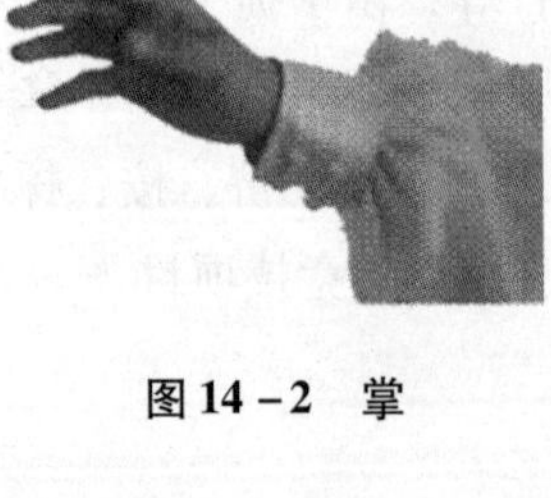

图 14－2　掌

图 14－3　勾

（二）手法

1. 掤　手臂呈弧形，前臂由下向上、向外张架，劲力圆满有张力、有弹性。

2. 捋　两手一前一后、掌心一下一上相辅助，有随腰旋转向后下方回捋之势。

3. 挤　前手手背向外，另一手辅助，手臂呈弧形，向前方挤出，同时腰身有前进中寓后坐之意。

4. 按　两手心向前、向下按，有迎截外力并引为向下之意。

（三）步形

太极拳的基本步形也是弓、马、仆、虚、歇五种，和长拳的动作基本相同，唯有重心的高低根据练习者的条件和需要因人而异。

（四）步法

1. 进步　由开立步起，两腿微屈，右脚外撇，两手背于身后。左脚经右脚内侧向前迈出，脚跟先着地，重心前移，左脚踏实，成左弓步。重心后移，左脚尖外撇，重心前移，右脚经左脚内侧向前迈出，脚跟先着地，重心前移，成右弓步。重心后移，右脚尖外撇，重心再前移，准备左脚再向前迈。可重复数次。

2. 退步　开步站立，两手相叠加放于丹田处，男子左手在内，女子右手在内。两膝微屈，重心移到左腿，右腿提起经左脚内侧向右后退。由前脚掌先落地，随重心慢慢后移过渡到全脚掌着地，成左虚步。然后左脚提起经右脚内侧向左后退。由前脚掌先落地，随重心慢慢后移过渡到全脚掌着地，成右虚步。可重复若干次。

3. 横移步　开步站立，两腿微屈，左脚向左横移一步。重心左移，右脚向左脚内侧跟进一步，前脚掌先着地，然后过渡到全脚掌着地；重心换至右脚，左脚向左横移一步。重心再左移，右脚向左脚内侧跟进一步。

（五）腿法

屈伸性腿法。支撑腿微屈，站稳；另一腿屈膝提起，然后小腿上摆，脚尖勾起，脚跟向前蹬出，腿伸直，脚高不过肩。

三、二十四式简化太极拳动作说明

【第一组】

1. 起势

（1）身体自然直立，两脚开立，与肩同宽，脚尖向前；两臂自然下垂，两手放在大腿外侧；眼向前平视（图 14－4）。

要点：头颈挺直，下颌微收，不要故意挺胸或收腹，精神要集中。

（2）两臂内旋，缓慢向前平举，至与肩平，与肩同宽，手心向下（图 14－5）。

（3）上体保持挺直，两腿屈膝下蹲；同时带动两臂下落，两掌轻轻下按，两肘下垂与两膝相对；眼平视前方（图 14－6）。

要点：下按要沉肩、坠肘、坐腕，舒指。屈膝松腰，臀部不可凸出，身体重心落于两腿中间。身体下蹲带动两臂下落，动作要协调一致。

图 14-4　起势（1）

图 14-5　起势（2）

图 14-6　起势（3）

2. 左右野马分鬃

（1）上体微向右转，身体重心移至右腿上；同时右臂收在胸前平屈，手心向下，左手经体前向右下划弧放在右手下，手心向上，两手心相对成抱球状；左脚随即收到右脚内侧，脚尖点地；眼看右手（图 14-7）。

（2）上体微向左转，左脚向前方迈出，右脚跟后蹬，右腿自然伸直，成左弓步；同时上体继续向左转，左、右手随转体慢慢分别向左上、右下分开，左手高与眼平（手心斜向上），肘微屈；右手落在右胯旁，肘也微屈，手心向下，指尖向前；眼看左手（图 14-8）。

（3）上体慢慢后坐，身体重心移至右腿，左脚尖翘起，微向外撇（45～60 度），随后脚掌慢慢踏实，左腿慢慢前弓，身体左转，身体重心再移至左腿；同时左手翻转向下，左臂收在胸前平屈，右手向左上划弧放在左手下，两手心相对成抱球状；右脚随即收到左脚内侧，脚尖点地；眼看左手（图 14-9）。

图 14-7　左右野马分鬃（1）

图 14-8　左右野马分鬃（2）

图 14-9　左右野马分鬃（3）

（4）与（1）动作同。

（5）与（2）动作同。

要点：上体正直，不可前俯后仰，胸部宽松舒展。两臂分开时要保持弧形。身体转动时要以腰为轴。弓步动作与分手的速度要均匀一致。做弓步时，迈出的脚先是脚跟着地，然后脚掌慢慢踏实，脚尖向前，膝盖不要超过脚尖；后腿自然伸直；前后脚夹角成 45～60 度（需要时后脚跟可以后蹬调整）。野马分鬃式的弓步，前后脚的脚跟要分在中轴线两侧，它们之间的横向距离（以动作行进的中线为纵轴，其两侧的垂直距离为横向）应该保持在 10～30 厘米之间。

3. 白鹤亮翅

（1）重心前移，上体微左转，左手翻掌向下，左臂平屈胸前，右手向左下划弧，转手心向上，与左手成抱球状；眼看左手（图 14-10）。

（2）右脚跟进半步，上体后坐，身体重心移至右腿，上体先向右转，面向右前方，眼看右手；然后左脚稍向前移，脚尖点地，成左虚步；同时上体再微向左转，面向前方，两手随转体慢慢向右上、左下分开，右手上提停于头右上侧，手心向左后方，左手落于左胯前，手心向下，指尖向前（图 14－11）。

要点：胸部不要挺出，两臂上下都要保持半圆形，左膝微屈。身体重心后移和右手上提、左手下按要协调一致。

图 14－10　白鹤亮翅（1）

图 14－11　白鹤亮翅（2）

【第二组】

4. 左右搂膝拗步

（1）右手从体前下落，由下向斜后上方划弧至右肩外侧，肘微屈，手与耳同高，手心斜向上；左手向左下下按，转掌心向上，向上向右画弧，再向右下方划弧至右胸前，手心斜向下；同时上体先微向左再向右转；左脚收至右脚内侧，脚尖点地，眼看右手（图 14－12）。

（2）上体左转，左脚向前（偏左）迈出成左弓步；同时右手屈回由耳侧向前推出，高与鼻尖平，左手向下由左膝前搂过落于左胯旁，指尖向前；眼看右手手指（图 14－13）。

（3）右腿慢慢屈膝，上体后坐，身体重心移至右腿，左脚尖翘起微向外撇，随后，脚掌慢慢踏实，左腿前弓，身体左转，身体重心移至左腿，右脚收到左脚内侧，脚尖点地；同时左手向外翻掌由左后向上划弧至左肩外侧，肘微屈，手与耳同高，手心斜向上；右手随转体向上、向左下划弧落于左胸前，手心斜向下；眼看左手（图 14－14）。

图 14－12　左右搂膝拗步（1）

图 14－13　左右搂膝拗步（2）

图 14－14　左右搂膝拗步（3）

（4）与（2）动作同，只是左右相反。

（5）与（3）动作同，只是左右相反。

（6）与（2）动作同。

要点：前手推出时，身体不可前俯后仰，要松腰松胯。推掌时要沉肩垂肘，坐腕舒掌，同时必须与上步、转腰协调一致。搂膝拗步成弓步时，两脚跟的横向距离保持约30厘米。

图14－15　手挥琵琶

5. 手挥琵琶　右脚跟进半步，上体后坐，身体重心转至右腿，上体半面向右转，左脚略提起稍向前移，变成左虚步，脚跟着地，脚尖翘起，膝部微屈；同时左手由左下向上挑举，高与鼻尖平，掌心向右，臂微屈；右手收回放在左臂肘部内侧，掌心向左；眼看左手示指（图14－15）。

要点：身体要平稳自然，沉肩垂肘，胸部放松。左手上举时不要直向上挑，要由左向上、向前，微带弧形。右脚跟进时，脚掌先着地，再全脚踏实。身体重心后移和左手上举、右手回收要协调一致。

6. 左右倒卷肱

（1）上体右转，右手翻掌（手心向上）经腹前由下向后上方划弧平举，臂微屈，左手随即翻掌向上，眼的视线随着向右转体先向右看，再转向前方看左手（图14－16）。

（2）右臂屈肘折向前，右手由耳侧向前推出，手心向斜下方，左臂屈肘后撤，手心向上，撤至左肋外侧；同时左腿轻轻提起向后（偏左）退一步，脚掌先着地，然后全脚慢慢踏实，身体重心移至左腿上，成右虚步，右脚随转体以脚掌为轴扭正；眼看右手（图14－17）。

（3）上体微向左转，同时左手随转体向后上方划弧平举，手心向上，右手随即翻掌，掌心向上；眼随转体先向左看，再转向前方看右手（图14－18）。

图14－16　左右倒卷肱（1）

图14－17　左右倒卷肱（2）

图14－18　左右倒卷肱（3）

（4）与（2）动作同，只是左右相反。

（5）与（3）动作同，只是左右相反。

（6）与（2）动作同。

（7）与（3）动作同。

（8）与（2）动作同，只是左右相反。

要点：前推的手不要伸直，后撤手也不可直向回抽，随转体仍走弧线。前推时，要转腰松胯，两手的速度要一致，避免僵硬。退步时，脚掌先着地，再慢慢全脚踏实，同时前脚随转体以脚掌为轴扭正。退左脚略向左后斜，避免使两脚落在一条直线上。后退时，眼神随转体动作先向后看，然后再转看前手。最后退右脚时，脚尖外撇的角度略大些，便于接着做“左揽雀尾”的动作。

【第三组】

7. 左揽雀尾

（1）右脚外撇，上体向右转，同时右手随转体屈收于胸前，掌心向下，掌指向左；同时，左脚收回到右脚内侧，脚尖点地。左手放松，向下托于腹前，掌心向上。使下肢成丁字步，上肢掌心相对成抱球状；眼看右手（图 14－19、图 14－20）。

（2）上体微向左转，左脚向前方迈出，上体继续向左转，右腿自然蹬直，左腿屈膝，成左弓步；同时左臂向左出（左臂平屈成弓形，用前臂外侧和手背向前方推出），高与肩平，手心向内；右手向右下落放于右胯旁，手心向下，指尖向前；眼看前臂（图 14－21）。

要点：分手两臂前后均保持弧形。分手、松腰、弓腿三者必须协调一致。揽雀尾弓步时，两脚跟横向距离不超过 10 厘米。

（3）上体微向左转，左手随即前伸翻掌向下，右手翻掌向上，经腹前向上、向前伸至左前臂下方；然后两手下捋，即上体向右转。两手经腹前向右后上方划弧，直至右手手心向上，高与肩齐，左臂平屈于胸前，手心向后；同时身体重心移至右腿；眼看右手（图 14－22）。

要点：下捋时，上体不可前倾，臀部不要凸出。两臂下捋必须随腰旋转，仍走弧线。左脚全掌着地。

图 14－19 左揽雀尾（1）

图 14－20 左揽雀尾（2）

图 14－21 左揽雀尾（3）

图 14－22 左揽雀尾（4）

（4）上体微向左转，右臂屈肘折回，右手附于左手腕里侧（相距约 5 厘米），上体继续向左转，双手同时向前挤出，左前臂要保持半圆；同时身体重心逐渐转移变成左弓步；眼看左手腕部（图 14－23）。

要点：向前挤时，上体要挺直。挤的动作要与松腰、弓腿相一致。

（5）左手翻掌，手心向下，右手经左腕上方向前，向右伸出，高与左手齐，手心向下，两手左右分开，宽与肩同；然后右腿屈膝，上体慢慢后坐，身体重心移至右腿上，左脚尖翘起；同时两手屈肘回收至腹前，手心均向前下方；眼向前平视（图 14－24）。

（6）上式不停，身体重心慢慢前移，同时两手向前、向上按出，掌心向前；左腿成左弓步；眼平视前方（图 14－25）。

要点：向前按时，两手必须走曲线，手腕部高与肩平，两肘微屈。

8. 右揽雀尾

（1）上体后坐并向右转，身体重心移至右腿，左脚尖内扣；右手向右平行划弧至右侧，然后由右下经腹前向左上划弧至左肋前，手心向上；左臂平屈胸前，左手掌向下与右手成抱球状；同时身体重心再移至左腿上，右脚收至左脚内侧，脚尖点地；眼看左手（图 14－26）。

（2）同“左揽雀尾”（2）动作，只是左右相反。

（3）同“左揽雀尾”（3）动作，只是左右相反。

（4）同“左揽雀尾”（4）动作，只是左右相反。

（5）同“左揽雀尾”（5）动作，只是左右相反。

（6）同“左揽雀尾”（6）动作，只是左右相反。

要点：均与“左揽雀尾”相同，只是左右相反。

图 14－23　左揽雀尾（5）

图 14－24　左揽雀尾（6）

图 14－25　左揽雀尾（7）

图 14－26　右揽雀尾

【第四组】

9. 单鞭

（1）上体后坐，身体重心逐渐移至左腿上，右脚尖内扣；同时上体左转，两手（左高右低）向左弧形运转，直至左臂平举伸于身体左侧，手心向左，右手经腹前运至左肋前，手心向后上方；眼看左手（图 14－27）。

（2）身体重心再渐渐移至右腿上，上体右转，左脚向右脚靠拢，脚尖点地；同时右手向右上方划弧（手心由里转向外），至右侧方时变勾手，臂与肩平；左手向下经腹前向右上划弧停于右肩前，手心向里；眼看左手（图 14－28）。

（3）上体微向左转，左脚向左前侧方迈出，右脚跟后蹬，成左弓步；在身体重心移向左腿的同时，左掌随上体的继续左转慢慢翻转向前推出，手心向前，手指与眼齐平，臂微屈；眼看左手（图 14－29）。

要点：上体保持挺直、松腰。完成时，右臂肘部稍下垂，左肘与左膝上下相对，两肩下沉。左手向外翻掌前推时，要随转体边翻边推出，不要翻掌太快或最后突然翻掌。全部过渡动作要上下协调一致。如面向南起势，单鞭的方向（左脚尖）应向东偏北（约 15 度）。

图 14－27　单鞭（1）

图 14－28　单鞭（2）

图 14－29　单鞭（3）

10. 云手

（1）身体重心移至右腿上，身体渐向右转，左脚尖内扣；左手经腹前向右上划弧至右肩前，手心斜向后，同时右手变掌，手心向右前；眼看左手（图 14－30）。

（2）上体慢慢左转，身体重心随之逐渐左移；左手由脸前向左侧运转，手心渐渐向左方；右手由右下经腹前向左上划弧，至左肩前，手心斜向后；同时右脚靠近左脚，成小开立步（两脚距离 10～20 厘米）；眼看右手（图 14－31）。

(3) 上体再向右转，同时左手经腹前向右上划弧至右肩前，手心斜向后；右手向右侧运转。手心翻转向右；随之左腿向左横跨一步；眼看左手（图 14－32)。

(4) 同（2）动作。

(5) 同（3）动作。

(6) 同（2）动作。

图 14－30　云手（1）

图 14－31　云手（2）

图 14－32　云手（3）

要点：身体转动要以腰为轴，松腰、松胯，不可忽高忽低。两臂随腰的转动而转动，要自然圆活，速度要缓慢、均匀。下肢移动时，身体重心稳定，两脚掌先着地再踏实，脚尖向前。眼的视线随左右手而移动。第三个“云手”，右脚最后跟步时，脚尖微向内扣，便于接“单鞭”动作。

11. 单鞭

(1) 上体右转，右手随之向右运转，至右侧方时变成勾手；左手经腹前向右上划弧至右肩前，手心向内；身体重心落在右腿上，左脚尖点地；眼看左手（图 14－33)。

(2) 上体微向左转，左脚向左前侧方迈出，右脚跟后蹬，成左弓步；在身体重心移向左腿的同时，上体继续左转，左掌慢慢翻转向前推出，成“单鞭”式（图 14－34)。

要点：与前“单鞭”式相同。

【第五组】

12. 高探马

(1) 右脚跟进半步，身体重心逐渐后移至右腿上；右勾手变成掌，两手心翻掌向上，两肘微屈；同时身体微向右转，左脚跟渐渐离地；眼看左前方（图 14－35)。

(2) 上体微向左转，面向前方；右掌经右耳旁向前推出，手心向前，手指与眼同高；左手收至左侧腰前，手心向上；同时左脚微向前移，脚尖点地，成左虚步；眼看右手（图 14－36)。

要点：上体自然挺直，双肩要下沉，右肘微下垂。跟步移换重心时，身体不要有起伏。

图 14－33　单鞭（1）

图 14－34　单鞭（2）

图 14－35　高探马（1）

图 14－36　高探马（2）

13. 右蹬脚

（1）左手手心向上，前伸至右手腕背面，两手相互交叉，随即反转掌心上架；同时左脚提起向左前侧方进步（脚尖略外撇）；身体重心前移，右腿自然蹬直，成左弓步；眼看前方（图14－37）。

（2）两手向两侧分开，并向下划弧，手心斜向下，重心前移到左脚；两掌再由外圈向里圈划弧，两手交叉合抱于胸前，右手在外，手心均向内；同时右腿屈膝提起；眼平视右前方（图14－38）。

（3）两臂左右划弧分开平举，肘部微屈，手心均向外；同时，右脚向右前方慢慢蹬出，眼看右手（图14－39）。

图14－37 右蹬脚（1）

图14－38 右蹬脚（2）

图14－39 右蹬脚（3）

要点：身体要稳定，不可前俯后仰。两手分开时，腕部与肩齐平。蹬脚时，左腿微屈，右脚尖回勾，劲使在脚跟。分手和蹬脚必须协调一致。右臂和右腿上下相对。如面向南起势，蹬脚方向应为正东偏南（约30度）。

14. 双峰贯耳

（1）右腿收回，屈膝平举，左手由后向上，向前下落至体前，两手心均翻转向上，眼看前方（图14－40）。

（2）右脚向右前方落步，脚跟点地，两手同时向下划弧分落于髋关节两外侧；身体重心渐渐前移，成右弓步，面向右前方；同时两手慢慢变拳，分别从两侧向上、向前划弧至面部前方，成钳形状，两拳相对，高与耳齐，拳眼都斜向内下（两拳中间距离10~20厘米）；眼看右拳（图14－41）。

图14－40 双峰贯耳（1）

图14－41 双峰贯耳（2）

要点：完成时，头颈挺直、松腰松胯、两拳松握、沉肩垂肘，两臂均保持弧形。双峰贯耳式的弓步和身体方向与右蹬脚方向相同。弓步的两脚跟横向距离同“揽雀尾”式。

【第六组】

15. 转身左蹬脚

（1）左腿屈膝后坐，身体重心移至左腿，上体左转，右脚尖内扣；同时两拳变掌，由上向左右划弧分开平举，手心向前；身体重心再移至右腿眼看左手，左脚脚尖点地（图 14－42）。

（2）两手由外圈划弧合抱于胸前，左手在外，手心均向后；同时左腿屈膝提起，眼平看左方（图 14－43）。

（3）两臂左右划弧分开平举，肘部微屈，手心均向外；左脚向前方慢慢蹬出；眼看左手（图 14－44）。

图 14－42　转身左蹬脚（1）

图 14－43　转身左蹬脚（2）

图 14－44　转身左蹬脚（3）

要点：与右蹬脚式相同，只是左右相反。左蹬脚方向与右蹬脚成 180 度（正西偏北，约 30 度）。

16. 左下势独立

（1）左腿收回平屈，上体右转；右掌变成勾手，左掌向上、向右划弧下落，立于右肩前，掌心斜向右（图 14－45）。

（2）右腿慢慢屈膝下蹲，左腿由内向左侧（偏后）伸出，成左仆步；左手下落（掌心向外）向左下顺左腿内侧向前穿出；眼看左手（图 14－46）。

要点：右腿全蹲时，上体不可过于前倾。左腿伸直，左脚尖必须向内扣，两脚脚掌全部着地。左脚尖与右脚跟踏在中轴线上。

（3）身体重心前移，左脚跟为轴，脚尖尽量向外撇，左腿前弓，右腿后蹬，右脚尖内扣，上体微向左转并向前起身；同时左臂继续向前伸出（立掌），掌心向右，右勾手下落，勾尖向后；眼看左手（图 14－47）。

（4）右腿慢慢提起平屈，成左独立式；同时右勾手变掌，并由后下方顺右腿外侧向前弧形摆出，屈臂立于右腿上方，肘与膝相对，手心向左；左手落于左胯旁，手心向下，指尖向前；眼看右手（图 14－48）。

要点：上体要挺直，独立的腿要微屈，右腿提起时脚尖自然下垂。

图 14－45　左下势独立（1）

图 14－46　左下势独立（2）

图 14－47　左下势独立（3）

图 14－48　左下势独立（4）

图 14－49　右下势独立

17. 右下势独立

（1）右脚下落于左脚前，脚掌着地，然后以左脚前掌为轴脚跟转动，身体随之左转；同时左手向后平举变成勾手，右掌随着转体向左侧划弧，立于左肩前，掌心斜向后；眼看左手（图 14－49）。

（2）同“左下势独立”（2）动作，只是左右相反。

（3）同“左下势独立”（3）动作，只是左右相反。

（4）同“左下势独立”（4）动作，只是左右相反。

要点：左脚尖触地后必须稍微提起，然后再向下仆腿。其他均与“左下势独立”相同，只是左右相反。

【第七组】

18. 左右穿梭

（1）身体微向左转，左脚向前落地，脚尖外撇，右脚跟离地，两腿屈膝成半坐盘式；同时两手在左胸前成抱球状（左上右下）；然后右脚收到左脚的内侧，脚尖点地；眼看前臂（图 14－50）。

（2）身体右转，右脚向右前方迈出，屈膝弓腿，成右弓步；同时右手由脸前向上举并翻掌停在右额前，手心斜向上；左手先向左下再经体前向前推出，高与鼻尖平，手心向前；眼看左手（图 14－51）。

（3）身体重心略向后移，右脚尖稍向外撇，随即身体重心再移至右腿，左脚跟进，停于右脚内侧，脚尖点地；同时两手在右胸前成抱球状（右上左下）；眼看右前臂（图 14－52）。

图 14－50　左右穿梭（1）

图 14－51　左右穿梭（2）

图 14－52　左右穿梭（3）

（4）同（2）动，只是左右相反。

要点：完成姿势面向斜前方（如面向南起势，左右穿梭方向分别为正西偏北和正西偏南，均约 30 度）。手推出后，上体不可前俯。手向上举时，防止引肩上耸。一手上举一手前推，要与弓腿松腰上下协调一致。做弓步时，两脚跟的横向距离同搂膝拗步式，保持在 30 厘米左右。

19. 海底针　右脚向前跟进半步，身体重心移至右腿，左脚稍向前移，脚尖点地，成右虚步；同时身体稍向右转，右手从右耳旁斜向下方插出，掌心向左，指尖斜向下；与此同时，左手向前，向下划弧落于左胯旁，手心向下，指尖向前；眼看前下方（图 14－53）。

要点：身体要先向右转，再向左转。完成姿势后，面向正西。上体不可太前倾。避免低头和臀部外凸。左腿要微屈。

图 14－53　海底针

20. 闪通臂　上体稍向右转，左脚向前迈出，屈膝弓腿成左弓步；同时右手由体前上提，屈臂上举，停于右额前上方，掌心翻转斜向上，

图 14-54 闪通臂

拇指朝下；左手上起经胸前推出，高与鼻尖平，手心向前；眼看左手（图 14-54）。

要点：完成姿势上体自然挺直、松腰、松胯；左臂不要完全伸直，背部肌肉要伸展开。推掌、举掌和弓腿动作要协调一致。弓步时，两脚跟横向距离同“揽雀尾”式（不超过 10 厘米）。

【第八组】

21. 转身搬拦捶

（1）上体后坐，身体重心移至右腿上，左脚尖内扣，身体向右后转，然后身体重心再移至左腿上；与此同时，右手随着转体向右、向下（变拳）经腹前划弧至左肋旁，拳心向下；左掌上举于头前，掌心斜向上；眼看前方（图 14-55）。

（2）向右转体，右拳经胸前向前翻转撇出，拳心向上；左掌落于左胯旁，掌心向下，指尖向前；同时右脚收回后（不要停顿或脚尖点地）即向前迈出，脚尖外撇；眼看右拳（图 14-56）。

（3）身体重心移至右腿上，左脚跟步，脚尖点地；左手上起经左侧向前上划弧拦出，掌心向前下方；同时右拳向右划弧收到右腰旁，拳心向上；眼看左手（图 14-57）。

（4）左腿前弓成左弓步，同时右拳向前打出，拳眼向上，高与胸平，左手附于右前臂里侧；眼看右拳（图 14-58）。

要点：右拳不要握得太紧。右拳回收时，前臂要慢慢内旋划弧，然后再外旋停于右腰旁，拳心向上。向前打拳时，右肩随拳略向前引申，沉肩垂肘，右臂要微屈。弓步时，两脚横向距离同“揽雀尾”式。

图 14-55 转身搬拦捶（1）

图 14-56 转身搬拦捶（2）

图 14-57 转身搬拦捶（3）

图 14-58 转身搬拦捶（4）

22. 如封似闭

（1）左手由右腕下向前伸出，右拳变掌，两手手心逐渐翻转向上慢慢分开回收；同时身体后坐，左脚尖翘起，身体重心移至右腿；眼看前方（图 14-59）。

（2）两手在胸前翻掌，向下经腹前再向上、向前推出，腕部与肩平，手心向前；同时左腿前弓成左弓步；眼看前方（图 14-60）。

要点：身体后坐时，避免后仰，臀部不可凸出。两臂随身体回收时，肩、肘部略向外松开，不要直着抽回。两手推出宽度不要超过两肩。

23. 十字手

（1）屈膝后坐，身体重心移向右腿，左脚尖内扣，向右转体；右手随着转体动作向右平摆划弧，与左手成两臂侧平举，掌心向前，肘部微屈；同时右脚尖随着转体稍向外撇，成右侧弓步；

眼看右手（图 14－61）。

（2）身体重心慢慢移至左腿，右脚尖内扣，随即向左收回，两脚距离与肩同宽，两腿逐渐蹬直，成开立步；同时两手向下经腹前向上划弧交叉合抱于胸前，两臂撑圆，腕略高，右手在外，成十字手，手心均向后；眼看前方（图 14－62）。

图 14－59　如封似闭（1）

图 14－60　如封似闭（2）

图 14－61　十字手（1）

图 14－62　十字手（2）

图 14－63　收势

要点：两手分开和合抱时，上体不要前俯。站起后，身体自然挺直，头要微微上顶，下颌稍向后收。两臂环抱时必须圆满舒适，沉肩垂肘。

24. 收势　两手向外翻掌，手心向下，两臂慢慢下落，左脚收回，并步站立，两臂停于身体两侧；眼看前方（图 14－63）。

要点：两手左右分开下落时，要注意全身放松，同时气也徐徐下沉（呼气略加长）。呼吸平稳后，把左脚收到右脚旁再走动休息。

第三节　初级长拳（第三路）

一、长拳简介

长拳是中华武术主要拳种之一，武术中有“近用短打，远用长击”的说法。将具有广泛群众基础的查、华、炮、红、少林等舒展大方、快速有力、节奏鲜明等共同特点的拳术统称为长拳。以这些拳种的动作素材和基本技法为基础创编的现代长拳。

现代长拳的内容包括基本功、基本动作、单练套路和对练套路。单练套路又分为规定套路和自选套路。初级长拳（第三路）就属于武术竞赛规定套路。

长拳的技法要求：手快敏捷、眼疾明锐、身法灵活、步活稳固、精力充沛、气注下沉、力畅顺达、功固纯青、四击合法，以形喻势。

二、长拳基本功和动作

（一）手形

1. 拳　四指并拢卷握，拇指扣在示指和中指的第二指关节上，拳要紧，拳面平，手腕直（图 14－64）。

2. 掌　四指并拢伸直，拇指弯曲紧扣于虎口处（图 14－65）。

3. 勾　五指第一指关节捏拢在一起，屈腕（图 14－66）。

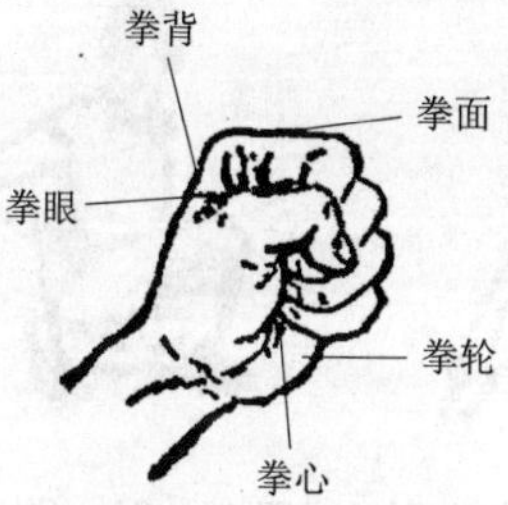

图 14－64　拳

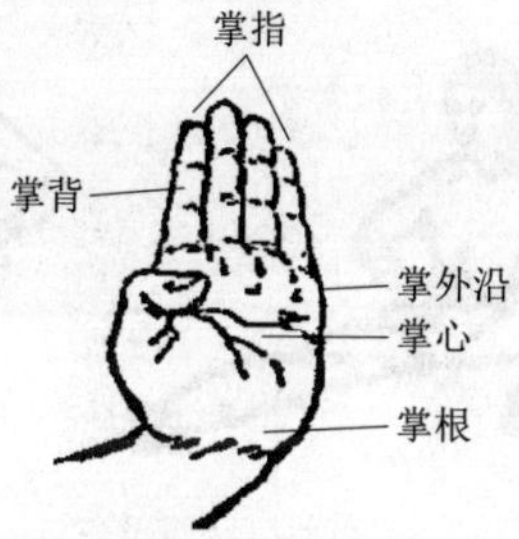

图 14－65　掌

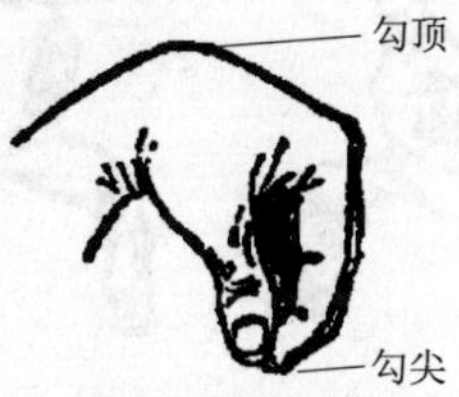

图 14－66　勾

（二）手法

1. 冲拳　分平拳和立拳两种，平拳拳心向下，立拳拳眼向上。

冲平拳时两脚开步站立，与肩同宽，两拳抱于腰间，拳心朝上，肘尖向后，挺胸、收腹、直腰，一拳猛力向前冲出，转腰、顺肩，在肘关节过腰后，前臂内旋，力达拳面，臂要伸直，高与肩平。同时另一侧肘向后牵拉（图 14－67）。

图 14－67　冲拳

图 14－68　推掌

冲立拳时两脚开步站立，与肩同宽，两拳抱于腰间，拳眼朝上，肘尖向后，挺胸、收腹、直腰，一拳猛力向前冲出，转腰、顺肩，力达拳面，臂要伸直，高与肩平。同时另一侧肘向后牵拉。

2. 推掌　两脚开步站立，与肩同宽，两拳置于腰侧，掌心朝上，一掌沿肋侧，前臂内旋，向前推出，力在掌根，出掌要快速有力，做好拧腰、顺肩、坐腕、翘掌。同时另一侧肘关节向后牵拉（图 14－68）。

（三）步形

1. 弓步　左脚向前大跨一步（约本人三脚距离），脚尖微内扣，左腿屈膝，大腿近似水平，小腿近似垂直。右腿挺膝伸直，脚尖斜向前 45 度，两脚全脚掌着地。挺胸、塌腰、沉髋，上体正对前方，目前视。两拳抱于两腰侧，拳心朝上。弓左腿为左弓步，弓右腿为右弓步（图 14－69）。

2. 马步　两脚平行开立（约本人三脚距离），脚尖朝前，屈膝半蹲，膝部不超过脚尖，大腿接近水平，全脚掌着地，身体重心落在两腿之间。挺胸、塌腰、脚跟外蹬。两拳抱于腰间，拳心朝上（图 14－70）。

3. 仆步　两脚左右开立，右腿屈膝全蹲，大腿和小腿紧靠，全脚掌着地脚尖和膝关节外展。左腿挺直平仆，脚尖内扣，全脚掌着地。挺胸、塌腰、沉髋。两拳抱拳于腰间，拳心朝上。眼向左平视。仆左腿为左仆步，仆右腿为右仆步（图 14－71）。

4. 虚步　两脚前后开立，右脚外展 45 度，屈膝半蹲。左脚脚尖虚点地面，脚面绷直，稍内旋。重心落在右腿上，挺胸、塌腰、虚实分明。两手叉腰，眼平视。左脚虚点为左虚步，右脚虚点为右虚步（图 14－72）。

5. 歇步　两腿交叉靠拢全蹲，左脚全脚掌着地，脚尖外展。右脚前脚掌着地，膝部贴近左脚跟处。挺胸、塌腰，两腿靠拢并紧贴。两手抱拳于腰间，拳心朝上。左脚在前为左歇步，右脚在前为右歇步（图 14－73）。

图 14－69　弓步

图 14－70　马步

图 14－71　仆步

图 14－72　虚步

图 14－73　歇步

（四）腿法

1. 正踢腿　两脚并步站立，两手立掌，两臂侧平举；左脚向前上半步，左腿支撑，右脚脚尖勾起向前额处猛踢，两眼向前平视。练习时左右交替进行（图 14－74、图 14－75）。

2. 侧踢腿　并步站立，两手立掌，两臂侧平举；右脚上步，脚尖外展；左脚跟稍提起，身体略右转，两臂后举。随着，左腿勾脚向左耳际踢起，右臂上举亮掌，左臂立于右肩前；目向前平视（图 14－76、图 14－77）。

图 14－74　正踢腿（1）

图 14－75　正踢腿（2）

图 14－76　侧踢腿（1）

图 14－77　侧踢腿（2）

3. 里和腿　两脚并步站立，两手立掌，两臂侧平举；左脚向左前方上半步，右脚脚尖勾起里扣并向左上方踢起，经面前向右侧上方直腿摆动，落于左脚外侧。右手掌可在左侧上方迎击右脚掌，也可不做击响动作。眼向前平视，练习时，左右腿交替进行（图 14－78、图 14－79）。

4. 外摆腿　左脚向左前方上半步，右脚脚尖勾紧向左侧上方踢起，经面前向右侧上方摆动，直腿落在左腿旁。右掌可在右侧上方击响，也可不做，眼向前平视，练习时左右腿交替进行（图 14－80、图 14－81）。

图 14－78　里和腿（1）

图 14－79　里和腿（2）

图 14－80　外摆腿（1）

图 14－81　外摆腿（2）

5. 弹腿　两脚并立，两拳抱于腰侧；左腿屈膝提起，大腿与腰平，左脚绷直。提膝接近水平

图 14－99 右弓步冲拳（1）图 14－100 右弓步冲拳（2） 图 14－101 弹腿冲拳 图 14－102 大跃步前穿（1）

（2）大跃步摆掌 右腿屈膝向前提起，左腿立即猛力蹬地向前跃出，两掌向前、向上划弧摆起，目视左掌（图 14－104）。

（3）仆步下势 右腿落地全蹲，左腿随即落地向前铲出成仆步，右掌变拳抱于腰侧，左掌由上向右、向下划弧成立掌，停于右胸前，目视左脚（图 14－105）。

要点：跃步要远，落地要轻，动作连贯。

7. 弓步推掌 右腿猛力蹬直成左弓步，左掌经左脚面向后划弧至身后成勾手，左臂伸直，勾尖向上，右拳由腰侧变掌向前推出，掌指向上，掌外侧向前，目视右掌（图 14－106）。

要点：仆步向弓步转换要蹬地转胯。

图 14－103 大跃步前穿（2） 图 14－104 大跃步前穿（3） 图 14－105 大跃步前穿（4） 图 14－106 弓步推掌

8. 马步上架 重心移至两腿之间，左脚尖内扣成马步，上体右转，右臂向左侧平摆，稍屈肘；同时左勾手变掌由后经左腰侧从右臂内向前上穿出，掌心均朝上，目视左手（图 14－107）；右掌立于胸前，左臂向左上屈肘抖腕亮掌于头部上方，掌心向上，目右转视（图 14－108）。

要点：翻掌转头同时进行。

【第二段】

1. 虚步栽拳

（1）撤步后挂右脚蹬地，屈膝提起，左腿伸直，以前脚掌为轴向右后方转体 180 度，右脚向右落地，右掌由左胸前向下经由右腿外侧向后划弧，左臂随体转动并外旋，使掌心朝右，目视右手（图 14－109）。

（2）虚步截拳重心移至右脚上，下蹲成左虚步。左掌变拳下落于左膝上，拳眼向里，拳心向后，右勾手变拳，屈肘上架于头上方，拳心向前，目视左方（图 14－110）。

要点：两臂成弧形外撑，右拳上架，拳心向外，左拳下截，拳心向内。

2. 提膝穿掌

（1）轮臂盖掌右腿稍伸直，向右转腰，右拳变掌收至腰侧，掌心向上左拳变掌由下向左、向上划弧压于头上方，掌心向前（图 14－111）。

（2）提膝穿掌右腿伸直，左腿屈膝提起，脚尖内扣。右掌从腰侧经左臂内向右前上方穿出，掌心向上，左掌顺势收至右胸前成立掌，目视右掌（图 14－112）。

要点：充分转腰切胯带动左臂下压，提膝与穿掌同时进行。

图 14－107　马步上架（1）　图 14－108　马步上架（2）　图 14－109　虚步栽拳（1）　图 14－110　虚步栽拳（2）

3. 仆步穿掌　右腿全蹲，左腿向左后方铲出成左仆步，右臂不动，左掌由右胸前向下经左腿内侧向左脚面穿出，目随左掌转视（图 14－113）。

要点：身体前倾，左手尽量伸到左足面上。

4. 虚步挑掌

（1）左弓步前穿右腿蹬直，重心前移至左腿成左弓步，右掌稍下降，左掌随重心前移向前挑起，使左右臂均与肩同高（图 14－114）。

图 14－111　提膝穿掌（1）　图 14－112　提膝穿掌（2）　图 14－113　仆步穿掌　图 14－114　虚步挑掌（1）

（2）虚步挑掌右脚向左前方上步，左腿半蹲成右虚步，身体随上步左转 180 度，在右脚上步的同时，左掌向上、向后划弧成立掌，右掌由后向下、向前上挑起成立掌，指尖与眼平，目视右掌（图 14－115）。

要点：充分转体，使两臂一前一后在一条直线上。

5. 马步击掌

右脚落实，脚尖外撇，重心稍升高并右移，左掌变拳收至腰侧（图 14－116），右掌俯掌向外掳手，左脚向前一步，以右脚为轴向右后转体 180 度，两腿下蹲成马步，左掌从右臂上成立掌向左侧击出，右掌变拳收至腰侧，目视左掌（图 14－117）。

要点：右掌外掳，先使臂稍内旋，腕伸直，手掌向下、向外转，接着手臂外旋，掌心经下向上翻转，同时成拳。推掌与蹬地转体同时进行。

6. 叉步双摆掌　重心稍右移，同时两掌向下、向右摆，掌指均向上，目视右掌（图 14－118）。右脚向左腿后叉步，前脚掌着地，两臂继续由右向上、向左摆，停于身体左侧，均成立掌，右掌停于左腋窝处，目随双掌转视（图 14－119）。

要点：两臂要划立圆，幅度要大，摆掌与后插步配合一致。

图 14－115 虚步挑掌（2）

图 14－116 马步击掌（1）

图 14－117 马步击掌（2）

图 14－118 叉步双摆掌（1）

7. 弓步推掌 两脚不动，重心移向右腿，左掌收至腰侧，掌心向上，右掌向上、向右划弧，掌心向下（图 14－120）；左腿后撤一步成右弓步，右掌向下、向后伸直摆动成勾手，勾尖向上，左掌成立掌向前推出，目视左掌（图 14－121）。

要点：左脚撤步和推掌同时进行。

8. 转身踢腿马步盘肘 转体划弧，两脚以前脚掌为轴向左后转体 180 度，在转体同时，左臂向上、向前划半立圆（图 14－122）；上动不停，两脚不动，右臂由后向上、向前划半立圆，左臂由前向下、向后画半立圆（图 14－123）。

图 14－119 叉步双摆掌（2）

图 14－120 弓步推掌（1）

图 14－121 弓步推掌（2）

图 14－122 转身踢腿马步盘肘（1）

（1）正踢腿上动不停，右臂向下成反臂勾手，勾尖向上，左臂向上成亮掌，掌心向前上方，右腿伸直脚尖勾起向额前踢（图 14－124）。

（2）马步盘肘右脚向前落地，脚尖内扣，右手不动，左臂屈肘下落至胸前，左掌心向下，目视左掌（图 14－125）；上体左转 90 度，两腿下蹲成马步，同时左掌向前、向左平掳变拳收至腰侧，右勾手变拳，右臂伸直，由体后向右、向前平摆，至体前时屈肘，肘尖向前，高与肩平。拳心向下，目视肘尖（图 14－126）。

要点：两臂抡动时要划立圆，动作连贯，盘肘要有力，右肩前送。

图 14－123 转身踢腿马步盘肘（2）

图 14－124 转身踢腿马步盘肘（3）

图 14－125 转身踢腿马步盘肘（4）

图 14－126 转身踢腿马步盘肘（5）

【第三段】

1. 歇步抡砸拳 重心稍升高，右脚尖外撇。右臂由胸前向上向右抡直；左拳向下向左，使臂抡直。目视右拳（图 14－127）。上动不停，两脚以前脚掌为轴，向右后转体 180 度。右臂向下向后抡摆，左臂向上向前随身体转动（图 14－128）。紧接上动，两腿全蹲成歇步。左臂随身体下蹲向下平砸，拳心向上，臂部微屈；右臂伸直向上举起。目视左拳（图 14－129）。

要点：抡臂动作要连贯完成，划成立圆。歇步要两腿交叉全蹲，左腿大、小腿靠紧，臀部贴于左小腿外侧，膝关节在右小腿外侧，脚跟提起，右脚尖外撇，全脚着地。

图 14－127 歇步抡砸拳（1）

图 14－128 歇步抡砸拳（2）

图 14－129 歇步抡砸拳（3）

2. 仆步亮掌 左脚由右腿后抽出前上一步，左腿蹬直，右腿半蹲，成右弓步。上体微向右转。左拳收至腰侧，右拳变掌向下经胸前向右横击掌。目视右掌（图 14－130）。

右脚蹬地屈膝提起，上体右转。左拳变掌从右掌上向前穿出，掌心向上，右掌平收至左肘下（图 14－131）。右脚向右落步，屈膝全蹲，左腿伸直，成仆步。左掌向下向后划弧成勾手，勾尖向上，右掌向右向上划弧微屈，抖腕成亮掌，掌心向前。头随右手转动，至亮掌时，目视左方（图 14－132）。

要点：仆步时，左腿充分伸直，脚尖里扣，右腿全蹲，两脚脚掌全部着地。上体挺胸塌腰，稍左转。

图 14－130 仆步亮掌（1）

图 14－131 仆步亮掌（2）

图 14－132 仆步亮掌（3）

3. 弓步劈拳 右腿蹬地立起；左腿收回并向左前方上步。右掌变拳收至腰侧，左勾手变掌由下向前上经胸前向左做掳手（图 14－133）。右腿经左腿前方向左绕上一步，左腿蹬直成右弓步。左手向左平掳后再向前挥摆，虎口朝前（图 14－134）。

在左手平掳的同时，右拳向后平摆，然后再向前向上做抡劈拳，拳高与耳平，拳心向上，左掌外旋接扶右前臂。目视右拳（图 14－135）。

要点：左右脚上步稍带弧形。

4. 换跳步弓步冲拳 重心后移，右脚稍向后移动。右拳变掌臂内旋以掌背向下划弧挂至右膝内侧；左掌背贴靠右肘外侧，掌指向前。目视右掌（图 14－136）。右腿自然上抬，上体稍向左扭转。右掌挂至体左侧，左掌伸向右腋下。目随右掌转视（图 14－137）。

右脚以全脚掌用力向下震跺，与此同时，左脚急速离地抬起。右手由左向上向前掳盖而后变拳收至腰侧，左掌伸直向下、向上、向前屈肘下按，掌心向下。上体右转，目视左掌（图14－138）。左脚向前落步，右腿蹬直成左弓步。右拳向前冲出，拳高与肩平；左掌藏于右腋下，掌背贴靠腋窝。目视右拳（图14－139）。

要点：换跳步动作要连贯、协调。震脚时腿要弯曲，全脚掌着地，左脚离地不要高。

图14－133 弓步劈拳（1）

图14－134 弓步劈拳（2）

图14－135 弓步劈拳（3）

图14－136 换跳步弓步冲拳（1）

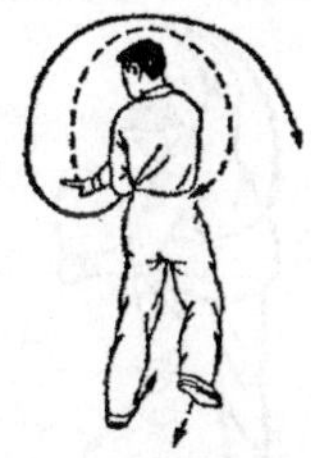
图14－137 换跳步弓步冲拳（2）

图14－138 换跳步弓步冲拳（3）

图14－139 换跳步弓步冲拳（4）

5. 马步冲拳 上体右转90度，重心移至两腿中间，成马步。右拳收至腰侧，左掌变拳向左冲出，拳眼向上。目视左拳（图14－140）。

6. 弓步下冲拳 右脚蹬直，左腿弯曲，上体稍向左转，成左弓步。左拳变掌向下经体前向上架于头左上方，掌心向上，右拳自腰侧向左前斜下方冲出。目视右拳（图14－141）。

7. 叉步亮掌侧踹腿 上体稍右转。左掌由头上下落于右手碗上，右拳变掌，两手交叉成十字。目视双手（图14－142）。右脚蹬地并向左腿后插步，以前脚掌着地。左掌由体前向下向后划弧成勾手，勾尖向上，右掌由前向右向上划弧抖腕亮掌，掌心向前。目视左侧（图14－143）。重心移至右腿，左腿屈膝提起，向左上方猛力蹬出。上肢姿势不变，目视左侧（图14－144）。

图14－140 马步冲拳

图14－141 弓步下冲拳

图14－142 叉步亮掌侧踹腿（1）

图14－143 叉步亮掌侧踹腿（2）

要点：插步时上体稍向右倾斜，腿、臂的动作要一致。侧踹高度不能低于腰，大腿内旋，着力点在脚跟。

8. 虚步挑拳 左脚在左侧落地。右掌变拳稍后移，左勾手变拳由体后向左上挑，拳背向上

（图 14－145）。上体左转 180 度，微含胸前俯。左拳继续向前向上划弧上挑，右拳向下向前划孤挂至右膝外侧，同时右膝提起。目视右拳（图 14－146）。右脚向左前方上步，脚尖点地，重心落于左脚，左腿下蹲成右虚步。左拳向后划弧收至腰侧，拳心向上，右拳向前屈臂挑出，拳眼斜向上，拳与肩同高。目视右拳（图 14－147）。

【第四段】

1. 弓步顶肘 重心升高，右脚踏实。右臂内旋向下直臂划弧以拳背下挂至右膝内侧，左拳不变。目视前下方（图 14－148）。左腿蹬直，右腿屈膝上抬。左拳变掌，右拳不变，两臂向前向上划弧摆起。目随右拳转视（图 14－149）。左脚蹲地起跳，身体腾空，两臂继续划弧至头上方（图 14－150）。右脚先落地，右腿屈膝，左脚向前落步，以前脚掌着地。同时两臂向右向下屈肘停于右胸前，右拳变掌，左掌变拳。右掌心贴靠左拳面（图 14－151）。左脚向左上一步，左腿屈膝，右腿蹬直成左弓步。右掌推左拳，以左肘尖向左顶出，高与肩平。目视前方（图 14－152）。

要点：交换步时不要过高，但要快。两臂抡摆时要成圆弧。

图 14－144 叉步亮掌侧踹腿（3）

图 14－145 虚步挑拳（1）

图 14－146 虚步挑拳（2）

图 14－147 虚步挑拳（3）

图 14－148 弓步顶肘（1）

图 14－149 弓步顶肘（2）

图 14－150 弓步顶肘（3）

图 14－151 弓步顶肘（4）

2. 转身左拍脚 以两脚前脚掌为轴向右后转体 180 度。随着转体，右臂向上、向右向下划弧抡摆，同时左拳变掌向下向后向前上抡摆（图 14－153）。左腿伸直向前上踢起，脚面绷平。左掌变拳收至腰侧，右掌由体后向上向前拍击左脚面（图 14－154）。

要点：右掌拍脚时手掌稍横过来，拍脚要准而响亮。

3. 右拍脚 左脚向前落地，左拳变掌向下向后摆，右掌变拳收至腰侧（图 14－155）。右腿伸直向前上踢起，脚面绷平。左拳变掌由后向上向前拍击右脚面（图 14－156）。

要点：与本节的转身左拍脚相同。

4. 腾空飞脚 右脚落地（图 14－157）。左脚向前摆起，右脚猛力蹬地跳起，左腿屈膝继续前上摆。同时右拳变掌向前向上摆起，左掌先上摆而后下降拍击右掌背（图 14－158）。右腿继续上摆，脚面绷平。右手拍击右脚面，左掌由体前向后上举（图 14－159）。

要点：蹬地要向上，不要太向前冲，左膝尽量上提。击响要在腾空时完成，右臂伸直成水平。

图 14－152　弓步顶肘（5）

图 14－153　转身左拍脚（1）

图 14－154　转身左拍脚（2）

图 14－155　右拍脚（1）

图 14－156　右拍脚（2）

图 14－157　腾空飞脚（1）

图 14－158　腾空飞脚（2）

图 14－159　腾空飞脚（3）

5．歇步下冲拳　左、右脚先后相继落地。左掌变拳收至腰侧（图 14－160）。身体右转 90 度，两腿全蹲成歇步。右掌抓握、外旋变拳收至腰侧；左拳由腰侧向前下方冲出，拳心向下。目视左拳（图 14－161）。

6．仆步抡劈拳　重心升高，右臂由腰侧向体后伸直，左臂随身体重心升高向上摆起（图 14－162）。以右脚前脚掌为轴，左腿屈膝提起，上体左转 270 度。左拳由前向后下划立圆一周；右拳由后向下向前上划立圆一周（图 14－163）。左腿向后落一步，屈膝全蹲，右腿伸直，脚尖里扣成右仆步。右拳由上向下抡劈，拳眼向上；左拳后上举，拳眼向上。目视右拳（图 14－164）。

要点：抡臂时一定要划立圆。

图 14－160　歇步下冲拳（1）

图 14－161　歇步下冲拳（2）

图 14－162　仆步抡劈拳（1）

图 14－163　仆步抡劈拳（2）

7．提膝挑掌　重心前移成右弓步。同时右拳变掌由下向上抡摆，左拳变掌稍下落，右掌心向左，左掌心向右（图 14－165）。左、右臂在垂直面上由前向后各划立圆一周。右臂伸直停于头上，掌心向左，掌指向上，左臂伸直停于身后成反勾手。同时右腿屈膝提起，左腿挺膝伸直独立。目视前方（图 14－166）。

要点：抡臂时要划立圆。

8．提膝劈掌　弓步冲拳下肢不动。右掌由上向下猛劈伸直，停于右小腿内侧，用力点在小指一侧；左勾手变掌，屈臂向前停于右上臂内侧，掌心向右。目视右掌（图 14－167）。

右脚向右后落地，身体右转 90 度。同时左掌变拳收至腰侧，右臂内旋向右划弧做劈掌（图 14－168）。上动不停，左腿蹬直成右弓步。右手抓握变拳收至腰侧，左拳由腰侧向左前方冲出。目视左拳（图 14－169）。

图 14－164　仆步抡劈拳（3）

图 14－165　提膝挑掌（1）

图 14－166　提膝挑掌（2）

图 14－167　提膝劈掌（1）

【结束动作】

1. 虚步亮掌　右脚扣于左膝后，两拳变掌，两臂右上左下屈肘交叉于体左前。目视右掌（图 14－170）。右脚向右后落步，重心后移，右腿半蹲，上体稍右转。同时右掌向上、向右、向下划弧停于左腋下；左掌向左、向上划弧停于右臂上与左胸前，两掌心左下右上。目视左掌（图 14－171）。左脚尖稍向右移，右腿下蹲成左虚步。左臂伸直向左、向后划弧成反勾手；右臂伸直向下、向右、向上划弧抖腕亮掌，掌心向前。目视左方（图 14－172）。

图 14－168　提膝劈掌（2）

图 14－169　提膝劈掌（3）

图 14－170　虚步亮掌（1）

图 14－171　虚步亮掌（2）

2. 并步对拳　左腿后撤一步，同时两掌从两腰侧向前穿出伸直，掌心向上（图 14－173）。右腿后撤一步，同时两臂分别向体后下摆（图 14－174）。左脚后退半步向右脚并拢。两臂由后向上经体前屈臂下按，两掌变拳，停于腹前，拳心向下，拳面相对。目视左方（图 14－175）。

【还原】

两臂自然下垂，目视前方（图 14－176）。

图 14－172　虚步亮掌（3）

图 14－173　并步对拳（1）

图 14－174　并步对拳（2）

图 14－175　并步对拳（3）

图 14－176　还原

知识拓展

中国武术的精神

“文能安邦，武能定国”充分体现了习文修武的功效，中国武术崇尚武德，“未曾习武先修德”，宽容、忍让、坚强、尊师爱友、仁义、谦虚、诚实等是习武者的武德修养。武术精神表现的自强不息的民族精神，很大程度上为爱国精神，很多武功高强者和普通习武者以匡扶正义和保家卫国为目的。史上的岳飞、戚继光都是光辉的典范，精忠报国是习武者的理想追求。止戈为武，造字之初就寄托了武术美好的愿望。中国武术追求的是多层次的和，不是杀戮。主张天人合一，人与自然和谐，社会和谐，世界的和平。“以和为贵”在武术上得到了很好的表现。

武术锻炼能强效锻炼国民体质，更重要的是能熏陶人的意志品质，培养爱国主义情操，形成公平主义的品格和坚贞不屈的情操，即武术精神，中华武术是中国传统文化的重要组成部分，中华武术精神很好的代表了中国人的气质和精神，我们青年学生有责任也应该继承和发扬这种精神。

本章小结

本章讲述了武术运动的起源、主要流派；阐述了简化二十四式太极拳、三路长拳的风格特点；重点详细讲解了简化二十四式太极拳、三路长拳的技术要点。本章的难点是技术动作的标准要求，重点是掌握二十四式太极拳、三路长拳的技术风格。通过本章的学习，旨在锻炼学生的勇气、机敏、准确度、适应能力、可自控力。提高学生的灵活性、平衡和协调能力。锻炼意志，培养品德，身心双修。

思考题

1. 简述武述的起源和发展。
2. 太极拳的风格特点是什么？
3. 三路长拳的基本功和动作有哪些？
4. 如何运用太极拳、三路长拳进行身体锻炼？

（戚建军）

PPT

拓展阅读

第十五章　健身气功（八段锦、五禽戏）

学习目标

知识目标

1. 掌握中国传统养生康复功法的基本动作、基本技术的特点。
2. 熟悉中国传统养生康复功法的种类、起源和发展历程。
3. 了解健身气功的基本含义。

技能目标

1. 学会健身气功八段锦和五禽戏全套动作。
2. 能够运用健身气功八段锦和五禽戏功法提升身体健康，防病，治病。

第一节　健身气功概述

一、健身气功的起源和发展

健身气功是以自身形体活动、呼吸吐纳、心理调节为主要运动形式民族传统体育项目，它历史悠久，内容丰富，在民间广为流传。通过习练健身气功可增进人们心理与生理的健康、身体协调能力，促进人们全面发展，陶冶情操，增强综合素质。全面提升人们的身体素质，培养良好的道德情操。

当代的健身气功、导引术等都起源于原始人类最初的生产劳动，萌发和存在于古代人类的医疗保健、宗教祭祀等古代身体活动形式当中。晋代以前无“气功”一词，不过与气功内涵相类似的身心锻炼的词语或方法，却时见于古代史书的记载。如历代文献中“吐纳”“导引”“服气”“禅定”等，都属于气功的范畴，都从不同角度，通过姿势、呼吸、心神的调练，来达到练气养生的目的。

当代的健身气功，其主要指代的内容就是具有健身意义的气功。一方面健身修饰气功，限定其功能范围；另一方面，将健身定义为以气功为手段的健身方法。

国家体育总局经过不断讨论和分析，定义健身气功的核心目标是提高人们身心健康，其主要运动形式包括呼吸吐纳、自身形体活动以及心理调节三种形式相辅相成的一种民族传统体育项目。

二、现代健身气功的分类

目前主要健身气功功法有九种：易筋经、五禽戏、六字诀、八段锦、十二段锦、大舞、导引养生功十二法、马王堆导引术、太极养生杖。

目前国家提倡并鼓励推广的功法主要有五禽戏、八段锦、六字诀、易筋经等。

三、健身气功的基本含义

2003 年 2 月，国家体育总局将健身气功确立为第 97 个体育运动项目。“健身气功”是“健身”和“气功”两个词语结合而成的复合词组，依据健身气功是一个体育运动项目的前提，“健身气功”的概念有以下含义。

（一）“健身”的含义

这个词语由“健”和“身”两个单字组成。“健”与“身”的关系是古汉语中的“使动用法”关系，前者支配后者，两个字合起来是“使身体健康”的意思。在日常生活中，这个词语常与各种体育运动联系在一起，例如“健身操”“健身球”等。健身气功可以说是体育运动中以健身为目的的代表性运动形式。

（二）“气功”的含义

气功是调身、调息、调心合为一体身心锻炼技能。调身、调息、调心在气功学里简称为“三调”。三调合一的状态或境界即是气功修炼的基本特征。

其他体育运动的活动内容也有“三调”，例如跑步，做起跑姿势是调身，憋一口气是调息，听发令的枪声是调心，“三调”都在，但这不是气功，因为其中的“三调”是分别操作的，并没有合为一体。气功修炼的特点是通过“三调”的分别操作而达到三调合一。

实际上，调身、调息、调心，也就是调节肢体、呼吸和心理活动，心、形、意三者和谐统一，是人类能够自主调控自身的全部操作性活动。因此，人的任何自主行为都离不开“三调”，只能由“三调”所构成。

（三）“健身气功”的含义

“健身”与“气功”两个词语互相限定。一方面是“健身”修饰“气功”，将“气功”限定为以健身为目的、有健身意义的气功。另一方面是“气功”规范“健身”，将健身限定为以气功为手段的健身，这就规定了体育运动和气功之间需相互取舍的基本原则。

健身气功取了体育运动的基本目的，即健身；而舍去了气功目的中除健身之外的其他目的。因此就气功而言，目的被缩减了，被限定于健身。其次，健身气功取了气功的运动形式，这意味着舍去了体育运动中三调分离的身心状态，而向三调合一的方向迈进。因此就体育运动而言，其锻炼的身心状态被改变了。在此取舍之间，健身气功形成了具有自己特征的运动形式。健身气功是以健身为目的，以较为和缓的形体活动为基础，身心状态趋向于调身、调息、调心合一的体育运动项目。

本章主要介绍由国家体育总局健身气功管理中心组织立项进行课题研究创编的两套健身气功新功法，分别是健身气功八段锦和健身气功五禽戏，它们与健身气功六字诀、健身气功易筋经一起被国家体育总局列为全民健身活动重点普及推广，并流传较广的健身活动项目内容。

第二节　八段锦

一、功法特点

健身气功八段锦以肢体动作为导引，由外而内，疏通经络，调和气血，充盈脏腑，强壮筋骨，使其功能协同强化，以臻诚理中形外，形正且整，气足神完，以达强身祛病之功效。

（一）形与神合，气蕴其中

本功法始于站桩（由无极而太极而两仪），通过收视返听、精神内守，而率先“将养其神”，强化“神”对生命的主宰功能和作用；进而以意念引动形体，全神贯注于形体运动之中，做到意动形随、形动气随，动作虚实相生、松紧结合、动静相兼，体现出内实精神、外示安逸，内外合一、形神共养的传统养生思想。

（二）质朴端庄，行易效宏

本功法是由八个定式动作按照一定次序编排而构成，它们大多来源于日常生活，以淳朴实用为原则，而这些动作又经规范化、程式化、艺术化的改造提炼而高于生活，使举手投足间更显现出儒雅端庄、浑厚大气、肃穆宁静、神韵饱满、气宇融合的身心境界，给人一种质朴而显古意、端庄而不失灵活的中和之美。

本功法的八式动作各有侧重，气血在经脉中的运动以及在身体各部的流注也因之而异，故单练之可调节改善身体局部的功能，合练之则能运动周身，平调全身气血，使人的整体生命功能状态得到优化提升。

（三）松紧结合，动静相兼

松，是指中枢神经系统、肌肉、关节以及内脏器官的放松；紧，是指适当用力，抻拉筋骨，且缓慢进行。松，必须贯穿于健身气功八段锦练习的始终；紧，主要体现在每一式主体动作定势时的一瞬间，松紧结合是传统中医学、阴阳学说在功法中的体现。功法练习中，松紧配合适度可以激发和启动内气的运行，有利于平衡身体的阴阳、疏通经络、分解黏滞、滑利关节、活血化瘀、强壮筋骨、调理脏腑、增强体质。

动与静，动是绝对的，静是相对的。动为阳、静为阴，动静相生转化是宇宙间一切事物不断运动变化发展的规律。本功法中的动静相兼主要是指肢体动作的外在表现。动，是指在意念的引导下动作轻灵活泼、节节贯穿、舒适自然；静，是指在动作的节分处须沉稳，特别是在动作的缓慢用力之处，即每式主体动作的定势，适度地用力和延长作用时间能使相应的部位受到一定强度的刺激，加大对关节、肌肉、神经、体液的刺激强度，打通主隔断，有助于提高锻炼效果。

（四）舒展柔和，圆活连贯

舒展，意谓心舒身展。按中国传统养生文化，心境平和有利于体内的气机升降。柔和，是指要求身体任何部位都不僵直、不绷劲、不用猛力，动作轻灵而不浮泛，浑厚而不重浊迟滞。注意柔和不是绵软无力，而是动作绵软但富有韧性和弹性，是练功敛气人内而不发于外的表现，即所谓“柔若无骨”“柔似婴儿”的状态。圆活，是指动作路线带有弧形，不起棱角，不直来直去。圆活不仅要求每个动作的运行路线要圆，而且肢体转动的角度也要圆。连贯，是指要求动作的虚实变化和姿势的转换衔接无停顿断续之处。

舒展柔和、圆活连贯是习练健身气功八段锦的基调，其中蕴含着虚实、刚柔、动静，乃至升降开阖等气机变化之理。长久练功则必神清气爽、体态轻盈，从而达到畅通经络、调和气血、强化脏腑、健康身心之效果。

二、功法基础

功法基础是指学练健身气功八段锦必须掌握的基本功、基本动作与基本技术。本节主要介绍手形、步形、身形、呼吸四部分内容。

（一）手形

手形是指功法练习中特定的拳、掌、指形态。起到引领动作、强化气血运行的作用。本功法主要包含以下几种手形。

1. 自然掌　五指自然伸直，稍分开，掌心微含（图 15－1）。

2. 八字掌　拇指与示指竖直分开成“八”字形，其余三指的第一、二指节屈收，指间见缝，大小鱼际稍向内收，掌心微含（图 15－2）。

3. 龙爪　五指并拢，拇指第一指节和其余四指第一、二指节屈收扣紧，掌心张开（图 15－3）。

4. 握固　拇指抵掐无名指根节内侧，其余四指屈拢收握（图 15－4）。

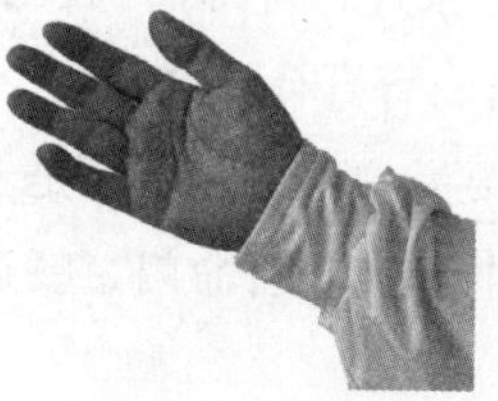
图 15－1　自然掌

图 15－2　八字掌

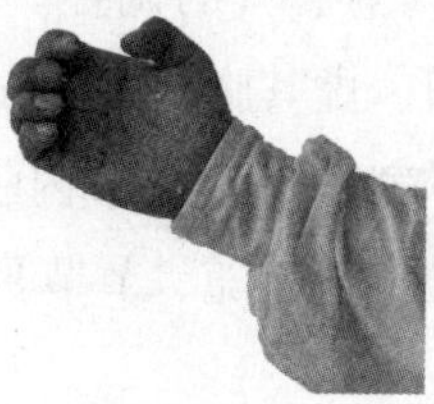
图 15－3　龙爪

图 15－4　握固

（二）步形

步形是指功法中两腿根据不同的式势，通过髋、膝、踝等关节的屈伸，使下肢呈现出一种静止的形态，调节身体肌肉骨骼之间力的平衡，可稳固重心，使气血顺达。

1. 并步　两脚并拢，身体直立；两臂垂于体侧，头正颈直；目视前方（图 15－5）。

2. 开步　横向开步站立，两脚内侧与肩同宽，两脚尖朝前；头正颈直；目视前方（图 15－6）。

3. 马步　开步站立，两脚间距约为本人脚长的 3 倍，脚尖朝前，两腿屈膝半蹲，大腿略高于水平，膝盖不超过脚尖；上体保持中正，目视前方（图 15－7）。

（三）身形

身形是指功法对头、躯干与四肢部位基本姿态的规范。其基本身形以抱球势为例（图 15－8），具体要求为后顶虚领、立项竖脊、沉肩坠肘、虚胸实腹、松腰敛臀、屈膝下坐、两足平踏、立身中正。

图 15－5　并步

图 15－6　开步

图 15－7　马步

图 15－8　身形

1. 后顶虚领　头的后顶穴向上领起。此部位是身形控制的总机关，就是练功中常讲的“时刻不丢顶”。即使在倾身、俯身、摇转动作时也要保持斜中寓正，才能提起精神，克服动作松懈、低头、猫腰等毛病。

2. 立项竖脊 立项，需下颌内收，后项上提，做到直而不僵；竖脊，指整个脊柱犹如一串连珠，节节贯穿，上下对拔拉长。掌握了立项竖脊，就能精神饱满，方显质朴端庄。若弯腰、驼背，就会使人精神萎靡、身形松散。

3. 沉肩坠肘 肩是上肢的根节，肩关节不松沉会使上肢的动作僵硬，不协调，劲力不顺达，肩、肘、手运转不灵活，“肩紧一身僵”。坠肘，是指在一般情况下，上肢的起落、开合肘关节不宜伸直，要保持松垂，顺应正常的生理弯曲角度，使气、力不截于肘，做到手起肘相随，手落肘下坠，肩沉劲到肘，肘坠劲到手。

4. 虚胸实腹 对胸腹内意、气的调控。虚胸，指胸部宽舒、两肩胛骨张开、背部后倚；实腹，指腹部放松、气沉丹田。虚其胸、实其腹，有助于心肾相交、调和气血、育真补元。

5. 松腰敛臀 腰部肌肉放松，髋关节内收，尾闾内扣，命门微后凸。腰为一身之主宰，是上下沟通的枢纽。松腰有利于上下相随、节节贯穿、形于趾指。敛臀有助于中正、开启命门、畅通督脉。

6. 屈膝下坐 屈膝，指两腿弯曲、腘窝放松、膝盖不超过脚背；下坐，指髋关节垂直下沉，上体保持中正，避免出现躯干前俯后仰、撅臀跪膝的毛病。

7. 两脚平踏 指两脚平行站立，全脚掌着地，身体重心落于两腿之间，有助于身体重心稳定，使气不浮于上。

8. 立身中正 头顶要悬，肩平正、髋平正、两足平正（平行、平踏）、脊柱中正；百会对会阴，肩井对涌泉，身架均衡，重心平稳。立身中正是对身形的总体要求，型正才能气顺、意宁、神安。

上述各部位基本姿势的要求是相互关联、互为依托的，短时间内不可能全面掌握，需经过反复细心地体悟，方能达到身形的标准，符合练功的要求。

（四）呼吸

呼吸是指机体与外界环境之间气体交换的过程。根据健身气功八段锦习练的需要，可以选用不同的呼吸方法。常用的方法有以下几种。

1. 自然呼吸 不改变自己正常的呼吸方式，不加意念支配，顺其自然地呼吸。

2. 腹式呼吸 主要通过横膈肌运动来完成的呼吸方法，又分为顺腹式呼吸和逆腹式呼吸。顺腹式呼吸是指吸气时腹部隆起，呼气时腹部内收；逆腹式呼吸是指吸气时腹部内收，呼气时腹肌隆起。

3. 提肛呼吸 在吸气时有意识地收提肛门及会阴部肌肉，呼气时放松肛门及会阴部肌肉。

4. 停闭呼吸 在吸、呼气之间或之后停止片刻然后再呼或吸的方法。一次停闭呼吸一般不宜超过 2 秒钟。其作用主要是加大动作对脏腑、关节、肌肉等的刺激强度。

本功法对呼吸运用的总体把握是，初学者宜采用自然呼吸，逐步过渡到顺腹式呼吸；当动作熟练后，应结合动作的升降开合采用逆腹式呼吸进行练习。停闭呼吸主要在每式主体动作松与紧、动与静的转换处采用。因功法的动作幅度有大小之别，每个练功者的肺活量、呼吸频率有差异，且练功水平和程度不同，要选择适宜的呼吸方法，切忌生搬硬套。功法技术章节中对各式动作与呼吸的配合只做一般提示，如呼吸不顺畅，应及时采用顺其自然的呼吸方法进行调节。

三、动作图解

【预备势】

动作一：两脚并步站立；后顶上领，颈部竖直，齿唇轻闭，舌尖轻贴上腭，眉宇间和嘴角放松；两臂自然垂于体侧，沉肩垂肘，松腕舒指，中指腹轻贴裤线；腋下虚掩，胸部自然舒展，腹部放松；目视前方（图 15－9）。

动作二：随着松腰沉髋，身体重心移至右腿，左脚向左侧开步，约与肩同宽，脚尖朝前，继而重心平移至两腿之间；目视前方（图 15－10）。

动作三：两臂内旋，两掌分别向两侧摆起，手臂与身体的角度约 45 度，掌心朝后；目视前方（图 15－11）。

动作四：上动不停，身体重心垂直下降，两腿膝关节弯曲；同时，两臂外旋，两掌向前合抱至斜前方 45°后，再屈肘、屈腕成抱球状，掌心朝内，与脐同高，两掌指尖相对，间距 10～20 厘米；目视前方（图 15－12）。

图 15－9　预备势（1）

图 15－10　预备势（2）

图 15－11　预备势（3）

图 15－12　预备势（4）

【第一式　两手托天理三焦】

动作一：接上式。两臂外旋下落于小腹前，掌心朝上，掌指尖相距约 10 厘米，小指侧离小腹部约 10 厘米；目视前方（图 15－13）。

动作二：上动不停，两掌五指分开在小腹前交叉；目视前方（图 15－14）。

动作三：上动不停，身体重心徐缓升起；同时，两臂屈肘，两掌垂直向上抬至胸前，掌心朝上；目视前方（图 15－15）。

图 15－13　两手托天理三焦（1）

图 15－14　两手托天理三焦（2）

图 15－15　两手托天理三焦（3）

动作四：上动不停，两腿徐缓伸直；同时，两臂内旋，两掌向上托起，肘关节微屈，掌心朝上；抬头，目视两掌（图 15－16）。

动作五：上动不停，两掌继续上托，肘关节伸直；同时，下颌内收；动作略停，两臂保持抻拉；目视前方（图 15－17）。

动作六：身体重心缓慢下降，两腿膝关节弯曲；同时，十指慢慢分开，两臂分别向身体两侧下落至斜下方 45°时再屈肘，两掌捧于腹前，掌心朝上，掌指相距约 10 厘米；目视前方（图 15－18）。

图 15－16　两手托天理三焦（4）

图 15－17　两手托天理三焦（5）

图 15－18　两手托天理三焦（6）

本式托举、下落为 1 遍，共做 6 遍。

【第二式　左右开弓似射雕】

动作一：接上式。身体重心右移，松腰沉胯，左脚向左开步站立，两腿膝关节自然伸直；同时，肩部放松，两掌向上随两臂屈肘交叉搭腕于胸前，掌根约与膻中穴同高，左掌在外，两掌心朝内；目视前方（图 16－19）。

动作二：两臂沉肘稍回收，同时，右掌屈指成龙爪，左臂外旋坐腕成八字掌，掌心斜朝前，指尖朝上；目视前方（图 16－20）。

动作三：上动不停，两腿徐缓屈膝成马步；同时，左掌向左侧推出，腕与肩平，指尖朝上，右龙爪向右平拉至肩前，犹如拉弓射箭之势，保持抻拉；目视推掌方向（图 15－21）。

动作四：身体重心右移，左腿膝关节略伸直；同时，右手指伸开成自然掌，向上、向右划弧，腕与肩同高，掌心斜朝前，指尖朝上，左手指伸开成自然掌，掌心斜朝前；目视右掌（图 15－22）。

图 15－19　左右开弓似射雕（1）

4 图 15－20　左右开弓似射雕（2）

图 15－21　左右开弓似射雕（3）

图 15－22　左右开弓似射雕（4）

动作五：上动不停，重心继续右移，左脚收回成并步站立；同时，两掌分别由两侧下落，屈肘，捧于小腹前，掌心朝上，指尖相对，间距约10厘米；目视前方。

右式动作同左式动作，唯左右相反。

本式一左一右为1遍，共做3遍。

左右开弓似射雕4 左右开弓似射雕5 左右开弓似射雕6。

第3遍最后一动时，重心继续左移，右脚收回成开步站立，与肩同宽，膝关节弯曲；同时，两掌分别由两侧下落，屈肘，捧于小腹前，掌心朝上，指尖相对，间距约10厘米；目视前方。

【第三式 调理脾胃须单举】

动作一：接上式。身体重心稍升起；同时，左臂内旋上抬，左掌与胸同高，掌心朝内，指尖斜朝上；右臂内旋，右掌心斜对腹部，指尖斜朝下；目视前方（图15－23）。

动作二：上动不停，左臂继续内旋上举，左掌翻转上托至头左上方，肘关节微屈，力达掌根，掌心斜朝上，指尖朝右，中指尖与肩井穴在同一垂直线上；同时，右臂继续内旋，右掌下按至右胯旁约10厘米处，肘关节微屈，力达掌根，掌心朝下，掌指朝前；动作略停，保持抻拉；目视前方（图15－24）。

动作三：松腰沉胯，身体重心缓缓下降；两腿膝关节稍屈；同时，左肩下沉，左臂屈肘外旋下落，左掌与胸同高，掌心朝内，掌指斜朝上；右臂外旋，右掌收至腹前，掌心朝内，指尖斜朝下；目视前方（图15－25）。

动作四：上动不停，身体重心继续下降，两腿膝关节弯曲；同时，两臂外旋下落，两掌捧于小腹前，掌心朝上，掌指尖相对，间距约10厘米；目视前方（图15－26）。

图15－23 调理脾胃须单举（1）

图15－24 调理脾胃须单举（2）

图15－25 调理脾胃须单举（3）

图15－26 调理脾胃须单举（4）

右式动作同左式，唯左右相反。本式一左一右为1遍，共做3遍。

第3遍最后一动时，右臂外旋，右掌指尖转向后；身体重心下降，两腿膝关节弯曲；同时，右掌向前下落，按于胯旁约10厘米处，掌心朝下，掌指朝前，左掌微前移，两肘微屈；目视前方。

【第四式 五劳七伤往后瞧】

动作一：接上式。两腿徐缓挺膝伸直；两肩下沉，两臂伸直，掌心朝后，指尖朝斜下伸出；目视前方（图15－27）。

动作二：上动不停，两臂外旋，上摆至体侧约45度，掌心朝斜后上方；同时，头向左后方转动，展肩扩胸；动作略停，保持抻拉；目视左斜后方（图15－28）。

动作三：松腰沉髋，身体重心缓缓下降，两腿膝关节弯曲；同时，头转正，两臂内旋，屈肘，两掌按于胯旁，掌心朝下，指尖朝前；目视前方（图 15－29）。

图 15－27　五劳七伤往后瞧（1）

图 15－28　五劳七伤往后瞧（2）

图 15－29　五劳七伤往后瞧（3）

右式动作同左式，唯左右相反。

本式一左一右为 1 遍，共做 3 遍。

第 3 遍最后一动时，两腿膝关节弯曲；同时，头向前转正，两臂内旋，屈肘，两掌捧于小腹前，掌心朝上，指尖相对，间距约 10 厘米；目视前方。

【第五式　摇头摆尾去心火】

动作一：接上式。身体重心左移；右脚向右开步站立，两脚间距约三脚宽，两腿膝关节自然伸直；同时，两掌上托至胸高时，两臂内旋，两掌翻转向上分托至头斜上方，肘关节微屈，掌心斜朝上，指尖相对；目视前方（图 15－30）。

动作二：上动不停，身体重心下降，两腿徐缓屈膝下蹲成马步；同时，两臂从两侧下落，肘关节弯曲，两掌指扶于膝关节上方，手腕松沉，掌指斜朝前；目视前方（图 15－31）。

动作三：上动不停，身体重心稍起；目视前方（图 15－32）。

动作四：上动不停，身体重心右移，右腿膝关节弯曲，左腿膝关节稍屈；同时，上体右倾约 45 度；目视前方（图 15－33）。

图 15－30　摇头摆尾去心火（1）

图 15－31　摇头摆尾去心火（2）

图 15－32　摇头摆尾去心火（3）

图 15－33　摇头摆尾去心火（4）

动作五：上动不停，身体重心稍下降成右偏马步状；同时，上体右转俯身；目视右脚尖（图 15－34）。

动作六：上动不停，身体重心左移成左偏马步状；同时，上体保持俯身左旋至左斜前方；目视右脚跟（图 15－35）。

动作七：上动不停，身体重心稍右移，右髋向右侧送出，尾闾随之向右、向前、向左、向后旋转至正后方；同时，身体重心随尾闾转动移至两腿间，膝关节弯曲；胸微含，头向左、向后转至正后方；目视上方（图 15－36）。

动作八：上动不停，下颔与尾闾同时内收；身体重心下降成马步；目视前方（图 15－37）。右式动作同左式，唯左右相反。

本式一左一右为 1 遍，共做 3 遍。

图 15－34　摇头摆尾去心火（5）

图 15－35　摇头摆尾去心火（6）

图 15－36　摇头摆尾去心火（7）

图 15－37　摇头摆尾去心火（8）

做完 3 遍后，身体重心左移，右脚收回成开步站立，与肩同宽；同时，两掌从两侧向上至肩高时外旋翻转，掌心朝上，随之两臂上举，掌心相对；目视前方。身体重心缓慢下降，两腿膝关节弯曲；同时，两臂屈肘，两掌经面前下按至小腹前，掌心朝下，指尖相对，相距约 10 厘米，拇指侧距腹部约 10 厘米；目视前方。

【第六式　两手攀足固肾腰】

动作一：接上式。两腿挺膝伸直站立；同时，两掌指尖转向前，两臂向前、向上举起，肘关节伸直，掌心朝前；目视前方（图 15－38）。

动作二：上动不停，两臂外旋，掌心相对，两掌随屈肘经脸前下按于胸前，掌心朝下，指尖相对；目视前方（图 15－39）。

动作三：上动不停，两臂外旋，两掌心朝上，掌指内旋，经腋下向后反插；目视前方（图 15－40）。

动作四：上动不停，两掌心贴背，沿脊柱两侧向下摩运至臀部；目视前方（图 15－41）。

图 15－38　两手攀足固肾腰（1）

图 15－39　两手攀足固肾腰（2）

图 15－40　两手攀足固肾腰（3）

图 15－41　两手攀足固肾腰（4）

动作五：上动不停，上体前俯，两掌继续沿腿后向下摩运至脚踝，再贴两脚外侧移至小脚趾处，随之旋腕扶于脚面，掌指朝前；目视下方（图 15－42）。

动作六：上动不停，两掌不动，塌腰、翘臀、微抬头；两掌沿地面向前、向上远伸，以臂带动上体抬至水平；目视前下方（图 15－43）。

动作七：上动不停，两臂继续向前、向上举至头上方，上体立起，两掌间距约与肩宽，掌心朝前，指尖朝上；目视前方（图 15－44）。

本式一下一上为 1 遍，共做 6 遍。

做完 6 遍后，身体重心缓慢下降，两腿膝关节弯曲；同时，两臂向前下落，肘稍屈，两掌下按至小腹前，掌心朝下，掌指朝前；目视前方。

【第七式　攒拳怒目增气力】

动作一：接上式。身体重心右移；左脚向左开步，两腿徐缓屈膝下蹲成马步；同时，两手握同，收至腰间，拳眼朝上；目视前方（图 15－45）。

图 15－42　两手攀足固肾腰（5）

图 15－43　两手攀足固肾腰（6）

图 15－44　两手攀足固肾腰（7）

图 15－45　攒拳怒目增气力（1）

动作二：上动不停。左拳缓慢向前冲出，与肩同高，肘关节微屈，拳眼朝上，当肘关节离开肋部时，拳越握越紧，眼睛注视左拳并逐渐睁大；同时，脚趾抓地；目视左拳（图 15－46）。

动作三：上动不停。向右转腰顺肩；同时，左臂内旋，左拳变掌前伸，掌心朝外，掌指朝前；目视左掌（图 15－47）。

动作四：上动不停。左掌指向下、向右、向上、向左再向下依次旋腕一周，随之握固，拳心朝上；同时，脚趾抓地；眼睛睁圆，目注掌动（图 15－48）。

动作五：上动不停，左拳随屈肘收至腰间，拳眼朝上；同时，脚趾放松；眼睛放松，目视前方（图 15－49）。右式动作同左式，唯左右相反。

图 15－46　攒拳怒目增气力（2）

图 15－47　攒拳怒目增气力（3）

图 15－48　攒拳怒目增气力（4）

图 15－49　攒拳怒目增气力（5）

本式一左一右为 1 遍，共做 3 遍。

做完 3 遍后，身体重心右移，左脚收回成并步站立；同时，两拳变掌，自然垂于体侧；目视前方。

【第八式　背后七颠百病消】

动作一：接上式。立项竖脊，后顶领起，沉肩垂肘，提肛收腹，掌指下伸；同时，脚跟提起，脚趾抓地；动作略停；目视前方（图15－50）。

动作二：脚跟徐缓下落，轻震地面；同时，咬牙，沉肩，舒臂，周身放松；目视前方。

本式一起一落为1遍，共做7遍。

【收势】

动作一：接上式。两臂内旋，两掌向两侧摆起约45°，掌心朝后，掌指斜朝下；目视前方（图15－51）。

动作二：上动不停，两臂外旋，两掌向前划弧至斜前方45°时，屈肘合抱至小腹，两掌相叠（男性左手在内，女性右手在内）；目视前下方，静养片刻（图15－52）。

动作三：两臂自然下落，两掌指轻贴于腿外侧；目视前方（图15－53）。

图15－50　背后七颠百病消

图15－51　收势（1）

图15－52　收势（2）

图15－53　收势（3）

第三节　五禽戏

一、功法特点

1. 安全易学，左右对称　健身气功五禽戏是在对传统五禽戏进行挖掘整理的基础上编创的，便于广大群众习练。因此，动作力求简捷，左右对称，平衡发展，既可全套连贯习练，也可侧重多练某戏，还可只练某戏，运动量较为适中，属有氧训练，习练者可根据自己的身体条件和健康状况，调节每势动作的运动幅度和强度，循序渐进，逐步提高。

2. 引申肢体，动诸关节　本功法动作体现了身体躯干的全方位运动，包括前俯、后仰、侧屈、拧转、折叠、提落、开合、缩放等各种不同的姿势，能对颈椎、胸椎、腰椎等部位进行有效的锻炼；同时功法特别注意手指、脚趾等关节的运动，以达到加强远端血液微循环的目的。

3. 外导内引，形松意充　本功法是以模仿动物姿势、以动为主的功法，根据动作的升降开合，以形引气。外形动作既要仿效虎之威猛、鹿之安舒、熊之沉稳、猿之灵巧、鸟之轻捷，还要力求蕴含"五禽"的神韵，意气相随，内外合一。习练过程在保持功法要求的正确姿势前提下，各部分肌肉应尽量保持放松，做到舒适自然，不僵硬，不拿劲，不软塌。只有肢体松沉自然，才能做到以意引气，气贯全身；以气养神，气血通畅，从而增强体质。

4. 动静结合，练养相兼 本功法模仿“五禽”的动作和姿势，舒展肢体，活络筋骨，同时在功法的起势、收势以及每一戏结束后，配以短暂的静功站桩，诱导习练者进入相对平稳的状态和“五禽”的意境，以此来调整气息、宁心安神，起到“外静内动”的功效。动与静的有机结合，两个阶段相互交替出现，起到练养相兼的互补作用，可进一步提高练功效果。

二、功法基础

（一）基本手形

1. 虎爪 五指张开，虎口撑圆，第一、二指关节弯曲内扣（图 15－54）。

2. 鹿角 拇指伸直外张，示指、小指伸直，中指、无名指弯曲内扣（图 15－55）。

3. 熊掌 拇指压在四指指端上，其余四指并拢弯曲，虎口撑圆（图 15－56）。

图 15－54 虎爪

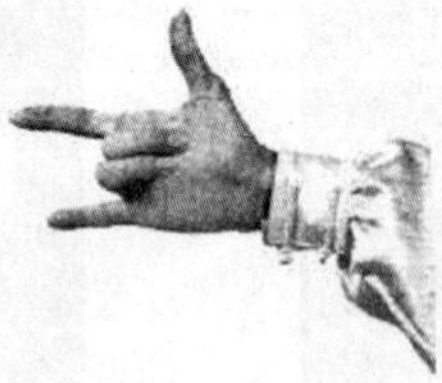

图 15－55 鹿角

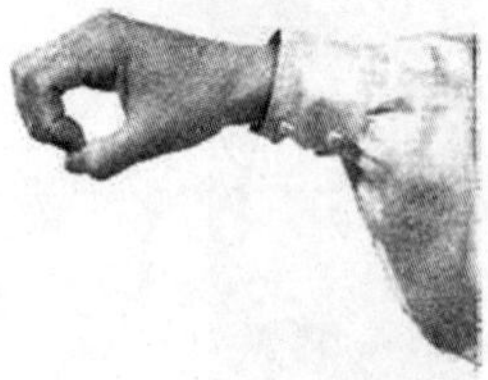

图 15－56 熊掌

4. 猿钩 五指指腹捏拢，屈腕（图 15－57）。

5. 鸟翅 五指伸直，拇指、示指、小指向上翘起，无名指、中指并拢向下（图 15－58）。

6. 握固 拇指抵掐无名指根节内侧，其余四指屈拢收于掌心（图 15－59）。

图 15－57 猿钩

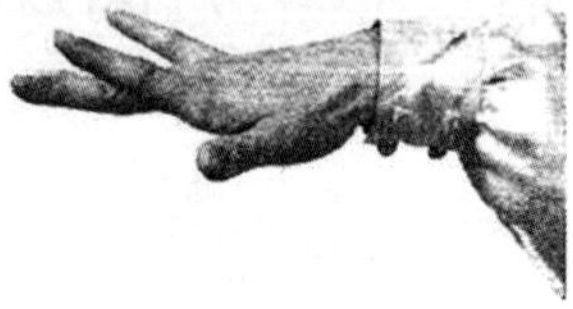

图 15－58 鸟翅

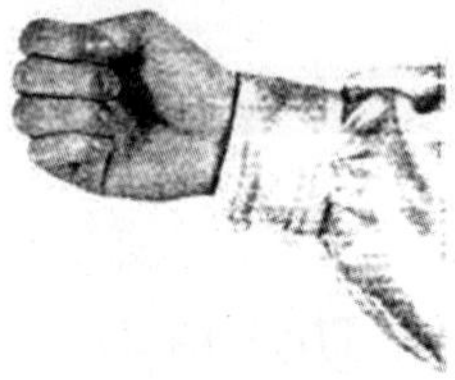

图 15－59 握固

（二）基本步形

1. 弓步 两腿前后分开一大步，横向之间保持一定宽度，右（左）腿屈膝前弓，大腿斜向地面，膝与脚尖上下相对，脚尖微内扣；左（右）腿自然伸直，脚跟蹬地，脚尖稍内扣，全脚掌着地（图 15－60）。

2. 虚步 右（左）脚向前迈，脚跟着地；脚尖上翘，膝微屈；左（右）腿屈膝下蹲，全脚掌着地，脚尖斜向前方，臀部与脚跟上下相对。身体重心落于左（右）腿（图 16－61）。

3. 丁步 两脚左右分开，间距 10～20 厘米；两腿屈膝下蹲，左（右）脚脚跟提起，脚尖着地，虚点地面，置于右（左）脚脚弓处，右（左）腿全脚掌着地踏实（图 15－62）。

图 15－60　弓步

图 15－61　虚步

图 15－62　丁步

（三）平衡

1. 提膝平衡　左（右）腿直立站稳，上体正直；右（左）腿在体前屈膝上提，小腿自然下垂，脚尖向下（图 15－63）。

2. 后举腿平衡　右（左）腿蹬直站稳，左（右）腿伸直，向体后举起，脚面绷平，脚尖向下（图 15－64）。

图 15－63　提膝平衡

图 15－64　后举腿平衡

三、动作图解

【预备势　起势调息】

1. 动作说明

动作一：两脚并拢，自然伸直；两手自然垂于体侧；胸腹放松，头项正直，下颏微收，舌抵上腭；目视前方（图 15－65）。

动作二：左脚向左平开一步，稍宽于肩，两膝微屈，松静站立；调息数次，意守丹田（图 15－66）。

动作三：肘微屈，两臂在体前向上、向前平托，与胸同高（图 15－67）。

动作四：两肘下垂外展，两掌向内翻转，并缓慢下按于腹前；目视前方（图 15－68）。

重复动作三至四 2 遍后，两手自然垂于体侧。

图 15－65　起势调息（1）

图 15－66　起势调息（2）

图 15－67　起势调息（3）

图 15－68　起势调息（4）

2. 动作要点

（1）两臂上提下按，意在两掌劳宫穴，动作柔和、均匀、连贯。

（2）动作也可配合呼吸，两臂上提时吸气，下按时呼气。

【第一戏　虎戏】

虎戏要体现虎的威猛。神发于目，虎视眈眈；威生于爪，伸缩有力；神威并重，气势凌人。动作变化要做到刚中有柔、柔中生刚、外刚内柔、刚柔相济，具有动如雷霆无阻挡、静如泰山不可摇的气势。

［第一式　虎举］

1. 动作说明

动作一：接上式。两手掌心向下，十指撑开，再弯曲成虎爪状；目视两掌（图 15－69）。

动作二：随后，两手外旋，由小指先弯曲，其余四指依次弯曲握拳，两拳沿体前缓慢上提（图 15－70）。至肩前时，十指撑开，举至头上方再弯曲成虎爪状；目视两掌（图 15－71）。

动作三：两掌外旋握拳，拳心相对；目视两拳。

动作四：两拳下拉至肩前时，变掌下按。沿体前下落至腹前，十指撑开，掌心向下；目视两掌。

重复动作一至四 3 遍后，两手自然垂于体侧；目视前方。

2. 动作要点

（1）十指撑开、弯曲成“虎爪”和外旋握拳，三个环节均要贯注劲力。

（2）两掌向上如托举重物，提胸收腹，充分拔长躯体；两掌下落如拉双环，含胸松腹，气沉丹田。

（3）眼随手动。

（4）动作可配合呼吸，两掌上举时吸气，下落时呼气。

［第二式　虎扑］

1. 动作说明

动作一：接上式。两手握空拳，沿身体两侧上提至肩前上方（图 15－72）。

动作二：两手向上、向前划弧，十指弯曲成“虎爪”，掌心向下；同时上体前俯，挺胸塌腰；目视前方（图 15－73）。

图 15－69　虎举（1）

图 15－70　虎举（2）

图 15－71　虎举（3）

图 15－72　虎扑（1）

图 15－73　虎扑（2）

动作三：两腿屈膝下蹲，收腹含胸；同时，两手向下划弧至两膝侧，掌心向下；目视前下方（图 15－74）。随后，两腿伸膝，送髋，挺腹，后仰；同时，两掌握空拳，沿体侧向上提至胸侧；目视前上方（图 15－75）。

动作四：左腿屈膝提起，两手上举（图 15－76）。左脚向前迈出一步，脚跟着地，右腿屈膝下蹲，成左虚步；同时上体前倾，两拳变“虎爪”向前、向下扑至膝前两侧，掌心向下；目视前下方（图 15－77）。随后上体抬起，左脚收回，开步站立；两手自然下落于体侧；目视前方。

图 15－74　虎扑（3）

图 15－75　虎扑（4）

图 15－76　虎扑（5）

图 15－77　虎扑（6）

动作五至动作八：同动作一至动作四，唯左右相反。

重复动作一至八 1 遍后，两掌向身体侧前方举起，与胸同高，掌心向上；目视前方。两臂屈肘，两掌内合下按，自然垂于体侧；目视前方。

2. 动作要点

（1）上体前俯，两手尽力向前伸，而臀部向后引，充分伸展脊柱。

（2）屈膝下蹲、收腹含胸要与伸膝、送髋、挺腹、后仰动作过程连贯，使脊柱形成由折叠到展开的蠕动，两掌下按上提要与之配合协调。

（3）虚步下扑时，速度可加快，先柔后刚，配合快速深呼气，气由丹田发出，以气催力，力达指尖，表现出虎的威猛。

（4）中老年习练者和体弱者，可根据情况适当减小动作幅度。

【第二戏　鹿戏】

鹿喜挺身眺望，好角抵，运转尾闾，善奔走，通任、督两脉。习练鹿戏时，动作要轻盈舒展，神态要安闲雅静，意想自己置身于群鹿中，在山坡、草原上自由快乐地活动。

［第三式　鹿抵］

1. 动作说明

动作一：接上式。两腿微屈，身体重心移至右腿，左脚经右脚内侧向左前方迈步，脚跟着地；同时，身体稍右转；两掌握空拳，向右侧摆起，拳心向下，高与肩平；目随手动，视右拳（图 15－78）。

动作二：身体重心前移；左腿屈膝，脚尖外展踏实；右腿伸直蹬实；同时，身体左转，两掌成“鹿角”，向上、向左、向后划弧，掌心向外，指尖朝后，左臂弯曲外展平伸，肘抵靠左腰侧；右臂举至头前，向左后方伸抵，掌心向外，指尖朝后；目视右脚跟（图 15－79）。随后，身体右转；左脚收回，开步站立；同时两手向上、向右、向下划弧，两掌握空拳下落于体前；目视前下方（图 15－80）。

图 15－78　鹿抵（1）

图 15－79　鹿抵（2）

图 15－80　鹿抵（3）

动作三至动作四：同动作一、二，唯左右相反。

动作五至动作八：同动作一至动作四。

重复动作一至八 1 遍。

2. 动作要点

（1）腰部侧屈拧转，侧屈的一侧腰部要压紧，另一侧腰部则借助上举手臂后伸，得到充分牵拉。

（2）后脚脚跟要蹬实，固定下肢位置，加大腰、腹部的拧转幅度，运转尾闾。

（3）动作可配合呼吸，两掌向上划弧摆动时吸气，向后伸抵时呼气。

［第四式　鹿奔］

1. 动作说明

动作一：接上式。左脚向前跨一步，屈膝，右腿伸直成左弓步；同时，两手握空拳，向上、向前划弧至体前，屈腕，高与肩平，与肩同宽，拳心向下；目视前方（图 15－81）。

动作二：身体重心后移；左膝伸直，全脚掌着地；右腿屈膝；低头，弓背，收腹；同时，两臂内旋，两掌前伸，掌背相对，拳变“鹿角”（图 15－82）。

动作三：身体重心前移，上体抬起；右腿伸直，左腿屈膝，成左弓步；松肩沉肘，两臂外旋，“鹿角”变空拳，高与肩平，拳心向下；目视前方（图 15－83）。

动作四：左脚收回，开步直立；两拳变掌，回落于体侧；目视前方（图 15－84）。

图 15－81　鹿奔（1）

图 15－82　鹿奔（2）

图 15－83　鹿奔（3）

图 15－84　鹿奔（4）

动作五至动作八：同动作一至动作四，唯左右相反。

重复动作一至八 1 遍后，两掌向身体侧前方举起，与胸同高，掌心向上；目视前方。屈肘，两掌内合下按，自然垂于体侧；目视前方。

2. 动作要点

（1）提腿前跨要有弧度，落步轻灵，体现鹿的安舒神态。

（2）身体后坐时，两臂前伸，胸部内含，背部形成“横弓”状；头前伸，背后拱，腹收缩，臀内敛，形成“竖弓”状，使腰、背部得到充分伸展和拔长。

（3）动作可配合呼吸。身体后坐时，配合吸气。重心前移时，配合呼气。

【第三戏　熊戏】

“熊戏”要表现出熊憨厚沉稳、松静自然的神态。运势外阴内阳，外动内静，外刚内柔，以意领气，气沉丹田；行步外观笨重拖沓，其实笨中生灵，蕴含内劲，沉稳之中显灵敏。

［第五式　熊运］

1. 动作说明

动作一：接上式。两掌握空拳成“熊掌”，拳眼相对，垂于下腹部；目视两拳（图 15－85）。

动作二：以腰、腹为轴，上体做顺时针摇晃；同时，两拳随之沿右肋部、上腹部、左肋部、下腹部划圆；目随上体摇晃环视（图15－86至图15－88）。

动作三至动作四：同动作一、动作二。

动作五至动作八：同动作一至动作四，唯左右相反，上体做逆时针摇晃，两拳随之划圆。

做完最后一动，两拳变掌下落，自然垂于体侧；目视前方。

图15－85　熊运（1）

图15－86　熊运（2）

图15－87　熊运（3）

图15－88　熊运（4）

2. 动作要点

（1）两掌划圆应随腰、腹部的摇晃而被动牵动，要协调自然。

（2）两掌划圆是外导，腰、腹摇晃为内引，意念内气在腹部丹田运行。

（3）动作可配合呼吸，身体上提时吸气，身体前俯时呼气。

［第六式　熊晃］

1. 动作说明

动作一：接上式。身体重心右移；左髋上提，牵动左脚离地，再微屈左膝；两掌握空拳成“熊掌”；目视左前方（图15－89）。

动作二：身体重心前移；左脚向左前方落地，全脚掌踏实，脚尖朝前，右腿伸直；身体右转，左臂内旋前靠，左拳摆至左膝前上方，拳心朝左；右拳摆至体后，拳心朝后；目视左前方（图15－90）。

动作三：身体左转，重心后坐；右腿屈膝，左腿伸直；拧腰晃肩，带动两臂前后弧形摆动；右拳摆至左膝前上方，拳心朝右；左拳摆至体后，拳心朝后；目视左前方（图15－91）。

动作四：身体右转，重心前移；左腿屈膝，右腿伸直；同时，左臂内旋前靠，左拳摆至左膝前上方，拳心朝左；右拳摆至体后，拳心朝后；目视左前方（图15－92）。

动作五至动作八：同动作一至动作四，唯左右相反。

图15－89　熊晃（1）

图15－90　熊晃（2）

图15－91　熊晃（3）

图15－92　熊晃（4）

重复动作一至八1遍后，左脚上步，开步站立；同时，两手自然垂于体侧。两掌向身体侧前方举起，与胸同高，掌心向上；目视前方。屈肘，两掌内合下按，自然垂于体侧；目视前方。

2. 动作要点

（1）用腰侧肌群收缩来牵动大腿上提，按提髋、起腿、屈膝的先后顺序提腿。

（2）两脚前移，横向间距稍宽于肩，随身体重心前移，全脚掌踏实，使震动感传至髋关节处，体现熊步的沉稳厚实。

【第四戏　猿戏】

猿生性好动，机智灵敏，善于纵跳，折枝攀树，躲躲闪闪，永不疲倦。习练"猿戏"时，外练肢体的轻灵敏捷，欲动则如疾风闪电，迅敏机警；内练精神的宁静，欲静则似静月凌空，万籁无声，从而达到"外动内静""动静结合"的境界。

［第七式　猿提］

1. 动作说明

动作一：接上式。两掌在体前，手指伸直分开（图15－93），再屈腕撮拢捏紧成"猿钩"（图15－94）。

动作二：两掌上提至胸，两肩上耸，收腹提肛；同时，脚跟提起，头向左转；目随头动，视身体左侧（图15－95）。

动作三：头转正，两肩下沉，松腹落肛，脚跟着地；"猿钩"变掌，掌心向下；目视前方（图15－96）。

图15－93　猿提（1）　图15－94　猿提（2）　图15－95　猿提（3）　图15－96　猿提（4）

动作四：两掌沿体前下按落于体侧；目视前方。

动作五至动作八：同动作一至动作四，唯头向右转。重复动作一至八1遍。

2. 动作要点

（1）掌指撮拢变钩，速度稍快。

（2）按耸肩、收腹、提肛、脚跟离地、转头的顺序，上提重心。耸肩、缩胸、屈肘、提腕要充分。

（3）动作可配合提肛呼吸。两掌上提吸气时，用意提起会阴部；下按呼气时，放下会阴部。

［第八式　猿摘］

1. 动作说明

动作一：接上式。左脚向左后方退步，脚尖点地，右腿屈膝，重心落于右腿；同时，左臂屈肘，左掌成"猿钩"收至左腰侧；右掌向右前方自然摆起，掌心向下（图16－97）。

动作二：身体重心后移；左脚踏实，屈膝下蹲，右脚收至左脚内侧，脚尖点地，成右丁步；

同时，右掌向下经腹前向左上方划弧至头左侧，掌心对太阳穴；目先随右掌动，再转头注视右前上方（图 15－98）。

动作三：右掌内旋，掌心向下，沿体侧下按至左髋侧；目视右掌（图 15－99）。右脚向右前方迈出一大步，左腿蹬伸，身体重心前移；右腿伸直，左脚脚尖点地；同时，右掌经体前向右上方划弧，举至右上侧变"猿钩"，稍高于肩；左掌向前、向上伸举，屈腕撮钩，成采摘势；目视左掌（图 15－100）。

图 15－97　猿摘（1）

图 15－98　猿摘（2）

图 15－99　猿摘（3）

动作四：身体重心后移；左掌由"猿钩"变为"握固"；右手变掌，自然回落于体前，虎口朝前（图 15－101）。随后，左腿屈膝下蹲，右脚收至左脚内侧，脚尖点地，成右丁步；同时，左臂屈肘收至左耳旁，掌指分开，掌心向上、成托桃状；右掌经体前向左划弧至左肘下捧托；目视左掌（图 15－102）。

图 15－100　猿摘（4）

图 15－101　猿摘（5）

图 15－102　猿摘（6）

动作五至动作八：同动作一至动作四，唯左右相反。

重复动作一至 8 遍后，左脚向左横开一步，两腿直立；同时，两手自然垂于体侧。两掌向身体侧前方举起，与胸同高，掌心向上；目视前方。屈肘，两掌内合下按，自然垂于体侧；目视前方。

2. 动作要点

（1）眼要随上肢动作变化左顾右盼，表现出猿猴眼神的灵敏。

（2）屈膝下蹲时，全身呈收缩状。蹬腿迈步，向上采摘，肢体要充分展开。采摘时变"猿钩"，手指撮拢快而敏捷；变握固后，成托桃状时，掌指要及时分开。

（3）动作以神似为主，重在体会其意境，不可太夸张。

【第五戏　鸟戏】

鸟戏取形于鹤。鹤是轻盈安详的鸟类，人们对它进行描述时往往寓意它的健康长寿。习练时，要表现出鹤的昂然挺拔、悠然自得的神韵。仿效鹤翅飞翔，抑扬开合。两臂上提，伸颈运腰，真气上引；两臂下合，含胸松腹，气沉丹田。活跃周身经络，灵活四肢关节。

［第九式　鸟伸］

1. 动作说明

动作一：接上式。两腿微屈下蹲，两掌在腹前相叠（图 15 - 103）。

动作二：两掌向上举至头前上方，掌心向下，指尖向前；身体微前倾，提肩，缩项，挺胸，塌腰；目视前下方（图 15 - 104）。

动作三：两腿微屈下蹲；同时，两掌相叠下按至腹前；目视两掌（图 15 - 105）。

动作四：身体重心右移；右腿蹬直，左腿伸直向后抬起；同时，两掌左右分开，掌成“鸟翅”，向体侧后方摆起，掌心阶上；抬头，伸颈，挺胸，塌腰；目视前方（图 15 - 106）。

图 15 - 103　鸟伸（1）

图 15 - 104　鸟伸（2）

图 15 - 105　鸟伸（3）

图 15 - 106　鸟伸（4）

重复动作一至八 1 遍后，左脚下落，两脚开步站立，两手自然垂于体侧；目视前方。

2. 动作要点

（1）两掌在体前相叠，上下位置可任选，以舒适自然为宜。

（2）注意动作的松紧变化。掌上举时，颈、肩、臀部紧缩；下落时，两腿微屈，颈、肩、臀部松沉。

（3）两臂后摆时，身体向上拔伸，并形成向后反弓状。

［第十式　鸟飞］

1. 动作说明　接上式。两腿微屈；两掌成“鸟翅”合于腹前，掌心相对；目视前下方。

动作一：右腿伸直独立，左腿屈膝提起，小腿自然下垂，脚尖朝下；同时，两掌成展翅状，在体侧平举向上，稍高于肩，掌心向下；目视前方（图 15 - 107）。

动作二：左脚下落在右脚旁，脚尖着地，两腿微屈；同时，两掌合于腹前，掌心相对；目视前下方（图 15 - 108）。

动作三：右腿伸直独立，左腿屈膝提起，小腿自然下垂，脚尖朝下；同时，两掌经体侧，向上举至头顶上方，掌背相对，指尖向上；目视前方（图 15 - 109）。

动作四：左脚下落在右脚旁，全脚掌着地，两腿微屈；同时，两掌合于腹前，掌心相对；目视前下方（图 15 - 110）。

动作五至动作八：同动作一至动作四，唯左右相反。

重复动作一至八 1 遍后，两掌向身体侧前方举起，与胸同高，掌心向上；目视前方。屈肘，两掌内合下按，自然垂于体侧；目视前方。

2. 动作要点

（1）两臂侧举，动作舒展，幅度要大，尽量展开胸部两侧；两臂下落内合，尽量挤压胸部两侧。

（2）手脚变化配合协调，同起同落。

（3）动作可配合呼吸，两掌上提时吸气，下落时呼气。

图 15－107　鸟飞（1）

图 15－108　鸟飞（2）

图 15－109　鸟飞（3）

图 15－110　鸟飞（4）

【收势　引气归元】

1. 动作说明

动作一：两掌经体侧上举至头顶上方，掌心向下（图 15－111）。

动作二：两掌指尖相对，沿体前缓慢下按至腹前；目视前方（图 15－112）。

重复动作一、二 2 遍。

动作三：两手缓慢在体前划平弧，掌心相对，高与脐平；目视前方（图 15－113）。

动作四：两手在腹前合拢，虎口交叉，叠掌；眼微闭静养，调匀呼吸，意守丹田（图 15－114）。

图 15－111　引气归元（1）

图 15－112　引气归元（2）

图 15－113　引气归元（3）

图 15－114　引气归元（4）

动作五：两眼慢慢睁开，两手合掌，在胸前搓擦至热（图 15－115）。

动作六：掌贴面部，上、下擦摩，浴面 3～5 遍（图 15－116）。

动作七：两掌向后沿头顶、耳后、胸前下落，自然垂于体侧；目视前方（图 15－117）。

动作八：左脚提起向右脚并拢，前脚掌先着地，随之全脚踏实，恢复成预备势；目视前方（图 15－118）。

图 15－115　引气归元（5）

图 15－116　引气归元（6）

图 15－117　引气归元（7）

图 15－118　引气归元（8）

2. 动作要点

（1）两掌由上向下按时，身体各部位要随之放松，直达脚底涌泉穴一。

（2）两掌腹前划平弧动作，衔接要自然、圆活，有向前收拢物体之势，意将气息合抱引入丹田。

知识拓展

习练健身气功益处

1. 修复和调整神经功能　同时，还可以使自主神经得到调整，并强化感觉功能、运动功能和思维功能。

2. 改善心脏、大循环以及微循环　开放更多的毛细血管，加快血管内血液流速，从而促进组织的新陈代谢，还可以降低血浆雌二醇，有效抗衰老，使皮肤红润有光泽。

3. 显著增强肺部功能　练习健身气功时，耗氧量和二氧化碳的排出量都降低，可以减少呼吸次数。

4. 加强消化功能　练习健身气功，可以增加唾液分泌和肠胃消化液，增强肠部蠕动。

5. 合理调节脑垂体以及全身内分泌组织器官　练习健身气功能够调节代谢水平、减少生长素、降低血液中的胆固醇浓度等。据说，通过练习健身气功，一些与糖尿病患者、甲状腺功能亢进症患者和闭经等与内分泌有关的患者的病症能够得以痊愈。

6. 消除疲劳，恢复体力　现代人在疲劳状态下容易精神不佳、皮肉松弛。练习健身气功可以有效消除机体疲劳，缓解和恢复神经系统的过度兴奋，振奋精神。

7. 提升气质，陶冶性情　外在美与内在美、身心的和谐统一，才是真正的美。练习健身气功，能够有效提升人的精神面貌和气质风度，使人更“美”！

本章小结

本章节讲述了健身气功运动的起源、发展；重点讲解了健身气功八段锦、五禽戏的功法技术要点；介绍了健身气功运动促进健康的主要功理和功效。本章的难点是正确理解健身气功功法动作技术练习的标准和规范要求，重点是掌握健身气功八段锦、五禽戏的功法风格特点。通过本章的学习，旨在让学生从习练健身气功中获得健身、祛病、延年的益处。

思考题

1. 简述健身气功的基本含义。
2. 简述健身气功八段锦、五禽戏的功效及特点。
3. 如何运用健身气功八段锦、五禽戏进行日常身体调理锻炼？

（戚建军）

第十六章　休闲运动

PPT

拓展阅读

学习目标

知识目标

1. 掌握台球、轮滑、垂钓、拓展训练四种休闲运动的概念。
2. 熟悉台球、轮滑、垂钓、拓展训练四种休闲运动的内容。
3. 了解台球、轮滑、垂钓、拓展训练四种休闲运动的基本知识。

技能目标

1. 学会休闲运动的技术。
2. 能够运用休闲运动的技巧。

第一节　台　球

一、台球简介

（一）概念与分类

台球也叫桌球、弹子球，是一项兼具时尚与优雅、休闲与健康、智慧与技术的体育运动。

台球按打法可分为落袋式台球和撞击式台球。按地区又可分为英式台球（斯诺克 Snooker）、法式台球、美式台球（十六彩球）。

（二）起源与发展

台球起源于 14 ~ 15 世纪的欧洲。台球活动的雏形是人们在室外地面上挖洞，用木棒把球打进洞内的一种被称为滚球的游戏。后来这项游戏从室外改到在室内桌子上进行。最早的台球游戏桌面上只有两个球，传到法国后，增加了一个红球。而最初的球台也只是在桌子中心开一个圆洞，后来发展到在桌子四个角开四个洞，直到在桌子上开出六个圆洞，才演变成了今天落袋式台球球台的雏形。到了 20 世纪初，台球游戏逐渐演变成竞技运动项目。不同的国家和地区相继成立了台球竞赛管理机构。1919 年，国际台球联合会成立。1940 年，世界台球联盟成立，负责世界性的台球赛事。1948 年，美国台球协会成立。到 1996 年，以上三个世界性台球组织经过协商，组成了一个统一的台球运动管理机构——世界台球运动联盟。1998 年，国际奥委会正式承认了世界台球运动联盟，这进一步促进了世界台球运动的发展。

（三）场地与器材

1. 场地　台球运动的场地要求平坦、干净、无灰尘，球台周围有 2 米左右宽的空间余地。一张球台需要有300瓦的灯光。

2. 球台 用优质木材及辅料制成的矩形框。球台规格依不同玩法而异，常用的规格有长210厘米、宽105厘米和长254厘米、宽127厘米两种，无论哪一种规格，长与宽的比例都是2∶1。球台的高度一般是80厘米，台面用高级呢绒铺平。

3. 球 台球运动的球是用化学树脂制成的质地均匀的球体。台球的玩法不同，对球的大小、重量要求也不同，在比赛中有明确的规定。

4. 球杆 台球杆前细后粗，长度在130~150厘米之间，用优质木材制成，杆头直径在10毫米左右。

5. 涩粉块 为防止击球打滑，增加球杆皮头与球的摩擦力而制成的块状物，呈六方体。

6. 架杆 用来支撑球杆击球的辅助工具。常见的有短架杆、长架杆、高架杆和探头架。

（四）台球基本术语（图16－1）

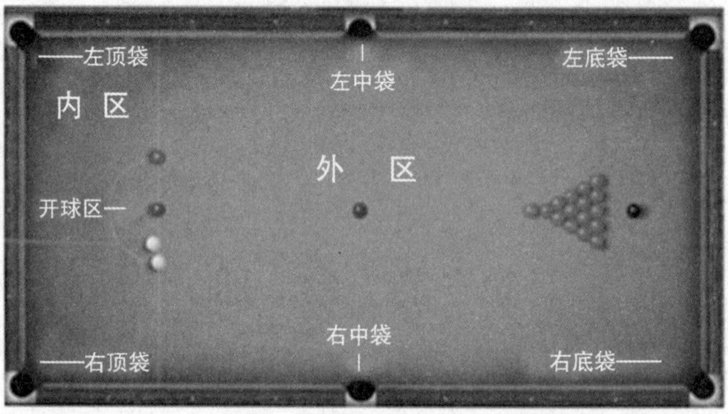

图16－1 球台

1. 置球点 顶台边到底台边的1/4处，与纵向中线相交的那一点。

2. 内区 在台面上距底台边的1/5处画有一条横线（分界线），把台面分为两部分，靠底台边1/5的区域。

3. 外区 从分界线到球顶台边4/5的区域。

4. 底袋 位于底台边的球袋称为底袋，左边叫左底袋，右边叫右底袋。

5. 中袋 位于左台边1/2处的球袋称为左中袋，位于右台边1/2处的球袋称为右中袋。

6. 顶袋 位于顶台边的两个球袋，分别为左顶袋和右顶袋。

7. 主球 白色球，也叫母球，是唯一可以用球杆直接击打的球，用它撞击其他球入袋而得分。

8. 目标球 除主球外的都是目标球，包括红色球和彩色球。目标球不可直接用球杆击打。

9. 彩色球 非红色的目标球，共6个，即黄、绿、棕、蓝、粉、黑色球。

10. 香蕉球 击球让主球强烈旋转，使其在前进过程中突然转向，绕过障碍球。通常用来解救高难度的斯诺克。

11. 推杆 主球撞击目标球时球杆皮头仍与主球接触，是犯规的一种。但如果主球与目标球几乎相贴，或是主球很轻微地接触到目标球边缘，则不判作推杆。

12. 偏转角 主球和目标球相撞击后，两球的运动方向的夹角称为偏转角。击球时，可以将偏转角近似地看成90°，以此来判断目标球下袋后主球大致的走向。

13. 开球区 以球台宽的1/6为半径，在分界线的中点向内区画半圆，所形成的半圆区即开球区（仅斯诺克）。

14. 斯诺克　一击后，由于死球的阻碍使得对手不能够击打主球使其同时直线完全通过任意球的两边。

二、台球的基本技术和基本战术

（一）基本技术

1. 握杆

（1）球杆重心　拿到球杆时，首先要了解球杆的重心位置，然后由重心点向杆尾处移动约40厘米，这段距离内握住球杆是比较合适的。

（2）握杆方法　握杆时，拇指和示指在虎口处用轻力握住球杆，其余三个手指虚握。手腕要自然垂下，既不外翻，也不内收，手指、手腕和整个手臂要适度放松。

2. 身体姿势

（1）站立位置　握好球杆后，面向主球击打目标球的方向直立，球杆指向主球，握杆手置于体侧，同时对击打目标球的下球点和主球将要走的位置进行确定。

（2）脚的位置　当身体位置确定后，握杆的手保持在体侧不动，左脚向左侧前方迈出一小步，与左脚距离大约与肩同宽。左脚稍微弯曲，右脚保持自然直立。

（3）上体姿势　脚位置站好后，上体向右侧稍转后以髋关节为轴下俯，使肩部拉起，上体前倾，与台面接近，头抬起，下颌正中部位与手或球杆相贴，双眼顺球杆方向平视。

（4）肩与肘的位置　右肩因上体右转后下俯，从正面看右肩是藏于头后的，右肘部应提起与肩保持在一个垂直面上。握杆手与肘关节点处在同一条与地面相垂直的线上，这也就是击球的准备动作。运杆手运杆时，是以肘关节为轴，像钟摆一样稳定地前后摆动。

（5）面部位置　尽量使球杆保持在额头中轴线上，双眼保持水平前视，使面部中线与球杆和后臂处在一个较为垂直的平面上。

3. 架杆　用手给球杆一个稳定支撑和对杆头在主球的击球点进行调节的姿势。基本的架杆手势有两种：一种是平背势（图16－2）；另一种是风眼式（图16－3）其他手势都是在基本架杆手势的基础上变化的。

图16－2　平背势

图16－3　风眼式

4. 瞄准　如果是双眼平衡型的，所采取的瞄准姿势应该让球杆位于双眼中间下方，正对鼻子，紧贴下巴中部，使球杆、鼻子、头部和击球手臂全部处在主球同目标球的直线上。如果是右眼型的，瞄准姿势应该让右眼、球杆、击球手臂、主球和目标球处在一条直线上。如果是左眼型的，瞄准姿势应该让左眼、球杆、击球手臂、主球和目标球处在一条直线上。

5. 运杆　在确定击打主球的部位后，持杆手的手臂进行前后运杆，运杆时应尽可能使球杆运摆得平直。运杆的次数不宜太多，但运杆的节奏要均匀。

6. 杆触球　杆触球是球杆在后摆、停顿后所完成的动作。触球时，以肘关节为轴，前臂向前送出，击球瞬间，动作要果断、清晰，手腕力量的使用根据击球目的加以控制，肩部和身体不要用力。

7. 随势跟进　击球后球杆要随势跟进。该动作是为了保证击球力量充分作用在主球上并保持击球动作的协调连贯。

（二）基本杆法及其运用

1. 主球击球点选择　主球击球点是球杆撞击主球的某一部位点。球杆撞击主球上的击球点，主球将产生不同的运动效果。一般主球的击球点有9个点（图16－4），即正中点（定位球）、中上点（跟进球）、中下点（缩杆球）、中右点（右旋球）、中左点（左旋球）、右上点（右旋跟进球）、右下点（右旋缩杆球）、左上点（左旋跟进球）、左下点（左旋缩杆球）。

2. 推进球技术（图16－5）

（1）技术动作　做好击球准备，后手握杆保持球杆水平，击球的中心点，力量不可太大太猛。

（2）技术效果　主球撞击目标球后，目标球向预定的方向前进，主球也随之缓缓地向前方行进一小段距离后停下。

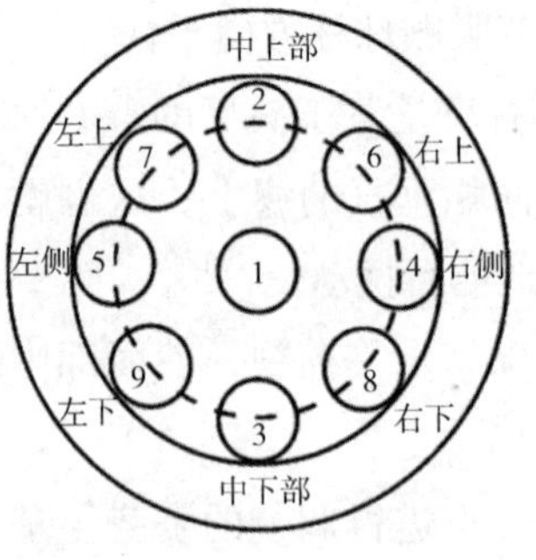

图16－4　主球击球点

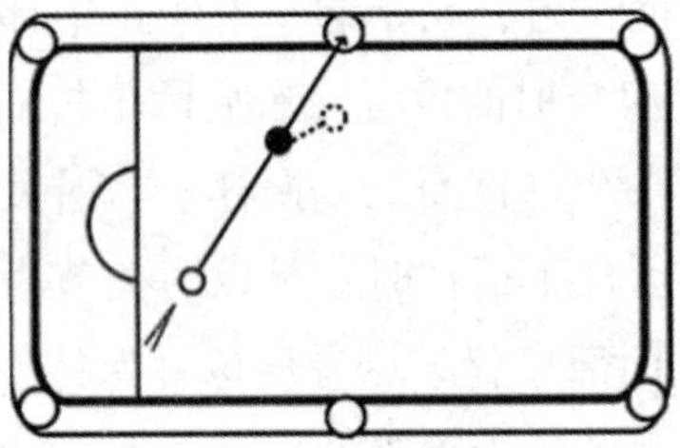

图16－5　推进球技术

3. 跟进球技术（图16－6）

（1）技术动作　做好击球准备，后手握杆保持球杆水平，用球杆击打主球的中上点，出杆的力量根据主球走位距离的长短而定。

（2）技术效果　主球以上旋的形式撞击目标球后，目标球向前行进，主球由于自身的上旋继续随之向前，并停在某一位置上。主球跟进的距离比主球推进的距离明显要长。

4. 定位球技术（图16－7）

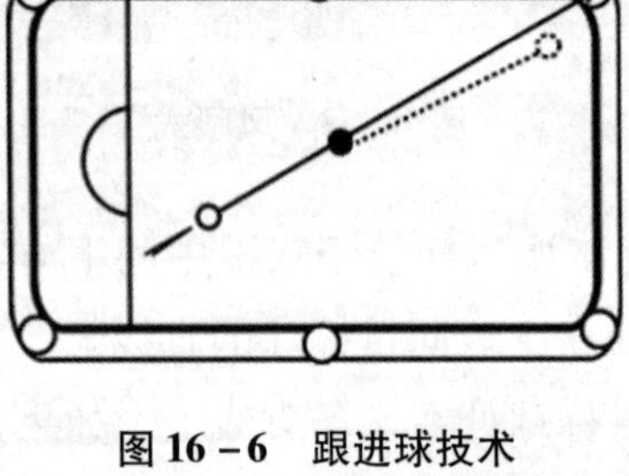

图16－6　跟进球技术

图16－7　定位球技术

（1）技术动作　做好击球准备，保持球杆水平，击主球的中心点，使之平衡向前滑行。出杆时要迅速有力，干净利落。对距离较远的目标球，可击主球的中心点稍偏下方，以确保主球的定位。

（2）技术效果　主球撞击目标球后，目标球向前滚动，主球却停在目标球原来的位置上。

5. 缩杆球技术（图16－8）

（1）技术动作　做好击球准备，架杆手尽量放低平些，球杆保持水平，击主球的中下点，出杆要果断迅速，动作连贯协调。

（2）技术效果　主球撞击目标球后，目标球沿主球作用力的方向直线向前滚动，而主球却逆向向后滚动，在同一力度下，由于主球和目标球的距离不同，缩杆的效果也不同。

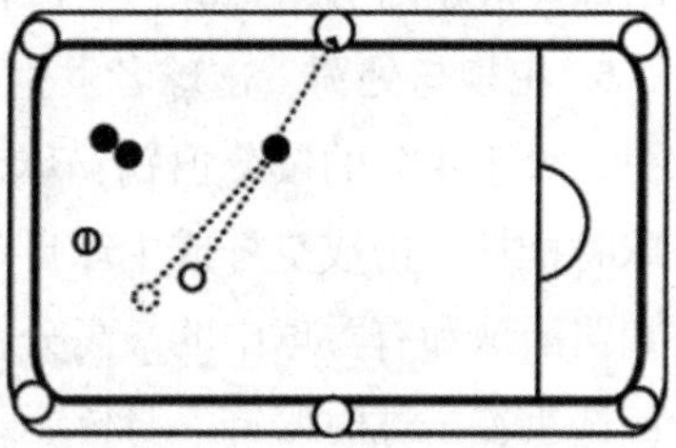

图16－8　缩杆球技术

6. 侧旋球技术

（1）技术动作　侧旋球就是球杆撞击主球的右侧或左侧，使主球旋转并向前进。击球时球杆呈水平状态，主球直线前进，击球时随握杆手的提高，主球前进路线的弧度增加。

（2）技术效果　撞击主球左侧形成顺时针旋转，碰到目标球时，主球运动方向向右偏转，目标球产生相反方向的自旋；撞击主球右侧形成逆时针旋转，碰到目标球时，主球运动方向向左偏转，目标球产生相反方向的自转。

（三）基本战术

1. 开球战术　对一局比赛的胜负有着十分重要的作用，各种台球都讲究开球的技巧。如斯诺克台球的开球，一般采取安全打法，在不违例犯规的情况下，给对方造成不利的形势，甚至使其因此而失误。16彩球台球的开球，一般都采取给对方制造障碍的战术，使对方没有机会进球。

2. 得高分战术　在以得分为主的台球比赛中，主要的战术是尽量把主球调整到击分值高的球的最佳位置，控制主球时要注意各个击球点的巧妙运用。

3. 安全球战术　在比赛中台面上的球势于己不利，没有击球入袋的机会或要承担很大的风险时采取的一种防守策略。它与开球战术的打法相似，常常用于一盘的中局战术中。

4. 障碍球战术　台球比赛中技巧性最高的一种战术，在比赛中将主球和目标球调整到其他球的两边，其他球成为障碍，阻挡主球直接撞击目标球。打障碍球战术的时机是自己在击球时，毫无进球希望或对方的积分超过了自己，设置障碍给对方带来不利，甚至被罚分。

三、台球竞赛规则

台球运动中包括了不同种类的项目，在此仅介绍常见的斯诺克和8号球的比赛规则。

（一）斯诺克比赛主要规则

1. 开球规定　开球时主球必须击中红色球，而且不能击空，也不能让主球落入袋中，否则，按规则罚分，由对方获得击球权。

2. 击球顺序　第一杆必须击打红球，然后可在其他色球中任选一个击打，接着再击打红色球，红色球与其他色球必须相间进行击打，红色球落袋无须拿出，其他色球入袋要取回放在原置球点上，直至红色球全部被击落，最后还要击落一个色球。红色球全部击落后，剩下的6个色球必须按分值从低到高依次击打。

3. 记分方法　击落红色球得1分，黄色球得2分，绿色球得3分，棕色球得4分，蓝色球得5分，粉色球得6分，黑色球得7分。打球时，如果犯规要罚分，但罚分不是在犯规一方中扣除所罚分数，而是将所罚分数加给对方，最后累计积分高者获胜。

4. 手中球与自由球 主球被击出界或自落，应判手中球，由对方获击球权。手中球只能摆在开球区内的任一点上，并击任何方向的球。当击球队员犯规后，主球变成死角球或障碍球时，应判为自由球。改由对方击球时，可以指定任何一个球作为目标球。非犯规方也可以让犯规方继续击球。

5. 犯规与处罚 击球者发生下列情况之一者均被判为犯规，应罚活球的分值，小于4分的按4分罚，大于4分的按分值罚：球未停稳即开杆；击球时杆头触击主球两次以上；击球时双脚离地；击球时推杆；击成空杆或主球自落；用自由球作障碍球；手中球未放在开球区内开球。下述犯规者，应判罚活球和有关球中的最高分值（小于4分罚4分，大于4分罚自身分值）：使非活球被击中或落袋；选手在击球时服饰、身体、球杆等触动球；击成跳球或击球出台；主球同时撞击两个球（同时击两个红色球或一个自由球和一个活球除外）。下列犯规行为，一律罚7分：红球入袋后，尚未指定彩球就犯规了；使用台内的球达到一定目的；连续两次都击打红球；用非主球作主球。

（二）8号球比赛主要规则

1. 置球 目标球呈倒三角形置于置球点，8号球置于球堆的中央位置，三个角上分别是1、2、3号球，也可以任意摆放，只要8号球的位置在中央就行。

2. 开球 开球时击中球堆即为有效，但开球时击中了8号球或主球落袋或两者同时落袋，均必须重新开球。

3. 基本玩法 8号球玩法是将15个球分为两组，1~7号球为一组，9~15号球为一组，8号球为双方争夺的球。击球时，谁打哪一组取决于第一个被击落的球。当某一方将所属于自己的那组球全部击落，即可击8号球，谁先将8号球击落袋中谁先获胜。

4. 失机 击球不落袋或将对方球击入袋中，主球落地或错击，空杆或连击，击球出界或击球时双脚离地等情况均为失机，失机应判为另一方击球。

5. 失误 被判为失误的情况如下：将8号球击出界；在自己所属一组球未完全击落前，将8号球击入袋中；击8号球时犯规；在8号球不是合法目标球时击8号球入袋，或8号球没有被击入指定的球袋。出现以上情形之一，应被判为失误将输掉该局比赛。

第二节 轮 滑

一、轮滑简介

轮滑运动起源于欧洲。18世纪，一名荷兰滑冰爱好者为了解决在夏天也能滑冰的问题，而发明了最初的轮滑鞋。后来经欧美国家的一些人多次对轮滑鞋进行改造，使这项运动得以发展和普及，并逐渐发展成为三个竞赛项目：速度轮滑、花样轮滑、轮滑球。这些项目均以脚穿有4个轮子的轮滑鞋为主要工具，以在地面上滑行为基础，因此称为轮滑运动。在我国，轮滑运动原称旱冰运动，又称四轮溜冰运动。轮滑运动具有较强的娱乐性和竞争性，经常参与轮滑运动，能全面协调和综合发展人的速度、力量、耐力、灵敏、柔韧等多种素质，使参与者体魄强健、精力充沛、意志坚强。

二、器械、护具

轮滑运动的基本装备有轮滑鞋、头盔、护膝、护肘、护腕掌手套等。

1. 轮滑鞋　根据形式的不同，分为直排轮滑鞋（单排轮滑鞋）和双排轮滑鞋两种。直排轮滑鞋主要应用于速度比赛、轮滑球运动和室内外休闲运动，是目前轮滑鞋的主流；双排轮滑鞋主要应用于花式表演和轮滑球运动，它又分为速度轮滑鞋、花样轮滑鞋、轮滑球鞋三种。

2. 轮滑护具　根据轮滑运动的特点而专门设计的。它是为了防止练习者或运动员在进行轮滑练习、比赛和表演时出现意外伤害事故，对练习者或运动员进行保护的一系列穿戴用具。一旦失去平衡，应迅速屈膝下蹲，顺势滚翻或用手撑地，进行自我保护。

三、轮滑的基本技术

（一）基本站立

1. “丁”字形站立　两脚成“丁”字靠拢站立。前脚跟靠住后脚弓，上体稍前倾，重心略偏于后脚（图16－9）。

2. “八”字形站立　两脚尖外展40～50度成“八”字，脚跟靠住站立，上体稍前倾，重心落在两脚中间（图16－10）。

3. 平行站立　两脚平行分开，稍窄于肩，脚尖稍内扣，膝部微屈，重心落在两脚中间（图16－11）。

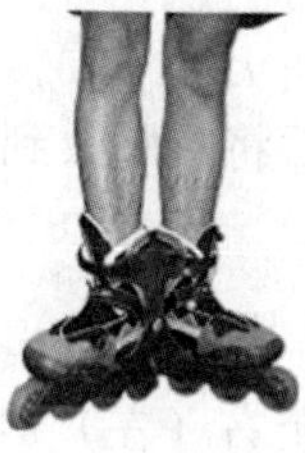

图16－9　“丁”字形站立

图16－10　“八”字形站立

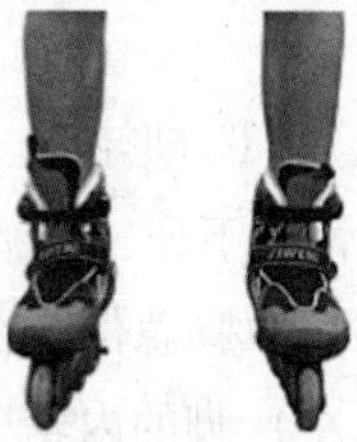

图16－11　平行站立

4. 蹲起练习　两脚平行站立，做下蹲并站起动作。可先做半蹲，逐渐加大下蹲程度和速度，直至快速深蹲并做短时间的静蹲后再站起。练习时要注意在屈伸踝、膝、髋三个关节的协调配合。

5. 练习方法　开始时可用手扶持固定横杆或在同伴扶持帮助的情况下进行练习，逐渐独立完成。

（二）行进间练习

1. 向前行走　两脚尖外展40～50度成“八”字形站立，一腿屈膝向前提脚迈步，另一腿屈膝提起，两腿原地交替进行，身体重心在两腿之间移动。

练习方法：反复练习，逐渐加快迈步频率和迈进距离。

2. 小步滑动　在行走的基础上，迈步脚落地时，有意将轮子向前稍搓一下，形成滑动。两脚交替进行，上体稍前倾，两臂自然摆动维持身体平衡。

练习方法：逐渐加快行走的速度、减少行走的步数和延长滑行的距离。

3. 向前滑行　这是轮滑的基础，也是最基本的滑法之一。

（1）单蹬双滑（以右脚蹬地为例）　右脚用内轮蹬地，将身体重心送至向前滑行的左腿上。右脚蹬地后迅速收腿，与左腿并拢成双脚平行滑行，当速度减慢时，再用左脚内轮蹬地，将身体重心送至向前滑行的右腿上，左腿蹬地后迅速将腿与右腿并拢平行滑行。

练习方法：一脚向侧后蹬，双脚滑进，待滑进停止后，再换另一脚蹬，重复练习。一脚向侧后蹬，双脚滑行，然后在滑行中用另一脚蹬，双脚滑行，重复练习。

（2）单蹬滑行（以左脚蹬地为例） 左脚用内轮蹬地，随着蹬地动作结束向前收左腿，把身体重心移向右腿，成半蹲支撑，右脚先用平刃向前惯性滑出，然后再用内刃蹬地，身体重心移向左腿，成半蹲支撑，左脚用平刃向前惯性滑行，双脚交替进行练习。

（3）前压步转弯（以左转弯为例） 根据滑行速度和转弯圆弧的半径，身体向圆内倾斜，左腿用弓箭步支撑滑行，右腿用前压交叉步支撑滑行。两腿屈膝半蹲，上体前倾，当左腿用外轮获得稳定支撑时，右脚向左脚的左侧前方迈出大半步，当右脚落地用内轮蹬地时，身体重心从左腿移到右腿，然后左脚迅速从右腿的后方收回，向左前侧迈出大半步，用外轮支撑重心。向右压步转弯，动作相同，但方向相反。

练习方法：在圆弧上做直线滑行，插入连续的 3 ~ 5 步的弯道交叉压步练习。逐渐从小圆弧、大圆弧过渡到固定半径的圆弧滑行练习。

4. 倒滑 膝、踝关节深屈，使双脚成“八”字形，先向后行走，再逐渐加力移动重心做向后滑行练习。

5. 停止滑行

（1）内“八”字停止 在获得一定向前滑行速度后，两脚平行分开站立，随后脚尖内转，两脚以内侧轮柔和地压紧地面，两腿弯曲，上体稍前倾，两臂前伸维持身体平衡，就会逐渐减速至停止。

（2）“T”形停止 单脚滑行时，浮脚在滑脚的后跟处成“T”形，然后将浮脚放到地面，用内轮慢慢地下压，可减速直至停止。

（3）双脚急停 在向前滑行时，双脚和上体突然向左（右）转体 90°，用左（右）脚的外轮和右（左）脚的内轮压紧地面，同时身体向右（左）急转，重心下降并移至右（左）脚上。

（4）利用制动轮停止 在滑行时，只要抬起脚跟，用单脚或双脚的制动轮擦地即可停止。

练习方法：由慢速滑行－制动的练习过渡到快速滑行－制动的练习。

（三）速度轮滑

在初步掌握了轮滑基本技术后，再学习速度轮滑技术，它包括直道滑行和弯道滑行。

1. 直道滑行（图 16－12）

图 16－12 直道滑行

（1）滑行姿势 采用蹲屈的滑行姿势，上体前倾与地面角度为 25°左右，背高于臀，膝关节弯曲 120°左右。

（2）轮子蹬地 蹬地技术是决定滑行速度的关键，主要取决于蹬地力量的大小和蹬地时间的长短。

（3）全身协调配合 首先是左右腿之间的配合，当左腿惯性滑行时收右腿，左腿蹬地时右轮开始着地；其次是身躯与腿的配合，即上体和臀部随着两腿交替移动而不断转移重心；最后是上下肢的配合，滑行时两臂的摆动速度要稍快于两腿的动作速度，以增强轮子的蹬地力量，提高滑行频率。全身配合是完成滑行技术和快速滑行的重要因素。

2. 弯道滑行（图 16－13）

图 16－13 弯道滑行

（1）滑行姿势 采用身体向左前侧倾斜，利用交叉步使身体重心落在左腿外侧和右腿内侧，滑行姿势比直道滑行稍低，重心保持平衡。

（2）蹬地动作 采用交叉步，沿着圆弧的切线滑行，步幅不能过长，步频较快，惯性滑行时间比直道短。当左轮拉收到右支撑腿时，右腿开始蹬地；右腿压收超过左轮时，左腿则开始蹬地。

（3）全身协调配合 弯道滑行技术的关键是摆臂动作和蹬地动作的配合。弯道摆臂动作可维持平衡，增加轮子的蹬地力量，提高滑行频率。弯道摆臂的幅度要比直道小，左臂摆动的幅度要比右臂小，手臂摆动的方向偏向左侧。

第三节 垂 钓

一、垂钓简介

垂钓起源于古代先民的生产活动，最初只是人类维持生计的一种手段。随着垂钓的发展，垂钓已不再仅仅是大众消遣健身的一种方式，已发展成为一项体育竞技运动。

（一）特点

1. 快乐的运动 钓鱼是一项快乐的运动，可以在轻松愉快的氛围中达到锻炼身体的目的。

2. 运动量自主调控 首先，早出晚归，运动时间长。其次是拥抱了大自然，呼吸了新鲜的空气，有利于身体健康。再次是装备的搬运要花气力。最后，每次的运动量不大，但次数多，累积的总运动量大。

3. 垂钓需要斗智斗勇 了解鱼情，制定相应的垂钓方案，选择正确的钓法、钓具、钓饵等。到了钓场更需要临场应变等，垂钓需要智能。

4. 垂钓能磨炼人的意志 垂钓对人的性格有较好的磨炼，钓鱼运动对于培养人们的耐性、把握机会的能力、承受失败的能力、对待成功的能力等均有益。

5. 陶冶情操 人们在垂钓活动中不仅锻炼了身体，还可领略自然风光，陶冶情操。

（二）分类

垂钓按照所用钓竿的类型不同，可分为手竿和抛投竿两大类，手竿类钓法分为传统钓、台钓、国际钓法等。抛投竿钓法也可分为普通海竿和路业等。

（三）安全常识

垂钓是户外活动，而且是在水边的户外活动，因此参与钓鱼必须注意安全问题。

二、传统钓

（一）定义

就是“传统钓法”的简称，顾名思义，祖宗传下来的钓技、钓法。

（二）分类

在我国的传统钓法中，既有长竿短线钓法，又有短竿长线钓法、齐竿线钓法；按漂的使用情况可分为立漂、星漂、无漂（如绷尖钓法、重坠弃坠钓法）等。

（三）特点及优点

1. 特点 精确定位、沉坠漂系的两大技术特点，

2. 优点 适应性强、机动性好、入门神速。

（四）装备配置

1. 必备器材 主要有钓竿、浮漂、钓线、钓钩、铅坠等。

2. 辅助装备 主要有竿架、鱼护、抄网、折叠椅、遮阳伞、太阳镜、摘鱼器等则是各种钓法都通用的物品。

（五）实战技巧

长竿短线的钓具组成使得调漂、换饵、摘鱼等操作必须收缩钓竿才能进行，“传统钓”的技巧大都是围绕如何发挥精确定位的优势，如何使窝点的鱼更多、更集中来发展的，这与台钓是有明显区别的。长竿短线如果要现场调漂的话，每一次增减铅皮，都需要伸缩钓竿，操作上比较麻烦。

三、台钓

（一）起源

台钓就是中国台湾钓法的简称，是源自中国台湾的一种钓鱼技法；简单地讲，台钓是一种舒适、高效的钓鱼技法。

台钓于20世纪80年代后期传入大陆。经过10多年尝试，台钓逐渐被大陆广大的垂钓爱好者接受，台钓的技术也得以进一步完善、发展。

（二）装备配置

1. 必备装备

（1）钓竿 最重要的台钓装备之一。

（2）线组 其选用和搭配是台钓重要的技术要领之一，一般请教有经验的高手或者渔具店直接配备合适线组。

（3）浮漂 台钓用浮漂群来应对各种不同的鱼情，初学者，宜选择细长身类型的钓底类型浮漂，视力不好者宜选择，细长身的软尾漂，甚至是龙凤尾漂。

（4）钓箱 据钓箱配件的设置方式，钓箱可分为内置式和外置式两种类型。替代钓箱的新产

品——钓台。

（5）竿架 分为两种类型：钓箱专用型和两用型。既可配合钓箱使用，也可插在地上单独使用。

（6）抄网 以柄长、重量轻、承重力大的为上品。

（7）竿包 有带支架和无支架的两类。

（8）鱼护 放置钓获装置，选购鱼护要注意鱼护的长度以及鱼护的网眼不能太大。

（9）钓饵 属于消耗品，现在的台钓商品钓饵种类繁多，可根据自己主钓的对象鱼来选购种类（图16－14）。

2. 辅助装备 工具配件，包括多功能漂盒（存放浮漂、主线、备用子线、铅皮等）、竿止、铅皮、摘鱼器、小水桶、毛巾（抹布，最好带两条）等。防护用品主要包括遮阳伞、太阳帽、防晒服、防晒霜、偏光镜等。

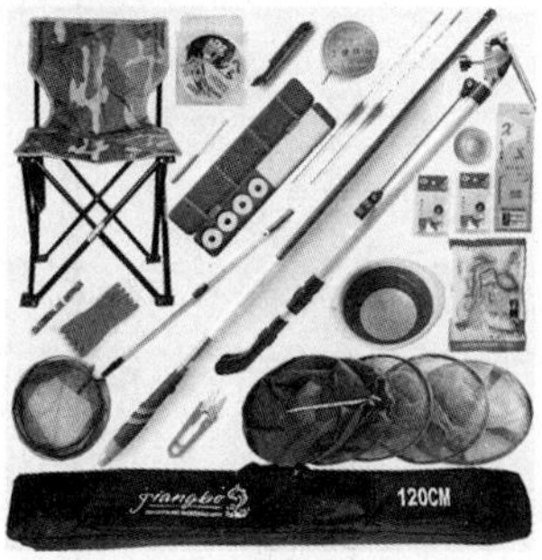

图16－14 钓钩种类

（三）垂钓技术

1. 钓箱定位 来到钓场，选好钓位，首先要将钓箱定位，以钓箱平稳不晃动、坐着舒适为准。

2. 设备架设 在钓箱的各个连接孔中分别插入竿架、饵料盘、鱼护，拧紧固定螺丝即可。

3. 调饵 常被钓友们称为开食，是台钓的一个重要技术环节。

4. 钓组的组装

（1）穿上竿止，拔出前堵、竿只是台钓装备中的一个小配件。

（2）钓竿与主线的连接，通过马蹄结将主线与钓竿上的布袋线相连，再将太空豆上拉，锁住马蹄结。

（3）浮漂与主线的连接主线，将浮漂的漂脚插入浮漂座即可。

5. 竿架调节 调整竿架的长度及竿架的倾斜度，使钓竿的竿尖入水3～5厘米。

6. 调漂 台钓的调漂包括调目的调整和钓目的调整两部分。调目的调整是铅皮的配重过程，钓目的调整是找底（测量钓点水深）的过程。

（1）调目的调整 就是线组在配置了一定的铅皮重量后，空钩半水时浮漂露出水面的目数。在调目的调整过程中，要求钓钩、铅坠在水中呈悬浮状态（钩坠不接触水底），俗称“半水调漂”。

（2）钓目的调整 通过改变浮漂在主线上的位置，使浮漂露出水面的目数达到预设钓目的数目。钓目的预设数目与漂讯的灵敏度密切相关，钓目数越小，漂讯越灵敏；反之亦然（图16－15）。

7. 应急措施 初学者在垂钓中常常出现钓线缠竿、子线打结，这往往是由于扬竿不当造成的。

8. 钓具的保养 主要是清洗、擦拭，保持钓具的清洁卫生。

9. 台钓技法 包括操作技巧、技法技巧两个方面。

（1）操作技巧 选好钓位，固定好钓箱或钓台，架设装备，组装钓组，调饵，调漂，开钓。重复上饵、抛竿、扬竿、摘鱼的过程，直到收场装包回家。

（2）技法技巧 指需要进行分析判断的台钓技法，如钓位选择、观漂技术、用饵技术、临场应变等。

10. 抛竿 根据竿、线的总长度，在前方画一直径50厘米的圆，然后抛竿，一竿一竿抛，直至绝大多数能将两钩和铅片座抛入圆圈内。以垂钓者的姿势划分，抛竿方式可分为坐抛和立抛两种。从抛竿时的手法看，抛竿又可分为垂直荡送法、横向弹送法、上抛甩送法三种方式（图16－16）。

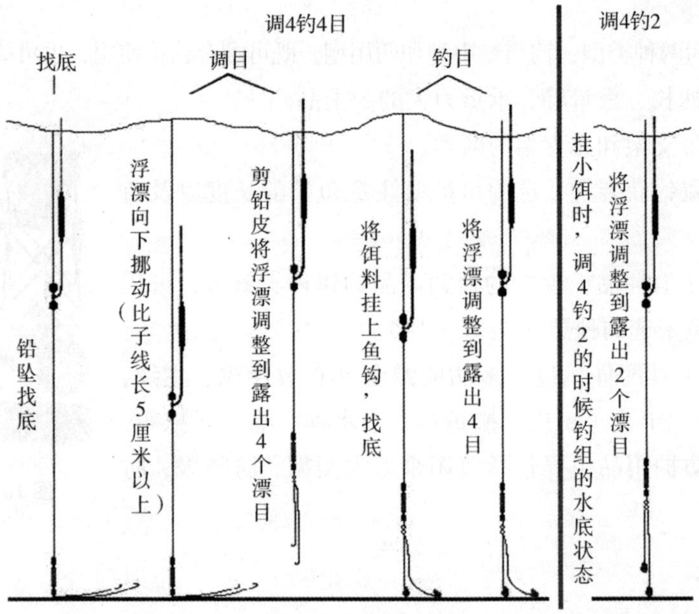

图 16－15　钓组的组装

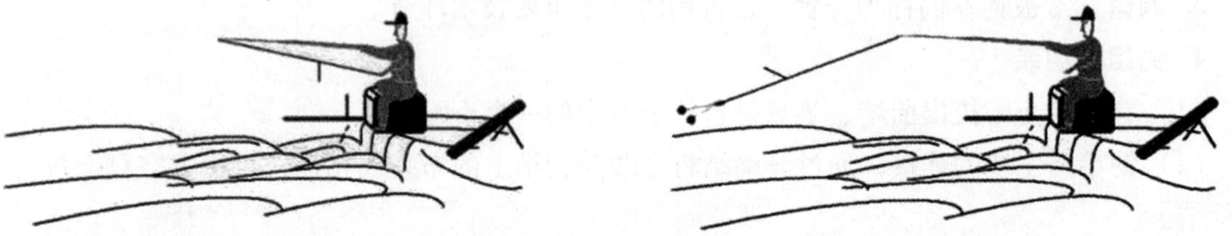

抛竿A　抛出去后，在饵没有入水之前　　抛竿B　手不能松劲，劲要用在竿尖上

图 16－16　抛竿方式

11. 压水线的方法　钓饵被抛至钓点后，将钓竿放在竿架上，当浮漂横在水面时，将放在竿架上的钓竿顺其自然地向后拉 15 ~ 20 厘米，等浮漂下沉立稳后，再将钓竿向前回送 15 ~ 20 厘米即完成压水线的操作。

12. 调饵开食要领

（1）先拌饵料后加水其核心是保证钓饵中各种原料的均匀性。

（2）加水量对饵团的软硬度、雾化效果、适口性有较大的影响。

（3）搓揉程度对饵团的雾化效果及黏度有较大的影响。

（4）了解所用饵料的特性。将干粉钓饵调成饵团，要经过吸水、成熟、衰退三个过程。

（5）调饵量的控制主要是从节约钓饵成本、保证钓饵状态两方面来考虑。

13. 台钓的上饵方式　分搓饵和拉饵两种。

（1）搓饵　台钓最基本的上饵方式，搓饵分为休闲搓饵和竞技搓饵两种方法。休闲搓饵法是先搓小饵球，再将小饵球搓到钓钩上，主要用于休闲垂钓。竞技搓饵法的操作步骤：再用大拇指缝中上挑，将长饵条切断为两粒小饵团。其中一粒会粘在大拇指的指甲上（备用），另一粒仍夹在示指与中指间。将下钩放到示指与中指缝中的小饵团上，顺势向下带动子线，使钓钩刺入小饵团中，再搓揉整理成水滴状即可。然后，将粘在大拇指的指甲上的那一粒饵团移动到示指与中指间，用同样的方法上上钩的饵。

（2）拉饵　将双钩从饵团中拉出，利用钓饵中的小麦蛋白形成的纤维素丝，在双钩从饵团中的拉出过程中将钓饵自动附着在钓钩上，从而完成上饵的过程。

14. 扬竿要领　实际上，扬竿包含有两个步骤（图16－17）。

图16－17　扬竿要领

（1）扬竿刺鱼　扬竿将钓钩刺进鱼体。

（2）扬竿提鱼　扬竿将鱼提出水。

15. 溜鱼技巧　利用钓竿的弹力，掌握好钓线的牵引角度，把握适度的用力，合理利用并随时保持钓组处于最佳的受力状态（图16－18）。

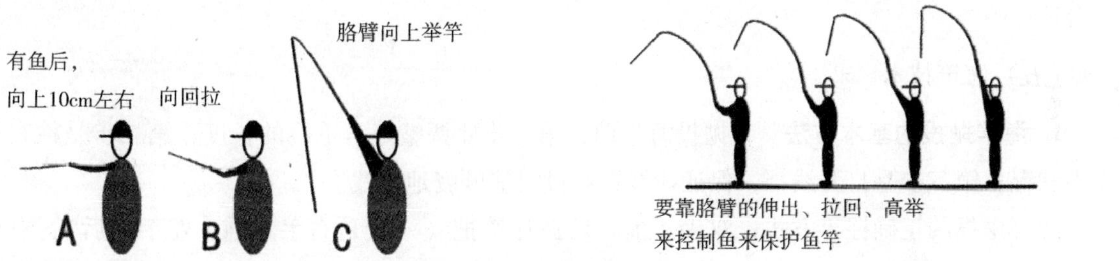

图16－18　溜鱼技巧

（1）适时调整竿线的角度与位置。

（2）溜鱼的关键之一就是不要过分刺激鱼，尽可能不要让鱼意识到巨大的危险，鱼不拼命发力，竿、线所承受的力就小，出现断线、断竿的可能性就小，将大鱼捕获的可能性就大。

16. 临场应变的基本原则

（1）钓竿应变竞技型选手参加垂钓比赛一般备有多根钓竿，配有多根钓竿临场应变的第一步。

（2）浮漂应变主要是根据垂钓时的天气状况、钓点的水深、钓场的鱼情来正确选用相应的浮漂类型，或通过调漂来调整设置浮漂的灵敏度。

（3）线组搭配，保证钓线的强度能应对预期的垂钓对象，钓线越细越好，这是钓线选用的基本原则。

（4）钓钩应变钓钩的选用要与鱼情相适应。主要是根据鱼情选用相应的钩型和钩的号数。

（5）饵料应变，垂钓的用饵要求因鱼制宜、因地制宜，要根据钓场的情况、上鱼的状况来分析、判断，选用对路的饵料垂钓。

四、海竿

（一）定义

狭义的海竿是指抛投类的钓竿，广义的海竿是指用带有线轮的钓竿，通过抛投的方式，将钓点定位在离岸较远的地方进行垂钓的一种垂钓方式。

（二）组成

系统由钓竿、线轮、线组三部分组成。常用的钓组有串钩、爆炸钩、水怪（飞钩的改进版）等。

（三）海竿的特点

海竿最大的特点是钓竿上装有线轮。两大优点，即钓点远和轻松制服大鱼。

（四）装备配置

海竿的快速入门只需要掌握海竿组装、抛投、收线等最基本的操作。

组装海竿钓组由海竿、线轮、线组三部分组成。海竿系统的组装，就是将配有钓线的线轮装到海竿上，再接上线组的过程。

1. 安装线轮　组装海竿的第一步。

2. 穿线　海竿的钓线是储存在线轮中的。

3. 挂钩、坠　钓线从导线环中穿过后，接上串钩，再接铅坠，一副钓底的串钩海竿就组装完成了。

4. 曳力调整　海竿在抛投前，需要检查线轮的曳力状况，即稍稍用力拉一下主线，看松紧是否合适。

（五）海竿技术

1. 海竿抛投的基本方法　在抛投海竿前，第一步要调整好下垂线的长度，第二步是检查调整曳力状况；第三步是打开线挡，保证钓线在抛投时能顺畅地出线。

海竿抛投的正确握竿方式：双手一前一后握住竿把（一般是右手在前，左手在后），右手的无名指与中指之间夹住线轮的轮座，右手示指钩住钓线后左手打开线挡，两腿前后叉开，竿尖向后，平举海竿，身体上部略往后倾，重心放在后腿，用力向前挥动甩竿，身体重心移向前腿，当竿挥到与视平线夹角约45度迅速松开示指放线，身体上部自然顺势前倾，待铅坠落水后身体恢复常态，放下线挡，收紧钓线即完成海竿的抛投。

2. 海竿使用要素

（1）线轮曳力一般以手拉一下主线，轮子能自如转动并出线为宜。

（2）调整好适当长度的下垂线这里所说的下垂线是指竿尖导线环到线组末端这段距离的钓线。

（3）示指勾钓线、打开线挡抛投前示指勾钓线、打开线挡，这是玩海竿的基本常识，是海竿操作的基本程序之一。

（4）海竿的扬竿，主要看竿梢的动态情况来确定。竿梢连续抖动（两次以上）是中鱼的典型讯号。“回线”也可能是海竿中鱼的一种讯号。

第四节　拓展训练

一、拓展训练简介

（一）起源

拓展训练起源于第二次世界大战。当时，在大西洋的船队屡遭德国纳粹潜艇的袭击。在船只被击沉后，大部分水手葬身海底，只有极少数人得以生还。英国的救生专家对生还者进行了统计和分析研究，他们惊奇地发现，这些生还者并不是他们想象中的那些年轻力壮的水手，而是意志坚定懂得互相支持的中年人。经过一段时间的调查研究、了解情况，专家们终于找到了这个问题的答案：这些人之所以能活下来，关键在于这些人有良好的心理素质。于是，提出“成功并非依靠充沛的体能，而是强大的意志力”这一理念。当时德国人库尔特·汉恩提议，利用一些自然条件和人工设施，让那些年轻的海员做一些具有心理挑战的活动和项目，以训练和提高他们的心理素质。后其好友劳伦斯在1942年成立了一所阿德伯威海上训练学校，以年轻海员为训练对象，这是拓展训练最早的一个雏形。由于拓展训练这种非常新颖的培训形式和良好的培训效果，很快就风靡了整个欧洲的教育培训领域并在其后的半个世纪中发展到全世界。训练对象也由最初的海员扩大到军人、学生、工商业人员等各类群体。训练目标也由单纯的体能、生存训练扩展到心理训练、人格训练、管理训练等。

（二）拓展训练在中国的发展

1970年，中国香港成立了香港拓展训练学校。这是中国第一个加入Outward Bound国际组织的专业培训机构，1999年，该组织在广东肇庆建立了拓展训练基地，是国内第一个该组织下属的培训基地。

1994年，刘力先生把“拓展训练”这4个字抢先注册，创办了国内第一所专业的体验式培训机构——北京拓展训练学校，并将其体验式培训产品命名为拓展训练。1995年3月15日成立了“人众人教育”（GROUP），1996年正式创立了培训知名品牌——拓展训练。

（三）高职院校拓展训练的特点

拓展训练在高职院校的发展，除了使学生达到“磨炼意志、陶冶情操、完善人格、熔炼团队”的目的，主要有以下一些特点。

1. 突出生命教育理念 拓展训练是以“挑战自我”为目的，它独特的“历奇性”可以使医学生通过参加陌生的、新奇的、有挑战性的活动，获得不同寻常的生命体验。

2. 强化个人心理训练 拓展训练是通过训练课程能够有效地拓展他们的职业潜能，提升和强化个人心理素质，帮助他们建立高尚而尊严的人格。

3. 增强团队合作意识 拓展训练是一套塑造团队活力、推动组织成长的不断增值的训练课程。通过拓展训练，大学生在以下方面将有显著的提高。

（1）认识自身潜能，增强责任心与自信心，改善自身形象。

（2）克服心理惰性，心理恐惧，磨炼战胜困难的毅力。

（3）启发想象力与创造力，提高解决问题和困难的能力。

（4）认识群体的作用，增进对集体的参与意识与责任心。

（5）改善人际关系，更为融洽地与群体合作。

（6）学习欣赏、关注和爱护自然，尊重生命。

（四）拓展训练的流程

1. 体验 拓展训练关键的第一步。任何一个拓展训练项目的开始都是在指导老师的指导下去经历一种场景，去完成一项任务，并以观察、表达、参与等行为进行，这种初始体验是整个过程的基础。这一过程为实践过程。

2. 感受 在项目活动过程的实践中，容易得到最真切的感受，这种感受是生动的、全方位的、印象深刻的，每位学员，由于自身的认知、成长环境不同，思考问题与感受的角度与切入点不同，这样在活动中，产生的看法就多种多样。项目进行中，有成功的经验，也有失败的教训，这一过程是认识的初级阶段，通过这种“高峰”体验，亲身感受获得第一手资料。

3. 分享 主要采用回顾的方式，每位学员，在项目进行中的表现、表达、行为，进行盘点总结，并且在团队中进行信息的交流，使得每位学员的看法，感受与团队中的其他成员分享，使得团队所有成员掌握较为全面的信息。

4. 总结 由指导老师主导，根据大家的讨论结果，结合理论知识进行归纳总结，把学员的认识从感性认识提高到理性认识。根据训练目标和过程进行讲解与点评。

5. 应用 总结不是活动的终结，要启发学员将拓展训练中获得经历体验和理论认知应用到实践中去。也是拓展训练的延伸，这一过程是完成“认识从实践中来，最终用来指导实践”的循环上升过程。这也是拓展训练的意义所在。

二、拓展体验

图 16－19 盲人方阵

（一）盲人方阵

盲人方阵也叫盲阵，这是一个以团队挑战项目，活动中每一名学生都可以获得一次非同寻常的经历，它将让我们得到一次全新的反思和认知（图 16－19）。

1. 训练过程 所有的人（蒙眼）把培训师给的绳子，围成一个面积最大的正方形，所有的人要比较均匀地分布在这个正方形的四条边上。

2. 规则 所有人不得摘下眼罩或偷看。

3. 场地器械 平整开阔的场地；绳子 2～3 根；眼罩。

4. 训练目标

（1）培养团队成员的沟通意识，提高沟通技巧和决策能力。

（2）培养学生做事时方法和知识，结合与运用的能力。

（3）使得学生理解角色定位及尽职尽责地完成本职工作的重要性。

（4）理解“失与得”的辩证关系。

（二）信任背摔

信任背摔是最为经典的拓展训练项目之一

1. 练习过程 要求所有队员都要轮流站到背摔台上，背对大家身体笔直的向后倒下，下边的保护队员稳稳将他接住。背摔队员：双脚并立，双手前伸体前交叉，掌心相对十指握拢，内翻贴于胸前。收臂挺胸，下颌微微内颔，双脚略微探出台面。

2. 注意 后倒时不允许向后窜越或直接跳下；不要向后坐下；倒下后要控制好自己的双脚，以免砸伤队友。保护队员：两两相对为一组（身高尽量相等），同时伸出左脚，脚内侧相贴。双臂前伸掌心向上，平行交错搭在队友胸前。挺胸抬头，侧向关注背摔队员的背部。如果背摔队员倒下时有角度偏差，两人可同时移动重心将队友接住，自己也避免被砸伤。组与组之间肩部相互挤紧，并排成一条直线。注意：当接住队友之后，不要鼓掌、上抛，要先放其脚，然后将其慢慢扶正。将身上所有坚硬物品全部取下后进行肌肉测试。

上下沟通：背摔队员喊："准备好了吗?"保护队员回答："准备好了!"背摔队员自己喊："1、2、3"，然后倒下（图16-20）。

3. 场地器械　背摔台、捆手绳。

4. 练习目标

（1）培养团队内部的相互信任。

（2）增强学生挑战自我的勇气和良好的心理素质。

（3）发扬团队精神、互相帮助以及团队责任感。

（4）通过挑战懂得突破本能的重要意义。

（5）感悟制度的制定与保障对完成任务的价值。

（6）培养学生换位思考的意识。

（三）高空断桥

高空断桥是一个以个人挑战为主的项目，属于高心理冲击的高空通过类项目。

1. 训练过程　要求每一名队员爬上断桥，从断桥的一边跳到另一边，再跳回来。

2. 动作要求　跳的时候脚尖要略微探出板面，单腿起跳，单脚落地，不允许助跑起跳，不允许双脚起跳，不允许双手紧握保护绳（图16-21）。

图16-20　信任背摔

图16-21　高空断桥

3. 场地器械　高空训练架、铁锁、8字环、上升器、安全带、扁带、头盔、动力绳等。

4. 训练目标

（1）培养克服恐惧、勇于面对困难的态度。

（2）学习认识自我、挑战自我、战胜自我的方法。

（3）学习自我说服与自我激励，认识鼓励他人与获取鼓励的重要性。

（4）培养团队面对困难时的互助精神和团队意识，观察并分析团队角色与整体统筹。

（5）学习分析风险和化解风险的能力。

（四）垂直天梯

垂直天梯也叫巨人梯，这是一个以2~3人共同挑战并和团队配合相结合的项目（图16-22）。

1. 训练过程　要求每组队员（两人一组），尽力向上爬，争取摸到第六根圆木。

2. 规则　不允许抓握胸前的保护绳及天梯两侧的钢缆。

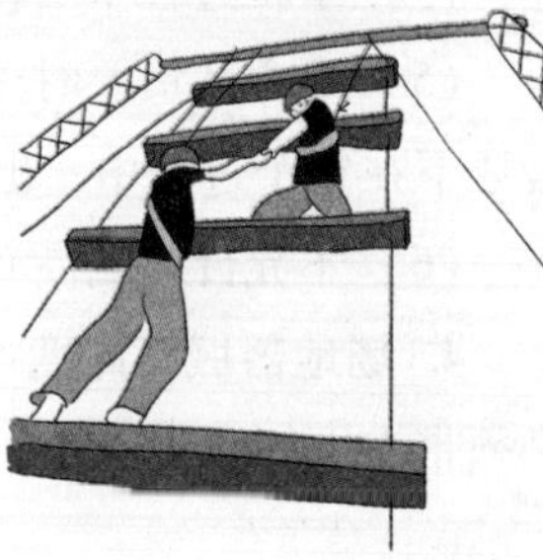

图16-22　垂直天梯

3. 注意事项

（1）把身上的坚硬物品摘掉（手机、呼机、手表、眼镜、大的钻戒、硬质发卡、胸针、钥匙、笔等在一边放好）。

（2）指甲不宜过长。

（3）不允许拉拽安全带上的器械环和腿带。

（4）不允许踩踏同伴的头颈腰背，只能踩大腿根部及肩窝处。

（5）拉手只能拉手腕。

（6）女士长发必须盘入头盔内。

4. 场地器械 8～12米高的组合训练架或专项训练架，不小于25米长的动力绳2～3条，足够数量的铁锁，可以供两组学生使用的安全带和头盔；用于保护的扁带、铁锁和“8”字环2～3套，手套6副。

5. 学习目的

（1）全力以赴、合理分工、互相鼓励、充满信心、克服心理障碍是实现目标的保障。

（2）培养学生的相互协作、不离不弃的共同意识。

（3）体会团队内部人员合理搭配对实现整体目标的价值。

（4）学会共同探索、总结经验与彼此分享和传授经验对提高整体工作效率的重要性。

（5）珍惜别人的帮助，懂得感恩是能够继续前进的无形助力。

（五）求生墙

图16－23 求生墙

求生墙也叫海难逃生，因为经常将它安排为最后一项活动，因此，也叫毕业墙或胜利墙（图16－23）。

1. 项目过程 要求所有队员在40分钟内翻越面前这堵四米高的墙。

2. 规则

（1）墙是唯一的通道，不允许从墙的两侧绕行。

（2）不允许借助任何有助于延长肢体的物品，如绳索、衣物、腰带等。

3. 注意事项

（1）把身上所有的坚硬物品（手机、呼机、手表、眼镜、大的钻戒、硬质发卡、胸针、钥匙、笔等在一边放好，再检查一下自己的口袋）。

（2）爬的过程中不允许踩踏队友的头颈腰背，只允许踩大腿根部和肩窝处。

（3）互相拉手时，要抓对方的手腕。

（4）攀爬过程中当自己支持不住时一定要大声通报队友，再坚持几秒钟。

（5）下方队员要时刻做好抱石保护，但发现队友失去重心时，要迅速将其按在墙上，把他慢慢放下在整个过程中，出现危险动作，我将及时制止。

（6）不允许走墙。

4. 场地器械 高度4米以上，宽3米左右的求生墙一面，墙后平台低于墙头1米左右，平台必须带有围栏固定；300厘米×200厘米×30厘米的厚海绵垫两块。

5. 学习目的

（1）提高危急时刻的生存技能。

（2）培养团队内部以及团队之间的协作能力。

（3）民主与有效的讨论、合理与快速的决策、科学与创新的方案、正确与快速的执行是完成团队活动的保障。

（4）认同差异，合理分工，学习最优配置资源。

（5）感受团队成员的魅力与快乐。

（六）击鼓颠球

击鼓颠球也叫鼓上飞球，一个拴有十多根绳子的大鼓，在众人的牵拉下将一个排球不断颠起，努力挑战更多数量（图 16－24）。

图 16－24　击鼓颠球

1. 场地器械　平整空旷场地 1 块，栓有 10～20 根 3 米长绳和大鼓一面，排球或者同类用球 1 个。

2. 学习目的

（1）全体学生取长补短、团结协作完成共同目标的能力。

（2）培养学生不怕挫折、不断进取、争创佳绩的意识。

（3）感受互相鼓励对完成任务的积极作用。

（4）感受团队成长与团队绩效的提高过程。

三、风险与安全防护

（一）拓展项目风险的认知

拓展项目中风险是指在拓展活动中存在或潜在造成伤害的可能性或概率。拓展中的风险既包括可能的损失，也包括通过风险学习的可能收获，因此，化解风险的学习过程本身就是一次有意义的学习。

对于活动中的风险，按照传统理解可分为“未然风险”和“已然风险”，也就是需要防范和现场处置两部分。安全教育与安全预案是减少事故和事故损失的基础，制定相关应急预案，同时解决好“已然”事故，并将其向同行通报并组织研讨，为避免再次出现同样的事故累积经验。

（二）拓展项目的安全认知

拓展中所指的安全不单单指身体的安全，而是全方位的安全，它包括以下内容。

1. 身体安全　保护学生身体不受伤害。

2. 心理安全　学生可接受、伤害阈值前的心理压力。

3. 行为安全　不强迫做违反道德、法律的活动。

4. 器械安全　器械与活动道具的保护。

5. 环境安全　环保习惯与意识的培养。

（三）拓展训练的安全防护原则

1. 双重保护原则　课程设计时所需要安全保护的训练项目，都必须进行双重保护演练，其中任意一种保护方法都足以保证实施过程中学生的安全。

2. 器械备份原则 任何需要器械保护之处，都必须安置备份器械，包括绳索。

3. 多次复查原则 所有的安全保护器械合理使用，完成后必须再复查一遍，操作中部分保护要多次检查，消除操作失误的可能性。

4. 全程监护原则 拓展教师对项目进行中可能遇到的安全问题进行全程监护，将任何隐患消除在萌芽中。

5. 自愿参与原则 按照“挑战基于选择”原则，不得强迫学生参加某些高风险活动，由学生自己判断和选择是否参与，避免因此造成意外发生。

除此之外，还有一些原则性要求遵循“先挂后摘原则”“互相保护原则”“合理移位原则”与“预判协助原则”。

知识拓展

熟记人名

团队成员围站（坐）成一个圆圈，从其中一个同学开始，按顺时针方向顺序，第一位同学报上自己的名字，第二位同学（第一位同学左手边）报出第一位同学名字，再报上自己的名字，第三位同学报出第一、二位同学，再报上自己的名字……这样每一位同学，先报出前面同学的名字，再报出自己的名字，顺时针顺序熟记一圈后回到第一位同学。

再按逆时针顺序熟记一圈同学名字，从刚才第一个同学右手边同学开始。还是先报上前面同学名字，再报自己名字。

总结：锻炼大家短时间内熟记别人名字，快速拉近陌生人间的关系。

本章小结

本章节介绍了休闲运动四个项目，分别是台球运动、轮滑运动、垂钓运动和拓展训练。拓展了大学体育休闲项目的内容与方式，初创垂钓课程内容，丰富了休闲运动的形式。本章的重点是各项目知识的掌握，难点是平时的运用。通过本章的学习，旨在引导学生根据自己的兴趣爱好以及条件等诸多因素，合理地选择学习、练习、应用各个项目。

思考题

1. 台球运动推进球与跟进球有何共同点？
2. 轮滑运动平行站立技术的要领是什么？
3. 台钓如何调漂？以调 4 钓 2 为例。
4. 拓展训练项目中背摔队员的动作要领有哪些？

（王　东）

参考文献

[1] 杜金蕊，尹航．体育与健康［M］．北京：中国医药科技出版社，2019.

[2] 薛雨平．大学体育与健康教程［M］．北京：人民邮电出版社，2012.

[3] 毕春佑．基层体育竞赛指南［M］．北京：人民体育出版社，2001.

[4] 张孝平．体育竞赛组织编排［M］.2 版．北京：北京体育大学出版社，2018.

[5] 于德淮．运动损伤的防与治［M］．辽宁：辽宁科学技术出版社，2010.

[6] 陈琦，麦安全．体质健康评价与运动处方［M］．高等教育出版社，2015.

[7] 杨文轩．体育运动与健康促进［M］．北京：高等教育出版社，2004.

[8] 熊志强，杨慧卿．体育与健康［M］．北京：人民邮电出版社，2015.

[9] 于晓杰，周建雯，罗俊波．体育与健康［M］．北京：煤炭工业出版社，2016.

[10] 乔纪龙．篮球运动教程［M］．北京：北京体育大学出版社，2018.

[11] 冯爱华，何秋华，李永平．乒乓球运动［M］.2 版．北京：高等教育出版社，2010.

[12] 王海燕，姜来．乒乓球教程［M］．北京：化学工业出版社，2017.

[13] 周爱光，刘丰德．乒乓球运动［M］．北京：高等教育出版社，2014.

[14] 宛祝平．羽毛球［M］．长春：吉林科学技术出版社，2010.

[15] 肖杰，骞子．羽毛球实战技巧［M］．北京：北京体育大学出版社，2004.

[16] 张曦，牛雪彤．看图学打羽毛球［M］．北京：人民邮电出版社，2015.

[17] 陈曙星．流动的生命［M］．杭州：浙江大学出版社，2010.

[18] 曲影．正宗瑜伽从零学［M］．南京：江苏凤凰科学技术出版社，2014.

[19] 毛振明，甄志平．健美操教程［M］．北京：北京师范大学出版社，2010.

[20] 魏纯镭，赵元翔．健美操［M］．北京：北京体育大学出版社，2005.

[21] 肖光来．健美操［M］．北京：人民体育出版社，2010.

[22] 李小芬．体育舞蹈运动教程［M］．北京：北京体育大学出版社，2015.

[23] 吴东方．体育舞蹈［M］．北京：高等教育出版社，2016.

[24] 李德印．24 式太极拳教与学［M］．北京：北京体育大学出版社，2019.

参考文献